Schriften der Theodor-Storm-Gesellschaft

Im Auftrage der Theodor-Storm-Gesellschaft
herausgegeben von
Karl Ernst Laage und Gerd Eversberg

Band 50/2001

VERLAG BOYENS & CO.

Storm-Porträt auf dem Umschlag:
Zeichnung von Albert Johannsen, Husum (1968), nach dem bekannten Storm-Foto von
Constabel (Hademarschen 1886)

Die „Schriften der Theodor-Storm-Gesellschaft" erscheinen alljährlich zur Stormtagung. Mitglieder der Gesellschaft erhalten die Schriften kostenlos. Mitglied kann jeder interessierte Stormfreund werden. Anfragen und Beitrittserklärungen erbeten an das Sekretariat der Storm-Gesellschaft, 25813 Husum, im Storm-Haus, Wasserreihe 31. Der Jahresbeitrag beträgt z. Z. 26 € (per Einzugsermächtigung oder einzuzahlen: jeweils im ersten Viertel des Jahres. Konten: Vereins- und Westbank Husum 40 303 800 [BLZ 217 300 40] – Postscheckkonto Hamburg 1329-18-203 [BLZ 200 100 20]).

Manuskriptsendungen ebenfalls an die oben genannte Adresse.

ISSN 0082-3880
ISBN 3-8042-0938-6

© Westholsteinische Verlagsanstalt Boyens GmbH & Co. KG, Heide in Holstein 2001
Alle Rechte vorbehalten. Nachdruck, auch auszugsweise, nur mit Genehmigung
des Verlages
Druck: Boyens Offset, Heide in Holstein
Printed in Germany

Inhalt

Vorwort 5

Gerd Eversberg Region und Poesie. Theodor Storms Entwicklung zum Schriftsteller 7

Rita Morrien Arbeit „in Kontrasten" – Künstler- und Vaterschaft in Theodor Storms Novelle „Eine Malerarbeit" 23

David Jackson „Ein Bekenntnis" – Theodor Storms frauenfreundliche Abrechnung mit einem mörderischen romantischen Liebesideal 37

Silvia Bendel Hochzeit der Gegensätze oder Suche nach dem Weiblichen? Wasser- und Feuerimaginationen in Theodor Storms „Regentrude" 65

Wilfried Lagler „Ich grüße Sie auf dem letzten Lappen Papier". Theodor Storms Briefwechsel mit Rudolph von Fischer-Benzon 81

Dieter Lohmeier Neue Briefe aus der Storm-Familie in der Landesbibliothek. Mit drei Briefen Paul Heyses an Do Storm vom Juli 1888 103

Holger Borzikowsky „Ich möchte dem Mann das gönnen." Rudolph Christian Ström – Photograph und Porträtist der Storm-Familie 111

Gerd Eversberg Eine bisher unbekannte Photographie von Theodor Storm 119

Elke Jacobsen Storm-Bibliographie 125

Gerd Eversberg Stormforschung und Storm-Gesellschaft 137

Buchbesprechungen

Stormlektüren. Festschrift für Karl Ernst Laage zum 80. Geburtstag. Hg. von Gerd Eversberg, David Jackson und Eckart Pastor. Würzburg: Königshausen und Neumann 2000. (Manfred Horlitz) 147

Theodor Storm: Pole Poppenspäler. Hg. von Johannes Diekhans. Erarbeitet und mit Anmerkungen versehen von Jean Lefebvre. Paderborn: Ferdinand Schöningh 2000. (Gerd Eversberg) 148

Theodor Storm: Der Schimmelreiter. Hg. von Claudia Lorenz und Christiane von Schachtmeyer. München: Oldenbourg 2000. (Lektüre, Kopiervorlagen) (Jean Lefebvre) 149

Storm-Texte in neuen „Oldenbourg Interpretationen". 1. Lyrik von der Romantik bis zur Jahrhundertwende. Interpretiert von Thomas Gräff. München: Oldenbourg 2000. 2. (Bd. 96) (K)ein Kanon. 30 Schulklassiker neu gelesen. Hg. von Klaus-Michael Bogdal und Clemens Kammler. München: Oldenbourg 2000. (Bd. 100) (Gerd Eversberg) 150

Burkhard Seidler, Herwig Grau und Dietmar Wagner: Literaturkartei: „Der Schimmelreiter". Mülheim: Verlag an der Ruhr 2000. (Gerd Eversberg) .. 152

Fontane-Handbuch. Hg. v. Christian Grawe und Helmuth Nürnberger. Stuttgart: Alfred Kröner Verlag 2000. (Walter Zimorski) 153

Ludwig Pietsch, Wie ich Schriftsteller geworden bin. Der wunderliche Roman meines Lebens. Hg. von Peter Goldammer. Berlin: Aufbau-Verlag 2000. (Regina Fasold) 155

Abbildungsverzeichnis 159

Richtlinien zur Manuskriptgestaltung 161

Verzeichnis der Mitarbeiter 164

Anhang: Schriften der Theodor-Storm-Gesellschaft 1952–2001
Gesamtregister der Bände 1–50 165

Karl Ernst Laage   50 Jahre „Schriften der Theodor-Storm-Gesellschaft" . 166

Gerd Eversberg   Schriften der Theodor-Storm-Gesellschaft 1952–2001. Register zu den Bänden 1–50 170

Vorwort

Zum 50. Mal in der Geschichte der Theodor-Storm-Gesellschaft legen die Herausgeber den Mitgliedern und der interessierten Öffentlichkeit die „Schriften der Theodor-Storm-Gesellschaft" vor. Das Jahrbuch einer der größten literarischen Gesellschaften Deutschlands hat sich aus bescheidenen Anfängen heraus zu einem anerkannten Forum der Diskussion über Leben und Werk des Husumer Dichters entwickelt. Grund genug, dass der Präsident dieses Jubiläumsbandes diese Geschichte würdigt: 50 Jahre „Schriften der Theodor-Storm-Gesellschaft". Die Storm-Gesellschaft trägt diesem Ereignis auch dadurch Rechnung, dass der Sekretär ein Register zu den Bänden 1–50 der „Schriften" von 1952 bis 2001 zusammengestellt und nach Sachkriterien sowie alphabethisch nach Verfassernamen geordnet hat.

Die Leser werden in diesem Jahr vergeblich nach dem Festvortrag suchen, der traditionell die Beiträge der „Schriften" eröffnet. Das Referat des Genfer Germanisten Hans-Jürgen Schrader „Autorenfeder unter Press-Autorität", vorgetragen bei der Festversammlung in der Husumer Kongresshalle anlässlich unserer gemeinsamen Tagung mit der Raabe-Gesellschaft, wird im diesjährigen Raabe-Jahrbuch veröffentlicht, auf das wir unsere Leser freundlich hinweisen. Stattdessen beginnen wir mit dem Vortrag von Gerd Eversberg über Theodor Storms Entwicklung zum Schriftsteller, den der Sekretär anlässlich der festlichen Eröffnung der Storm- und Raabe-Tagung im Rittersaal des Schlosses vor Husum gehalten hat. Der Referent fasst seine Forschungen zum Frühwerk Storms aus dem letzten Jahrzehnt zusammen und zeigt, wie bedeutsam die frühen Schreibversuche für die Entwicklung des Erzählers Theodor Storm waren.

Die Freiburger Germanistin Rita Morrien hat die weniger beachtete Novelle „Eine Malerarbeit" ausgewählt und versucht, sich dem Text durch eine neue Lesart zu nähern. Ihre These lautet: Storm erprobt anhand der Lebens- und Leidensgeschichte des missgestalteten und nur mittelmäßig begabten Malers Edde Brunken die Grenzen realistischen Erzählens. In der 1867 entstandenen Novelle wird die Skepsis Storms gegenüber der Familie wie auch gegenüber einem professionellen Künstlertum erkennbar. Zugleich wird die Sehnsucht nach einem Familienidyll erkennbar, das in Storms Bedürfnis wurzelt, der Erfahrung von Vergänglichkeit und Tod etwas Positives entgegenzusetzen.

Auch David Jackson aus Cardiff liest Storms Novelle „Ein Bekenntnis" aus neuer Perspektive und stellt heraus, wie hinter den Versionen, die von den beiden Erzählern vor den Augen des Lesers entfaltet werden, eine dritte Variante der Geschichte erkennbar wird. Der Arzt und Binnenerzähler Franz Jebe leistet seiner kranken Frau Elsi nicht nur aus Mitleid Sterbehilfe, sondern er tötet mit ihr vor allem ein traumatisches Bild der dämonischen Frau, die seine Männlichkeit nicht zu beherrschen vermag. Durch seine Untersuchung zeigt Jackson, dass Storm dem romantischen Liebesideal des Protagonisten in durchaus frauenfreundlicher Weise eine deutliche Absage erteilt. Zugleich entwirft der Dichter im letzten Teil der Novelle aber ein positives Gegenbild zum Versagen seines Helden: In der Nächstenliebe erscheint die Utopie einer wahrhaft humanen Gesellschaft und der Arzt wird zum Symbol für die Humanität, an die Storm auch in den Jahren vor seinem Tod noch festhält.

Das wichtigste Märchen Storms, die „Regentrude", wird erneut interpretiert; Silvia Bendel aus Luzern fragt noch einmal nach der Bedeutung von Wasser- und Feuerimaginationen. Sie greift die bisherigen psychologischen Deutungen des Märchens auf und untersucht die Dimensionen des Weiblichen hinter der symbolischen Ebene des Wassers sowie den Gegensatz, der sich vor der Feuersymbolik über der Erde abspielt und mit Aspekten des Männlichen konnotiert ist. Wieder wird deutlich, dass Storm in seiner Erzählung versucht, auch das Weibliche in seiner Vorstellungswelt zu veranschaulichen; in der „Regentrude" setzt er „Frau" mit Natur und Wasser gleich und bewegt sich damit innerhalb eines zeitgemäßen Stereotyps: Das männliche Element übernimmt am Schluss der Erzählung die Kontrolle über das weibliche, welches sein Selbstbewusstsein nur noch in mythologischen Bildern verwirklichen kann, nicht aber in der gesellschaftlichen Realität.

Die Reihe der „kleinen" Briefwechsel Storms wird in diesem Jahr fortgesetzt mit der Korrespondenz zwischen Storm und dem ersten Direktor der Schleswig-Holsteinischen Landesbibliothek, Rudolph von Fischer-Benzon. Wilfried Lagler aus Tübingen hat die 20 erhaltenen Briefe transkribiert und kommentiert; sie legen Zeugnis ab von Aspekten des privaten familiären und gesellschaftlichen Lebens Storms zwischen 1875 und 1887 und bestätigen das bekannte Bild von einem fürsorglichen Familienvater, für den die häusliche Ordnung Grundbedingung für eine „behagliche" Existenz war.

Der jetzige Direktor der Landesbibliothek, unser Vizepräsident Dieter Lohmeier, berichtet über ein Konvolut von Briefen aus der Storm-Familie, das er im Vorjahr für das Land Schleswig-Holstein erwerben konnte und das den dort aufbewahrten Storm-Nachlass ergänzt. Er ediert in seinem Beitrag drei Briefe, die Paul Heyse nach Storms Tod an dessen Witwe Dorothea (genannt „Do") geschrieben hat und die uns Aufschluss über die enge Freundschaft der beiden Autoren und über die Fürsorge Heyses für die Witwe des verstorbenen Freundes geben.

Noch einmal wird das Thema „Theodor Storm und die Photographie" aufgegriffen, zu dem anlässlich der Storm-Tagung 1999 ein Symposion stattgefunden hat. Holger Borzikowsky, Archivar in Husum, hat sich mit Rudolph Christian Ström beschäftigt und legt seine Forschungsergebnisse über das Wirken des dänischen Photographen und Porträtisten der Storm-Familie vor, der nicht bloß sein Handwerk in der Storm-Stadt betrieben hat, sondern der uns in seinen erhaltenen Werken als ein sensibler Künstler-Photograph entgegentritt, dessen Arbeiten aus gutem Grund von Theodor Storm geschätzt wurden.

Es triff sich gut, dass der Präsident der Storm-Gesellschaft bei einem Storm-Nachkommen eine bisher unbekannte Photographie von Theodor Storm entdeckte, die Anfang des Jahres für das Archiv erworben werden konnte. Gerd Eversberg datiert dieses neue Photo und ordnet es in die bekannten Portraits des Dichters ein.

Diese Beiträge werden wieder durch eine Übersicht des Sekretärs über Storm-Forschung und Storm-Gesellschaft und durch die Storm-Bibliographie unserer Bibliothekarin Elke Jacobsen abgerundet.

Die Buchbesprechungen informieren über Veröffentlichungen zu Theodor Storm und zu seinem literarischen Umfeld; in diesem Jahr enthält der Rezensionsteil wieder einen didaktischen Schwerpunkt.

Prof. Dr. Karl Ernst Laage	Dr. Gerd Eversberg
Präsident	Sekretär

Region und Poesie.
Theodor Storms Entwicklung zum Schriftsteller

Von Gerd Eversberg, Husum

Am 17. Juni 1853 konnten die Leser der in Berlin erscheinenden Preußischen (Adler)-Zeitung über den damals noch weitgehend unbekannten Theodor Storm lesen[1]:

Es ist kein g r o ß e r Dichter, auf den wir die Aufmerksamkeit des Lesers hingelenkt haben wollen, aber ein liebenswürdiger durch und durch, und wenn der Ausdruck gestattet ist, ein recht poetischer Poet. Was ihm an Vielseitigkeit abgeht, das ersetzt er durch Tiefe und Innerlichkeit, und seinen Dichterberuf bekundet er am sichersten in der richtigen Würdigung seiner Kraft und seines Talents. Nicht die Größe der Aufgabe entscheidet, sondern das ‚wie', mit dem wir die kleinste zu lösen verstehen.

Verfasser dieser Zeilen war der damals ebenfalls noch unbekannte Theodor Fontane, den Storm zum Jahreswechsel 1852/53 im Hause von Franz Kugler kennen gelernt hatte und der ihn bereits am 2. Januar 1853 in den „Tunnel über der Spree" einführte, dessen Mitglied Storm für die nächsten drei Jahre wurde[2].

Storm war kurz vor dem Weihnachtsfest nach Berlin gereist und bemühte sich um eine Stelle im Preußischen Justizdienst, da ihm nach dem Scheitern der schleswig-holsteinischen Bewegung eine weitere Berufstätigkeit im dänischen Schleswig nicht möglich schien.

Als Dichter hatte sich der Advokat aus Husum bisher lediglich in den Herzogtümern Schleswig und Holstein mit der Veröffentlichung kleinerer Beiträge einen Namen gemacht; aber zur gleichen Zeit, als sich der Jurist Storm um die Sicherung der ökonomischen Existenz seiner Familie sorgen musste, betrat der Poet die Bühne des deutschen Sprachraums. Seine erste selbständige Gedichtsammlung war zwar 1852 noch in der Schwers'schen Buchhandlung in Kiel erschienen, aber bereits ein Jahr zuvor waren die „Sommergeschichten und Lieder" mit der bearbeiteten Fassung der Novelle „Immensee" im Verlag Alexander Duncker, Berlin herausgekommen. Damit konnte der Poet aus der Provinz ein weitaus größeres Lesepublikum erreichen als während seiner Lehrjahre in Husum; zugleich bewegte er sich in den drei Jahren bis zu seiner Übersiedlung ins thüringische Heiligenstadt in einem Kreis gebildeter Männer, die ihm an Welterfahrung voraus waren, mit denen den damals 35-jährigen Storm aber eine breite Kenntnis der Tradition europäischer Literatur verband. Deshalb konnte Storm an einem Diskurs über die „neue" realistische Literatur teilnehmen, über die man in dem von Friedrich Eggers redigierten „Literaturblatt des deutschen Kunstblatts" räsonierte, und er war zugleich umworbener Beiträger für die Zeitschrift „Argo", mit der die literarisch-künstlerischen Ambitionen der Gruppe, die sich in der Tunnel-Unterorganisation „Rütli" zusammengeschlossen hatte, praktisch verwirklicht werden sollten.

Berlin und Potsdam wurden in den nächsten Jahren zum Mittelpunkt des Stormschen Schaffens; die weiteren Auflagen der „Gedichte" erschienen in der preußischen Metropole ebenso wie die Separatausgaben der Novelle „Immen-

see", mit der Storm schlagartig einem großen Publikum bekannt wurde und die bis zu seinem Tode im Jahre 1888 insgesamt 30 Auflagen erlebte.
Nach Storms eigenem Bekunden[3] hat sich seine Novellistik

[...] aus der Lyrik entwickelt und lieferte zunächst nur einzelne Stimmungsbilder oder solche einzelne Szenen, wo dem Verfasser der darzustellende Vorgang einen besondren Keim zu poetischer Darstellung zu enthalten schien; andeutungsweise eingewebte Verbindungsglieder gaben dem Leser die Möglichkeit, sich ein größeres geschlossenes Ganzes, ein ganzes Menschenschicksal mit der bewegenden Ursache und seinem Verlaufe bis zum Schlusse („Im Saal" z. B.) vorzustellen. Allmählich bildete sich die vollständige und völlig lückenlose Novelle heraus [...].

Bereits in seiner ersten Rezension hat Fontane die Poesie Storms von der „großen" Dichtung unterschieden und damit eine Rezeptionsweise vorgegeben, der die meisten Kritiker folgten und die später zum feststehenden Paradigma bei der literaturwissenschaftlichen Bewertung des Stormschen Gesamtwerks wurde: Storm zwischen „Provinzialsimpelei" und bedeutender Lyrik.
So lesen wir z. B. in einer Rezension aus dem Jahre 1875[4]:

Der einst kleinstaatliche Advocat von Husum, nachdem er in den Dienst des annektirenden preußischen Großstat übergetreten, ist auch hier der Chronikschreiber des Gesellschafts- und Familienlebens seiner provinziellen Heimat.

Unmittelbar nachdem Fontane vom Tode Storms am 4. Juni 1888 erfahren hatte, verfasste er Aufzeichnungen, die ursprünglich zu einem Erinnerungsbild über Theodor Storm ausgearbeitet und als Nekrolog veröffentlicht werden sollten. Diese Arbeit wurde aber nicht abgeschlossen; später hat Fontane seine Manuskripte wieder vorgenommen und den ursprünglichen Text bearbeitet und ergänzt; dabei verwendete er auch Aufzeichnungen, die wahrscheinlich aus dem Jahre 1884 stammten, als ihn Storm in Berlin zum letzten Male besucht hatte.
Dieses Manuskript holte Fontane im Jahre 1895 wieder hervor, als er an den Erinnerungen an die Zeit im „Tunnel über der Spree" arbeitete, die den Mittelteil seiner Autobiografie „Von Zwanzig bis Dreißig" bildet. Es entstand das 4. Kapitel „Theodor Storm", das bis heute weitgehend das Bild prägt, das wir aus Sicht Fontanes von Theodor Storm kennen. Während der acht bzw. elf Jahre, die zwischen diesen beiden Perioden der Beschäftigung mit Storm und seinem Werk liegen, ist es zu bedeutsamen Veränderungen in der Einschätzung des Husumer Dichters durch den Autor von der Spree gekommen. Fontane gibt sich in seinen handschriftlichen Aufzeichnungen zunächst Rechenschaft über die Genese seines eigenen Storm-Bildes[5]:

[...] ich bin nie blind gegen seine Vorzüge gewesen und seine Dichterqualitäten haben mich schlankweg entzückt. Dennoch blieb eine Scheidewand. [...]
War es das Politische? Nein. Er machte zwar aus seinem Antipreußenthum niemals ein Hehl und stand noch ganz auf dem Standpunkt wonach der Gardeleutnant (von dem ihm ein gut Theil zu wünschen gewesen wäre) entweder unbedeutend oder nichtssagend oder ein trauriges Werkzeug der Tyrannei ist, aber ich müßte lügen, wenn ich sagen wollte, ich hätte daran je Anstoß genommen.[...]
Was war es? Ich kann schließlich nichts andres finden, als daß [...] er mir <u>zu</u> ausgesprochener Lyriker war. [...]
Storm war insoweit noch eine glückliche Ausnahme als er sich um das außerhalb seiner Neigungssphäre Liegende wenigstens kümmerte, er las ein manches, zu Zeiten sogar vieles und legitimirte sich dadurch als ein Mann von Bildung und Geschmack, von bestem Wollen, auch dem „Andren" gerecht zu werden. Aber es blieb beim „Wollen", er war im Banne seiner Lyrischen Natur und was sich nicht mit seiner stormschen Natur deckte, daran konnte er doch so recht eigentlich nicht heran und wie klug und tüchtig und bedeu-

tend es sein mochte, er hielt es für eine Art Halbliteratur, weil diesem Andren das fehlte, was er sich gewöhnt hatte als „Dichtung" anzusehen.

Über diese Lyrik schrieb Fontane dann im Jahre 1895 in seiner Autobiografie „Von zwanzig bis dreißig"[6]: „Alles hat was zu Herzen Gehendes, überall das Gegentheil von Phrase, jede Zeile voll Kraft und Nerv." Er schränkt dieses Lob aber ein, indem er Storms „localpatriotische(n) Husumerei" kritisiert, „die sich durch seine ganze Production – auch selbst seine schönsten politischen Gedichte nicht ausgeschlossen – hindurch zieht." Und Fontane beendet sein Storm-Gemälde mit folgenden Worten, die sich bei allen Kritikern der Stormschen Poesie tief eingeprägt haben und bis heute wirksam sind:

> Die Provinzialsimpelei steigerte sich mitunter bis zum Großartigen. [...] Er war für den Husumer Deich, ich war für die Londonbrücke; sein Ideal war die schleswigsche Haide mit den rothen Ericabüscheln, mein Ideal war die Haide von Culloden mit den Gräbern der Camerons und MacIntosh.

Diese Worte können zum Teil als Eitelkeit Fontanes abgetan werden und stehen sicherlich in einem Zusammenhang mit der versuchten Stilisierung zu einem realistischen Erzähler europäischen Rangs, sie haben aber nachdrücklich gewirkt und zu einer Verkleinerung der Stormschen Œvres geführt[7]. Und auch das berühmte Schlusswort Fontanes hat diese Wirkung nur wenig relativieren können:

> Als Lyriker ist er, das Mindeste zu sagen, unter den drei, vier Besten, die nach Goethe kommen. Dem Menschen aber, trotz Allem, was uns trennte, durch Jahre hin nahe gestanden zu haben, zählt zu den glücklichsten Fügungen meines Lebens.

Nach der Jahrhundertwende griffen Vertreter der Heimatkunstbewegung das Diktum Fontanes zustimmend auf und vereinnahmten Storm als einen der ihren. Es handelte sich um eine ideologische Bewegung, die ein kritisches Verhältnis zur Verstädterung und Industrialisierung des deutschen Reiches vertrat. Vom Gedanken eines lebendigen Organismus her wurden die als „unnatürlich" und „tot" empfundenen kulturellen Erscheinungsformen und staatlichen Organisationsstrukturen der Moderne bekämpft; den zeitgenössischen literarischen Strömungen wurden Werte wie Blut und Boden, Heimat, Nation und Tradition entgegengesetzt. Literarischer Anknüpfungspunkt war die Dorfgeschichte des 19. Jahrhunderts, in der Autoren wie Adolf Bartels die einzig lebenswerte Gegenwelt zur Verstädterung sahen. Die damals entstandenen Heimatromane sind allerdings von einem extrem provinziellen und kleinbürgerlichen Denken geprägt und beanspruchen zu Unrecht, eine Tradition von Autoren wie Stifter, Keller und Storm fortzusetzen. Allerdings hat diese Bewegung die Storm-Rezeption vieler Leser des 20. Jahrhunderts nachhaltig geprägt

Vorläufiger Höhepunkt war eine Charakterisierung Storms durch Friedrich Düsel, der 1916 in dem Gedenkbuch zum 100. Geburtstag Storms über dessen Gegenwartsbedeutung schrieb[8]:

> Sie liegt in der Heimatliebe und Heimattreue, in der seine Persönlichkeit wurzelt; sie liegt in der deutsch-nationalen Gesinnung, von der seine Dichtung erfüllt ist; sie liegt in den Kräften tapferer, aufrechter Mannhaftigkeit, die zumal in den späteren Schöpfungen den Pulsschlag seines Wesens ausmachen.

Kein Geringerer als Thomas Mann, der seine eigenen Dichtungen in vielfacher Hinsicht auf Storm-Lektüren zurückzuführen wusste, entwarf im Jahre 1930 ein ganz neues Storm-Bild und grenzte es von Düsels Literaturverständnis ab: „Das hohe und innerlich vielerfahrene Künstlertum Storms hat nichts zu schaffen mit Simpelei und Winkeldumpfigkeit, nichts mit dem, was man wohl eine Zeitlang ‚Heimatkunst' nannte"[9]. Allerdings hat kaum jemand auf den bedeutenden Erzähler aus Lübeck gehört; Storms Werk blieb für weitere 30 Jahre mit einem unheilvollen Heimatbegriff verknüpft und wurde dadurch verkleinert und bagatellisiert. Dies hat deutliche Spuren innerhalb der Universitäts-Germanistik hinterlassen, die sich erst nach 1965 intensiver mit Storms Werken zu beschäftigen begann.

Über Storms Meisternovelle „Der Schimmelreiter" äußerte sich Franz Stuckert noch 1955[10]:

> Landschaft und Menschentum der Nordseeküste, Unruhe, Reichtum und Gefahr der nordischen Seele sind hier wie niemals vorher und niemals wieder ins dichterische Wort gebannt und in den dauernden Besitz des deutschen Geistes gehoben worden. Der Erzähler Storm aber hat sich in dem Mythos seiner Heimat vollendet.

Die Heimatkunstbewegung in Schleswig-Holstein hat den Poetischen Realismus grundlegend missverstanden[11]. Storm hat – wie andere seiner literarischen Freunde und Zeitgenossen auch – den Kunstcharakter seiner Erzählungen häufig verborgen, d. h. er verzichtet darauf, die Figuren in seinen Erzählungen räsonieren zu lassen und gibt den Lesern keine Deutungshinweise durch aufgesetzte Kommentare. Es ist gerade die Kunst des Poetischen Realismus, diese Zusammenhänge für den Leser szenisch zur Anschauung zu bringen. Das setzt aber voraus, dass die Leser und Interpreten Storms Signale auch wahrnehmen und die verschlüsselten Botschaften zu deuten bereit sind. Gerade dies aber haben viele Heimatkunstapologeten entweder nicht gekonnt oder nicht gewollt. Sie verwechseln ihre Sympathie für die dargestellte, ihnen vertraute Welt mit der künstlerischen Qualität der Texte. Diese entsteht bei Storm aus dessen Kunstverstand und seinem poetischen Handwerk.

Storm löst das Grundproblem realistischen Erzählens, die beabsichtigte wirklichkeitsgetreue Darstellung der Dinge und die Absicht, dies in einer allgemeinen, moralischen und schönen Weise zu tun, indem er – nach eigenem Bekunden – auf das „Motivieren vor den Augen des Lesers"[12] verzichtet und stattdessen eine von ihm als „symptomatisch" bezeichnete Behandlung seiner Stoffe bevorzugt. Dies setzt die Beherrschung des literarischen Handwerks voraus und zeigt sich vor allem in der Stormschen Erzählkunst, die sich dadurch auszeichnet, dass zwischen dem wirklichen Leben, von dem der Dichter seinen Ausgang nimmt, und dem Bild, das die Dichtung davon entwirft, keine grundsätzliche Differenz herrscht[13]. Allein die Art der Darstellung, die zu Verallgemeinerung, Ordnung und Klärung führt, macht das Poetische und damit in gewisser Weise Verklärende des Stormschen Erzählens aus. Dass für den Leser Spielräume möglicher Deutungen geschaffen werden, zeigt das nach wie vor ungebrochene Interesse an seinem Werk; dass diese Deutungen aus einer Unzahl von möglichen Lesarten ein und desselben Textes bestehen können, belegen die vielfältigen Interpretationen, die noch immer von Literaturwissenschaftlern vorgelegt werden.

Bis weit in die Siebzigerjahre galt der Heimatbegriff als ideologisch belastet und wurde von vielen Literatur- und Kulturwissenschaftlern wenn immer möglich gemieden. Das hatte vor allem zwei Gründe. Zum einen war der Begriff durch die Nationalsozialisten diskreditiert worden, die ihn aus der Blut- und Boden-Ideologie übernommen hatten; Heimat bedeutete hier vor allem ein mythisches Verhältnis zu Rasse und Siedlungsraum, das angeblich nur von den der Heimat zugehörigen Menschen gefühlt werden kann. Damit wurde der Heimatbegriff zur Kategorie der Ausgrenzung aller Anderen und Fremden und damit zum politischen Kampfbegriff im Dienste einer inhumanen Weltanschauung. Gerade in dieser Dimension wurde der Heimatbegriff in Schleswig-Holstein noch bis Mitte der 70er Jahre verwendet, wobei seine Apologeten die historischen Ereignisse zwischen 1933 und 1945 einfach ausblendeten und an diejenigen Traditionen anknüpften, die von den Nationalsozialisten für ihre eigene Ideologie ausgebeutet werden konnten.

Die in den Aufbaujahren der Bundesrepublik vorherrschende Heimatvorstellung wurde durch die Vertriebenenfunktionäre geprägt und meint Heimat als das generationsüberdauernde Recht auf ein bestimmtes Territorium, einen Siedlungsraum, der von einer bestimmten Menschengruppe kulturell geprägt wurde. Hier wurde „Heimat" vor allem als Rechtsbegriff verwendet und dadurch ebenfalls zur politischen Waffe, die erst dann stumpf zu werden begann, als die Annäherung zwischen der Bundesrepublik Deutschland und den Nachbarländern im Osten zur Anerkennung von Kriegsschuld, Massenmord und Vertreibung führte und neue Perspektiven für ein friedliches und freundschaftliches Miteinander in Mitteleuropa eröffnete.

Der Heimatbegriff gewinnt in den letzten Jahren aber eine neue positive Bedeutungsdimension und wird auch in der Literaturwissenschaft wieder verwendet, um solche Literatur zu bezeichnen, die aus dem Leben in einer bestimmten Region entstanden ist und die Spuren dieser Region enthält, die der Leser für sich entdecken und mit seiner eigenen regionalen Lebenserfahrung vergleichen kann.

Mit dem Blick auf das Werk Theodor Storms, das ja tatsächlich wie das kaum eines anderen Autors seines Jahrhunderts mit einer konkret geografisch und historisch bestimmbaren Region verbunden ist, müssen folgende Fragen untersucht werden[14]:
1. Wie hat sich Storms Dichtung in der Region entfaltet?
2. Wie hat die Region auf Themen und Formen eingewirkt?
3. Wie hat diese Literatur auf die Region zurückgewirkt?

Auf die Rezeptionsgeschichte, also auf die Frage, wie Storms Literatur auf die Region zurück gewirkt hat, bin ich bereits in meiner Einleitung eingegangen; ich will mich nun im Hauptteil meines Vortrags auf die beiden ersten Fragen konzentrieren: Wie hat sich Storms Schreiben in der Region entfaltet und wie hat der regionale Hintergrund auf Themen und Formen der Texte Storms eingewirkt?

Als Schüler lernte Theodor Storm zunächst neben der klassischen Literatur der Antike, die ihm seine Lehrer an der Husumer Gelehrtenschule vermittelten, vor allem literarische Kleinformen kennen, also Sagen, Legenden, Märchen und Schwänke, Witze und Anekdoten, Sprichwörter und Rätsel. Das waren die Formen, die er im Husumer Wochenblatt lesen konnte, einem der typischen Anzeigenblätter der ersten Hälfte des 19. Jahrhunderts, auf dessen ersten drei bis vier Seiten solche häufig anonymen Texte abgedruckt wurden.

Storm begann im Juli 1833, Gedichte in ein Heft einzutragen, in dem er seine weiteren lyrischen Produkte sammelte. Bereits ein Jahr später, im Juli 1834, veröffentlichte der damals sechzehnjährige Schüler der Husumer Gelehrtenschule sein erstes Gedicht im „Husumer Wochenblatt" mit dem Titel „Sängers Abendlied". Dieses Gedicht ist im Stile der Anakreontik verfasst, einer Lyrikrichtung des Rokoko, etwa um 1740–1770; die Dichter thematisierten um die Mitte des 18. Jahrhunderts die Macht der Liebe, lobten Wein und Geselligkeit und den heiteren Lebensgenuss im Sinne des Philosophen Epikur. Der junge Poet hat sich bei seiner epigonenhaften Nachdichtung wohl eher vom rhythmischen Klang faszinieren lassen als vom Inhalt, der nicht unbedingt dem Erfahrungshorizont eines Fünfzehnjährigen entspricht. Dieser frühesten Veröffentlichung folgte im nächsten Jahr ein gereimtes Rätsel und 1836 das Gedicht „Der Entfernten", die beide ebenfalls im „Husumer Wochenblatt" gedruckt wurden.

Rätsel sind sprachlich-bildhafte Umschreibungen eines nicht genannten Konkretums oder Abstraktums, dessen Eigenschaften in knapper Form mit der Aufforderung an den Leser oder Hörer beschrieben werden, die Beziehung zur Wirklichkeit, die dem Verfasser bekannt ist, zu erraten. In Gedichtform verbreitet sind das *Buchstabenrätsel* (Logogriph), das *Silbenrätsel* (Scharade), das *Palindrom* (Umschreibung der vor- und rückwärtsgelesenen Bedeutung eines Wortes), das *Homonym* (zwei verschiedene Bedeutungen desselben Wortes) und das *Anagram* (Buchstabenversetzung). Daneben gibt es das *Zahlenrätsel* (Arithmogriph) und das *Bilderrätsel* (Rebus) sowie das einfache *Rätselgedicht* ohne Sprachspiel.

Rätsel erfreuen sich in allen Kulturkreisen großer Beliebtheit und sind aus mehreren Jahrtausenden überliefert. Als literarische Kunstform erlebte die Rätseldichtung im 18. Jahrhundert eine Blüte, die bis in die erste Hälfte des 19. Jahrhunderts hineinwirkte, wo sie in Familienblättern weite Verbreitung fand. In den „Husumer Wochenblättern" war zu dieser Zeit fast in jeder Ausgabe ein solches Rätsel abgedruckt; in den Jahrgängen 1834 bis 1836 sind es jeweils etwa 40. Die gereimten Rätsel in der frühen Gedichtsammlung belegen, dass Storm sich an verschiedenen der überlieferten Formen erprobt hat; Logogriph, Homonym, Palindrom und drei- bzw. viersilbige Scharaden erscheinen in seiner Handschrift neben weiteren Rätselgedichten. Es fällt auf, dass Storm bei diesen Reimversuchen sparsam verfahren ist, denn wir kennen im Ganzen nur zehn solcher Rätselgedichte. Offensichtlich genügten ihm diese wenigen Experimente mit den populären Sprachformen, und obwohl er die Kunst der Kleinen Form sogleich beherrschte, hat er der Versuchung widerstanden, sie massenhaft herzustellen.

Die gereimten Rätsel sind bisher kaum beachtet worden, weil der Autor sie später nie wieder veröffentlicht hat. Als Storm sich seiner lyrischen Ausdrucksmittel bewusst geworden war, beurteilte er alle Gedichte, auch die eigenen, nach sehr strengen Kriterien, denen die frühen Versuche nicht standhalten konnten. Bereits 1843 machte er sich gegenüber seinem Freund Theodor Mommsen[15] in drastischen Worten über die „nordschleswigsche(n) Wochenblattpoesie" lustig, – so wörtlich – „zu der auch einige Primaner ihren Mist geben".

Wiederum zwei Jahre später versuchte der jetzt neunzehnjährige Schüler, der nun das Katharineum in Lübeck besuchte, weitere Gedichte zu veröffentlichen; diesmal wurden fünf Texte des jungen Poeten in der in Hamburg erscheinenden Zeitschrift „Neue Pariser Modeblätter" gedruckt. Ein anderes Publikationsorgan in den Vierzigerjahren war das in Leipzig erscheinende „Album der Boudoirs", ein Musenalmanach der Wochenzeitschrift „Europa", das 1840 drei Gedichte von Storm brachte. Die erste Buchveröffentlichung entstand nach Beendigung von Storms Jurastudium in Kiel und Berlin, als er gemeinsam mit seinen Freunden Theodor und Tycho Mommsen 1843 das „Liederbuch dreier Freunde" in Kiel herausgab, in dem der nun wieder in Husum lebende Jurist mit mehr als vierzig Gedichten vertreten ist.

Die lyrische Entwicklung Storms ist untrennbar mit den drei Frauengestalten verbunden, die er tief geliebt hat, Bertha von Buchan, Constanze Esmarch und Dorothea Jensen. Bertha lernte er Weihnachten 1836 bei Verwandten in Altona kennen, sie war damals ein erst knapp zehnjähriges Mädchen. Der Schüler und spätere Student verliebte sich nach und nach in das aufblühende Mädchen, aber seine werbenden Bemühungen scheiterten, und Bertha wies im Oktober 1842 Storms Heiratsantrag zurück. Die Zeit seines Zusammenseins mit Bertha war eine wichtige Phase, in der die Gedichte das jungen Autors erstmals einen eigenständigen Ton gewannen. Storm erprobt in Liebes- und Naturgedichten seine Ausdrucksmöglichkeiten und löst sich immer mehr von den Vorbildern, nach denen er seine ersten lyrischen Versuche geformt hatte. Eine bittere Komponente enthalten die Gedichte aus den Jahren 1842 bis 1843, in denen der Student sich allmählich von Bertha löste und im Übergang zum Berufsleben auch in seinem Gefühlsleben immer selbständiger wurde. Einige der Gedichte, die im Zusammenhang mit Bertha entstanden waren, hat Storm auf seine zweite große Liebe übertragen. Weihnachten 1843 nämlich entdeckte er seine Zuneigung zu Constanze Esmarch, seiner Cousine, mit der er sich im Januar des folgenden Jahres verlobte. Nach zweieinhalbjähriger Brautzeit heirateten die beiden am 15. September 1846. Die Brautbriefe, die Storm in dieser Zeit nach Segeberg schickte, enthalten erste lyrische Texte, die von der großen Meisterschaft des Dichters künden. Der Ton der Gedichte wird sinnlicher, die Darstellung von Empfindungen unmittelbarer.

Bereits kurze Zeit nach der Eheschließung, im Sommer 1847, verliebte sich Storm in die junge Dorothea Jensen, die in seinem Gesangverein mitwirkte. Es folgten Monate der heftigen Leidenschaft, die nach Storms eigenem Zeugnis viel Unglück über die junge Familie brachte. Wir verdanken dieser Beziehung einige der unmittelbarsten erotischen Gedichte des 19. Jahrhunderts, von denen Storm nur wenige für die Veröffentlichung freigegeben hat.

Die Erfahrungen und Empfindungen, die sich beim Lesen poetischer Gedichte einstellen, haben für Storm dieselbe Qualität wie jene Gefühle, die ihn zu eigenen Dichtungen anregen. Der junge Storm orientiert sich am Konzept solcher Gedichte, die man als „Erlebnisgedichte" der Goethezeit bezeichnet hat; das sind Gedichte, die aus einer unmittelbaren Erfahrung des Autors hervorgehen und die im Leser eine ähnliche Empfindung erzeugen können. Und da Storm nicht nur in seiner Lyrik von der unmittelbaren oder erinnerten Erfahrung ausgeht, sondern da auch seine Novellistik mit der Darstellung von stimmungsgeladenen Situationen beginnt, bleibt für ihn dieses Konzept ein Leben lang verbindlich.

Storm übernahm also zunächst solche Vorbilder, die er in der provinziellen Abgeschiedenheit Husums täglich vor Augen hatte; erst während seiner letzten Gymnasialjahre in Lübeck wurde er mit der bedeutenden klassischen und romantischen Poesie vertraut und las Heines Gedichte; er löste sich nun von den bereits veralteten Vorbildern und erwarb seine lyrische Meisterschaft dadurch, dass er in seinen Gedichten wirkliche eigene Erfahrungen poetisch gestaltete. Dazu brauchte er nur auf seine eignen Empfindungen zu hören und das Individuelle an ihnen so verallgemeinert darzustellen, dass beim sensiblen Leser das Gefühl entstehen kann, er habe diese Empfindung selbst erlebt; zumindest kann er sie vorstellungsmäßig nachempfinden. Damit hatte er die falsche Gefühlswelt der verspäteten Anakreontik verlassen und Anschluss an die zeitgenössische Poesie in der Tradition Uhlands, Heines und Mörikes gewonnen. Er bevorzugt bei seinen Gedichten die liedhafte Form; Natur, Liebe und Tod bleiben die beherrschenden Themen; den Höhepunkt seiner lyrischen Produktion erreicht er um 1850, danach entstehen nur noch wenige bedeutende Gedichte.

Ganz anders verläuft die Entwicklung des Erzählers Theodor Storm. Wenn wir Storms lyrischen Weg als einen Prozess beschreiben, der 1833 mit unbedeutenden Nachahmungen der verspäteten Rokoko-Dichtung beginnt, erst um 1840 durch die seelische Erschütterung eines verliebten jungen Mannes an Unmittelbarkeit gewinnt, um sich dann in den nächsten zehn Jahren zu dem zu entfalten, was bis heute Storms Leser anzusprechen vermag: ein sich von jeder rhetorischen Phrase emanzipierendes rein lyrisches Sprechen[16], so tritt der bedeutende Novellist Theodor Storm erst im Jahre 1858 mit der Novelle „Auf dem Staatshof" vor die Öffentlichkeit. Zwar erzielte der Dichter mit „Immensee" erstmals größere Aufmerksamkeit beim literarisch interessierten Publikum, aber bis zur eigentlichen Meisterschaft brauchte Storm noch einmal fast zehn Jahre. Betrachtet man die Jahre davor, so zeigt sich zweierlei. Storm veröffentlicht erst 1847 einen längeren Erzähltext, „Marthe und ihre Uhr" und eröffnet damit eine Reihe von Prosaerzählungen von mittlerem Umfang, die sich durch straffe Handlungsführung, formale Geschlossenheit und thematische Konzentration auszeichneten. Gegenstand des Erzählens ist nach der Definition Goethes »eine sich ereignete unerhörte Begebenheit«, eine Begebenheit also, die einen gewissen Anspruch auf Wahrheit erhebt und von etwas Neuem oder Außergewöhnlichem erzählt. An dieser Bestimmung orientierte sich auch Theodor Storm und es entstehen in den nächsten zehn Jahren „Im Saal", „Postuma", „Immensee", „Ein grünes Blatt", „Im Sonnenschein", „Angelica", und „Wenn die Äpfel reif sind" sowie drei Kunstmärchen: „Hans Bär", „Der kleine Häwelmann" und „Hinzelmeier", also insgesamt 11 Erzählungen. Außerdem hat sich im Nachlass ein nicht ausgeführter Entwurf „Celeste" erhalten, der bereits um 1840 entstanden sein dürfte[17]. Diese Texte werden heute als Stationen auf dem Weg Storms zum realistischen Erzähler gesehen; es handelt sich um Situationsskizzen und Genrebilder, die bereits Ansätze zu einer durchkomponierten Form aufweisen; sie repräsentieren den Abschnitt in Storms literarischem Schaffen, in dem er seine künstlerischen Ausdrucksformen erstmals auch in größeren Erzählzusammenhängen – wie etwa in der Novelle „Immensee" und in dem Kunstmärchen „Hinzelmeier" – erprobt. Erst in seinem späteren Schaffen gelingt es ihm, durch die Einführung eines fiktiven Erzählers und mit Hilfe einer Erinnerungsperspektive eine Distanz zu den geschilderten Einzelbildern aufzubauen.

Dies ist jedoch längst nicht alles, was Storm während der rund zweieinhalb Jahrzehnte seiner „Lehrzeit" zu Papier gebracht hat; neben den etwa 260 Gedichten und den 11 novellistischen Texten hat er umfangreiche Korrespondenzen mit Constanze, mit den Eltern und mit Freunden aus der Schul- und Studienzeit geführt[18] und in dieser primären Textform sowohl Dialoge über Alltagsprobleme als auch – etwa in den eingestreuten Gedichten in den Brautbriefen – den poetischen Gebrauch seiner Sprache erprobt. Die Briefe Storms besitzen Dank ihrer Authentizität einen hohen biografischen und kulturgeschichtlichen Quellenwert. Außerdem gibt es sporadische Tagebuchaufzeichnungen[19]: „Aus der Studienzeit" (1837) „Beroliniana" (1838 und 39) und vom Ende der Liebe zu Bertha von Buchan (1842). In den täglichen bzw. unregelmäßigen Aufzeichnungen von Erfahrungen, Beobachtungen, Ereignissen, Gedanken und Gefühlen spiegelt sich zunächst die provinzielle Enge von Storms früher Lebenserfahrung; auch zeigen die linearen und offenen Texte eine geringe Distanz zum thematisierten Gegenstand.

Das änderte sich auch kaum, als der Advokat in Husum während der Schleswig-Holsteinischen Erhebung von Mitte April bis Ende Mai 1848 für die von seinem Studienfreund Theodor Mommsen in Rendsburg redigierte Schleswig-Holsteinische Zeitung 13 Berichte schrieb und damit zum ersten und letzten Mal in seinem Leben journalistische Arbeiten[20] verfasste. Es handelt sich um kurze, kommentarlose Berichte über Ereignisse an der Westküste, aus denen Storms politische Haltung nur zwischen den Zeilen herausgelesen werden kann. Erst im

Kontext mit den wenigen politischen Gedichten dieser Zeit und im Zusammenhang mit brieflichen Äußerungen zeigt sich, dass Storms weltanschauliche Position ebenfalls bereits einen vorläufigen Abschluss erreicht hatte. Obwohl die Quellen aus dieser Zeit noch nicht so intensiv sprudeln wie aus den späteren Jahren, können wir mit einiger Sicherheit annehmen, dass Storm sich bereits in den Vierzigerjahren zu einer antichristlichen und radikal-demokratischen Haltung durchgerungen hatte[21], die sich später in seinen Heiligenstädter Novellen ganz deutlich zeigen wird und die uns zum Beispiel in der Novelle „Im Schloß" als ein geschlossenes naturwissenschaftlich fundiertes Weltbild entgegentritt. Storm propagiert ein neues Menschenbild unter Verzicht auf religiöse Elemente, in dem der Mensch auf sich selbst gestellt ist und nicht mehr der Erfahrung der Transzendenz bedarf, sondern als einer verstanden wird, der sein Geschick selber in die Hand nehmen kann. Er ist selber für sein Lebensglück verantwortlich und benötigt – beim Misslingen des Lebensplans – keinen religiösen Trost. Seine politische Grundüberzeugung lässt sich als republikanisch und demokratisch kennzeichnen; auch hier können wir den Einfluss des Husumer Umfeldes erkennen; Storm kennzeichnen eine liberale bürgerliche Grundhaltung, religiöser Agnostizismus und Ablehnung aller gesellschaftlichen Privilegien, wie sie der Adel in anderen deutschsprachigen Regionen noch bis zum Beginn des 20. Jahrhunderts behaupten sollte. Mehr noch hat die umfangreiche Lektüre von philosophischer und anderer wissenschaftlicher Literatur Storms Weltbild geprägt, insbesondere Gedanken von Feuerbach und Schopenhauer, so dass eine skeptische, in manchem desillusionierte, aber insgesamt welt- und lebensbejahende Denkweise in Storm entstand.

Storm hat auch einige Rezensionen zur Literatur[22] verfasst, und zwar acht Besprechungen, u. a. kritische Beurteilungen von literarischen Werken über Theodor Fontane und Klaus Groth in den Jahren 1854 und 1855, die er im Zusammenhang seiner Mitarbeit im Kreis der Berliner Freunde Friedrich Eggers zur Verfügung stellte. Diese sporadischen Auftritte als Kritiker verweisen auf ein breites Feld literarischer Sozialisation, das der autodidaktische Schriftsteller Storm ebenfalls durch eine umfangreiche Lektüre erworben hat. Die erhaltenen Spuren belegen Storms umfangreiche philosophische, literarische und ästhetische Bildung, die in ein damals übliches historisch-philologisches Grundwissen eingebettet war. Auch auf diesem Feld beweisen die erhaltenen Bände in Storms Bibliothek, dass der Leser Storm ebenfalls von regionalen Geschichtswerken und Quellensammlungen ausgegangen ist, die er durch ein umfangreiches Material ergänzte, so dass er eine außerordentlich gut sortierte Übersicht über die deutsche und europäische Literatur zusammentrug. So konnte er auf viele Quellenwerke zu Sage, Mythos und Geschichte für die eigenen Novellen zugreifen.

Damit sind aber noch immer nicht alle Bereiche erwähnt, in denen Storm seine Schreibmöglichkeiten erprobt und eingeübt hat. Als Storm 1843 als frisch gebackener Advokat in Husum mit erzählenden Texten zu experimentieren begann, ahmte er zunächst vorgegebene Muster nach, um dann immer freier zu selbständigen Formen seiner Dichtung zu finden. Dabei hat er fast alle möglichen kleinen Textformen[23] ausprobiert: Anekdoten, Märchen, Rätsel, Sagen, Lieder und Gespenstergeschichten.

Bereits während der Studentenzeit begann man im Kieler Freundeskreis, dem auch die Brüder Tycho und Theodor Mommsen angehörten, Sagen und andere volksläufige Texte aus der Heimat zu sammeln. Damit folgten die jungen Wissenschaftler einer Tradition, die einige Jahrzehnte zuvor die Gebrüder Grimm und andere Sammler bewogen hatten, regionale Erzählungen aller Art, die vor allem aus historischen Quellen und Chroniken und z. T. nur durch mündliche Überlieferung tradiert wurden, zu sammeln, zu bearbeiten und durch die Veröffentlichung in Buchform einem breiten Publikum bekannt zu machen. Damit schufen die Sammler eine neue literarischen Kleinform, die Sagen und Volksmärchen.

Sagen sind Erzählungen, die – im Gegensatz zum Märchen – einen gewissen Realitätsanspruch erhebt. Das geschieht dadurch, dass die Erzählung durch Angaben zu Raum, Zeit und Personen den Anschein erweckt, die geschilderten Vorgänge seien wirklich geschehen. Dieser Anspruch wird selbst für übernatürliche Begebenheiten erhoben. Sie gehören zu den vorliterarischen Formen. Hinter den in den Sagen erzählten individuellen Erlebnissen und Begegnungen vermuteten die Sammler kollektive Erfahrungen und Glaubensvorstellungen, die – so die Prämisse – hier ihren symbolischen Ausdruck finden.

Dass eine solche Sammeltätigkeit in den Herzogtümern Schleswig und Holstein erst relativ spät begonnen wurde, hatte mit den besonderen politischen Verhältnissen im Norden des deutschen Sprachraums zu tun; einerseits bedeuteten die Zugehörigkeit des Herzogtums Schleswig zum Dänischen Gesamtstaat und die dänische Verwaltung Holsteins eine gewisse Abtrennung von der kulturellen Entwicklung im übrigen deutschsprachigen Raum, andererseits besannen sich die Gebildeten im Lande erst durch den aufkommenden Nationalgedanken in den 40er Jahren auf die Tradition der deutschen Sprache in einer Region des kulturellen Nebeneinanders von deutscher, friesischer und dänischer Lebensart.

Man kann nicht mehr feststellen, von wem die Idee zur gemeinsamen Tätigkeit ausgegangen ist; als Theodor Storm im Herbst 1842 nach Husum zurückkehrte, brachte er diese Idee jedenfalls schon mit. Bereits in Kiel hatte er damit begonnen, allerlei Reime, Rätsel, Sprichwörter „in einem schmalen Büchlein in Oktav" zu vereinigen. Aus den Briefen, die er seit November mit Theodor Mommsen in Kiel wechselte, geht hervor, wie intensiv Storm in Husum und Umgebung nach Sagen und verwandten Erzählungen forschte.

Die Sammlung, zu der neben Theodor und seinem Bruder Tycho Mommsen und Theodor Storm auch andere Gewährsleute aus der Region Material beisteuerten, wuchs immer mehr an und wurde mehrfach von Husum nach Kiel und zurück geschickt, bis Mommsen vorschlug, einige Beispiele drucken zu lassen und – der Tradition der Brüder Grimm folgend – mit einem Aufruf zu weiterer Sammlung an Bekannte zu schicken. Zur gleichen Zeit plante Karl Leonhard Biernatzki, seit 1841 Rektor der Allgemeinen Stadtschule in Friedrichstadt, die Herausgabe eines jährlich erscheinenden Kalenders, für dessen redaktionellen Teil er Material aus den Herzogtümern suchte. Biernatzki zählte zu den Vertretern der protestantischen Orthodoxie in den Herzogtümern und strebte neben der Förderung einer Erweckungstheologie auch die Verbreitung nationaler Ideen an, die immer deutlicher anti-dänische Züge annahmen. Er bevorzugte Artikel über Gottes Gnade und die Erlösung des sündhaften Menschen; Autoren seines Kalenders waren Pastoren, die unter anderem vor den verderblichen Wirkungen des Alkohols warnten; außerdem veröffentlichte er gelehrte Artikel über wirtschaftliche, geografische und geschichtliche Fragen. Von Storm erwartete er Gelegenheitsgedichte und humoristische Beiträge. Trotz dieser agitatorischen Tendenzen erhielt Storm mit den Volksbüchern ein Forum zur Veröffentlichung einer Reihe von Gedichten und Erzählungen, die der junge Autor für sich auszunutzen verstand, ohne dass ihn die religiös-politische Ausrichtung der Redakteure irgendeinen Zwang anlegen konnte.

Man beschloss, eine Auswahl von Sagen, die Theodor Mommsen und Theodor

Storm zur Sammlung beigetragen hatten, unter beider Namen zu veröffentlichen. Mommsen schlug eine Anzahl von Sagen vor, der Storm zustimmte: auch das Vorwort wurde von ihm entworfen und von Storm in vollem Wortlaut bestätigt. Dieses Vorwort, das auch den Aufruf zur Mitarbeit bei der weiteren Sammlung von Sagen enthält, ist den neun Sagen vorangestellt, die im Volksbuch für das Jahr 1844 abgedruckt wurden.

Da die Zusammenarbeit zwischen Storm und Mommsen nur schleppend voranging – Storm war intensiv mit der neuen Berufstätigkeit als Advokat beschäftigt, Mommsen promovierte an der Kieler Universität –, forderte Mommsen seinen Husumer Freund am 10. November 1843 auf, einem bereits gefällten Entschluss zuzustimmen und Karl Müllenhoff als Herausgeber in ihren Kreis aufzunehmen. Das Unternehmen wurde in den nächsten Monaten unter Federführung Müllenhoffs energisch vorangetrieben, bis dieser schließlich beim Erscheinen der Sammlung Schleswig-Holsteinischer Sagen, Märchen und Spukgeschichten als alleiniger Herausgeber in Kiel an die Öffentlichkeit trat.

Storm trug eifrig in der Umgebung von Husum Anekdoten und Sagen zusammen, dabei durchforschte er auch alte Jahrgänge des „Husumer Wochenblatts". Hier stieß er auf bereits gedruckte Sagen, die er an Theodor Mommsen weiterleitete. Dieser schrieb die Texte nicht einfach ab, sondern bearbeitete sie bereits bei der ersten Transkription. Solche bearbeiteten Texte wurden dann von Karl Müllenhoff als Rohstoff für seine redaktionelle Endbearbeitung der Sagen und Märchen benutzt.

Bei der Rekonstruktion von Storms Sammeltätigkeit wird erkennbar, dass es orale und literale Quellen für die Sagen gab, die er zusammentrug; einige wurden nach mündlichen Erzählungen von einfachen Leuten aus der näheren Umgebung aufgeschrieben, andere übernahm man aus bereits veröffentlichten Quellen; in beiden Fällen wurden die Texte aber bereits vor der redaktionellen Bearbeitung des Herausgebers sprachlich neu gefasst. Im Briefwechsel zwischen Storm und Mommsen finden wir häufiger Hinweise auf den Prozess der „Purifikation", mit der die einzelnen Sagen vor allem von epischen Zutaten gereinigt wurden. Wir dürfen uns den Vorgang der Sammlung und Herausgabe von Sagen und anderen Texten im 19. Jahrhundert nicht so vorstellen, dass die Überlieferungen möglichst authentisch niedergeschrieben wurden; vielmehr glaubten sich Sammler und Herausgeber dazu verpflichtet, die Texte von Verfälschungen zu befreien, um so eine möglichst „ursprüngliche" Fassung zu erhalten. Die „Purifikation" bedeutet neben der Streichung von epischen Ausschmückungen auch eine Rückführung zu einer einfachen Erzählform, die man für ursprünglich hielt. Neuere Forschungen haben gezeigt, dass die Sammler des 19. Jahrhunderts durch ihre Editionstätigkeit die Gattung „Sage" inhaltlich wie sprachlich erst geschaffen und damit als Textform, wie wir sie heute kennen, begründet haben.

Um den Dokumentationscharakter der Sammlung zu betonen, wurden selbst plattdeutsche Elemente ins Hochdeutsche übertragen. Auch hierin folgte man dem Vorbild der Brüder Grimm, die mit ihrem Märchenprojekt eine Art Gattung des „Volksmärchens" kreiert hatten; für Storm war die Sammeltätigkeit also mehr als eine kulturhistorische Rettungsaktion von Texten, die verloren zu gehen drohten; sie eröffnete ihm ein weites sprachlich-literarisches Experimentierfeld und ermöglichte vielfältige Schreibprozesse.

Das Volksbuch für das Jahr 1844 wurde im September 1843 fertig und ausgeliefert. Den Anteil, den die einzelnen Bearbeiter an jedem Text haben, lässt sich nicht mehr feststellen; vergleicht man die vorab unter Storms und Mommsens Namen veröffentlichten Sagentexte im Volksbuch von 1844 mit den Fassungen in Müllenhoffs Sammlung, so wird deutlich, dass auch der Herausgeber noch einmal eine redaktionelle und stilistische Überarbeitung vorgenommen hat.

Die Sammlung Storms hatte einen beachtlichen Umfang angenommen; wie viele Sagen er insgesamt zu Müllenhoffs Edition beigetragen hat, können wir nicht sagen. Aus Müllenhoffs Äußerungen gegenüber Freunden und anderen Mitarbeitern geht aber hervor, dass der Herausgeber nur ca. 400 der 600 Sagen beigetragen hat. Daher dürfen wir annehmen, dass die übrigen zweihundert durch Storms Hände gegangen sind, von denen er eine große Anzahl auch bearbeitet hat.

Über den Abschied vom Sagen-Projekt mag Storm die erneute Anfrage von Biernatzki hinweggetröstet haben, der im Februar 1845 zur Mitarbeit im dritten Band seines Volksbuchs aufforderte. Diese Möglichkeit zur Veröffentlichung nutzte der noch wenig bekannte Dichter intensiv und wurde in den nächsten sechs Jahren wichtigster Autor dieser Publikationsreihe.

Als die Sagensammlung 1845 in Buchform erschien, hatte Storm bereits weitere Sagen, aber auch andere kurze Erzählungen anekdotischen und humoristischen Charakters zusammengetragen; Storm muss eine ganze Reihe von Texten über seinen Vetter Fritz Stuhr nach Friedrichstadt geschickt haben, die Karl Leonhard an seinen Bruder und Mitarbeiter Hermann Biernatzki weiterleitete. Dieser gab Storm am 28. Juli 1845 Auskunft über den Stand seiner Vorbereitung für die Drucklegung des Volksbuchs: „Bis jetzt sind sonst aufgenommen: Een Döntje, Schneewittgen, ein Theil Ihrer Sagen [...], die Geschichte aus der Tonne [...] u. das zu letzt mir zugesandte Gedicht." Erst aus diesem Hinweis geht die Autorenschaft Storms für einige der Texte in den „Volksbüchern" hervor, da sie zum Teil anonym erschienen[24]; dies ist auch ein Hinweis, dass der Verfasser einem Teil des von ihm veröffentlichten Materials noch keinen Werkcharakter zusprach, die Texte also nicht unbedingt als literarische Leistung verstand.

Storm experimentierte während dieses Lebensabschnitts also mit vielen literarischen Kleinformen und verfasste eine Reihe von Gelegenheitsgedichten. In diesen Zusammenhang gehören auch die Anekdoten, an denen Storm seine erzählerischen Möglichkeiten erprobte. Anekdoten sind epische Kleinformen, die in geistreicher Pointierung eine wahre bzw. mögliche oder glaubhafte Begebenheit einer dem Lesepublikum bekannten Person erzählt. Die Anekdote war ursprünglich eine mündliche Form, zum Erzählen in geselliger Situation gedacht, um in prägnanter und witziger Weise einen Charakter zu beleuchten oder die Neugier zu befriedigen. Als schriftliche literarische Gattung gewann sie seit dem 18. Jh. als kleines Charakterbild, als unterhaltende Ergänzung der Geschichtsschreibung an Bedeutung. So hatte sie Storm im „Husumer Wochenblatt" kennen gelernt und nun diente sie ihm wie Märchen und Sage zur Erprobung seiner literarischen Ausdrucksmöglichkeiten.

Bei der Konzeption der wenigen von Storm bekannten Märchentexte hat er nicht zwischen dem erst nach längerer mündlicher Tradierung aufgezeichneten Volksmärchen und dem aus einem bewussten künstlerischen Akt entstandenen Kunstmärchen unterschieden. Wir finden Beispiele für beide Arten der realitätsenthobenen Erzählung wunderbaren Inhalts. Die Gattung der „Kinder- und Hausmärchen" der Brüder Grimm prägt Storms Bild des Volksmärchens und regte ihn zur Sammlungstätigkeit an. Das Kunstmärchen, das Motive aus der mündlichen Märchentradition aufnimmt und in eine individuelle Schöpfung integriert, hat ebenfalls eine lange Geschichte. Auch die Märchen der Brüder Grimm enthalten eine Reihe von Kunstmärchen, die allerdings in einem „Volkston" gehalten sind, der den Sammlern historisch verbürgt erschien. Aus der Rezeption dieser Texte entstanden die Kunstmärchen in der Romantik, die ihrerseits Storm anregten und Elemente in seinen frühen Novellen beeinflusst haben.

Bei den bereits im Zusammenhang mit Storms lyrischer Entwicklung erwähnten Rätseln handelt es sich um Texte, in denen ein Wort, ein Begriff oder eine Sache derart verschlüsselt wird, dass die Auflösung zwar Scharfsinn und ein gewisses Sachwissen erfordert, aber grundsätzlich möglich ist. Die Verschlüsselungen beruhen oft auf einer semantischen Mehrdeutigkeit oder Paradoxie; gerade im literarischen Rätsel ist die Sprachgestalt selbst häufig Grundlage der Kodierung. Auch hier fand Storm eine konventionelle Form vor, die ihn zur Nachahmung reizen musste. Gleichzeitig beschäftigten ihn auch Sprichwörter, also prägnante, formelhafte Lebensregeln mit einem Anspruch auf Allgemeingültigkeit. Zu ihren sprachlich-stilistischen Merkmalen gehören vielfach Parallelismus der Satzglieder, Bildhaftigkeit, Anaphern, Antithesen und klangliche Mittel wie Reim, Assonanz oder Alliteration. Sprichwörter formulieren Regeln über den Lauf der Welt, aus denen sich Lehren und damit Handlungsempfehlungen ableiten lassen. Sie sind im Gegensatz zum Aphorismus anonymer Herkunft und stammen aus unterschiedlichen Quellen: der volkstümlichen Spruchweisheit, der Literatur der Antike und der Bibel, aus der Verdichtung von Fabeln, Schwänken und anderen Kurzformen, der Popularisierung von Sentenzen literarischer Werke und gehören der oralen Tradition an. Ihre Sammlung und damit schriftliche Fixierung begann bereits im Mittelalter, wurde aber bis in die Storm-Zeit fortgesetzt. Die in Schleswig-Holstein verbreiteten Sprichwörter und Redensarten waren in Niederdeutsch gefasst; Storm hat sie gelegentlich in seine späteren Novellen einfließen lassen und dadurch den Lokalkolorit zu verstärken versucht.

Schließlich muss noch das „Neue Gespensterbuch"[25] erwähnt werden, eine Sammlung von 60 Gespenstergeschichten, die Storm zwischen 1842 und 1848 zusammentrug, bearbeitete und für den Druck vorbereitete, aber nicht veröffentlicht hat. Es handelt sich um Erzählungen mit Figuren aus einer anderen, irrealen Welt, in denen es häufig um den Tod geht. Sie entfalteten sich im Zusammenhang mit der Aufklärung und ihren Gegenströmungen; den Autoren ging es zunächst darum, die Wahrscheinlichkeit des Erzählten zu widerlegen. Um 1800 löste sich die Gespenstergeschichte aus der didaktischen Literatur und erfuhr eine eigene Ausprägung in der romantischen Tradition.

Die Gestaltung des Unheimlichen in vielen Erzählungen Storms lässt sich also durch das Interesse erklären, das der Dichter sein ganzes Leben für derartige Motive gezeigt hat; die frühe Begegnung mit dem Sagenschatz seiner Heimat regte ihn zu einer intensiven Beschäftigung mit Dokumenten und Büchern an, in denen er Spuren des Unheimlichen und Gespenstischen fand. Diese Textsammlung besteht ausnahmslos aus Beispielen literaler Tradition, die Storm zum Teil wörtlich aus seinen Quellen übernahm, zum Teil stilistisch überarbeite. Erst später, Anfang der 1860er Jahre, hat er einige dieser Spukgeschichten zu kleinen Novellen ausgeführt und in seinen Text „Am Kamin" integriert.

Storm hat die meisten dieser frühen Texte später nicht mehr erwähnt; das liegt wohl daran, dass er in den Jahren nach 1850 immer klarer erkannte, über welche erzählerischen Möglichkeiten er verfügte. Die Fülle der heute bekannten frühen Schreibversuche belegen, dass der Husumer Dichter als Erzähler zunächst mit der Übernahme von vielfältigen kulturhistorischen Dokumenten experimentierte. Erst als er als Lyriker „fertig" geworden war, erarbeitete Storm eine eigenständige Erzähltechnik und schuf zunächst kürzere selbständige epische Skizzen; bei dieser Arbeit lernte er dann – unter kritischer Begleitung seines Freundeskreises –, seine Fähigkeit zur Gestaltung von gefühlsbeladenen Situationen zur

Kunst der Novellistik zu entfalten. Die Motive, für die er sich während seiner ersten tastenden Erzählversuche interessierte, begleiteten ihn bis zum Lebensende und zeugen von der Bedeutung dieser frühen Anregungen.

Die Region hat also für Storm in mehrfacher Hinsicht Bedeutung; sie ist das historisch-gesellschaftliche Erfahrungsfeld, aus dem seine Vorstellungswelten stammen; aus ihr erwuchs seine politische Orientierung und seine weltanschauliche Überzeugung. Die wenigen kulturellen Möglichkeiten der abgelegenen Region regten den jungen Poeten dazu an, konventionelle literarische Formen zu adaptieren; sie boten ihm ein umfangreiches Experimentierfeld für literarische und außerliterarische Schreibprozesse, die er intensiv nutzte. Die Beispiele dieser Experimente zeigen, wie Storm orale und literare Überlieferungen in sein Konzept von Literatur einpasste, das sich allmählich entwickelte und das er in der zweiten Phase seiner literarischen Sozialisation an der Tradition klassisch-romantischer Poesie abarbeitete. Während Storms Lyrik aus einem inneren Empfinden heraus wuchs und sich vor allem aus Erlebnis und Reflexion des Poeten selbst entfaltete, die er immer wieder gegen die epigonalen modernistischen Phrasen seiner Zeit verteidigen musste, bedurfte die Stormsche Erzählkunst auch der äußeren Anregung und vor allem der Kritik. Dazu genügte die Aneignung einer umfangreich literarischen-ästhetischen Bildung nicht. Erst als Storm sich aus der regionalen Abgeschiedenheit herausbegab und seine Texte in der aufblühenden Metropole Berlin zur Diskussion stellte, gewannen sie jene Welthaltigkeit, die sie über die regionale Herkunft der ersten Schreibexperimente hinaushebt und zu bedeutenden Zeugnissen des Poetischen Realismus machen.

Regionale Erfahrung ist also für Storms Literatur konstitutiv, sie ist allerdings kein Wesensmerkmal seiner Lyrik und seiner Novellistik. Die Heimat ist kein Mythos für den Dichter aus Husum, sondern ein Erfahrungsfeld neben anderen, allerdings ein bedeutendes. Sie ist Quelle für viele Motive, ihre Traditionen boten dem jungen Dichter mannigfache Anlässe zur kritischen Schreibexperimenten. Nie hat Storm seine Heimat verklärt. Dafür sind seine beiden berühmtesten Texte treffende Beispiele, das Gedicht „Die Stadt" und die Novelle „Der Schimmelreiter". Ersteres ist keine Apotheose Husums als Geburtsstadt des Dichters, sondern bringt das individuelle Verhältnis eines lyrischen Ichs zur Stadt seiner Herkunft in so allgemeiner Weise zur Anschauung, dass jede Stadt gemeint sein kann. Zugleich bildet es die Eigentümlichkeit der nordfriesischen Küstenlandschaft in vollendeter Weise ab. Und Storms „Schimmelreiter"-Novelle zeichnet nicht nur ein weiträumiges Landschaftsbild der Westküste, sondern entfaltet in einer symptomatisch angelegten Erzählung sowohl ein Bild vom Kampf des Menschen gegen die Natur als auch die Kritik am Optimismus der Gründerzeit. Durch eine äußerst komplexe Erzählstruktur ermöglicht sie es dem Leser, das Scheitern von Hauke Haien recht unterschiedlich zu deuten, und wird daher mit Recht in aller Welt zu den Meisterwerken der Dichtkunst des 19. Jahrhunderts gezählt.

Anmerkungen

1 Theodor Fontane: Theodor Storm. In: Preußische (Adler-)Zeitung vom 17.6.1853.
2 Gerd Eversberg: Die Bedeutung Theodor Fontanes und seines Kreises für die Entwicklung der Stormschen Erzählkunst. In: Fontane Blätter 54 (1992), S. 62–74.
3 Brief an Eduard Alberti vom 12.3.1882. In: Briefe, hg. von Peter Goldammer, S. 245 f.
4 Blätter für literarische Unterhaltung, 1875, Nr 12, S. 187 f. Vergl. A. Wielacher: Situationen. Zu Storms früher Prosa. In: STSG 21 (1972), S. 38–44.
5 1. Theodor Fontane: „Erinnerungen an Theodor Storm" (I–IV) [Juli 1888]. Handschrift: Storm-Archiv Husum. Erstdruck: Erinnerungen an Theodor Storm von Theodor Fontane. Ein nicht vollen-

deter Nekrolog. Mitgeteilt von Hermann Fricke. In: Jahrbuch für Brandenburgische Landesgeschichte 9.1958, S. 26–37; Textabdruck S. 27–31. Wieder in: Nymphenburger Fontane-Ausgabe XXI/2, S. 83–95.
2. „Storm, Theodor" [um 1884]. Handschrift: Storm-Archiv Husum; Erstdruck: Erinnerungen an Theodor Storm von Theodor Fontane. Ein nicht vollendeter Nekrolog. Mitgeteilt von Hermann Fricke. In: Jahrbuch für Brandenburgische Landesgeschichte 9.1958, S. 26–37; Textabdruck S. 31 f. Wieder in: Nymphenburger Fontane-Ausgabe XXI/2, S. 96 f.
6 Fontane über Storm im 4. Kapitel aus „Der Tunnel über der Spree" von Fontanes autobiografischer Schrift „Von Zwanzig bis Dreißig" nach dem Erstdruck in: Deutsche Rundschau Bd. 87 (April/Juni 1896), S. 89–118.
7 Vergl. Peter Goldammer „Er war für den Husumer Deich, ich war für die Londonbrücke" – Fontanes Storm-Essay – und die Folgen. In: Theodor Fontane im literarischen Leben seiner Zeit. Beiträge zur Fontane-Konferenz vom 17. bis 20. Juni 1986 in Potsdam. (Beiträge aus der Deutschen Staatsbibliothek 6), S. 379–396. Fontane entwickelte in seinen autobiografischen Aufzeichnungen eine Autoren-Typologie, „indem er sich selbst, seine Schreibweise und seine Wirkungsstrategie, Storm und dem ‚Stormschen' entgegenstellte, jene Typologie, die den gesellschaftlichen Schriftsteller und den weltabgewandten, weltfremden Poeten, den aktivistischen homme de lettres und den kontemplativen Dichter polarisiert." (S. 391).
8 Theodor Storm Gedenkbuch zu des Dichters 100. Geburtstage. Hg. von Friedrich Düsel, Braunschweig 1916.
9 Thomas Mann: Theodor Storm. Herausgegeben und kommentiert von Karl Ernst Laage, Heide 1996, S. 22.
10 Franz Stuckert: Theodor Storm. Sein Leben und seine Welt. Bremen 1955, S. 412.
11 Dieter Lohmeier: Heimatkunst als Mißverständnis des Poetischen Realismus. In: Jahresgabe der Klaus-Groth-Gesellschaft 31, Heide 1989, S. 36–38.
12 Brief an Paul Heyse vom 15. November 1882.
13 Vergl. Dieter Lohmeier: Erzählprobleme des poetischen Realismus. Am Beispiel von Storms Novelle „Auf dem Staatshof". In: STSG 28 (1979), S. 119.
14 Norbert Mecklenburg: Wieviel Heimat braucht der Mensch? Gedanken über die Beziehungen zwischen Literatur und Religion. In: Literatur in der Provinz – Provinzielle Literatur? Schriftsteller einer norddeutschen Region, hg. von Alexander Ritter. Heide 1991, S. 11–30.
15 Brief an Theodor Mommsen vom 9.1.1843.
16 Vergl. Boy Hinrichs: Zur Lyrik-Konzeption Theodor Storms. In: Stormlektüren. Festschrift für Karl Ernst Laage zum 80. Geburtstag. Hg. von Gerd Eversberg u. a. Würzburg 2000, S. 281–299.
17 Texte in LL 1 und LL 4.
18 Theodor Storm. Briefe an seine Braut. Hg. von Gertrud Storm. Braunschweig 1916.
Theodor Storm – Hartmuth und Laura Brinkmann. Briefwechsel, hg. von August Stahl. Berlin 1986.
Theodor Storm – Ernst Esmarch. Briefwechsel. Hg. von Arthur Tilo Alt. Berlin 1979.
Theodor Storm. Briefe in die Heimat, hg. von Gertrud Storm. Braunschweig 1907.
Theodor Storm. Briefwechsel mit Theodor Mommsen, hg. von Erich Teitge. Weimar 1966.
19 Vergl. LL 4, S. 413 ff.
20 Vergl. LL 4, S. 309 ff.
21 Vergl. dazu David A. Jackson: Die Stellung Storms zum Christentum und zur Kirche. In: Theodor Storm und das 19. Jahrhundert, hg. von Brian Coghlan und Karl Ernst Laage. Berlin 1989, S. 41–99.
22 Vergl. LL 4, S. 327 ff.
23 Theodor Storm. Anekdoten, Sagen, Sprichwörter und Reime aus Schleswig-Holstein, hg. von Gerd Eversberg. Heide 1994. (Editionen aus dem Storm-Haus 6).
Gerd Eversberg: Rätsel und Wortspiele von Theodor Storm. Mit bisher ungedruckten Versen. In: STSG 44 (1995), S. 41–49.
24 Gerd Eversberg: Einige Storm bisher nicht zugeschriebene Sagen und Geschichtserzählungen. In: STSG 43 (1994), S. 75–95.
25 Theodor Storm. Neues Gespensterbuch. Beiträge zur Geschichte des Spuks. Hg. von Karl Ernst Laage. Frankfurt am Main 1991.

Arbeit „in Kontrasten" – Künstler- und Vaterschaft in Theodor Storms Novelle „Eine Malerarbeit"

Von Rita Morrien, Freiburg

Variationen in Holz

Theodor Storms 1867 erschienene Künstlernovelle „Eine Malerarbeit" wurde in den wenigen Forschungsbeiträgen, die es zu dieser Novelle gibt, überwiegend als Bekenntnis zur Kunstauffassung des poetischen Realismus und als zeittypische Problematisierung des ästhetischen Epigonentums gelesen. Möglich ist aber auch eine ganz andere Lesart, nämlich die, dass Storm anhand der Lebens- und Leidensgeschichte des missgestalteten und nur mittelmäßig begabten Malers Edde Brunken gerade die Grenzen realistischen Erzählens aufzeigt. Die Momente der Transgression werden sichtbar, geht man den folgenden beiden Fragestellungen nach: 1. Welche Funktion haben die in die Novelle integrierten Medien (Schauer)Märchen und karikierendes Selbstporträt? 2. Welcher Art ist das der novellistischen Dynamik zu Grunde liegende Geflecht von Delegations- bzw. Projektionsbeziehungen? Hier ist vor allem das Verhältnis Edde Brunkens zu seinem künstlerisch viel versprechenden Schüler und Ziehsohn Paul genauer zu betrachten.

Muss man sein Leben aus dem Holze schnitzen, das man hat? In „Eine Malerarbeit" hat Storm sich dieser zeitlos aktuellen Problematik angenommen und hierüber differenzierte, vielschichtige bzw. vielstimmige Betrachtungen angestellt. „Man *muß* sein Leben aus dem Holze schnitzen, das man hat [...] und damit basta!"[1] (Hervorhebung von R.M.), als unumstößliches Prinzip formuliert es zunächst der Erzähler der Binnengeschichte, Doktor Arnold, dem wir in seiner Eigenschaft als Arzt und damit Kenner der menschlichen Anatomie wohl einigen Glauben schenken dürfen. „[M]an soll sein Leben aus dem Holze schnitzen, das man hat" (Hervorhebung von R.M.), so modifiziert der geläuterte Protagonist der Binnengeschichte, der Maler Edde Brunken, am Ende seiner Erinnerungserzählung das Diktum des Freundes. Und mit der in der schließenden Rahmenhandlung angestellten Überlegung, „daß man sich selber leichter schleißt" als einen anderen (die Rede ist hier speziell von einer strapaziösen Ehefrau), endet die Novelle (39).

Bevor es hier weiter um ‚Variationen in Holz' geht, sei der Aufbau der Novelle kurz beschrieben. In einem knapp gehaltenen mehrstimmigen Eingangsrahmen werden die Erzählsituation und das novellistische Thema dargelegt. „Wir saßen am Kamin, Männer und Frauen, eine behagliche Plaudergesellschaft" (9), mit diesem atmosphärisch dichten Satz wird die Novelle eröffnet und die „ursprüngliche Situation des authentischen gesellschaftlichen Erzählens"[2] geschaffen. Diskutiert wird in der Gesprächsrunde u. a. der Fall eines unter seiner Ehefrau offenbar unerträglich leidenden „abwesenden Bekannten", der den Hausarzt Dr. Arnold zu dem oben zitierten Diktum und einem veranschaulichenden Lehrbeispiel, der Läuterungsgeschichte des im Kreis der Anwesenden nur vom Hörensagen bekannten Malers Edde Brunken, veranlasst. Die Binnengeschichte lässt sich grob in zwei Teile gliedern. Zunächst wird die Geschichte des körperlich stark verunstalteten, kleinwüchsigen und buckligen Malers Edde Brunken von der Kindheit bis zu dem Zeitpunkt erzählt, als Brunken aufgrund der als äußerst kränkend erlebten Zurückweisung durch ein angebetetes junges Mädchen bei Nacht und Nebel spurlos verschwindet. Der zweite Teil der Malergeschichte schließt nach einem Zeitsprung von etwa vier Jahren an, als Arnold während einer größeren Reise zufällig seinen alten Freund Brunken, welcher mittlerweile Frieden mit sich und der Welt geschlossen hat, wiedertrifft. Zentraler Bestandteil dieses zweiten Teils ist der Erinnerungsbericht des Malers selbst, der sich von der Schilderung eines abgebrochenen Selbstmordversuchs über die Begegnung mit einem hochbegabten jungen Mann, der kurze Zeit später sein Schüler sein wird, bis hin zu der erfolgreichen Etablierung einer Ersatzfamilie, bestehend aus dem Schüler, der verwitweten Schwester Brunkens und deren jugendlich knospender Tochter, erstreckt. Den Abschluss der Novelle bildet die Wiederaufnahme der Rahmensituation, in der noch kurz erwogen wird, ob die Malergeschichte als Lehrbeispiel für den aktuellen Fall dienen kann.

„Eine Malerarbeit" gehört zu der immer noch erstaunlich großen Menge von Storm-Novellen, die von der Forschung nur vereinzelt einer genaueren Betrachtung unterzogen wurden. Neben Karl Ernst Laages informativen Ausführungen über die Entstehung der Novelle[3] gibt es nur noch drei größere Untersuchungen jüngeren Datums[4]: Walter Zimorski und Christine Anton lesen „Eine Malerarbeit" (weitgehend in Übereinstimmung mit den kurzen Nennungen der Novelle in der älteren Storm-Forschung) als Künstlernovelle, in der der erfolgreiche ethisch-menschliche und ästhetisch-künstlerische Reifungsprozess eines nur mittelmäßig begabten Malers geschildert wird, der seine eigentliche Bestimmung schließlich in der Selbstüberwindung und kunstpädagogischen Erziehung seines Ziehsohns findet. Nach Anton stellt die Novelle ein „eindeutiges Dokument *für* den poetischen Realismus und *wider* einen allzu pragmatischen Naturalismus dar"[5]. Letzterer wird repräsentiert durch die selbstzerstörerische, auf dem unversöhnlichen Nebeneinander von ästhetischem Schönheitssinn und körperlicher Hässlichkeit basierende Lebens- und Kunstauffassung des frühen – also noch nicht geläuterten – Brunken, ersterer durch seinen genialisch veranlagten Schüler Paul Werner, der es vermag, die äußere Natur im Medium seiner kreativen Phantasie in wahre Kunst zu verwandeln. Zu einem ähnlichen Fazit kommt Zimorski: „Die in Brunken figurierte Überwindung des Antagonismus von Kunst und Leben führt zu jener Synthese von Leben und Kunst, die im realistischen Kunstprogramm eine unauflösliche Einheit bilden"[6]. Ungehalten über Zimorskis affirmative Akzentuierung des harmonischen, im Kreise einer kunstbeflissenen Ersatzfamilie situierten *happy end* zeigt sich Günter Blamberger, der seine psychoanalytische Lesart der Novelle mit der Behauptung einleitet, zum tieferen Verständnis der Edde-Brunken-Geschichte bedürfe es notwendig intimer Kenntnisse aus der Biographie Theodor Storms.[7] Wenngleich Blamberger darin zuzustimmen ist, dass man den „Beunruhigungswert" der Novelle nicht vorschnell im Sinne der Kunstprogrammatik des poetischen Realismus auflösen sollte, scheint mir doch eine illegitime Reduktion vorzuliegen, wenn man Bedeutung, Wert und Gehalt des Textes primär in Zusammenhang mit Storms persönlicher Lebenssituation, konkret der Lebenskrise, in die der Autor nach dem Tod seiner ersten Frau Constanze geriet, zu beurteilen versucht[8] – was dann in Blambergers in vielen Punkten scharfsinniger Untersuchung auch prompt zu biographischen Kurzschlüssen führt wie „Gertrud [das Mädchen, in das Brunken sich unglücklich verliebt, R.M.] ist eine Kopie der jungen Dorothea [Storms zweiter Ehefrau und früherer Geliebten, R.M.]"[9]. Wesentlich differenzierter analysiert Irmgard Roebling, wenn auch nicht am Gegenstand der „Malerarbeit", das Verhältnis von erlebter Realität und Fiktion im Werk Theodor Storms. Roebling betont, dass das Kunstwerk nicht als eine direkte Abbildung persönlicher Erlebnisse, sondern als ein Fortschreiben der eigenen Erfahrung aufzufassen ist, wobei eine solche Phantasie-Tätigkeit dann als „‚poetische Befreiung' verstanden [wird], die Rückwirkung auf das Leben des Dichters haben kann"[10]. Meine eigenen Überlegungen knüpfen an dieses Modell an, wobei es mir bei der Analyse von Storms „Malerarbeit" speziell darum geht, das der novellistischen Dynamik zugrundeliegende Geflecht von Delegationsbeziehungen transparent zu machen, das heißt, der Frage nachzugehen, welche geheimen Identitätsschnittpunkte sich zwischen den im Zentrum stehenden Figuren, dem bzw. den Erzählern und dem Autor festmachen lassen[11].

Künstlerfiguren gibt es in der Literatur des 19. Jahrhunderts in einer kaum mehr überschaubaren Menge, in der zweiten Hälfte des Jahrhunderts zunehmend auch solche, die nur mittelmäßig bis gar nicht begabt sind – den Anfang macht hier vermutlich Grillparzers „Der arme Spielmann" (1847), gefolgt von ganz unterschiedlich gearteten Künstlerfiguren bei Keller, Stifter, Storm u. a., die aber alle mehr oder weniger deutlich von der Zeitstimmung des Epigonentums angekränkelt sind[12]. Insofern stellt Storms nicht gerade genialisch veranlagter Maler Edde Brunken keine Ausnahmeerscheinung dar. Und doch muss man sich fragen, warum Storm es für nötig befand, seinem Protagonisten nicht nur die höheren künstlerischen Weihen, sondern auch ein ‚normales' Äußeres zu verwehren. Edde Brunken wird weder von der Muse noch von einem gewöhnlichen Mädchen geküsst. Er ist – anders auch als die Figur des zwar körperlich missgebildeten, aber künstlerisch hochbegabten Renaissancemalers Gaetano in Isolde Kurz' Novelle „Der heilige Sebastian" (1890) – in doppelter Hinsicht negativ markiert. Die körperliche Missbildung kann nämlich nicht via Kunst kompensiert werden, die kleinwüchsige, bucklige Statur findet vielmehr ihre Entsprechung in dem Mangel an künstlerischer Größe und Originalität. Ruhe und Frieden kann ein derart vom Schicksal betrogener Mensch nur finden, indem er seine Ansprüche auf Liebe, Glück und Anerkennung radikal zurückschraubt, indem er Verzicht leistet und sein Leben aus dem Holze schnitzt, das er hat, selbst „wenn es [so] krumm und knorrig wäre" (9) wie im Fall Edde Brunkens – so lautet explizit die Moral von der Geschicht'. Doch ist diese Moral nur die eine Seite der Medaille, lauert hinter dem didaktischen Lehrbeispiel in Sachen Selbstgenügsamkeit und Verzicht noch eine andere Geschichte, die nur zwischen den Zeilen bzw. am Rande der Bilder – der Selbstbildnisse Brunkens – zum Vorschein kommt.

Malerpinsel, goldene Krücke und Affenklaue als Insignien der (Ohn)Macht

Über die Kindheit des Malers erfahren wir nicht mehr, als dass der Vater Seekapitän war und der kleine Edde oft auf der väterlichen Brigg herumkletterte, wo er, laut der Erinnerung eines der Gesprächsteilnehmer, „gleich einem Klümpchen Unglück oben in dem Takelwerke hing" (10). Die Person der Mutter wird, wie so oft in den Novellen Storms, nahezu totgeschwiegen[13], bezeichnend mag aber doch folgende, von Storm nachträglich geänderte[14] Formulierung sein: „[A]ls ich ihn kennenlernte [so der Doktor], obgleich ein Mann an die Dreißig, galt er noch immer für einen ziemlich wilden Burschen; es war so recht ein Stückchen der *erbarmungslosen Mutter Natur*, ein solches Temperament auf dieses Körperchen zu pfropfen." (Hervorhebung von R.M.) Anzunehmen ist also, dass Eddes Missbildung nicht die Folge eines Unfalls wie etwa in Thomas Manns Erzählung „Der kleine Herr Friedemann" ist, sondern von Geburt an gegeben war.

In der einzigen direkten Erwähnung, die der Mutter zuteil wird, taucht diese als Erzählerin eines Märchens auf, welches Edde einer Schar von Kindern und seiner Angebeteten Gertrud anlässlich eines gemeinschaftlichen Ausflugs wiedererzählt. Hierbei handelt es sich um das Märchen von dem Ungeheuer und der weißen Rose, zu dem Brunken eine besondere Affinität hat, wie er seiner kleinen Hörerschaft einleitend auseinander setzt: „Ich [...] bin mit dieser Geschichte aufgewachsen, und da ich bekanntlich das normale Maß nicht zu erreichen vermochte, so bin ich niemals über sie hinausgekommen; derohalben glaube ich, sie gründlicher verstehen gelernt zu haben, als Ihr anderen großen Menschenkinder." (17) Brunkens spezifische Adaption des bekannten Volksmärchens sieht folgendermaßen aus: Eine verwöhnte Prinzessin verlangt von ihrem Vater beim ersten Schneefall eine weiße Rose. Der König findet das Gewünschte, jedoch in einem verzauberten Garten, der von einem schrecklichen Ungeheuer bewacht wird. Er darf den Garten unbeschadet verlassen und die weiße Rose mit sich nehmen, doch muss er als Gegenleistung dem Ungeheuer den Menschen überlassen, der ihm bei seiner Rückkehr als Erstes begegnet. Natürlich ist dieser Mensch ausgerechnet die geliebte Tochter des Königs, die dann auch nach einer Frist von drei Tagen dem Ungeheuer überantwortet wird. Bis zu diesem Punkt folgt Brunken bei seiner Erzählung dem alten Märchenstoff, dann aber beginnt er „seine Szenen auszupinseln" (18). Die Prinzessin muss dem Ungeheuer durch eine „unabsehbare Wildnis" (ebd.) folgen, wobei ihre seidenen Schuhe von den Wurzeln zerrissen und ihr die weiße Rose vom Nachtwind aus den Haaren fortgeweht wird:

Einen Augenblick stand sie still und schloß ihre schönen blauen Augen, und als das Ungeheuer seinen ungestalteten Kopf nach ihr umwandte, sah es nur die langen schwarzen Wimpern auf ihren zarten Wangen liegen. Da streckte es seine Tatze aus und zupfte damit an ihrem weißen Kleide. [...] Aber freilich, als die Prinzessin aufsah, da schauderte sie und grub, wie sie zu tun pflegte, mit ihren weißen Zähnchen in die Lippe, daß sie blutete. [...] Das [...] erbarmte das Ungeheuer, und es wollte ihr ein tröstliches Wort zusprechen; denn Ihr wißt wohl, es war selbst nur ein armer verwünschter Prinz. Aber der Laut, der aus seiner Kehle fuhr, war so heiser, als hätte die schwarze Wildnis selbst das Geheul ausgestoßen. Da fiel die Prinzessin vor ihm auf die Knie und sah ihn mit entsetzten Augen an, und das Ungeheuer stieß abermals ein Geheul aus, weit grausenhafter als vorhin; denn es war der Schrei einer armen Seele, die nach Erlösung ringt. Es fühlte die innere Wohlgestalt und den edlen Klang der Stimme, die eigentlich sein eigen waren, aber es versuchte vergebens die abschreckende Hülle zu sprengen, die alles in bösem Zauberbann verschloß. (19)

Anders als in der Märchenvorlage gibt es in Brunkens Geschichte kein *happy end*. Die Prinzessin wird nicht, wie es der traditionsreiche Stoff eigentlich vorsieht, von Mitleid und Liebe übermannt; anstatt das Ungeheuer zu küssen und damit von dem schrecklichen Zauber zu befreien, fleht sie in ohnmächtigem Entsetzen um Gnade. So bleibt der verwunschene Prinz – Edde Brunken – für immer unerlöst, verstoßen aus der Welt der Schönheit und der Liebe. Das solcherart von dem buckligen Maler variierte Märchen lässt sich unschwer als allegorische Darstellung der Unversöhnbarkeit von hässlicher, animalischer Triebnatur und schöner Seelenhaftigkeit entschlüsseln. Der Gang durch den unwegsamen, düsteren Wald, bei dem die Königstochter ihre „seidenen Schuhe" (18) – auf die sexuellen Implikationen der „zwanghaften Verwendung der Fußmotive" bei Storm hat Irmgard Roebling hingewiesen[15] – und auch die vom Vater geschenkte weiße Rose – als Symbol jungfräulicher Reinheit – verliert, kann in diesem Sinne, zumal mit Blick auf die blutigen Lippen der Prinzessin, als kaum verdeckte Deflorations- bzw. Vergewaltigungsphantasie gelesen werden. Die unerträgliche Spannung, die Brunkens Version von „Die Schöne und das Biest" innewohnt, kommt aber erst durch den Hinweis zustande, dass sich hinter der hässlichen, hilflos und unbeholfen agierenden Triebnatur eine den Augen der Geliebten verborgen bleibende „innere Wohlgestalt" verbirgt. Diese quälende Disharmonie zwischen Körper und Seele wird innerhalb des Märchens nicht überwunden, so wie auch die einseitige Liebesgeschichte zwischen der schönen Gertrud und dem buckligen Edde Brunken tragisch, nämlich mit Hilflosigkeit auf der einen und in Selbstmordgedanken kulminierender Frustration auf der anderen Seite, endet. Damit wiederholt sich in der Märchenversion wie im Leben des Malers das, was sich wohl auch in der frühen Mutter-Kind-Beziehung leidvoll abgespielt hat. Auf die unüberlegte Frage Gertruds, wie denn das entsetzliche Ungeheuer ausgesehen habe, antwortet Brunken wie folgt: „Ich weiß nicht; meine Mutter, die mir die Geschichte erzählte, hat es mir nie beschreiben wollen. Aber sahen Sie denn nie ein Ungeheuer, Fräulein Gertrud?" (18) Wichtig ist hier vor allem der verdeckte Hinweis auf die zwangsläufig traumatische Kindheitserfahrung, dass es der Mutter offenbar unmöglich war, hinter die äußere Missgestalt ihres Kindes zu sehen und ihm auf diese Weise ein – auf der liebenden Anerkennung des Anderen basierendes – positives Selbstbildnis zu vermitteln. Als selbsttherapeutische oder kathartische Maßnahme musste sie, so lässt sich vermuten, das real Erlebte/Geschaute in eine ferne Märchenwelt transferieren, um so die Augen vor der konkreten kindlichen Missgestalt verschließen zu können. Das aber bedeutet nichts anderes, als dass sie dem Kind die für die Identitätsstiftung notwendige Spiegelung in der ‚realen' Welt – den anerkennenden Augen der Mutter – vorenthalten hat, wodurch sich auch der fast pathologisch zu nennende Hang des erwachsenen Edde Brunken zur Selbstbespiegelung im Medium der Kunst erklärt.

Es mag zweifelhaft sein, von der einmaligen, eher beiläufigen Nennung der Mutter Brunkens auf ein frühkindliches Identitätsdrama zu schließen[16]. Doch gibt es neben den genannten noch weitere Anhaltspunkte in der „Malerarbeit", die, wie ich meine, für den sensibilisierten Leser eine deutliche Sprache sprechen. Von zentraler Bedeutung sind in diesem Zusammenhang die beiden Selbstbildnisse, die Brunken als ästhetische Manifestation seiner jeweiligen Befindlichkeit und Existenzweise anfertigt. Das erste, kurz vor dem traurigen Höhepunkt seiner Liebe zu Gertrud angefertigte Bild – laut Brunken eine Arbeit „in Kontrasten", keine Kunst, sondern „eitel nichtswürdige Abschrift der Natur" (13) – zeigt

> eine sonnige Parkpartie in altfranzösischem Gartenstil; auf dem freien Platze im Vordergrunde erhob sich aus einem blühenden Rosengebüsch die Statue der Venus; ihr zu Füßen, zu ihr emporschauend, stand in zierlicher Rokokokleidung die Gestalt eines verkrüppelten Mannes, in der ich, unerachtet der struppige Vollbart hier rasiert und das Haar des unbedeckten Hauptes mit Puder bestreut war, sogleich den Maler selbst erkannte. Die langen Finger der beiden Hände, welche aus breiten Spitzenmanschetten hervorsahen, hatten sich um die goldene Krücke eines Bambusrohrs gelegt, auf welche der kleine Mann im veilchenfarbenen Wams sich mühselig zu stützen schien. [...] Weshalb er [...] so finster zu dem Antlitz der Liebesgöttin emporblickte, wurde erst verständlich, wenn man im Mittelgrunde des Bildes den sonnigen Laubgang hinabsah, durch den sich im traulichsten Behagen ein Liebespaar entfernte. (Ebd.)

Des Weiteren erfahren wir aus der Perspektive des Erzählers, also des Arztes Dr. Arnold, dass die sich „übermütig lachend nach dem Krüppel" umsehende Dame die Züge Gertruds trägt (14), wodurch sich die Erbitterung des abgebildeten Malers zum Teil erklärt. Wichtiger noch aber ist in dem oben entfalteten Zusammenhang die Beobachtung des Erzählers, dass der Maler die Statue in signifikanter Weise gegenüber dem verbreiteten Modell der Venus von Milo verändert, sie nämlich mit Armen ausgestattet hat[17]: „Freilich, [...] schöne, hülfreiche Arme, und sie hilft auch Jedem, nur nicht solchen Kreaturen, deren eine dort zu ihren Füßen kriecht" (ebd.), antwortet der Maler mit unverhohlener Bitterkeit auf den Einwand des Freundes. Darauf merkt dieser eine weitere – für uns höchst bedeutsame – Eigenart des Bildes an: „Du hast sehr wohl gewußt, daß Du etwas besitzest, das selbst der Königin der Schönheit fehlt, zu der Du dort so mißverständlich hinaufschaust. [...] Du hast [...] unerachtet Du Dir sonst eben nicht geschmeichelt, Deine nicht ohnehin nicht üblen Augen in das beste Licht zu setzen gewußt." (Ebd.)

Vordergründig zeigt die selbstquälerische „Studie zur Selbsterkenntnis" (ebd.) die aktuelle Tragik einer unerwiderten, gänzlich aussichtslosen Liebe, auf einer dahinterliegenden Ebene vollzieht sich aber auch eine Reinszenierung der düsteren – weil blicklosen – Kindheit des buckligen Malers. Die komplettierte Venusstatue kommt hier weniger im Sinne erotischer Verführung oder Bedrohung denn als Repräsentantin verweigerter Mutterliebe ins Spiel. Hierauf lässt der eigenwillige Einfall Brunkens schließen, die Figur zwar mit Armen – welche sie nach seinem subjektiven Empfinden jedem, nur nicht ihm reicht –, nicht aber mit Augen auszustatten. Im Medium des Bildes werden in verschlüsselter Weise fehlende Bausteine aus der Biographie Edde Brunkens zusammengefügt, wird vor allem die Unmöglichkeit, sich in den Augen einer liebenden Mutter zu spiegeln, reflektiert und die unzureichende Ausrüstung mit den väterlichen Insignien der Macht beklagt. Brunken muss Vorlieb nehmen mit der „goldene[n] Krücke eines Bambusrohrs", auf die er sich „mühselig" stützt, und einem Pinsel, den er, anders als sein späterer Schüler Paul Werner, nicht virtuos zu handhaben weiß, der ihm von daher auch nicht als „phallisch-exhibitionistisches Instrument [...] zur Reparatur seines beschädigten Selbst"[18] dienen kann. Wer aber derartig defizitär ausgestattet ist, der wird immer der nicht oder nur mit höhnischem Gelächter beachtete, ausgeschlossene Dritte bleiben, auf den wird sich niemals ein begehrendes Auge richten, der kann immer nur als am Rande stehender Beobachter am Lebensglück der anderen partizipieren. „[M]eine Seele und meine Kunst verlangen nach der Schönheit, aber die langfingerige Affenhand des Buckligen darf sie nicht berühren" (21), diese bittere Erfahrung endgültig zu akzeptieren und sich mit der Position des wohlmeinenden ‚Voyeurs' zufrieden zu geben, wird den Läuterungsprozess des Edde Brunken ausmachen, und Anzeichen für eine solche Entwicklung gibt es ja schon in dem ersten Selbstbildnis, in dem der Maler bezeichnenderweise seine Augen „in das beste Licht zu setzen gewußt [hat]".

Positionswechsel oder Vom Leben am Rande der Bilder

Voraussetzung für den anstehenden Positionswechsel ist ein radikaler Neuanfang, der sich bei Brunken zunächst dergestalt abzeichnet, dass er den Ort seiner Schmach, der Zurückweisung durch Gertrud, fluchtartig verlässt – eigentlich mit der Absicht, aus dem Leben zu scheiden, doch es kommt anders. Von dem Gedanken, seinem Leben in einer Trinkgrube[19] ein Ende zu setzen, lässt Brunken wieder ab, als er am Rande der Grube einen Einzelnen im Schlamm steckenden Schuh entdeckt. Über die Frage, was es mit diesem Schuh auf sich hat und wo sich wohl sein Gegenstück befinden mag (vgl. 26 f.), gelangt Brunken zu der Einsicht – die freilich zunächst einmal nicht mehr als eine Ahnung sein kann –, dass man sein Leben auch in Ergänzungen denken kann, dass es zur Komplettierung des eigenen unvollständigen Selbst eines anderen – und nicht notwendigerweise einer liebenden Frau – bedarf. Statt, wie so viele Stormsche Figuren, im Wasser den Tod zu finden, zieht Brunken sich gewissermaßen am eigenen Schopfe aus dem Schlamm. Mit dieser zweiten Geburt[20] wird aber auch die Schmach der ersten Geburt getilgt oder zumindest abgemildert und kann die traumatische Erinnerung an die abweisende Mutter überwunden werden, wie ich später anhand des zweiten Selbstbildnisses noch genauer ausführen werde.

Der Besitzer des wegweisenden Schuhs ist dann auch schnell gefunden. Es handelt sich um einen lebensmüden Bauernsohn, der sich leidenschaftlich zur Kunst berufen fühlt, von seinem Vater aber mit aller Gewalt zur Übernahme der Familientradition gedrängt wird. Genau an der Stelle, an der Brunken sich mit Selbstmordgedanken trug, hatte auch der junge Paul Werner sich ertränken wollen, was von herbeieilenden Nachbarn gerade noch hatte verhindert werden können. Minus mal minus ergibt bekanntlich plus, und in diesem Sinne wird sich auch das schicksalhafte, nur leicht zeitverschobene Zusammentreffen der unglücklichen Männer für beide Parteien als Beginn eines neuen Lebens- und auch Familienglücks herausstellen. Bevor Brunken die leibhaftige Bekanntschaft des jungen Malers macht, gerät er zufällig an ein paar weggeworfene Arbeitsproben, in denen er dank seines scharfen Auges sogleich ein zwar ungeschultes, aber großes Talent erkennt[21]. In der Forschung wurde zu Recht darauf hingewiesen, dass der junge Paul Werner im Unterschied zu Brunken, der zumindest bis zum Zeitpunkt seiner Läuterung eher einem naturalistischen Kunstverständnis verhaftet ist, ein Repräsentant der realistischen Malkunst, d. h. einer Kunst, die darauf abzielt, „durch Darstellung des Empirischen das Essenzielle andeutungsweise sichtbar zu machen"[22], ist. Und doch bleiben meiner Ansicht nach wesentliche Aspekte der Novelle unberücksichtigt, wenn man sie auf ein programmatisches Abwägen zweier miteinander konkurrierender Wirklichkeits- und Kunstauffassungen reduziert. Das Verhältnis der beiden auf den ersten Blick so ungleichen Männer ist in mehr als nur einer Hinsicht komplementär. Es erschöpft sich nicht darin, dass der eine ein ausgezeichneter Kunstpädagoge und der andere ein ‚gottbegnadetes' Maltalent ist, sondern betrifft auch die Dimension des Familiären und des Erotischen. So ist es wohl kaum ein Zufall, dass die erste Begegnung zwischen Brunken und Paul auf dem Friedhof stattfindet, wo der junge Mann – offenbar vergeblich – Trost am Grab der Mutter sucht (vgl. 34). Brunken kommt ohne Umschweife auf die unglückliche Liebe zur Malerei und auch auf den Selbstmordversuch des Jungen zu sprechen, was diesen verständlicherweise mit Schamgefühlen erfüllt: „Eine jähe Röte schoß über das blasse Antlitz. ‚Weshalb sagen Sie mir das?' sagte er zitternd." Hierauf antwortet Brunken: „‚Weil ich Dir helfen möchte, Paul [...] denn bei den Toten ist nun mal keine Hülfe.'" (35) Auch hier haben wir wieder das Szenario eines hilfsbedürftigen ‚kleinen' Jungen, der sich in seiner Verzweiflung an die Mutter wendet, von dieser aber nicht tröstend angesehen und in die Arme genommen wird, und scheint noch einmal die traumatische Erinnerung an eine kalte, abweisende oder abwesende Mutter auf. Zu besetzen ist also die Position einer fürsorglichen Elterninstanz – dies gilt umso mehr, als auch Pauls Vater sich hierfür mit seiner verständnislosen Haltung gegenüber den künstlerischen Neigungen des Sohnes disqualifiziert –, und diese Position wird fortan Edde Brunken zur Zufriedenheit aller einnehmen[23].

Brunken setzt sich freilich nicht ohne Eigennutz für den begabten jungen Mann ein. Auch mischen sich in seine Bewunderung durchaus Gefühle des Neides, ganz zum Schweigen bringen lässt sich sein ‚Dämon', sein Begehren nach sinnlicher Schönheit und Ruhm, offenbar nicht: „Du weißt, der Mensch ist nun einmal eine Kanaille; – und so begann sich denn auch in mir ein ganz lebenskräftiger Neide gegen diesen Bauernburschen zu regen. Da ich mich aber mit Naturdämonen schon hinlänglich behaftet fühlte, so entschloß ich mich kurz diesen neuen Kameraden sofort in der Geburt zu ersticken." (33) Doch gewinnt Brunken im Zuge dieser Selbstzensur und -bescheidung auch etwas, nämlich die Möglichkeit, über seinen Schüler und Ziehsohn sowohl von der hohen Kunst als auch von der Geschlechterliebe berührt zu werden. Seinem Freund Anton erzählt der selbst nur dilettierende Maler rückblickend Folgendes über die erste Begegnung auf dem Friedhof: „ich sah den Jungen, in dessen aufstrebender Kunst ich jetzt fast mehr lebe, als in meiner eigenen." (Ebd.) Ähnlich wie mit der Kunst verhält es sich auch mit der Liebe: Paul und Brunkens heranwachsende Nichte Marie als die glücklichen Protagonisten einer Liebesgeschichte, welche unter den wachen Augen des Malers wächst und gedeiht (vgl. 39) – das ist der Liebestraum, den der selbst einst so schmerzhaft Zurückgewiesene träumen darf, ohne weitere Verletzungen befürchten zu müssen. Und dieser Traum steht auch im Mittelpunkt des zweiten Selbstbildnisses, das als Gegenentwurf zu dem ersten Bild den Abschluss der Novelle bildet:

Es war fast dasselbe, wie jene bittere Karikatur seines eigenen Lebens, an der ich ihn einst so eifrig hatte arbeiten sehen; [...] nur die Stellung der Figuren war eine andere. Das junge Paar [diesmal mit den Zügen Pauls und Maries ausgestattet, R.M.], das sich früher mit übermütigem Lachen in dem Laubgange entfernt hatte, sah man jetzt in harmloser Weltvergessenheit zu den Füßen der huldreichen Göttin. Das Mädchen, wie ruhig atmend hingestreckt, lehnte ihr Köpfchen an das Postament, während der jugendliche Kavalier, welcher dem Beschauer ebenfalls sein Antlitz zeigte, damit beschäftigt war, eine rote Rose in ihrem Haar zu befestigen, die er augenscheinlich eben frisch vom Strauch gebrochen hatte. – Im Hintergrunde des Bildes aber, in bescheidener Ferne, so daß sie nur bei genauerer Betrachtung bemerkt wurde, saß auf einer Bank die Gestalt meines Freundes. Bequem in die Ecke gelehnt, die Krücke seines Stöckleins unterm Kinn, schaute er unverkennbar in heiterer Behaglichkeit den Spielen zu, die bei dem warmen Sonnenschein unseres Herrgotts Geziefer vor ihm in den Lüften aufführten. (38)

In diesem Bild ist Venus als „huldreiche[] Göttin" rehabilitiert und kommt die Krücke nicht als kümmerliches Substitut für die fehlenden Insignien der Macht, sondern als Zeichen väterlicher Besonnenheit ins Spiel. Auch bewegt sich das Liebespaar nicht von Brunken weg (ihn durch höhnisches Gelächter demonstrativ ausschließend), sondern ruht selbstvergessen zu Füßen der Statue. Am wichtigsten aber ist der Umstand, dass Brunken „das liebe Ich aus dem Vorder- in den Hintergrund" (38 f.) gerückt hat, was in der Forschung überwiegend im Sinne einer Heilung von der narzisstischen Selbstbezogenheit interpretiert wird. Diese Heilung, die sich im Übrigen auch an dem vergleichsweise blühenden Äußeren des Malers zeigt (vgl. 23), konnte jedoch, so meine ich, nur unter einer Voraussetzung stattfinden, nämlich der, dass Brunken sich von den – angesichts seiner Physiognomie und seiner nur begrenzten Begabung – untragbaren Aspekten seines Ich trennt und auf einen anderen projiziert. Der junge, hoch gewachsene und hoch begabte Paul lebt als Ersatz- bzw. Delegationsfigur die Wünsche aus, die Brunken von seinem Ich abspalten musste. Das ist der ‚Deal', der sich an der Trinkgrube – als einem mythisch besetzten Ort, an dem in der Stormschen Novellistik diverse Fälle von Leben und Tod verhandelt werden[24] – mit dem Auftauchen des verwaisten Schuhs abzeichnet. Dieser im Schlamm steckende Schuh gibt die Richtung an, wie das verletzte, defizitäre Ich zu heilen ist – nämlich im

Schoße einer Kunst, die von der Gestaltung hässlicher Kontraste zugunsten der ästhetischen Vereinigung von Realität und Idealität absieht, und im Kreise einer biedermeierlichen Familie, wie sie von Brunken durch das Anwerben seiner verwitweten Schwester und deren heranwachsender Tochter Marie für die noch offenen Rollen gegründet werden kann[25].

Über den Zusammenhang von Kunst, Familie und Erinnerung

Theodor Storm verknüpft in seiner Novelle „Eine Malerarbeit" zwei Themenbereiche miteinander, die in der Literatur des gesamten 19. Jahrhunderts von zentraler Bedeutung sind, nämlich die Krise der bürgerlichen Familie und das Lebens- und Kunstproblem des Epigonentums, mit dem sich bekanntlich die Nachfahren der fruchtbaren Weimarer Kunstperiode konfrontiert sahen. „Im Vergleich mit den Werken jener glanzvollen Epoche wurde man sich resignierend dem Mangel an Originalität in Bezug auf die eigene Kunstproduktion bewußt"[26], skizziert Christine Anton die epigonale Stimmung der Zeit, und Jochen Schmidt spricht vom Unbehagen des Nachfahren an „der prinzipiellen Sinnlosigkeit künstlerischen Schaffens"[27]. Infiziert von der epigonalen Zeitstimmung ist zweifellos auch der Maler Edde Brunken, wenn er seinem ersten Selbstbildnis jeglichen Kunstcharakter abspricht – „Keine Spur von Kunst, Arnold, eitel nichtswürdige Abschrift der Natur" (13) – und auch die Bedeutung seines zweiten Selbstbildnisses darauf reduziert, „die Illustration zu [s]einer Geschichte" (38) zu sein. Zwar gibt es da noch sein jugendliches Alter Ego, den talentierten und gut gewachsenen Ziehsohn Paul Werner, doch begegnet uns dieser weniger als vollendeter Künstler denn als utopische Zukunftsmöglichkeit, deren Realisierung zwar unter einem guten Stern zu stehen scheint, aber letztlich doch noch in weiter Ferne liegt. Bereits in der Gegenwart verwirklicht ist dagegen das Modell idealer Familiarität, wobei zu betonen ist, dass es sich bei der kleinen Gemeinschaft in der „Villa Brunken" nicht um eine natürliche Familie handelt, sondern um ein gut funktionierendes soziales Konstrukt, das nur in Teilbereichen auf Blutsverwandtschaft basiert. Nicht in Vergessenheit geraten darf in diesem Zusammenhang, dass sowohl die Ursprungsfamilie Brunkens als auch die Pauls in ihrem Scheitern als Fürsorgeinstitution vorgeführt werden. Der mutterlose Paul wird durch die Unnachgiebigkeit seines Vaters fast in den Tod getrieben, und Brunkens auf der manifesten Ebene weitgehend ausgesparte Biographie habe ich anhand der Selbstbildnisse und des Märchens als eine – insbesondere was die Beziehung zur Mutter angeht – traumatische Familiengeschichte zu rekonstruieren versucht. Im Hinblick auf die eingangs gestellte Frage *Muss man sein Leben aus dem Holze schnitzen, das man hat*, heißt das aber nichts anderes, als dass man *seines Glückes eigener Schmied ist*, oder, um den Bereich der sprichwörtlichen Phrasen schnell wieder zu verlassen, dass man sein Lebensglück im Falle einer mangelhaften Ausstattung durch „Mutter Natur" bzw. einer unzureichenden Versorgung durch die Herkunftsfamilie durch Ersatz- und Delegationsbeziehungen erlangen kann.

Eine Verflechtung der Themenbereiche ästhetisches Epigonentum und Familienkrise ist auch in einer der bekanntesten Novellen Theodor Storms, in „Aquis submersus" (1876), anzutreffen. In dieser von Gunter Hertling als des Autors „Meisterschuß"[28] bezeichneten Novelle gibt es allerdings keine glückliche Auflösung, wird dem Leser das tragische Scheitern eines Mannes als Künstler und als Vater drastisch vor Augen geführt. Auch in dieser Novelle gibt es einen von seinem leiblichen Vater (notgedrungen) vernachlässigten Sohn, ein kleines Kind noch, das in einer Wassergrube ertrinkt, während seine Mutter Katharina[29] der Leidenschaft ihres früheren Geliebten – eben des leiblichen Vaters ihres Sohnes – nachgibt und sein Ziehvater in seiner Eigenschaft als Priester der Verbrennung einer vermeintlichen Hexe beiwohnt. Auch diese düstere Familiengeschichte wird von dem Ich-Erzähler der Rahmengeschichte über Bilder rekonstruiert, Bilder, die von dem Vater des Kindes nach dessen Tod gemalt und mit den Buchstaben C.P.A.S. als Kürzel für *Culpa Patris Aquis Submersus* – durch die Schuld des Vaters im Wasser versunken – versehen wurden. Anders als „Eine Malerarbeit" endet diese Novelle nicht mit einem biedermeierlichen Familienidyll und der Perspektive, dass hier unter der Obhut eines wohlmeinenden Ziehvaters ein genialischer Künstler heranwächst. Den Schlussabsatz bildet vielmehr die beklemmende Eröffnung, dass der Protagonist der Binnengeschichte von der Nachwelt gänzlich vergessen wurde, dass sein künstlerisches Werk und die darin verewigte tragische Familiengeschichte zur völligen Bedeutungslosigkeit herabsank[30]:

Sein Name gehört nicht zu denen, die genannt werden, kaum dürfte er in einem Künstlerlexikon zu finden sein; ja selbst in seiner engeren Heimath weiß Niemand von einem Maler seines Namens. Des großen Lazarusbildes tut zwar noch die Chronik unserer Stadt Erwähnung, das Bild selbst aber ist zu Anfang dieses Jahrhunderts nach dem Abbruch unserer alten Kirche gleich den anderen Kunstschätzen derselben verschleudert und verschwunden.
    Aquis submersus.

Der Frage, welcher Art das latente Misstrauen des Autors gegenüber der Institution Familie ist und woher es rührt, wurde in der Forschung schon verschiedentlich nachgegangen[31]. Dank der umfangreichen Korrespondenz Storms ist bekannt, dass sein Verhältnis zu den Eltern, speziell zur Mutter, eher kühl und distanziert war und dass der Autor zudem unter dem Tod seiner sechsjährigen Schwester sehr gelitten hat. Aus dieser Konstellation resultierte, so Roeblings Vermutung, eine Übertragung der Mutterliebe auf die tote Schwester[32], die nicht nur in der Biographie, sondern auch in den literarischen Texten Storms deutliche Spuren hinterlassen hat: die Vorliebe für kleine Mädchen und die Tendenz zu geschwisterlichen Paarkonstellationen – wie wir sie in der „Malerarbeit" in einer erotisierten (Paul und Marie) und in einer enterotisierten (Brunken und seine verwitwete Schwester) Version vorfinden –, der Mangel an positiven Mutterfiguren und das in den Novellen Storms stark ausgeprägte Phänomen der – häufig unerfüllt bleibenden – Liebessehnsucht. Zu nennen ist des Weiteren das vielschichtige Problem der Vaterschuld, das im Zentrum einer ganzen Reihe von Novellen steht: Neben „Aquis submersus" auch in „Carsten Curator"," John Riew'", „Hans und Heinz Kirch", „Ein Doppelgänger" und in „Der Schimmelreiter", um nur einige zu nennen. Dass bei der literarischen Verarbeitung dieses Sujets dem Motiv der Wasserleiche eine besondere Bedeutung zukommt, dürfte biographisch nicht zuletzt in der spannungsreichen Beziehung Storms zu seinem alkoholsüchtigen Sohn Hans begründet liegen, wobei jedoch nochmals zu betonen ist, dass Storm eigene Erfahrungen und Konflikte nicht direkt abbildet, sondern im Medium der Phantasie fortschreibt und dabei mit verschiedenen Lösungsmöglichkeiten experimentiert. Dies zeigt zum Beispiel eine vergleichende Betrachtung der Künstlernovellen „Eine Malerarbeit" und „Aquis submersus", in denen, wie oben skizziert, ganz unterschiedliche Variationen eines Themas vorliegen.

Die Skepsis gegenüber der Familie wie auch gegenüber der Künstlerprofession verbindet sich in der Stormschen Novellistik mit einer (häufig melancholischen)

Sehnsucht nach beidem. Und diese Sehnsucht wurzelt, darauf hat Gerhard Kaiser mit Blick auf die überragende Bedeutung der Familie für Storm bereits hingewiesen, in dem nur allzu menschlichen Bedürfnis, der Erfahrung von Vergänglichkeit und Tod[33] etwas entgegenzusetzen: „Die Familie ist die menschliche Erfindung einer kleinen Unsterblichkeit, die das anonyme biologische Fortleben zum kulturellen Fortleben des Individuums in der Erinnerung und dem Gedächtnis der folgenden Geschlechter verwandelt"[34]. Ähnliches ließe sich wohl auch für die künstlerische Produktivität formulieren, doch liegen hier wie dort der Wunsch nach Erfüllung/Überdauern und die Angst vor dem Scheitern, vor Verlust und Vergessen(werden) dicht beieinander. In „Aquis submersus", von Storm gut ein Jahrzehnt vor seinem Tod geschrieben, versinkt am Ende alles in den Fluten, der Traum von der Liebe, die alle Schranken überwindet, ebenso wie der von der künstlerischen Unsterblichkeit. In der 1867, also knapp zehn Jahre früher entstandenen Novelle „Eine Malerarbeit" – Storm hatte zu diesem Zeitpunkt gerade eine durch den Tod seiner ersten Frau ausgelöste Lebens- und Schaffenskrise überwunden – überwiegt dagegen das utopische Moment. Doch wird, so meine ich, mit dem Schlussbild des biedermeierlichen Liebes-, Familien- und Künstleridylls nicht ausgestrichen, was in dem ersten, karikaturistischen Selbstbildnis Brunkens und in dem grausamen Märchen von dem Ungeheuer und der weißen Rose bruchstückhaft übermittelt wird – nämlich die traumatische Erfahrung der Zurückweisung und der Unvereinbarkeit von hässlicher Triebnatur und schöner Seelenhaftigkeit. In diesen Medien, also dem allegorischen Bild und dem Volksmärchen als archetypischer Form oraler Traditionsvermittlung, werden zugleich die Grenzen realistischen Erzählens reflektiert, findet hier doch *das* seinen angestammten Platz, was im Sinne einer Poetisierung der Realität ausgespart werden muss[35].

Anmerkungen

1 Die Seitenangaben im Text beziehen sich auf folgende Ausgabe: Theodor Storm: Sämtliche Werke. Bd. 2. Novellen 1867–1880. Hrsg. von Karl Ernst Laage. Darmstadt 1998.
2 Walter Zimorski: „Das Selbstbildnis als Doppelporträt: Edde Brunken – der friedfertige Überwinder. ‚Lebendige Gemälde' als Zeugnisse künstlerischer Lebensproblematik in Theodor Storms Künstlernovelle *Eine Malerarbeit* (1867)". In: Ders. (Hrsg.): Theodor Storm. Studien zur Kunst- und Künstlerproblematik. Bonn 1988. S. 7–45, S. 13.
3 Vgl. Karl-Ernst Laage: „Zur Entstehung der Novelle ‚Eine Malerarbeit'". In: Ders.: Theodor Storm. Studien zu seinem Leben und Werk mit einem Handschriftenkatalog. Berlin 1988. S. 20–28.
4 Einen knappen Überblick über die zeitgenössische Rezeption sowie die Bewertung der Novelle in der älteren Storm-Forschung gibt Zimorski: „Das Selbstbildnis als Doppelporträt: Edde Brunken – der friedfertige Überwinder". A.a.O., S. 10 ff.
5 Christine Anton: Selbstreflexivität der Kunsttheorie in den Künstlernovellen des Realismus. New York u. a. 1998. S. 127. Anton folgt, wo es um die Diskussion der unterschiedlichen Kunstauffassungen geht, in wesentlichen Punkten der Untersuchung Zimorskis.
6 Zimorski: „Das Selbstbildnis als Doppelporträt: Edde Brunken – der friedfertige Überwinder". A.a.O., S. 33.
7 Vgl. Günter Blamberger: „‚Eine Studie zur Selbsterkenntnis'. Theodor Storms Porträt des Künstlers als eines bucklichten Männleins in der Novelle *Eine Malerarbeit*". In: Ders.: Das Geheimnis des Schöpferischen oder: Ingenium est ineffabile?. Studien zur Literaturgeschichte der Kreativität zwischen Goethezeit und Moderne. Stuttgart 1991. S. 150–170, S. 154 f.
8 Vgl. ebd., S. 156.
9 Ebd., S. 160.
10 Irmgard Roebling: „Prinzip Heimat – eine regressive Utopie? Zur Interpretation von Theodor Storms ‚Regentrude'". In: Schriften der Theodor-Storm-Gesellschaft 34/1985. S. 55–66, S. 56. Siehe auch dies.: „Liebe und Variationen. Zu einer biographischen Konstante in Storms Prosawerk". In: Amsterdamer Beiträge zur neueren Germanistik 17/1983. S. 99–130.

11 Wichtige Anregungen hierzu konnte ich auch folgendem Aufsatz entnehmen: Dörte Fuchs: „Kunst und Sühne. Isolde Kurz' Novelle *Der heilige Sebastian*". In: Ina Brueckel, Dörte Fuchs, Rita Morrien, Margarete Sander (Hrsg.): Bei Gefahr des Untergangs. Phantasien des Aufbrechens. Festschrift für Irmgard Roebling. Würzburg 2000.
12 Vgl. zur epigonalen Zeitstimmung Anton: Selbstreflexivität der Kunsttheorie in den Künstlernovellen des Realismus. A.a.O., S. 104 ff. Siehe auch Jochen Schmidt: Die Geschichte des Genie-Gedankens in der deutschen Literatur, Philosophie und Politik 1750–1945. Bd. 2. Darmstadt 1988. S. 83–128.
13 Unter Berücksichtigung des biographischen Hintergrunds weist Roebling („Liebe und Variationen"; a.a.O., S. 108) darauf hin, dass Storm „zur Gestaltung positiver Mutterbilder kaum in der Lage war [...]. Die Mütter seiner Helden bleiben entweder weitgehend unerwähnt, sind schlechte Mütter, sind tot oder sterben früh."
14 Die ursprüngliche Formulierung „Niederträchtigkeit der Natur" wurde von Storm zugunsten der „erbarmungslosen Mutter der Natur" gestrichen. Vgl. Laage: „Zur Entstehung der Novelle ‚Eine Malerarbeit'". A.a.O., S. 25.
15 Vgl. Roebling: „Liebe und Variationen". A.a.O., S. 115 ff.
16 Schon Wünsch hat auf die poetologische Dimension der beredten Aussparungen in einigen Novellen Theodor Storms hingewiesen. Vgl. Marianne Wünsch: „Experimente Storms an den Grenzen des Realismus: neue Realitäten in ‚Schweigen' und ‚Ein Bekenntnis'". In: Schriften der Theodor-Storm-Gesellschaft 41/1992. S. 13–23.
17 Hierauf hebt auch Zimorski in seiner kenntnisreichen Interpretation des Bildes ab (ohne allerdings eine psychoanalytische Lesart vorzunehmen): „Brunkens Ergänzungsbegierde an einem exemplarischen Muster klassizistischer Schönheit bedeutet einerseits den Versuch klassizistischer Verklärung im Sinne einer Verfälschung; andererseits bedeutet sie auch künstlerische Kritik an der sozialen Wirkungslosigkeit der ‚schönen Künste': Die griechische Statue scheint wie in Bewegung gesetzt und in dieser Bewegung wieder angehalten, als ob der Maler ein ‚Momentbild' nach der Technik der Fotografie herstelle. Da der Göttin der Schönheit aber die Augen fehlen, kann sie auf die kriechende, trost- und hilfsbedürftige Kreatur nicht mitleidvoll herabschauen; daher besteht auch kein Verhältnis zwischen der unerreichbaren Schönheit der Venus und ihrem verwachsenen Verehrer, ganz im Kontrast zu der vertrauten Beziehung des im Hintergrund sich entfernenden Liebespaares." Zimorski: „Das Selbstbildnis als Doppelporträt". A.a.O., S. 30.
18 So Dörte Fuchs („Kunst und Sühne", a.a.O.) über die kompensatorische Kunsttätigkeit des gleichfalls missgestalteten Malers Gaetano in Isolde Kurz' Novelle „Der heilige Sebastian".
19 Auf das Brunnenmotiv, nicht nur in der „Malerarbeit", sondern auch in den späteren Novellen Storms, in denen dann die tragische Variante dominiert, geht Blamberger („Eine Studie zur Selbsterkenntnis", a.a.O., S. 161 ff.) ausführlicher ein.
20 Auch Blamberger (ebd., 166) deutet die(Selbst)Begegnung im Schlamm im Sinne eines reinigenden Initiationserlebnisses: „Die Trinkgrube ist ein Symbol des Geburts- wie des Zeugungsaktes, der Fruchtbarkeit mit der Sexualität. Die Aufgabe der realen Triebwünsche beschert dem Maler die erhoffte Ichstabilität."
21 „Ich sah mir die Sachen an. Es war ungeschicktes Zeug aus allen vier Naturreichen; [...] aber aus allem blickte in kleinen Zügen, was ich selber nie so ganz besessen, jenes instinktive Verständnis der Natur; es war alles, so unbehülflich es auch war, dennoch, ich möchte sagen, über das Zufällige hinausgehoben" (33) beschreibt Brunken in seinem Erinnerungsbericht an Arnold seine ersten Eindrücke von der Malerei Paul Werners.
22 Zimorski: „Das Selbstbildnis als Doppelporträt". A.a.O., S. 37.
23 Selbst Pauls Vater lässt sich schließlich von Brunken davon überzeugen, dass man der Malerei durchaus ehrenhaft und auch ertragreich nachgehen kann. Vgl. 30 ff.
24 Hinzuweisen ist vor allem auf die 1887 veröffentlichte Novelle „Ein Doppelgänger", in der der Brunnen geradezu eine leitmotivische Bedeutung einnimmt. Der tragische Held der Geschichte, ein ehemaliger Zuchthäusler, der langsam an seinem Ehrverlust zugrunde geht, trifft an einem ungesicherten Brunnen erstmalig auf die Frau, die er kurze Zeit später heiraten wird. Nach einem der vielen Ehestreits, bei denen es regelmäßig und eskalierend auch zu Handgreiflichkeiten kommt, fürchtet John Hansen, auch John Glückstadt genannt, seine bei Nacht und Nebel davongelaufene Frau könnte in den Brunnen gestürzt sein, was sich glücklicherweise als Irrtum erweist. Nach diesem Vorfall sichert John den Brunnen mit Holzlatten ab, die er kurze Zeit später – seine Frau ist inzwischen bei einem weiteren heftigen Streit tödlich gestürzt – in einer besonders eisigen Winternacht wieder entfernt, um mit dem Holz für seine kleine Tochter zumindest am Weihnachtstag einheizen zu können. Und schließlich stürzt er bei dem Versuch, für sein hungerndes Kind nachts Kartoffeln von einem Feld zu entwenden, selbst in den Brunnen. In beiden Novellen verdichtet sich in dem Brunnenmotiv die Spannung von Glück und Unglück, Liebe und Hass, Schuld und Sühne etc., doch während die abgründige (Selbst)Begegnung an der Trinkgrube in „Eine Malerarbeit" die Wendung zu einer friedlicheren Existenzweise markiert, steht der Brunnen in der Novelle „Ein

Doppelgänger" für das permanente Leben am Rande des Abgrunds, für die Unausweichlichkeit bzw. Untilgbarkeit von Schuld.
25 Zu dieser Personenkonstellation als „Modell idealer ‚Familiarität'" vgl. auch Zimorski: „Das Selbstbildnis als Doppelporträt". A.a.O., S. 37 ff.
26 Anton: Selbstreflexivität der Kunsttheorien in den Künstlernovellen des Realismus. A.a.O., S. 105.
27 Schmidt: Die Geschichte des Genie-Gedankens. Bd. 2. A.a.O., S. 96.
28 Gunter H. Hertling: Theodor Storms ‚Meisterschuß' „Aquis submersus". Der Künstler zwischen Determiniertheit und Selbstvollendung. Würzburg 1995.
29 In Zusammenhang mit den abwesenden, negativ oder ambivalent gezeichneten Mutterfiguren bei Storm ist auch die nicht leibhaftig, sondern nur über ein altes Gemälde präsente Ahnfrau Katharinas zu nennen, von der es heißt, sie habe ihre eigene – wie Katharina unstandesgemäß liebende – Tochter durch ihre Unnachgiebigkeit in den Tod getrieben. Noch bevor es zwischen dem Maler Johannes und der Adeligen zum Ausbruch der verbotenen Leidenschaft kommt, hat der Maler gewissermaßen eine Begegnung der unheimlichen Art mit der Ahnfrau, in der das spätere Unglück – der Wassertod des aus der illegitimen Verbindung entspringenden Kindes – antizipiert wird: „Da, unter dem Malen, fiel mein Auge auch auf jenes alte Frauenbildniß, das mir zur Seite hing und aus den weißen Schleiertüchern die stechend grauen Augen auf mich gerichtet hielt. Mich fröstelte, ich hätte nahezu den Stuhl verrückt." Von Katharina, die ihm während dieses Erlebnisses Modell sitzt, erfährt Johannes folgendes über die kalt und unheimlich wirkende Frau: „Vor der hab ich schon als Kind eine Furcht gehabt, und gar bei Tage bin ich oft wie blind hier durchgelaufen. Es ist die Gemahlin eines früheren Gerhardus; vor weit über hundert Jahren hat sie hier gehauset. [...] sie soll ihr einzig Kind verfluchet haben; am andern Morgen aber hat man das blasse Fräulein aus einem Gartenteich gezogen, der nachmals zugedämmet ist." Theodor Storm: Sämtliche Werke. Bd. 2. A.a.O., S. 407.
30 Storm: "Aquis submersus". A.a.O., S. 455.
31 Einen differenzierten, kenntnisreichen Überblick über Leben und Werk Storms gibt Georg Bollenbeck: Theodor Storm. Eine Biographie. Frankfurt a.M. 1988.
32 Vgl. Roebling: „Liebe und Variationen". A.a.O., S. 110.
33 Diese Erfahrung dürfte für den u. a. durch die Rezeption Feuerbachs geprägten Storm umso schmerzlicher sein, als ihm der Trost des christlichen Unsterblichkeitsgedanken vorenthalten blieb. Vgl. hierzu Bollenbeck: Theodor Storm. A.a.O., S. 172.
34 Gerhard Kaiser: „*Aquis Submersus* – Versunkene Kindheit. Ein literaturpsychologischer Versuch über Theodor Storm". In: Ders.: Bilder lesen. Studien zu Literatur und bildender Kunst. München 1981. S. 52–75, S. 58.
35 Hiermit ist auch der Auffassung Zimorskis und Antons (a.a.O.) widersprochen, dass es sich bei der Novelle „Eine Malerarbeit" um ein eindeutiges Plädoyer für die Programmatik des poetischen Realismus handelt.

„Ein Bekenntnis" – Theodor Storms frauenfreundliche
Abrechnung mit einem mörderischen romantischen
Liebesideal.

Von David Jackson, Cardiff

Eingezwängt zwischen „Ein Doppelgänger" (1887) und „Der Schimmelreiter" (1888) ist Storms Altersnovelle „Ein Bekenntnis" (1887) von der Forschung stiefmütterlich behandelt worden. War sie bloß ein Lückenbüßer, ein Atemholen, das Storm ein dringend nötiges Honorar einbrachte, ohne die im verborgenen still vor sich gehende Arbeit am „Schimmelreiter" zu beeinträchtigen? Oder stellte sie einfach einen überstürzten Versuch Storms dar, sich in die Euthanasie-Debatte einzuschalten und allen seinen Dementis zum Trotz eine Replik auf Paul Heyses 1885 erschienene Novelle „Auf Tod und Leben" zu schreiben? Gewiss stimmte die ältere Storm-Forschung der Bilanz des verärgerten Heyse weit gehend zu: Erstens habe Storm sich bei der Behandlung medizinischer Fragen eine peinlich wirkende Unbeholfenheit zuschulden kommen lassen; zweitens habe er die Euthanasie-Debatte auf einen Irrweg gebracht, indem er „die Möglichkeit des Irrthums über die Hoffnungslosigkeit des Falles" eingeführt habe; drittens habe die breite Schilderung der Traumvision des jugendlichen Erzählers im ersten Teil der Novelle gar nichts zu tun mit der Euthanasieproblematik der zweiten Hälfte[1].

Erst in neuerer Zeit hat die Storm-Forschung versucht, die Novelle aufzuwerten und ihr neue Aspekte abzugewinnen, indem sie sich mit deren Behandlung des Paranormal-Okkultischen befasste[2]. 1983 behauptete Jan U. Terpstra, Storm erziele hier eine psychologische Subtilität, die u. a. auf Carl Jungs anima-Begriff vorausweist, und zeige sich für eine fantastische Wirklichkeit aufgeschlossen[3]. Auf diesen Thesen aufbauend, stellte Marianne Wünsch 1992 die These auf, ein neuer Storm, der sich den – angeblich! – einengenden Strukturen, Systemen und psychologischen Erklärungskorsetten des poetischen Realismus zu entwinden versuchte, lasse sich hier – ebenso wie in der Novelle „Schweigen" – erblicken[4]. Vom Realismus ausgeklammerte Aspekte der Realität und der Person kämen wieder zur Geltung. Nur gehe Storm dabei der Mut aus, das Unbewusste sowie auch magische, metaphysische Dimensionen des Daseins konsequent auszuloten. Statt diese Vorstöße in die frühe Moderne konsequent durchzuführen, kehre er am Ende dem althergebrachte Ideal des autonomen, sittlich verantwortungsvollen Individuums zurück. Weil sie keine zwingende Verbindung zwischen der Traumvision des Helden Franz Jebe und der moralischen Entscheidung über Leben und Tod zu erkennen vermochte, blieb Wünsch weiter nichts übrig, als Heyses Tadel an der mangelhaften Struktur der Novelle zu wiederholen[5].

Hier möchte ich versuchen, diese angeblichen Widersprüche aufzulösen und die scheinbar mangelnde künstlerisch-strukturelle Einheit aufzuheben, indem ich die Traumvisionen Franz Jebes ebenso wie die ganze Beschaffenheit seiner Liebe zu seiner Frau untersuche. Auf diesem Weg lässt sich hoffentlich ein enger kausaler Zusammenhang zwischen dem Traumerlebnis des Primaners und dessen Mord an seiner Frau herausarbeiten. Begrüßenswert wäre es auch, wenn dadurch die subtilen psychologischen Kategorien und die raffinierten künstlerischen Darstellungsmittel klar zur Geltung kämen, über die Storm als poetischer Realist und Verfechter der Humanität verfügte.

Noch ein kurzes Wort, ehe ich dazu übergehe, eine detaillierte Analyse des Texts vorzulegen. Wie bei anderen Novellen Storms gilt es zwischen Rahmenerzähler, Binnenerzähler und den vom Text selbst nahe gelegten Werten, Erklärungen und Erkenntnissen scharf zu unterscheiden. Unzulässig ist es etwa, Franz Jebes jugendlichen Kategorien ohne weiteres mit Storms eignen gleichzusetzen. Ähnlich gilt es, im Bekenntnis des rückblickenden reifen Mannes Widersprüche, Ambivalenzen und Unsicherheiten zu erkennen. Die treibende Kraft hinter dieser Beichte ist zweifellos sein Bedürfnis, sich über sein bisheriges Leben Klarheit zu verschaffen und eine schwer auf ihm lastende Bürde loszuwerden. Er gibt selber freimütig zu, er habe seine Frau getötet. Nur führt ihn der Wunsch, sich und seinem Freund diese Tat zu erklären, weit über den unmittelbaren Anlass dazu hinaus und tief in seine eigene Vergangenheit zurück. Diese schmerzhafte Diagnose, an der vieles noch vorläufig ist, fällt ihm nicht leicht. Im Gegenteil, er denkt immer noch mit dem innigsten Vergnügen an gewisse Aspekte seines früheren Glücks zurück. Aber selbst wenn erkannt werden muss, dass sein Standpunkt oft ambivalent bleibt, so darf gleichzeitig auch nicht übersehen werden, wie der Text selbst Erklärungen, Wertungen und kausale Zusammenhänge anbietet, die Franz selbst entgehen oder die seinen Deutungen gerade zuwiderlaufen. Auch der fiktive Rahmenerzähler stellt keine allwissende Instanz dar. Storm setzt ihn nicht dazu ein, um es dem Leser mittels seiner Kommentare leicht zu machen, indem er ihm die Signifikanz der erzählten Sequenzen und Details eindeutig vor Augen führt. Vielmehr wird vom Leser ein aktives Lesen erfordert. Er soll auf die von Storm in den Text subtil eingebauten Winke aufmerksam horchen und anhand dieser dargebotenen Indizien selber Zusammenhänge herstellen und wertende Urteile treffen. Gebärden, Gespräche und Auftritte wollen oft ganz anders gedeutet werden, als Franz selbst sie deutet und gedeutet haben will. Kurz: Man wird dazu eingeladen, Franz' Verhalten und seine Seelenlage kritisch zu hinterfragen, nicht passiv gutzuheißen.

Und jetzt zur Novelle selbst. Schon der Rahmen, in dem der Rahmenerzähler seine Wiederbegegnung in Bad Reichenhall mit einem Freund aus Universitätstagen erzählt (580 f.), strotzt vor symbolhaften Elementen und vorausweisenden Spiegelungen der Binnengeschichte. Erst im Nachhinein kann dem Leser deren volle Bedeutung aufgehen. Schon hier ist von Kuren und Heilungen die Rede. Franz, der sich später als Teilhaber an Visionen und magisch-dämonischen Welten präsentiert, tritt hier als Grau in Grau gekleidetes, ins Nichts leblos-unbeweglich vor sich hin starrendes Gespenst auf. Der von seinen Mitmenschen distanzierte Held (617), der – wie wir bald erfahren werden – sich früher als Möchtegern-Hexenmeister und Zauberer ein märchenhaftes Wunderreich inmitten des nüchternen (601) bürgerlichen Lebens schaffen wollte, sucht jetzt das völlige Alleinsein (583) in diesem „Höllenkessel" (583), diesem zwischen Felsen eingekeilten „Brutnest"(580). Das ihm früher so liebe Dämmerhafte und Labyrinthische ist hier in Bad Reichenhall einer sengenden Öde gewichen; sein Zaubergarten dem unerträglich heißen Kurgarten, wo der unerbittliche, wie Glut herabfallende Sonnenschein selbst den Schatten unerträglich macht. Die Öde seines Innenlebens und die folternde Intensität, mit der ihm sein Gewissen seinen „Mord" unablässig vor Augen führt, werden schon angedeutet.

Ehe Franz selbst zu Worte kommt, teilt der Rahmenerzähler Details aus dessen Universitätszeit mit, die sich alle später als aufschlussreich für die Bewertung seines Lebens erweisen. Auf die Ursprünge der angeführten Eigenschaften geht er jedoch nicht ein. Berichtet wird erstens, dass Franz schon als Student als eine Autorität auf dem Gebiet der inneren Medizin und zwar in Sachen Frauenkrankheiten galt (581); zweitens, dass ein von wenigen bemerkter aber vom Erzähler selbst geteilter fantastischer Zug damit einherging, der sich in ihrer gemeinsamen Vorliebe für die Arbeiten von Maximilian Perty (1804–1884) und Georg Friedrich Daumer (1800–1871) über die dunklen Regionen des Seelenlebens manifestierte; drittens, dass Jebe wenige Freunde hatte und als hochmütig galt, weil er so schnell und ruhig mit seinem Urteil fertig wurde, die Diagnosen anderer kaum zur Kenntnis nahm und sich nie mit Kollegen über schwierige Fälle besprach. Im weiteren Verlauf der Novelle zeigt sich, welche Wirkungen diese Spannung zwischen den naturwissenschaftlichen Denkmethoden und Praktiken der Medizin und dessen Hang zum Fantastischem entfaltet hat. Franz' ärztliches Können erweist sich als begrenzt: Er selbst wirft sich vor, dass er „den inneren Menschen" lediglich an Leichnamen gewann. (591) Der enge Zusammenhang zwischen Hochmut, einseitigen ärztlichen Kenntnissen und einem Hang zu einer „magischen" Psychologie und Weltdeutung tritt immer deutlicher hervor.

Franz' jetziges Verhalten zeigt, wie sehr seine früheren Sicherheiten brüchig geworden sind. Die Frage seines Studienfreunds, ob er krank sei, lässt sich nicht so kurz beantworten. (583) Er will der Frage erst in seiner Wohnung ungestört mit dem Freunde nachgehen. Dort herrscht Dämmerung; die Wohnung symbolisiert seine verwirrte Seelenlage. Ein paar Fenster mit kleinen Scheiben gehen auf einen feuchten, leeren Hof hinaus, von dem die Seitengebäude jeden Sonnenstrahl abhalten und wo altes Gerümpel herumliegt. (584 f.) Dem Leser wird sich später der Schluss aufdrängen, dass in Franz Jebes ebenso dunkel-chaotischer Seele manches Krankhafte wuchert, was er dem Licht der Vernunft noch nicht aussetzen will. Als er dann die Räume seiner Jugend beschreibt (585 f.), merkt der aufmerksame Leser, dass er diese hier in Bad Reichenhall hat neu erstehen lassen[6]. Andererseits liegt der Unterschied zwischen der von ihm evozierten Vergangenheit und dieser trostlosen Gegenwart auf der Hand: Hat er als jugendlicher Hexenmeister sich ein Reich voller unheimlicher Tiere, Vögel und Ungeziefers schaffen wollen, so bleibt jetzt nur noch ein trauriger Nachklang solcher Herrlichkeiten, nämlich ein alter dürftig belaubter Holunderbusch und eine ganz und gar nicht geheimnisvolle Dohle. Dass er sich seit vier Wochen nur mit diesem Vogel unterhält, unterstreicht seine Vereinsamung und seine gestörten Beziehungen zu seinen Mitmenschen. Dem Rahmenerzähler leuchtet das ein; die räumlichen Parallelen kommentiert er jedoch nicht. Dass Franz es begrüßt, hier „die grauen Schatten der Erinnerung ungehindert um (s)ich haben zu können" (584), lässt durch die Metaphorik erkennen, in welch hohem Maß er noch an der durch Elsi, sein ehemaliges graues Nachtgespenst mit ihren grauen Kleidern und ihren grauen Augen symbolisierten Welt hängt, auch wenn er jetzt nicht mehr an übernatürliche „Schatten" und Geschöpfe glaubt. Das Wort „Schatten", das zu dieser „Hölle" ausgezeichnet passt, wird zunehmend nur bildhaft gebraucht oder bezeichnet einfach den Kontrast zu sonniger Helligkeit. Seelisch ist Franz jedoch noch nicht in der Lage, seine frühere so liebevoll-ängstlich gehegte okkulte Welt ganz zu verlassen und nach anderen aufzubrechen. Noch befürchtet er, dass er seinem Freund nur eine Last auf die Schultern legen wird (584), mit anderen Worten, er wird den ihn selbst drückenden Alp bzw. Nachtmahr während der Beichte vor seinem Freund abschütteln. Er kann noch nicht ahnen, dass durch dieses Gespräch seine Last auf immer von ihm genommen wird. Dass der früher so forsch Diagnostizierende in allem unsicher geworden ist, wird noch einmal unterstrichen. Franz behauptet, nicht genau zu wissen, wo sein Leid begonnen hat. (585) Eins steht aber fest: Er will seinem Freund eine Krankheitsgeschichte schildern, und zwar eine, die viel mehr als bloß körperliches Leid beinhaltet. Er ist bemüht, einer tief liegenden Persönlichkeitsstörung auf den Grund zu kommen, die nicht erst durch Elsis Krankheit und ihren Tod entstanden ist. Bemerkenswert ist ferner, dass in erster Linie nicht die Krankheit seiner Frau, sondern seine eigene erörtert wird.

Franz' Bericht über seine Lieblingsaufenthalte im elterlichen Anwesen enthält Details, die von großer Bedeutung für das Verständnis seiner Laufbahn sind. Allerdings ist er sich über die Relevanz der von ihm selbst gebotenen Details nicht im Klaren. Der Vater fehlt völlig, die Mutter tritt nur ein einziges Mal kurz auf; von Geschwistern, Dienern, Mägden ist überhaupt nicht die Rede; von dem im Hauptteil des Hauses ablaufenden Leben wird auch nicht berichtet. Der Garten und der Steinhof, über den hohe Obstbäume ihre Zweige recken, faszinieren den Jungen nicht. Das ganze Interesse dieses Eigenbrötlers gilt vielmehr einer „unendlichen Rummelei von seit Jahrzehnten verödeten Fabrikgebäuden mit finsteren Kellern, Kammern voll Spinngeweben mit kleinen Scheiben in den klappernden Fenstern und unzähligen sich übersteigenden Böden". (586) In einem Hühnerhof legt dieser Hexenmeister eine Sammlung von Tieren, Vögeln und anderem unheimlichen Geziefer an. Diese, nicht andere Kinder, machen seine liebste Gesellschaft aus, und nach der Schule zieht er sich hierher zurück. Vor allem fasziniert ihn der Torfraum mit seinen geschwärzten Wänden und der einzigen Fensteröffnung, durch die er in den Hühnerhof hinabblicken kann. Besonders in der Abenddämmerung, wo die Fledermäuse über den Hof fliegen und die Mäuse in ihren Kästen knuspern – man bemerkt die gängigen Requisiten der Schauerromantik! – steht er dort manches halbe Stündchen und auch wohl länger, bis ihn bei Ankunft des Dunkels Angst packt und er in das helle Haus zurückrennt. (586 f.) Erraten lässt sich leicht, was er zu sehen hofft: einen Spuk, einen Kobold oder einen sonstigen Geist. Auf die Identität dieses geheimnisvollen Wesens lässt sich auch schließen; denn wie die anderen Kinder ist Franz fest überzeugt, dass ein Fabrikkobold mit einer Zipfelmütze sie aus einer Dachöffnung angegrinst hat. (586) Man merkt: Ein kontaktarmer Junge, dessen Beziehungen zu seinen Eltern und seinen Altersgenossen viel zu wünschen übrig lassen, sucht sich hier ein Reich zu schaffen, in dem er eine Ersatzgesellschaft heraufbeschwört; er will den Zugang zu höheren Welten aufschließen und Wunderkräfte erwerben, die nur einem Ausnahmemenschen zukommen. Vielleicht könnte er sogar einen wonnig-schaurigen Umgang mit einem dieser geheimnisvollen Wesen pflegen. Man merkt: Einsamkeit hängt mit Hochmut eng zusammen; ein gestörtes Verhältnis zur Gesellschaft und zu seinen Mitmenschen verstärkt auch seine Anfälligkeit für den Glauben an überirdische Welten.

Seine Darstellung des nächtlichen Gesichts, das – wie er selbst erklärt – sein ganzes späteres Leben „bestimmte" (587), spiegelt seine damalige Seelenlage und Geisteshaltung wider; nur flicht er Bemerkungen darüber ein, die einen anderen, späteren Standpunkt verraten. Auch „bestimmen" ist wohl in zweierlei Sinn zu verstehen: Lange Zeit glaubt er, dass diese märchenhafte Gestalt und magische Kräfte den Lauf der Dinge tatsächlich „bestimmt" haben; erst viel später gibt er dem Wort „bestimmen" einen beschränkteren, psychologischen Sinn. In seinem retrospektiven Bericht spricht er nicht etwa von einem Doppelgänger, nicht einmal von Schlafwandeln; aber obwohl er zugibt, sein Leib habe die ganze Zeit in seinem Bett gelegen und sei von Schlaf überwältigt, besteht er doch noch darauf, von der Fensteröffnung aus ein Nachtgesicht nicht nur gesehen, sondern auch erlebt zu haben. (587) Sein Freund soll nicht bloß denken, es handle sich bloß um einen Traum. Suggeriert wird, dass sich sein Geist bzw. seine Seele auf geheimnisvolle Art von seinem Körper losgelöst habe. Anschließend bietet er jedoch eine psychologische Erklärung für dieses Erlebnis, die auf paranormale Kategorien verzichtet und die ihm wohl viel später eingefallen ist.

Mir ist noch wohl erinnerlich, es hatte damals ein Scharlach in der Stadt gewütet und viele Kinder, besonders männlichen Geschlechts, wurden hingerafft, uns Primaner aber hatte es nicht berührt. Gleichwohl mochte meine Phantasie unbewußt davon ergriffen sein [...]. (587)

Das Adverb „unbewusst" lässt erkennen, dass er solche Phänomene nicht einfach auf abschätzige Art verwirft; aber hätte dagegen der Text den Eindruck vermitteln wollen, etwas echt Okkultes hafte tatsächlich dem Nachtgesicht an, so wäre dieser Einschub kaum an dieser Stelle erfolgt. Wie okkultgläubig Jebes Darstellung noch immer sein mag, so wird der Leser doch auf diese Weise vom Text von vornherein dazu ermuntert, andere, kritischere Akzente zu setzen.

Was will Franz eigentlich „erlebt" haben? Wieder den Fabrikkobolden? Nein! Die seelischen Bedürfnisses eines pubertären Jungen kann ein Kobold nicht mehr befriedigen. Das Gesicht muss der komplexen Innenwelt eines einsamen Heranwachsenden angemessen sein, wo Sexualität und Tod, Sehnsucht und Angst vermischt erscheinen. Ehe Franz sein Nachgesicht beschreibt, verrät er aber unwillentlich, wo viele seiner „Erlebnisse" herkommen, nämlich aus dem Volks- bzw. Aberglauben sowie aus romantischen Texten und von romantisch-okkulten Naturforschern wie Perty und Daumer. Er spricht vom Dunst, den er an einem schwülen Mitsommerabend auf dem Kirchhof über dem Hügel eines Frischbegrabenen gesehen haben will. Der Text jedoch bietet dem aufmerksamen Leser eine natürliche Erklärung für diesen verbreiteten Aberglauben an, wo die Seele sich angeblich immer noch nicht vom Leib völlig befreit hat. Schon im Rahmen spricht der Erzähler von der heißen flimmernden Luft über den Akazien (581); möglich ist auch, dass der rein materialistische Verwesungsprozess (616) schon begonnen hat.

Wie sieht das Nachtgesicht aus? Inmitten einer Gruppe toter Knaben steht ein 13-jähriges Mädchen mit fahlblondem, ein wenig wirrem Haar in einem schlichten aschfarbenen, am Hals mit einer Schnur zusammengehaltenen Gewand. Was Franz vor allem anderen anzieht, sind ihre ihn unablässig, sehnsüchtig, und mit unsäglichem Erbarmen anblickenden grauen Augen. (588) Terpstra hat schon treffend bemerkt, wie sehr dieses Traumbild an romantische Vorbilder erinnert[7]. Was er aber nicht betont, ist, wie sehr Franz' Fantasie durch literarische Muster geprägt ist. Seine Sprache ist eine angelesene Sprache; seine Vorstellungen sind literarischen Ursprungs. Bei den Romantikern hat Franz säkularisierte religiösmystische Emotionen („verzehrende Wonne") und Anredeformen („du, Holdseligste") ebenso wie Liebesvorstellungen voller Todessehnsucht, -mystik und -schauer („Ich hätte unter diesen Augen sterben wollen.") gefunden. Die Betonung der starken, durch die Augen des Nachtgesichts ausgeübten Kraft („Nur aus ihren Augen drang es stärker und ängstlicher zu mir") rückt die Passage in die Nähe spätromantischer, vor allem bei E.T.A. Hoffmann zu findender Darstellungen, wo die Thesen Mesmers über magnetisch-elektrische Kräfte und Emanationen dichterisch verwertet werden. Die Wirkung des ersten Sehens wird ja von Jebe ausdrücklich mit einem elektrischen Schlag verglichen. (594) In seinem Bericht steigert sich Franz schrittweise ins Fantastische: Anfangs spricht er vom Nachtgesicht, das ihm offenbar ward (587); schon am andern Morgen ist aber aus dem Gesicht ein wahres Wesen geworden, das er gesehen hat. (588) Später am selben Morgen schreitet der Prozess noch weiter. Er gesteht ein, sein Kopf möge noch im Taumel gewesen sein, fährt aber fort: „die Augen des Nachtkindes hatten mich wieder angesehen." Ihm ist jetzt, „als ob das Geheimnis des Weibes sich mir plötzlich offenbaren wolle". (589) Seine Sprache ist nicht bloß bildhaft zu verstehen. Er glaubt fest daran, dass dieses überirdische Wesen aus dem Geisterreich ihm alles über das Wesen der Frau und der Liebe „offenbaren" kann und wird. So will er sich die Mühe ersparen, durch Kontakt mit wirklichen Frauen realitätsnähere, differenzierte Kenntnisse zu sammeln. Von jetzt an unterliegt es für ihn keinem Zweifel, dass das Schicksal dieses wunderbare Nachtwesen für ihn vorbestimmt hat. Seine Mutter, der er natürlich vom Inhalt seines Traums nichts verrät, bietet dagegen eine nüchterne Erklärung für seinen gestörten Schlaf, indem sie alles auf den tobenden Sturm zurückführt. Hier könnte man mit Recht von plattem Rationalismus sprechen. Seinerseits führt der rückschauende Franz selbst eine Bemerkung ein, die seine damalige Haltung noch einmal kritisch relativiert: „es war mir – vergiß mein Jünglingsalter nicht – unmöglich, jenes Nachgesicht nur für ein Erzeugnis des eigenen Inneren zu halten." (589).

Seinen jugendlichen Glauben an die tatsächliche Existenz dieses geheimnisvollen jungfräulichen Kindes darf man nicht darauf reduzieren, dass er der Meinung ist, es gebe irgendwo ein für ihn vorbestimmtes Mädchen, das auch ein ähnliches Traumgesicht gehabt haben mag. Zwar wäre ein solcher Glaube schon abwegig genug, auch wenn dessen übernatürlicher Kern dann zum bloß trivialen romantischen Klischee herabgesunken wäre. Er glaubt vielmehr an etwas noch sehr viel Fantastischeres und zwar an eine wirkliche Elfengestalt. Für den Zustand seiner Innenwelt ist aufschlussreich, dass wir hier nicht mit einem aufblühenden sinnlichen Mädchen zu tun haben, sondern mit einem jungfräulichen Kind. Nicht frische Lebendigkeit, Sexualität, Freude und Gesundheit machen dessen Anziehungskraft aus. Auch empfindet Jebe die Gestalt nicht als schön: Ihr Haar ist wirr; ihre Gesichtszüge fein und durchsichtig, d. h. das Gegenteil von sinnlich und volldurchblutet; ihre grauen, gespenstigen Augen unter ihren dunklen Wimpern sind es, die ihn anziehen. Im Gegensatz zu ihrem Gesicht wird ihr Körper bis zum Hals durch ein schlichtes aschfarbenes Kleid verdeckt, das am Hals mit einer Schnur zusammengehalten wird. Dieses erweckt im Leser Assoziationen an ein Bußhemd, an Hinrichtungen und Tod. Körperliche Merkmale spielen hier keine Rolle, dürfen keine spielen. Dieses etwa dreizehn Jahre alte Mädchen wird von Franz als „geheimnisvolles Kind" empfunden und auch angeredet. Es ruft in ihm Gedanken nicht an das Leben, sondern an den Tod hervor. Er fragt sich, ob sie ein Genius des Todes sei. Seine Gefühle sind von allem Anfang an völlig ambivalent: Er empfindet ein „süßes" Schaudern, eine „angstvolle Sehnsucht", einen Schrecken (588). Selbst die empfundene Wonne ist „verzehrend". Noch mehr: Als die Vision sich verflüchtigt, ist ihm, „als ob das Leben mir entrissen wurde" (588). Solche Töne darf man nicht überhören oder trivialisieren. Hier klingt die Angst an, dieses Nachtgespenst wolle ihn um seine Menschenseele berauben; auch die grauen ihn anstarrenden Augen erinnern an furchtbare Nachtgeschöpfe. Vampirhaftes mag im Spiel sein. Ein durchsichtiges, d. h. blutarmes Wesen könnte doch eine gewisse Dichte durch Menschenblut erhalten!

Erst in der Rückschau kann Franz seine Gefühle sehr kritisch als „Grübelei" und „schwärmerische Versenkung" bezeichnen. Ein solches Vokabular wäre ihm in seiner Jugend unmöglich gewesen ebenso wie die viel später erlangte distanzierte Einsicht in sein Innenleben. Nach diesem nächtlichen Erlebnis lebt er quasi in zwei getrennten Sphären, einerseits in der durch seine ärztlichen Studien bestimmten Welt, wo er u. a. dem Geheimnis der Frau an Leichenpräparaten medizinisch nachgeht, andererseits in seiner sorgfältig gehüteten, ja gehätschelten Innenwelt, die er vor aller Augen verbirgt. Betont wird, wie sehr er sich die Außenwelt vom Leib und von der Seele fern hält. Er stemmt sich förmlich gegen neue Erlebnisse. Neue Eindrücke, erklärt er, habe er oft widerwillig genug empfangen und als unliebsam abgeschüttelt. (591) Der aufmerksame Leser merkt, dass er von diesen Eindrücken, die wohl öfter sexueller Art gewesen sind, wie von einem Alptraum redet, d. h. von einer Last, die abgeworfen werden muss. Vor allem gilt es zu erkennen, wie er von einem heiligen Keim spricht, den er „vor aller Störung (s)einer Zukunft zu bewahren" hat. (591) Der weitere Verlauf der Novelle wird indes den Leser einladen, die Frage zu stellen, ob dieser Keim, weit entfernt davon, heilig zu sein, in Wirklichkeit ein Krankheitskeim ist. Er mag vielmehr Indiz einer seelischen Krankheit sein, die tief in Franz' Innern liegt und langsam aber ständig wächst, auch wenn er meint, er bleibe rein und unberührt. Seine Seele ist vielleicht das „Brutnest" (580), wo Krankes gedeiht. Obwohl er selber in fast mystischer Sprache davon spricht, dass der „Eindruck" jener kindlichen Luftgestalt „unverrückbar" im Grund seiner Seele lag (591), erinnert das Bild wieder an das die ganze Novelle durchziehende Nachtmahrmotiv. Und gehören die grauen gespenstigen Augen nicht auch zum Kobold, wie er auf einem von Füßlis Nachtmahrgemälden hockt? Könnte man nicht auch an einen Inkubus bzw. Sukkubus denken? Obwohl Franz auf positive Weise von jugendlichen „Erschütterungen" spricht, die das ganze weitere Leben eines Menschen bestimmen, könnte es da aber nicht der Fall sein, dass seine Seele vielmehr in einem negativen Sinn erschüttert ist? Es nimmt den Leser nicht wunder, dass keine der halb- oder vollgewachsene Schönen, die seinen Mitstudenten das Hirn verwirren (591) und mit denen er wohl tanzt, ihm etwas anhaben können. Selbst eine halbgewachsene Frau wäre ihm zu gefährlich! Sein verwirrtes Hirn ebenso wie seine verwirrte Seele sind für so etwas nicht zu haben. Allein sein inzwischen als „kindliche Luftgestalt" (591) bezeichnetes Nachtgespenst könnte ihn ansprechen, sein „eigen Nachtgesicht", das er in den Gesprächen mit seinem Freund eifersüchtig hegt und pflegt.

Nach beendigten Studien wird Franz Jebe Arzt, und zwar Facharzt für Frauenkrankheiten. Dazu gehören natürlich Erkrankungen des Gebär- und des Genitalbereichs, Jebe spricht später von „Abdominalgeschichten" (609). Diskret wird angedeutet, dass ein Zusammenhang zwischen seinem Interesse an labyrinthischen Gebäuden, seinem Wunsch, das „Geheimnis des Weibes" offenbart zu bekommen, und seiner Berufswahl besteht. Zum „Geheimnis des Weibes" gehört wohl die für ein einsames Einzelkind geheimnisvolle Beschaffenheit des weiblichen Genitalbereichs. Als Spezialist für Frauenkrankheiten hofft er, diesem Geheimnis näher zu kommen. Es fragt sich auch, ob er in seinen Gedanken und Gefühlen Sexualität, Geburt und Tod in einen engen Zusammenhang zueinander bringt. Ist er sowohl fasziniert als auch erschreckt durch die weibliche Sexualität? Er gibt freimütig zu, er sei als Arzt nie zaghaft gewesen, im Gegenteil er habe immer seine Diagnosen am Krankenbett gleich gemacht, ohne zu Hause in seinen Kompendien nachzulesen. (591) Sein Ruf als Hochmütiger habe ihn auch nicht gestört. Seinem Freund gegenüber ist er aber jetzt bereit, sich eines Frevels – das harte Wort ist zu merken – anzuklagen, nämlich dass er nur an Leichnamen den inneren Menschen kennen gelernt hatte: „wie mit solchen rechnete ich mit den Lebendigen" (591). Er, der sich sonst für das Labyrinthische so interessiert, begrüßt es, dass ihm hier im Medizinisch-Anatomischen alles – scheinbar – klar vor Augen liegt. (591)

Berufliche Anforderungen verstärken seinen Hang zum Einzelgängertum. Sein geselliger Verkehr beschränkt sich auf abendliche Besuche bei einem ehemaligen Patienten, dem Rechtsanwalt Wilm Lenthe und seiner Frau, die selbst wenige Gäste einladen. Lenthe, der um einige Jahre älter ist als er, funktioniert wohl als Vaterfigur, während seine Frau, die Franz als seine „ältere Freundin" beschreibt, ihn verwöhnt und bemuttert. Eine solche Mutterfigur empfindet er nicht als bedrohlich. Dass der Rechtsanwalt sich auch für das Unheimliche interessiert und Füßlis „Nachtmahr"-Gemälde in seinem Wohnzimmer hängen hat, wird seine Anziehungskraft für Franz erhöht haben. Das ändert aber nichts daran, dass er ihm seine eigne jugendliche „Vision" verschweigt. Bei Lenthes findet das Treffen mit seiner späteren Frau Elsi statt oder um es aus seiner Sicht zu kennzeichnen: das Wiedersehen mit seinem Nachtgespenst. Es gilt auf die Schilderung dieses Treffens sorgfältig zu achten. Beim Eintreten in das Zimmer bemerkt Franz eine unbekannte junge Dame „in „aschfarbenem Linnenkleid" (592). Frau Lenthe hat diese schon auf die Ankunft Jebes gestimmt: Er ist „der Erwartete". Aber in seinen Augen erweist sie sich ihrerseits schnell als „die Erwartete": Eine Großnichte Heinrich Füßlis kann nur etwas Geheimnisvolles sein! Aber das Entscheidende ist, dass das helle Lampenlicht ihre grauen Augen und ihr blasses wie bei seinem jugendlichen Nachtgesicht stark hervortreten lässt. Von ihrem sonstigen Körper ist nicht die Rede. Franz empfindet „einen geheimnisvollen Schrecken", den er in zwei Elemente aufteilt: erstens in die Empfindung eines schicksalschweren Augenblicks und zweitens in die eines betäubenden Glücks. Seiner Meinung nach hat irgendwelche überirdische Macht ihm das seit langem vorbestimmte Wesen zugeführt. Dem gemäß ist ihm, als sei er nicht in der Gegenwart einer bloß sterblichen Frau, und vom Wunder der Liebe ist auch nicht bloß bildhaft die Rede: Es hat sich ein wahres Wunder vollzogen. Nur ist auch Zerstörerisches, Lebensbedrohendes im Spiel. Das „Betäuben" ist buchstäblich zu verstehen. Er ist „getroffen" und muss sich zuerst zusammenraffen, ehe er was sagen kann. Dieses Sehen wirkt wie ein elektrischer Schlag (594). Dagegen geht die Auskunft, dass Elsi eine Waise sei und dass ihr Vater sich nach dem Sonderkrieg als Schweizer Militär hervorgetan habe, an ihm völlig vorbei. Die Informationen darüber, wie und wo die Lenthes Elsi kennen lernten, nimmt er auch nicht zur Kenntnis. Solche alltäglichen Details passen nicht zu seinem Idealbild. Zurückblickend stellt er fest, er habe sie an dem Abend nur im Scheine des Wunders gesehen. (593) Er zieht eine geheimnisvollere, egozentrisch-hochmütige Erklärung für ihre Anwesenheit im Haus vor: „mir war, als habe ein Dämon, der meinige, sie, wer weiß woher, hier in das Haus meiner Freunde gebracht." (593) Dieser „Dämon" ist für ihn nicht bloß figurativ zu verstehen; später wird sein Dämon es mit anderen furchtbaren Dämonen aufnehmen müssen. Von vornherein dürfte klar sein, dass es Jebe unmöglich sein wird, auf Elsi als einzigartiges, rein menschliches Wesen spontan und unvoreingenommen einzugehen. Statt sie als eine junge, verwaiste Frau zu sehen, die Liebe und Unterstützung braucht, wird er sie hinfort in seine romantische Schablone einzwingen. Aber bei all seiner Betonung des Geheimnisvollen sorgt der Text dafür, dass Jebe selbst an dieser Stelle „realistisch"-psychologische Kategorien auf sein jugendliches Traumgesicht anwendet. Er räumt nämlich ein, das Traumgesicht könne aus dem Eindruck des damaligen großen Sterbens und einer kaum geahnten Sehnsucht nach dem Weib erzeugt worden sein. (593) Hier wird auch das Wort „Eindruck" „realistisch" in psychologischer und nicht in mystischer Bedeutung gebraucht und der Leser wird so dazu angehalten, Franz' Kategorien gegenüber eine gewisse Distanz zu wahren.

Die bald geschlossene Ehe erweist sich – wenigstens aus der Perspektive von Franz – als innig. Aus seiner Sicht decken sich Traumgesicht und Ehefrau vollkommen. Dass er mit Elsi nie über sein Nachtgesicht redet, geht aus seinem späteren Bericht hervor. Ob sie bereit wäre, einen Mann zu heiraten, der sich ein solches Bild von ihr macht, steht jedoch dahin. Seine Schilderung des Eheglücks bezeugt, wie sehr das Wesentliche für ihn darin besteht, sein Nachtgespenst geheiratet zu haben. Zum ersten Mal werden auch die literarischen Muster explizit sichtbar, die sein Liebesideal geprägt und die Erzeugnisse seines Inneren mitgestaltet haben:

> Der Erzähler schwieg eine Weile; auf seinem Antlitz war ein Lächeln, als blicke er in eine selige Vergangenheit. „Ich hatte nun mein Nachtgespenst geheiratet", begann er wieder, fast wie traumredend; „es war ein Glück! – o, ein Glück! – ich hatte einst den Fouquéschen Ritter Huldbrand beneidet, wie er mit einer Undine seine Brautnacht feiert; ich hatte nicht gedacht, daß dergleichen unter Menschen möglich sei.
> Lache mich nur aus, Hans! Was soll ich dir sagen? Mein Glück ging über jeden Traum hinaus, – Es war so manches Eigene, Fremdartige an ihr, das mich im ersten Augenblick verwirrte und mich zugleich entzückte". (594)

Wir haben es hier mit einer durch literarische Texte ausgelöste Faszination zu tun; diese sind den seelisch-sexuellen Bedürfnissen des jugendlichen Franz entgegengekommen. Zwar hat der Jüngling in der Schule Klassiker wie Sophokles lesen müssen; aber in seiner Freizeit hat er sich eher mit romantischen Texten befasst. Dort hat er sich Identifikationsfiguren und Rollenmodelle ausgesucht.

Während Franz Beispiele von Elsis angeblich fremdartiger Eigenart auf fast schwärmerische Weise anführt, setzt der Text ganz andere, kritische Akzente. Ebenso wie er als Primaner Schule und Hinterhofswelt scharf von einander trennte, ebenso streng hält Franz jetzt Berufswelt und Privatwelt auseinander. Jene ist „nüchtern" (601); diese muss märchenhaft bleiben. Zu diesem Zweck legt er für Elsi einen großen Garten an, der ihr eigentlicher Bereich sein soll. Ihm ist recht, wenn er sie bei seiner Rückkehr von seinen ermüdenden Berufsgängen in diesem Zaubergarten findet. Sie muss unbedingt Fee oder Elfe bleiben; sie darf nicht zu einer alltäglich-häuslichen Ehefrau werden. Franz berichtet (595), wie sie sich an einem Tag bei seiner Rückkehr treffen. Er sieht, dass sie ihm entgegenfliegen will. Statt ihr aber seine Arme entgegenzustrecken, sie zu umarmen und zu küssen und damit dem durch ihre Tat signalisierten Wunsch zu genügen, ihre Liebe spontan zu zeigen und sich bei ihm im Einssein der wahren Liebe geborgen zu wissen, gebietet er ihr: „Halt!". Abwehrend erhebt er die Hand und bittet sie, langsam zu gehen; denn – so will die Stelle gedeutet werden – mit einem Schmetterling im Haar und der jungen weißen Katze in ihrem Gefolge entspricht sie seinem Bild von ihr als Märchenfrau und erscheint ihm attraktiver als eine bloß menschlich-liebevolle Ehefrau. Dass zusätzlich zu der weißen Katze das oft als Hexensymbol gebrauchte Schmetterlingsmotiv hier vorkommt, nimmt nicht wunder: Für Jebe schillert seine Luftgestalt durchgehend zwischen Fee und Hexe. Seine Frage: „Bist du eine Undine, eine Elbe oder eine Fee?" sagt dem Leser viel mehr über seine Gefühle als über Elsi selbst aus. Diskret wird angedeutet, dass die Frage sie verblüfft; denn sie schaut ihn an und fragt ihrerseits: „Weißt du noch nicht?" Aber er ist kein Märchenprinz, der die erwartete, erhoffte, ja erlösende Antwort findet. Statt dessen schüttelt er den Kopf und sagt einfach: „Du bist so unergründlich." Sie aber fliegt in seine Arme und gibt ihm die richtige Antwort: „Dein bin ich; nichts als dein." Wer sich in Storms Novellen auskennt, erkennt in ihren Worten ein klares Beispiel für sein Liebesideal des völligen Einsseins der Liebenden: Aber Franz hat seine Frau von vornherein und endgültig als Undine abgestempelt. Obwohl er sie am Ende der Szene fest in seinen Armen hält und sagt, er wisse es auch, wirkt das lahm, wie ein Nachgedanke, fast erheuchelt. Sein wahres Gefühl, eines der Enttäuschung, verrät das „Aber", mit dem der nächste Satz beginnt: „Aber der Schmetterling aus ihren Haaren war davongegaukelt; nur die Katze, das Tier der Freya, der Göttin des häuslichen Glückes, blieb in unserer Nähe." (595) Das bloß häusliche Glück genügt diesem Märchenritter nicht.

Merkmal einer häuslich-menschlichen Ehefrau wäre es wohl, ihrem Mann mit Hilfe und Trost beizustehen, wenn ihn Sorgen und Schmerzen befallen. Ihrerseits dürfte sie auf seine Unterstützung und Liebe zählen können, wenn Sorgen und Schmerzen sie heimsuchen. Franz aber will es seiner Undine verwehren, sich diese wesentlichen Elemente einer Menschenseele zu erwerben. Eine Szenenfolge (595 f.) veranschaulicht dies auf diskrete aber überzeugende Weise. Sie fängt damit an, dass beschrieben wird, wie Franz sich eines Abends ermüdeter als sonst fühlt. Sie gehen jedoch zu Lenthes, ohne dass er Elsi etwas von dem sagt, was ihn innerlich beschäftigt. Ehe er „Freund" Lenthes Frage beantworten kann, ob er einen strammen Tag gehabt habe, kommt Elsi zu ihm herüber, legt ihm beide Arme um den Nacken und sagt: „Franz, dir fehlt etwas." Er streicht sie sanft über den Scheitel, drückt ihr heimlich die Hand und befiehlt ihr dann – man merke das Herrschaftsverhältnis! – zu ihrem Platz zurückzugehen. Sie soll nicht mit Leiden in Kontakt kommen; denn er hält sie doch für unfähig, es zu ertragen. Später erklärt er ausdrücklich, die „übermäßige Tapferkeit der Frauen" sei nie „seine Leidenschaft" gewesen. (598) Je zaghafter, je lieber! Ihre Sorge legt er jedoch falsch aus: „ihre Stimme klang, als ob sie zürne, daß mir, der nur ihr gehörte, von Anderen ein Leides angetan sein könne." (196) Seine Antwort: „Mir fehlt nichts. Niemand hat mich gekränkt!" mag seine Ich-Bezogenheit nochmals unterstreichen. Ins Schwarze trifft sie aber nicht. Ihr Zorn rührt vielmehr daher, dass sie sich dadurch gekränkt fühlt, dass er Verständnis und Trost nicht bei ihr, seiner Frau, sondern bei anderen sucht. Dass sie in eine leichte Ohnmacht sinkt, nachdem er das Leiden der alten Hökerin in den lebhaftesten Farben evoziert hat, scheint ihm sein Vorurteil vollauf zu bestätigen, dass Frauen nicht einmal von großen Schmerzen reden hören können. Was aber tatsächlich aus seinen Worten hervorgeht, ist etwas ganz Anderes. Aus seiner Bemerkung „sie leidet mehr als ein Mensch ertragen kann" (596) ist schon jetzt ersichtlich, wie er später angesichts ihrer Schmerzen handeln wird. Der Text deutet an, dass die ihr unterstellte Unfähigkeit, den Anblick von Leiden zu ertragen, in Wirklichkeit ihm selber anhaftet: Mit Lenthes Meinung, dass bei Ärzten die Denkarbeit das Mitleid verzehrt, gibt er sich nicht zufrieden: Beim Anblick des Leidens anderer habe er oft ganz anderes empfunden: „wie oft flog es mir beim Anblick solcher Leiden durch den Kopf: Das ist menschlich, binnen heut und Kurzem kannst du so daliegen; es ist nur ein Spiegel, in dem du dich selber siehst." (596) Das Solipsistische an seiner Welt liegt auf der Hand – ebenso wie seine eigne Schwäche. Der Arzt selber leidet an einer tief sitzenden Angst vor Schmerzen und Leiden. Angesichts des späteren Leidens seiner Frau wird diese ichbezogene Sorge sein Verhalten bestimmen: Indem er ihr Leiden beendet, erspart er sich selbst weitere Leiden als Zuschauer ebenso wie die Vorwegnahme seiner eignen Sterbequal. Wenn solches Leiden „menschlich" ist, so versteht man, warum er es vorzieht, mit einem Nicht-Menschen verheiratet zu sein. Eine Fee, die weder leiden kann noch mit den Leiden anderer konfrontiert wird, passt ihm in jeglicher Hinsicht besser als eine „wahre" Frau, die Schmerzen in die Augen schaut und aus lauter Liebe zum Leben mutig nach Lösungen Ausschau hält. Dass eine solche Frau ihm damit helfen könnte, seine eigne Angst zu überwinden, kommt ihm einfach nicht in den

Sinn. Ein so beschaffener Mann kann wiederum Elsi unmöglich helfen, ihre Angst vor Schmerzen zu überwinden und mit dem Leiden gefasst und ruhig umzugehen. Aber das will er gar nicht. Dieser Ritter Huldebrand will sie davor schützen, das Leiden überhaupt kennen zu lernen.

Dass Elsi das von Franz mit solchen Details und solchen Adjektiven wie „fürchterlich" und „schauderhaft" beschriebene Leiden der Hökerin nicht zu ertragen vermag, nimmt nicht wunder. Sein Bild einer mit ausgespreizten Händen in die Luft stoßenden Frau, die die Kiefer auf einander schlägt, als wolle sie sich Hilfe rufen, aber nur grauenhafte Laute hervorbringt, die er im Umkreis der Lebendigen nicht für möglich gehalten hätte (596f.), wird durch nicht näher bestimmte, aber wohl krasse Details ergänzt! (Man fragt sich, warum er als Arzt ihre Schmerzen nicht gleich durch Morphin gelindert hat.) So eine Gräuelgeschichte, die Franz' latente Hysterie bezeugt, hätte viele andere auch erschreckt. Für ihn ist typisch, dass er bei seinen an Lenthe, nicht an Elsi gerichteten Bemerkungen deren wachsendes Pein überhaupt nicht bemerkt. Sein inneres Auge ist auf die Leidensszene so fixiert, dass erst Frau Lenthes Stimme ihn darauf aufmerksam macht, dass sie Elsi in ihre Arme genommen hat. Nach einer beschwichtigenden Liebkosung (597) geht er auf seinen Platz zurück. Was ihn zu ärgern scheint, ist dass die „Behaglichkeit" des Abends gestört worden ist (597) und sich nicht wieder herstellen will. Da sich Elsi auf dem Heimweg an seinen Arm klammert und stark atmet, kann er nicht umhin zu spüren, dass sie ihm etwas bekennen will, es aber nicht kann. Was tut er dann, um „ihr zu Hülfe zu kommen?" Er bittet sie um Verzeihung, dass er diese Schrecknisse in „Frauengegenwart" vorgebracht hat! Er hätte seinen männlichen Hochmut kaum frappanter unterstreichen können. Ironischer-, ja tragischerweise hat sie sich während ihrer ganzen Ehe schuldig gefühlt, weil sie ihm, dem prominenten Arzt, ihre Angst vor Schmerzen vorenthalten hat. Wenn sie nur wüsste, was er ihr alles verschweigt!

Ihr Bericht über den Ursprung dieser Angst ist Wasser auf seine Mühle, will aber ganz anders gedeutet werden. Wäre er nicht so erpicht darauf gewesen, Elsis wirkliche Vergangenheit zu verdrängen, so wäre er vielleicht viel früher mit diesem Trauma konfrontiert worden. Den Leser befremdet es gar nicht, dass der Anblick der Lanzette des ihre Schwester impfenden Arztes ihr einen derartigen Schreck versetzte, dass sie sich in einem Hinterhof so tief zwischen alte Fässer versteckte, dass man sie erst spät am Abend da auffinden und halb tot vor Angst hervorziehen konnte. (598) Dass das wohl verständnislose Verhalten des Arztes selbst zu kritisieren sei, kommt Franz nicht in den Sinn; aber auch nicht, dass er als Arzt sowie auch als Ehemann Elsi helfen sollte, diese Angst zu überwinden. Sein Reden von den „schauderhaften" in der alten Hökerin „wühlenden" Schmerzen führt dazu, dass Elsi sie alle am eignen Leib miterlebt. Auch stammt die Metaphorik von Qualen, die ihre „Klammern" in ihren armen Körper setzen (598), sicherlich von Jebe selbst. Ruhe und Vertrauen flösst er ihr kaum ein! Seine Reaktion auf ihren Bericht ist menschlich inadäquat und tief ambivalent: Er legt den Arm – die Klammer? – um ihre Hüfte – die Geste des schützenden Ritters! –, sagt aber nur: „Möge das nie geschehen". Dann – seine männliche, ritterliche Rolle noch ausbauend – fügt er hinzu: „Aber was schiltst du deine Feigheit! Die übermäßige Tapferkeit der Frauen war niemals meine Leidenschaft." (598) Er beteuert ihr sogar, er liebe sie dafür umso mehr, dass er sie „auch hier zu schützen habe." Der männliche Hochmut könnte kaum größer sein.

Nicht dass Elsi sich mit diesem Bild von ihr als zaghafter Frau abfinden will. Nur kommt sie auf ein Mittel zur Überwindung ihrer Furcht, das verkehrt ist:

Sie will selbst die todkranke Frau regelmäßig besuchen. Ihr „Geheimnis" will sie Franz aber vorerst nicht verraten, und ihre erregte Heiterkeit veranlasst ihn, zu fragen: „Ist ein Glück in unser Haus gefallen?" (598) Obwohl es nirgends expressis verbis gesagt wird, dürfte hier anzunehmen sein, er spreche von einer eventuellen Schwangerschaft. Nur kann er sich natürlich nicht mit einer Elfe auf direkte Weise über solche Themen aussprechen. Auch zeigt sein Benehmen, wie wenig er es dulden kann, dass sie vor ihm „Geheimnisse" hat. Er hebt drohend den Finger und drückt wohl mit den Worten „o, ihr Weiber" (598) seine Überzeugung aus, Frauen seien Geheimnisse liebende Geschöpfe! Seine „Langmut" dürfe sie nicht überstrapazieren! Der halb scherzende Ton ändert an dem „Machtgefälle" nichts; echte Kommunikation zwischen den beiden ist gerade wegen seines „Bildes" von ihr unmöglich.

Als dann Elsis Projekt scheitert, weil sie dem Anblick der Krämpfe der alten Frau nicht gewachsen ist, überrascht es nicht, dass Frau Lenthe, die sich durchgehend mit ihrer traditionellen Frauenrolle zufrieden gibt, die Männer bemuttert und hätschelt, und ihnen nach dem Maul redet, mit einer gewissen Schadenfreude darüber berichtet. (599) Als Elsi Franz vom Bett aus ihre Hände ausstrecken will, ergreift Frau Lenthe sie und übernimmt selbst die Aufgabe, ihm alles zu erklären! So ein „zaghaftes Weib" (599) – Franz' eigne Worte! – darf nicht einmal selbst zu Wort kommen. Obwohl sie natürlich selbst keine gymnasiale Bildung genossen hat, schmeichelt Frau Lenthe Franz als „Lateiner" mit dem von ihm geliebten, ins Deutsche übersetzten lateinischen Spruch „naturam expellas furca, tamen usque recurret", der ihm Recht zu geben scheint. Er selbst übernimmt die Rolle des sachlichen Arztes, nicht des besorgten Ehemanns, indem er sich auf den Bettrand setzt und Elsis Puls befühlt, während sie ihre heiße Stirn auf seine Hände legt und wohl auf einen kleinen Zuspruch, eine Anerkennung ihrer Anstrengungen oder eine volles Verständnis zeigende Gebärde hofft. Franz' Beruhigungsversuch(!) dient nur dazu, sie in ihren Minderwertigkeits- und Unterlegenheitsgefühlen zu bestätigen. Als er sie dafür lobt, tapfer in die Gefahr gegangen zu sein, auch wenn was das, was sie eigentlich wollte, außer den Grenzen ihrer Kraft lag (600), lächelt sie ihn dankbar an! Sein schulmeisterhaftes Fazit lautet: „versuchen wollen wir es nicht wieder." Stolz betet sie seinen Spruch nach – und sogar auf Latein! Ihre Niederlage durch diesen Ritter könnte kaum totaler sein. Jebe macht es sich mit seinem Spruch aber zu leicht. Bei Elsi wie bei anderen Menschen von einer nicht zu ändernden Natur zu reden, greift zu kurz, besonders wenn er weiblich mit zaghaft und männlich mit tapfer gleichsetzt. Sein Hochmut in anderen Fragen drückt sich auch in solcher herablassenden Behandlung seiner Frau – und aller Frauen aus! Es freut diesen patriarchalischen Ehemann, der es eines Abends sogar erleben muss, dass seine Elfe noch nicht heimgekehrt ist, als die Suppe schon aufgetragen worden ist (600), dass sie sich auf ungefährlichere Patienten, nämlich auf kranke Kinder beschränkt. Männer würden ihm natürlich nicht ins Konzept passen. Und was tut sie? Sie bleibt in der ihr von ihm aufgezwungenen Welt des Fantastischen und liest ihnen Märchen vor. Erleichtert, ja siegesbewusst nimmt er ihren lieben Arm in den seinen und führt sie zu Tische.(600) Sie ist immer noch seine Gefangene, sein märchenhaftes Geschöpf. Und gleich nachdem er sie wegen der „amtlich klingende(n) Wichtigkeit" ihrer Worte ironisiert hat, fügt er selbst gespreizt hinzu: „Nicht verschweigen will ich, daß Elsis neue Liebesmühen meinem Heilverfahren oft nicht unwesentlich zu Hülfe kamen." (601) Solche mit meisterhaftem Können konstruierten Szenenfolgen sind typisch für die künstlerische Subtilität, mit der Storm zu Werk geht.

Der nächste Abschnitt von Franz' Bericht fängt mit den Worten an: „So waren drei Jahre etwa uns vergangen: schnell, wie das Glück es an sich hat." (601) Wie verhält es sich aber wirklich mit diesem Glück? Bald erfährt der Leser fast wie beiläufig, dass am Ende des ersten Ehejahrs Elsi eine Fehlgeburt mit nachbleibenden Schwächen erlitt. (607) Das wird hier völlig weggeblendet. Ich komme darauf zurück. Jebe will, dass in seinem privat-häuslichen Märchenreich nur Dinge vorkommen, die „anmutig" sind und aus anderen Existenzen zu stammen scheinen. (601) Bei dem dann von ihm angeführten Beispiel fordert der Text dagegen den Leser wieder auf, eine kritische Haltung einzunehmen. Worum geht es? Jebes nie nachlassendes Drängen, Elsi eine märchenhafte Identität aufzuzwingen, hat zur Folge, dass sie sich immer mehr seinem Wunschbild gemäß verhält. Ihre märchenhaften Allüren im Zaubergarten, wo er sie gefangen hält, mögen ihn bezaubern; auf den Leser wirken sie jedoch anders. Wenn Jebe z. B. berichtet, wie sie jetzt bei seiner Rückkehr ihm nicht entgegenfliegt, ja nicht einmal die Augen hebt, sondern ihm entgegenruft, die von ihr auf ein zusammengelegtes Rosakärtchen gewickelten Herbstgespinste nicht entzweizureißen und einer ungeheuren Kröte nicht zu schaden, weil man nicht wissen könne, was hinter jenen goldenen Augen stecke, so merkt man, wie sehr Jebe ihre spontanen Gefühle erdrosselt und wie tief er sie in diese Märchenwelt hineingetrieben hat. (601) Er hat ihr quasi das Recht vorenthalten, sich als Mensch zu entwickeln. Ihr bleibt nichts mehr übrig, als sich mit solchen Lappalien zu beschäftigen. Dass sie sich immer mehr in dieser Rolle als Märchenfrau aufgeht, ist Franz dagegen nur recht. Mit diesem „Bild" bzw. diesem Fantasiewesen wird er eher fertig als mit einem ihm ebenbürtigen Menschen.

Mit einer in der Gesellschaft auftretenden attraktiven Frau käme er noch weniger zurecht. Obwohl er selbst früher leidenschaftlicher Tänzer gewesen war und sie auch gut und gern tanzt, geht er mit ihr nie auf Bälle. (601) Den Berührungen, geschweige denn den Annäherungen anderer will er sie offensichtlich nicht aussetzen. Er bringt sie nur auf einen Ball, weil er der Meinung ist, sie dürften nicht fehlen. Dass sie von den vier ihr angebotenen Friedrichdors – man merke, wer über das Geld bestimmt! – nur den einen nimmt, will ihm wohl gleichsam als Beweis dafür dienen, dass es bei der Erstellung ihres Ballkleids märchenhaft zugeht, und schon ehe sie im neuen Kleid zu ihm ins Zimmer tritt, ruft er ihr: „Herein, holde Elfe!" (602) Was ihn am einfachen Ballkleid so anzieht, ist dass es ihn an das von seinem Traumgesicht getragene Kleid erinnert. Nur ist seine Elfe jetzt gezierter, verführerischer: Sie gleicht eher einer Lorelei in diesem Kleid aus weichem, durchsichtigem Stoff und mit silber-brokatenem Gürtel und Perlenschnur. Literarischen Mustern gehorcht sie aber immer noch. Ihre verführerischen Reize kann Franz aber nicht einfach begrüßen und bewundern. Er betrachtet sie lange, während ihre Augen zärtlich fragend nach den seinen suchen. Und was tut er? Er schließt sie stürmisch in seine Arme, nimmt also Besitz von ihr, will sie fast erdrücken und erklärt, sie sei fast zu schön für ein Menschenkind. Ihr Bedürfnis, als vollblutige, geliebte Menschenfrau zu gelten, enttäuscht er, indem er fragt: „Aber – ist das ein Ballanzug?" (602) Seine Frage verrät alles. Es geht im doch nicht darum, was die Damen dazu sagen, sondern was die Männer dabei empfinden! Auch andere Männer könnten seine gehütete Elfe im weichen durchsichtigen Kleid verführerisch finden; und zu jeder Zeit kann ein Arzt weggerufen werden! Auf dem Ball merkt er ja, wie die Tänzer auf sie deuten und wie mehrere gleich auf seine schöne Elfe zusteuern, als die Musik einsetzt und er tatsächlich weggerufen wird (603). Seine eifersüchtige Qual in absentia lässt sich erraten. Elsis Reaktion bei seiner Rückkehr von einem Patienten, der einen

49

Schlag erlitten hat, zeigt, was für Wirkungen seine Weigerung, auf eine normale Weise über Leiden und Tod zu sprechen, gehabt hat. Die zwei können das Thema nur indirekt ansprechen, indem sie sich auf das Märchen „Der Gevatter Ton" beziehen! Märchenmotive haben jede einfache Kommunikation verdrängt. Und wenn Jebe Elsi als zartes, gebrechliches Wesen darstellen will, das den Kontakt mit Männern nicht verträgt, so deutet der Text selbst an, dass sie mit ihrer Erklärung eher recht haben könnte, nämlich dass die Männer derart schwerfällig tanzen, dass es sie krank macht! Möglich ist auch, dass sie keine Lust gehabt hat, sich beim Walzen von den Herren Tänzern befühlen zu lassen. So dumm und so feenhaft naiv ist Elsi nicht. Jebe selbst muss eingestehen, dass es ihm beim Tanzen mit ihr ist, als seien seine Füße beflügelt, als ströme eine Kraft von seinem Weib auf die Männer über. (604) Schwächlich ist sie also auch nicht. Nur von ihm, dem in romantischen Kategorien befangenen, in seinem Inneren so unsicher-zaghaften Menschen stammt die Furcht, er könne sie nicht halten und sie müsse ihm in Luft zergehen; denn, und das dürfte jedem Märchenkenner bekannt sein, Undinen und Nachtgesichter tendieren ihrem Wesen nach immer dazu, sich in die Elemente aufzulösen. Hinter dieser vorgeschobenen Angst lauert die Furcht, sie an andere Männer zu verlieren. Typisch für Storms eigene Liebesauffassung ist dagegen Elsis Reaktion: „O, das war schön [...] wie liebe ich dich Franz!" (604). Beim Walzen – das wird wohl der Tanz sein – empfindet sie sicherlich ein warmes körperliches Einssein, das ihr sonst vorenthalten wird. Statt ihr jedoch seine Gegenliebe zu versichern, schweigt Franz. Er verharrt lieber in seiner Zauberwelt, genießt sein eignes Wohlgefühl: „Ich ließ das Alles, wie einen stillen Zauber über mich ergehen." (603) Der Bezauberte verdammt Elsi dazu, unter ihrem Bann schweigend weiter zu leiden. Sie muss Fee bleiben. Um ihr eignes Bild zu gebrauchen (601), könnte man zugespitzt sagen: Er bleibt Kröte! Der Möchtegern-Märchenprinz vollbringt nicht die dem Märchenprinzen obliegende Hauptaufgabe, die darin besteht, den Bann zu brechen und die bezauberte Prinzessin zu erwecken.

Obwohl sie in seinem Haus und seinem Garten quasi gefangen gehalten wird, will Franz den Eindruck gar nicht aufkommen lassen, Elsi müsse sich alle Tage mit dem Haushalt beschäftigen. Das verstieße gegen sein Bedürfnis, an ihr bloß das Zauberhaft-Geheimnisvolle herauszustreichen. Von ihrer eigentlichen, ganz und gar nicht märchenhaften sozialen Rolle muss abgesehen werden, es koste was es wolle:

> der Haushalt ging [...] unter ihren Händen wie von selber; ja, ich habe nie gemerkt, daß überhaupt gehaushaltet wurde; es war, als ob die toten Dinge ihr gegenüber Sprache erhielten, als ob sie ihr zuriefen: „Hier in der Ecke steckt noch ein Häufchen Staub, hier ist ein Fleck, stell hier die Köchin, hier die Stubenmagd!" Es war wie im Märchen, wo dem Kinde beim Gange durch den Zaubergarten aus den Apfelbäumen zuruft: „Pflück mich, ich bin reif!" – „Nein, ich noch reifer!" (604)

Diesmal dient das Märchen „Frau Holle" dazu, Franz' Unfähigkeit zum Ausdruck zu bringen, die Welt ohne eine aufgesetzte romantisch-volksmärchenhafte Brille zu sehen. (Dass in Zusammenhang mit seiner Elfe von Äpfeln, die zum Pflücken bereit sind, die Rede ist, gehört zu der feinen Ironie, die so viele Passagen in dieser Novelle kennzeichnet.) Die Wahrheit liegt anderswo: Er merkt gar nicht, wie Elsi den Haushalt so sorgfältig einteilt, dass er nie gestört wird. Weil sie immer darauf achtet, dass während seiner Anwesenheit nichts gemacht wird, meint er, es laufe alles ohne jegliche Arbeit und Mühe ab! Das ihr aufgezwungene romantisch-fantastische Bild verdeckt wieder nur Elsis wahre sozial-ökonomische Lebenssituation.

Bis jetzt fehlt aber noch eine wichtige Komponente von Elsis Undinen-Dasein, nämlich ihr angeblicher Bezug zu dunkel-geheimnisvollen Kräften, vor allem zum Tod. Diese will Franz von jetzt an immer mehr herausarbeiten. Es folgt eine Episode, die seiner Meinung nach seine Analyse restlos bestätigt. (604 f.) Wiederum will der Text, dass der Leser der Deutung Franz' widersteht. Berichtet wird, wie er im vierten Ehejahr ermüdet heimkommt. Klar ist, dass er von Elsi erwartet, dass sie ihren müden Ehemann in ihrem Zaubergarten wieder tröstet und aufmuntert, ehe sie dann zusammen zu Abend essen. An diesem Abend findet er sie aber nicht im Garten; auch schaut sie nicht am Fenster nach ihm aus. Ein von ihm als befremdend beschriebener Anblick erwartet ihn im Zimmer. Seine Frau steht regungslos, wie ein Bild (!), die linke Hand herabhängend, die rechte, wie beklommen, gegen die Brust gedrückt (605). Er beschreibt, wie der rote sie verklärende Abendschein auf den Falten ihres lichtgrauen Gewandes und auf dem feinen Profil ihres Angesichts liegt. Todesassoziationen schwingen hier unüberhörbar mit, die dem Leser wiederum aus romantischen Texten vertraut sind. Franz ist gleichsam dazu vorprogrammiert, das Ganze als einen „halb visionären Zustand" (606) zu betrachten. Dass ihr Körper sich nicht im leisesten bewegt, ist für ihn doch ein klares Indiz, dass sie in einem Trance- oder schlafwandelnden Zustand ist. Statt sofort zu ihr zu rennen und sie zu umarmen, betrachtet er sie eine Weile; denn jetzt dürfte sie wohl mit dem Geisterreich als Medium in Verbindung stehen. Nachdem er leise ihren Namen gerufen hat, will es ihm scheinen, als ob sie „wie traumredend" (605) antworte. Plötzlich scheint es ihre schlanken Glieder zu durchrinnen, sie reibt sich die Augen, ruft seinen Namen aus und wirft sich in seine Arme. Das erste was er tut, ist sie zu fragen, was das war. Vielleicht hofft er auf Offenbarungen aus dem Geisterreich. Darauf antwortet sie aber nur: „Ich meinte, ich sei bei dir, und ich war es nicht; und da riefst du mich." (605)

Welche Erklärung findet Franz für ihren Zustand? Obwohl er sich plötzlich gleich einem Neuling unsicher fühlt, ist es typisch, dass er auf der Suche nach einer „Offenbarung" – nicht nach einer Erklärung! – zwar zu diesem oder jenem medizinischen Buch greift, sie aber, meist ohne sie aufgeschlagen zu haben, wieder an ihren Platz setzt. (606 f.) Statt sich diese wissenschaftliche Arbeit zu machen, kommt er plötzlich auf den Gedanken, es könnte sich um das erste Zeichen eines neues Lebens handeln; denn, so gibt er an, der Keim eines neuen Lebens wirke oft wunderbar genug in einer jungen Mutter. (607) Zu seiner Überraschung erfährt der Leser zum ersten Mal, dass Elsi am Ende des ersten Ehejahres eine Fehlgeburt erlitten hat und dass diese nicht ohne „nachbleibende Schwächen" überwunden worden ist. (607) Diese Elfe leidet also an den Unterleibsbeschwerden üblicher Menschenfrauen. Diese Undine, die laut Franz keinen Schmerz vertragen kann, hat nicht nur seelischen sondern auch körperlichen Schmerz kennen gelernt. Man fragt sich, wie er ihr in dieser Krise beigestanden hat. Von nachbleibenden seelischen Schwächen spricht er typischerweise nicht. Obwohl jetzt im vierten Ehejahr hat Elsi in der Zwischenzeit offensichtlich keine Schwangerschaft mehr gehabt. Ichbezogen wie immer behauptet Franz, er habe Kinder bisher nicht vermisst. Dazu ist er wohl zu narzisstisch, braucht zu sehr Elsis ungeteilte Aufmerksamkeit. Eine säugende Elfe, Windeln und Kindergeschrei passen auch nicht in sein Märchenbild. Andererseits behauptet er aber, dass er schon damals wusste, dass er eines Tages Kinder doch vermissen würde: „ich war mir wohl bewußt gewesen, daß ich dereinst nach den Nichtgeborenen so sehnsüchtig wie vergebens die Arme ausstrecken würde." (607) Bemerkenswert ist aber auch, dass er anscheinend schon damals die Hoffnung aufgab, je Kinder zu bekommen. Er fragt sich nicht, ob Elsi Kinder vermisste oder wie sie in einer Gesellschaft, die Kinderlosigkeit so negativ bewertet, mit diesem wohl gespürten Urteil fertig wurde. Ihre Kinderlosigkeit wird ihre Selbstvorwürfe und ihr Minderwertigkeitsgefühl wohl nur intensiviert haben. Mit ihrem Mann wird sie über solche intimen Probleme jedoch kaum habe sprechen können. Trotz der „nachbleibenden Schwächen" und der bei einer weiteren Schwangerschaft damit verbundenen Gefahren fährt er aber fort, mit ihr sexuell zu verkehren. Bezeichnenderweise erklärt er, sie habe von nichts gewusst, als er sie nach einer eventuellen Schwangerschaft fragte. Ja, sie habe ihn anscheinend kaum verstanden. (607) Man fragt sich, ob er überhaupt imstande ist, sie unverblümt zu fragen, ob sie schwanger sei.

Der „Keim eines neuen Lebens" ist also nicht die Ursache ihres Zustands. Vielmehr wird diskret angedeutet, dass Elsi, auch wenn sie bis jetzt keine Schmerzen spürt, die keimende Krebskrankheit spürt. Jetzt sollte es Franz' vorrangige Sorge sein, sie empfinden zu lassen, dass sie auf seine Liebe und Unterstützung rechnen kann. Gerade dies und das Gefühl des totalen Einsseins fehlen ihr aber. Man versteht jetzt den tiefen Sinn ihrer Worte: „Ich meinte, ich sei bei dir, und ich war es nicht." (605) Gerade diese unterschwellige Angst beschäftigt sie, wie sie allein im dunkelnden Zimmer auf ihn wartet. Bei seiner geistig-seelischen Beschaffenheit kann er ihr nicht zu Hilfe kommen. Vielleicht hat es auch ein tiefes symbolisches Bewandtnis damit, dass gerade Gebärmutterkrebs sie befällt; denn was das Gebären angeht, steckt sie in einer unlösbaren Klemme: Sie kann einen eventuellen Mütterlichkeitsinstinkt befriedigen und damit auch den eine Ehefrau belastenden gesellschaftlichen Erwartungen nur dann genügen, wenn sie dem Willen ihres Mannes entgegenhandelt, dass sie eine Elfe bleiben soll. Eine Erkrankung gerade dieser Organe mag der einzige ihr bleibende Ausweg sein. Anders ausgedrückt: Franz mag sie in einem gewissen Sinn durch sein romantisches Frauenbild förmlich in den Tod treiben. Bei solchen eventuellen psychosomatischen Verbindungen wären wir wirklich in den wahrhaft faszinierenden Regionen des Seelenlebens.

Elsi, die der Hilfe und des liebevollen Zuspruchs ihres Mannes bedarf, kehrt gleich zu ihrer üblichen Rolle als Dienerin und Pflegerin zurück. (605) Von ihren eignen viel gewichtigeren Sorgen ganz absehend, will sie für ihren müden Mann mit seinem Ruhebedürfnis sorgen! Eigentlich müsste er besorgt auf ihre Seelenlage eingehen; stattdessen zieht sie ihn zu einem Lehnsessel und setzt sich dann hinein, während sie vor ihm niederkniet und die Arme ihm entgegengestreckt. Die leitmotivische Geste entspricht wieder ihrem Bedürfnis nach Einssein, ja sie fleht ihn fast darum an. Statt sie zu sich hochzuheben und zu umarmen, kommentiert Franz jedoch mit dem ihm eigentümlichen Egozentrismus: „Ich war ermüdet, aber nicht so sehr, um nicht noch mit Entzücken auf den schöngeformten Kopf meines Weibes zu blicken." Auf die Schönheit ihres Kopfes kommt es hier weiß Gott nicht an! Er nimmt ihre Hände in die seinen, sagt aber nichts. Was sieht er dann, als ihre grauen Augen ihn ansehen? Nicht eine leidende, ängstliche Frau, sondern nur sein geliebtes Nachtgesicht. Ihr forschender, unablässiger Blick in sein Gesicht erregt bei ihm nicht Liebe, sondern ein unheimliches Gefühl, jeden süßen Schauder von früher. (605) Der Grund für dieses Gefühl lässt sich leicht finden: Ihm ist wieder, als schaue ihn ein Genius des Todes an.

„Elsi", sagte ich endlich, „was siehst du so mich an?"
Ich sah, wie sie zusammenzuckte. „Soll ich das nicht?", frug sie dann leise. (605)

Das „Zusammenzucken" drückt wohl ihr Befremden über seine Frage aus. Dass ihr Anblick in ihm Gedanken an einen Genius des Todes wachruft, kann sie natürlich nicht wissen. Nur spürt sie instinktiv, dass sein Blick kein lauterer Liebesblick ist. Das Mörderische mag schon darin enthalten sein. Dass er sie etwas forciert als „liebe Frau" anredet, mag diese Feindseligkeit kompensieren wollen. Seinerseits will Jebe die in ihrem Blick enthaltene Liebe nicht erkennen, sondern nur Gespenstiges sehen, auch wenn es nichts Gespenstiges zu sehen gibt. Sie sieht ihn dringender an, spricht ein „Du" aus, verstummt, und erklärt dann, sie müssten einander schon früher gesehen haben.

Damit wäre der Zeitpunkt, ja der Höhepunkt gekommen, wo man erwartet hätte, dass Franz sein jugendliches Gesicht offenbart hätte. Auf den ersten Blick wäre nichts natürlicher gewesen. Zusammen hätten sie dann dieses Geheimnis bzw. Wunder besprechen können, und ihre Liebe hätte eine neue Weihe erhalten. Er tut es jedoch nicht. Der Atem steht ihm still. Er lenkt ab, will durch seinen scherzhaften Ton abblocken: Sie kennen einander schon das vierte Jahr, von früher aber wisse er nichts. Sie lässt sich aber nicht so leicht abschütteln. Sie vermutet, sie hätten einander, wenn auch nur im Traum, kennen gelernt, als sie noch ein halbes Kind war. Franz' Reaktion darauf ist nur auf den ersten Blick merkwürdig. Eigentlich entspricht es genau seinem Charakter. Er berichtet: „Es durchlief mich, ich bebte vor dem, was weiter kommen könne; aber ich faßte mich." (606). Das Leitmotiv des „Durchlaufens" gesellt sich zu dem des „Durchdringens" und des „Durchfahrens"; alle drei rufen Gedanken an einen plötzlichen, gewalttätigen Tod hervor. Franz spricht jedoch nicht von seinem Erlebnis. Im Gegenteil, er versucht alles auf einen harmlosen weit verbreiteten, fast zum Klischee herabgesunkenen Glauben zu reduzieren: „Das ist so zwischen Liebesleuten; mir ist es auch wohl so gewesen, als hätten unsere Seelen sich gesucht, bevor noch unsere Leiber sich gefunden hatten; das ist ein alter Glaube, Elsi." (606)

Von seinem eigentlichen Erlebnis spricht er also nicht. Ebenso unterdrückt er Elsis Nachterlebnis. Er will sie mit diesem Klischee abspeisen und schnell zu anderem übergehen. Hätte er tatsächlich diesen Glauben geteilt, so hätte ein Feuerbachianer wie Storm in diesem „falschen" Aberglauben dennoch einen „wahren" Kern erkannt, nämlich die Sehnsucht nach dem seelisch-körperlichen Einssein der wahren, ewigen Liebe. Franz' Glaube ist aber anderer Natur. Sein Nachtgesicht beinhaltet etwas ganz anderes. Für ihn ist Elsi ein Nachtgespenst, ein Genius des Todes. Und gerade diesen Kern seiner Vision will er ihr selbstverständlich nicht verraten. Deshalb reagiert er auch so ängstlich auf ihren dringenden Blick. Als Antwort auf seinen erheuchelten Glauben strickt sie dagegen ihre Arme fest um seinen Hals und drückt ihre Wange an die seine. Aber auch das kann nur seine faszinierte Angst vor den potenziell tödlichen Verführungskünsten eines solchen Nachtgespensts steigern. Selbst jetzt geht es ihm nicht darum, in ihre liebevollen Augen zu schauen, sondern nur darum, ihre „gespenstigen" Augen zu sehen. Wiederum schweigt er, unwillig und unfähig, mit ihr zu kommunizieren. Einerseits fürchtet dieser Mensch, der tiefe Beziehungen zu anderen Menschen nicht eingehen kann, das einzige Geschöpf zu verlieren, das er besitzt; gleichzeitig fürchtet er aber ebenso stark, dass dieses Nachtgespenst ihn töten und um seine Seele bringen könnte. Diese Ambivalenz ist bei ihm konstant. Sie dagegen ersehnt das Einssein, das Gefühl der Geborgenheit bei ihm, zumal sie, wie schon gesagt, ihre Krankheit schon dunkel spürt. Ihre sämtlichen Sehnsüchte und Ängste sind in ihren Worten enthalten: „Halte mich fest, Franz. Noch fester! O, mir ist, als könnte man mich von dir reißen."(606)

Franz' Bericht über den weiteren Verlauf ihrer Krankheit unterstreicht, in welchem hohen Maß er sowohl als Arzt wie auch als Ehemann und liebender

Mensch kläglich versagt. (607 f.) Trotz seines Bildes von ihr als zaghaftem Weib erschrickt Elsi nicht, als Schmerzen bald auftreten. Sie legt sich ins Bett, steht aber am nächsten Tag wieder auf. Franz unterlässt es jedoch, sie zu untersuchen, obwohl er als Facharzt es hätte tun müssen. Er selbst gibt mit einer gespreizt verlegenen Umschreibung zu, dass der Ort, wo die Schmerzen hervortreten, ihm nicht gefiel. (607) Man fragt sich, was für ein tieferer psychologischer Sinn in dieser Formulierung steckt. Er spricht mit ihr nicht über ihre Schmerzen und Sorgen. Sie muss mit ihren Ängsten und Ahnungen allein fertig werden. Selbst als sie ein paar Wochen später wieder ins Bett muss, kommt er bei seiner ersten Untersuchung noch nicht gleich auf die Ursache der Schmerzen, obwohl sie ihm hätte schon aufgehen müssen. Diesmal fällt der sonst schnelle Diagnostiker kein Urteil. Aber seine Konzentrationskraft schwindet. Was plagt ihn? Sorge um Elsi? Kaum: „eine Furcht vor einem Schrecken, das sich mir vor Augen stellte, hatte mich ergriffen." (608) Aus Franz' früheren Bemerkungen weiß der Leser schon, dass das Schreckliche für ihn die Aussicht ist, Elsis Schmerzen und Todesqualen mit erleben zu müssen; denn in diesem Spiegel wird er seine eignen Todesschmerzen vorwegnehmen und durchleiden müssen.

Oft wird behauptet, dass Franz Elsi gerettet hätte, wenn er einen Artikel in einer Fachzeitschrift über eine neue Behandlung dieser Krankheit gelesen hätte, statt, durch Sorgen um sie ganz eingenommen, die Zeitschrift ungesehen in die große Schublade seines Schreibtischs zu werfen. Vieles spricht gegen eine solche Annahme. Der Leser weiß schon, dass Franz in Fragen, wo er sich als Neuling empfindet, medizinische Fachbücher – „meistens ohne sie gelesen zu haben" (607) – schnell zur Seite legt. Infolge seiner an Leichen gewonnenen Kenntnisse der inneren Medizin glaubt er sowieso fest, es bestehe in diesem Fall keine Heilungsmöglichkeit. Auch ist er im Unbewussten davon überzeugt, dass sein Nachtgespenst ihm doch eines Tages genommen wird. Besser wäre es dann wohl unter solchen Umständen, sie eher früher als später verschwinden zu lassen, um dadurch den schauderhaften letzten Stadien ihrer Krankheit zu entgehen. Auch hätte er seine eigne Frau operieren müssen; denn bei seiner tiefst unsicheren, eifersüchtigen Seelenlage ist es undenkbar, dass er einem anderen Mann diese Operation hätte anvertrauen wollen. Und bei ihm liegen der Rettungs- und der Tötungsgedanke nahe beieinander: Der schützende Ritter ist auch der potenzielle Mörder. Er will sich nicht in Versuchung bringen.

Die Szene, in der er Elsi über ihre Schmerzen ausfragt (608), veranschaulicht, wie wenig er mit ruhiger fachmännischer Besonnenheit zu reagieren vermag. Obwohl sie schon wieder erklärt, sie fürchte sich noch nicht, dienen seine Worte und Taten nur dazu, ihr eine tödliche Angst einzujagen. Er gebraucht wieder seine Folter- und Qualen-Metaphorik. Statt als sachlicher Facharzt zu sprechen, der bemüht ist, seine Patientin ruhig und einfühlsam zu informieren, spricht er von den Schmerzen wie von einer heranrückenden Mordbande: „laß mich suchen, von wo aus sie dich quälen wollen; wir müssen sie bekämpfen, eh' sie stärker werden." (608) Als er dann „die Hand nach ihrem armen Körper ausstreckt", zittert er. Das Zweideutige an dieser Formulierung darf nicht übersehen werden. Der mit seinem Messer ausgerüstete Arzt, der sie schützt und verteidigt, geht gleichsam fast ins Lager der heranschleichender Mörder über. Kein Wunder, dass Elsis Augen jetzt erschrocken sind. „Carcinoma", sprach es in mir; es durchfuhr mich; wie kam das Entsetzliche zu meinem noch jungen Weibe?(608) Der Ritter bzw. Mörder durchbohrt und wird durchbohrt. Die Mordbande-Metaphorik kehrt auch gleich wieder. Nach leise heranschleichenden, alles Menschliche überbietenden Qualen sei, so erklärt Franz, der Tod stets das Ende. (608) Mit Schaudern gedenkt er des letzten ihn so grauenhaft anmutenden Stadiums ihrer Krankheit. Sein ganzes Verhalten kann nicht umhin, Elsi seine hoffnungslose Diagnose zu verraten. Sowohl als Arzt als auch als Ehemann hätte er kaum schlimmer handeln können. Er zieht seine Hand zurück, küsst Elsi, versucht aber dann mit ihr über Gleichgültiges zu reden! Seine Diagnose ahnend, blickt sie wie ins Leere. Auf ihn ist kein Verlass. Ihre Frage nach der Natur des Todes kann er auch nicht ruhig beantworten, und dennoch steckt sie tragischerweise immer noch so tief in ihren Unterlegenheitsgefühlen, dass sie sagt: „Du weißt es wohl, Franz, du weißt ja so viel." Lediglich seine eigne Panik vor dem Tod (ebenso wie vor dem heranrückenden Mörder bzw. Arzt) kommt klar zum Ausdruck: „Möge er uns noch lange fern bleiben." (609) Mehr kann er nicht sagen: „Mir war die Kehle wie zugeschnürt." Auch dieses Bild erinnert an die Schnur, mit der das Kleid seines Nachtgespenstes am Hals zusammengehalten war. Vielleicht ist das einzige Mittel, dem Würger Tod zu entrinnen, sich seine Rolle zu übernehmen.

Sie blickte mich durchdringend an, als wollte sie das Innerste meiner Seele lesen; „Der will mich!" sagte sie; „und bekenn es nur, auch du glaubst, daß ich sterben werde. Ich hab es deinen Augen angesehen!" (609)

Das „der", das sich auf den Tod bezieht, könnte sich leicht auf Franz beziehen. Wenn er ihren Blick als „durchdringend" empfindet, so hat sie ihrerseits seinen Augen ihren Tod angesehen. Dass sie dies sagt, steigert nur seine Panik: „Ein Stöhnen wollte sich mir entringen." Obwohl er von einem Kampf um ihre Gesundheit spricht, merkt sie klar, dass er sie nur täuschen will. Zweideutig, ja vieldeutig ist ihre Reaktion auf seine Erklärung, sie müssen um ihre Gesundheit kämpfen: „Sie wurde totenblaß: ‚Sag nur ›um dein Leben‹, Franz!'" (609) In einem tieferen Sinn geht es hier ja um sein Leben; und dieses ist vielleicht nach seiner Meinung nur durch ihren Tod zu retten. Obwohl er es bestreitet, gibt er im Stillen zu, dass sie richtig herausgefühlt hat, dass er sie täuscht (609). „Sie sprach nicht mehr; sie ergriff meine Hand und ließ sich in die Kissen sinken." Als die Schmerzen bald wieder zunehmen, sieht er, wie sie sich – so seine Formulierung – schon in Todesqual windet, obwohl die Schmerzen nur erst die Hälfte ihrer Intensität erreicht haben. Seine Stimmung wirkt fast hysterisch; seelisch ringt er ja mit seinem eigenen Tod.

Wäre er nicht so hochmütig, nicht so befangen in seinen märchenhaften Kategorien, und auch nicht so verklemmt gewesen, so hätte Franz den Fall mit seinem Assistenten oder einem anderen Arzt diskutiert. Aber er kann nachts nur mit „versteinertem Hirn" bei ihr sitzen (609). Da er fest davon überzeugt ist, dass das Beste für sie ein baldigster Tod sein würde, ist er seelisch schon so gestimmt, dass es keines großen Drängens ihrerseits bedürfen wird, um ihn dazu zu bringen, sie zu töten. Er betrachtet sie schon als „eine welke Blume" (609), d. h. als etwas weniger als einen lebenden Menschen; er beschreibt sie als blutlos und ohne alle Schwere des Lebens – wohl Merkmale eines Nachtgespenstes. Fast im selben Augenblick denkt er nicht nur an die Wünschbarkeit eines möglichst baldigen Todes, sondern auch bei aller natürlicher Skepsis einer solchen Idee gegenüber an die Möglichkeit, dass in diesem von ihm über das Menschliche hinausgehobene Wesen (608) etwas sei, was sie nicht sterben lasse. Solche Gedanken streiten mit pessimistischen Befürchtungen um das unvermeidliche Ende. An dieser Stelle geht der Text sehr subtil vor. Franz berichtet, wie er in sich durchlebte, was kommen musste. Er fügt hinzu „zuletzt blieb nur die Totenstille und ein großes ödes Haus". (610) Der nächste Abschnitt beginnt dann: „Da hörte ich meinen Namen rufen; ich schrak zusammen." Es dürfte wohl klar sein, dass er sich vom Tod gerufen wähnt. Erleichtert erklärt er: „und doch, es war nur ihre Stimme." Seine Stunde hat noch nicht geschlagen. Die Metaphorik von unsichtbaren Folterern kehrt wieder (611). Sie ist wohl buchstäblich zu verstehen. Einem Experten in Sachen Nachtgespenster, genauer in Sachen Friedrich de la Motte Fouqué, wie Franz scheint es nur natürlich und normal zu sein, wenn eine geheimnisvolle Undine, die sich in die Menschenwelt verirrt und in sich einen Menschen verliebt hat, eines Tages wegen ihrer Untreue der Märchenwelt gegenüber von irgendeiner bösen magischen Kraft gepeinigt wird. Elsi selbst steckt inzwischen so tief in romantisch-abergläubigen Vorstellungen, dass ihr bei einem Wehen vor ihrem Mund ist, als wolle ihre Seele ihren Leib verlassen; nur habe ihr Atem sie zurückgeholt. Alles fördert Franz' Glauben an eine Seele, die den leiblichen Tod überwinden kann – vorausgesetzt, dass sie von den fürchterlichen Dämonen nicht erhascht wird. Elsi selbst gebraucht jetzt das Argument, der Tod könne sie nicht trennen, solange er sie liebt: Sie – d. h. ihre Seele – würde, wenn auch unsichtbar, bei ihm bleiben; ihr Bild trüge er in sich. Diese Idee dürfte für ihn attraktiv sein, denn an ihrem „Bild" hat er auch bisher mehr Interesse gezeigt als an ihrer lebendigen Person. Wenn er sie vor Eintritt der letzten für ihn so schrecklichen Stadien dieser Krankheit tötete, so würde er sich die Qual eines solchen Anblicks ersparen. Auch würden ihr sanfter Tod und das Weiterleben ihrer Seele ihm gewährleisten, dass er sich seinerseits notfalls auf dieselbe Art und Weise erlösen könnte. (Später tritt ihm ja der Suizidgedanke nahe [632]). Denn dieser Hexenmeister, der als Ehemann seine Fee bzw. Hexe kontrolliert hat, verfügt – wie Elsi ihn erinnert – über „Zaubertränke". Während Märchenprinzen üblicherweise ihre Prinzessinnen erwecken, können sie wohl auch einschläfern – und notfalls auch sich selbst.

Durch die folgenden Seiten hindurch führt der Text dem Leser die totale Ambivalenz von Franz' Gefühlen diskret vor Augen. Elsis Bitte um den Tod von ihres Mannes Hand (611) fällt nicht auf unfruchtbaren Boden. Er umschließt sie nur immer fester mit meinen Armen. Eine Geste also reinster Liebe? Oder symptomatisch für einen Wunsch, sie zu ersticken? Gleich fügt er selbst hinzu: „wenn ich es heut bedenke, mir ist, ich hätte sie erdrücken müssen." (611) Also nicht vergiften, sondern erdrücken! Er verschließt auch die Augen vor seiner bevorstehenden mörderischen Tat: Er will den Giftschrank „ohne eine Absicht, nur, als müsse es so sein", aufgemacht haben; auch behauptet er, noch kaum etwas dabei gedacht zu haben, wie er das Gift zu sich nahm. Er mag davon sprechen, dass er „wie im Traum" gehandelt habe; aber das bedeutet keineswegs, dass sein Verhalten als traumwandlerisch-geheimnisvoll zu deuten ist. Das Wort „wie" lässt solche Schlüsse nicht zu. Schon damals – das gesteht er nun ein – wusste er, dass er sich durch Vernunft und Gewissen hätte leiten lassen müssen. Sein Herz schlägt ihm – wie einem Mörder – bis in den Hals hinauf, und dass das Fläschchen trotz seiner Winzigkeit ihn drückt, erkennt er im Nachhinein als das Drücken seines bösen Gewissens (612). Die ganze Metaphorik lässt an Mörder und Dolche im Gewand denken. In der Rückschau erkennt er wenigstens, dass die Tatsache, dass er sich in seinen eignen Privatbereich zurückzogen und seinem Assistenten seine ganze Praxis anvertraut hat, zu seiner Bereitschaft beitrug, einen Mord in Erwägung zu ziehen. Er hat sich „ohne eigenen Willen und ohne das Maß der Einsicht der Zukunft anzulegen"(613) den Dingen, die da kommen würden, entgegentreiben lassen. Trotzdem unterdrückt er „nur mit Gewalt" seine kaum zu dämpfende Erkenntnis, dass er einen Mord begeht.

Was löst die Mordtat aber eigentlich aus? Wiederum wirkt die nächtliche Vision des Primaners entscheidend. Wieder sieht er Elsis von der Wärterin geordnetes „wirres Haar"; wieder wendet sie ihr schönes Leidensantlitz zu ihm und sieht ihn „mit ihren wie in schmerzlichem Abschied glänzenden Augen" an. Paradoxerweise scheint Elsi jetzt das von ihr so sehnlich herbeigesehnte Einssein mit Franz zu empfinden. Er nimmt ihr Haupt an seine Brust; sie ihrerseits drückt sich sanft an ihn heran und sagt: „O Franz, wie ist es gut, bei dir zu sein." (613) Als die Schmerzen aber dann wieder einsetzen, ist wieder die Rede von unsichtbaren Kräften: „wie von Dämonen, die aber kein sterblich Auge sah, fühlte sie ihren Leib in meinen Armen geschüttelt." Auch wenn er sie selbst nicht sieht, ist Franz bereit, an deren Anwesenheit zu glauben. Er fährt fort: „mir war's, als wollten sie die Seele heraus haben und als könnten sie es nicht." (613) Endlich scheint das von ihm so gefürchtete letzte Stadium der Krankheit eingetreten zu sein. Er nimmt – um seine Kategorien zu gebrauchen – im Spiegel dieses von Qualen verzerrten Menschenantlitz sein eignes Ende vorweg. Es überkommt ihn das Gefühl, ein Nichts zu sein, „nur bestimmt, das Elend anzuschauen" (614), bis er sich plötzlich durch das aber schon früher als „ein Nichts, ein furchtbares Nichts" beschriebene Giftfläschchen in seiner Hand als ein Etwas – wohl als der Tod – fühlt. Seine jugendliche Vision wird Wirklichkeit, indem er Elsis Tod inszeniert: „mir [...] war es, als säh ich in das Antlitz meines Nachtgesichts [...]." (614) Dass er jetzt erklären kann, die Züge des Nachtgesichts und die seiner Frau eins waren, unterstreicht, wie der „Keim" im Grund seiner Seele nie gesund gediehen ist; vielmehr hat diese fixe Idee, dieser krankhafte „Eindruck" sein Innenleben versteinert und pervertiert. Für ihn ist Elsi immer noch das dreizehnjährige, schaurig-süße Mädchen! Aber diese Obsession einer kindlichen Undine rächt sich. Inzwischen setzt Elsi längst souverän sämtliche verführerischen Künste einer Undine ein, um ihn zu verstricken. Beide sind eigentlich schon längst zu Opfern seines Märchenwillens geworden. Kein geheimnisvolles Schicksal führt Elsis Tod herbei, sondern die inzwischen unwiderstehliche Macht reinmenschlicher, psychischer Eigenschaften, die ihrerseits durch Aberglauben und romantische Belletristik gefördert worden sind. Diese vom Text so subtil untersuchten Verbindungen, nicht das Gespenstig-Fantastische, sind Storms eigentlicher Beitrag zur Beleuchtung der „geheimnisvollen Regionen des Seelenlebens". Und bei dieser Erforschungsfahrt bedient er sich poetisch-realistischer psychologischer Kategorien, nicht romantisch-spiritistischer oder magischer.

Der dem Text zugrundeliegende feuerbachsche Geist kommt am eindringlichsten in der Schilderung von Franz' Gefühlen und Taten nach der Mordtat zur Geltung. Geht sein Kalkül auf, so kann der körperliche Tod der Seele Elsis nichts anhaben: Sie wird ihn umschweben, mit ihm zusammen sein. Deshalb eilt er in den Zaubergarten; denn da muss sie sein. Er sucht jeden Winkel davon auf, ruft sie, will eine Lebensäußerung von ihr; hält den Atem an, um das leiseste Wort hören zu können – aber alles vergebens. Es kommt ihm jetzt kein romantisch-okkulter Dichter oder Denker in den Sinn, sondern Seneca, und zwar dessen von Storm selbst so geliebter Spruch vom sicheren Land der Vergangenheit. Nichts Sterbliches, so will das verstanden werden, entgeht der Vergänglichkeit. Da helfen alle Zauberkünste nichts. An diesen Hexenmeister drängt sich jetzt keine Hexenkatze, sondern nur die Elsi suchende Hauskatze. Die Todeswache dient nicht dazu, ihn mit einer Geisterwelt in Kontakt zu bringen, sondern lässt ihn lediglich die Endgültigkeit ihres Todes erkennen: „in meiner Hand hielt ich eine andere; sie war schon kalt, sie wurde immer kälter, ich konnte es nicht ändern." (616) Hier sind seine Zauberkünste zu Ende; ihre Leiche kann er nicht zu neuem Leben auferwecken. Es schwebt um ihn kein unsichtbarer Geist; vielmehr umgibt ihn fortan nur eine „furchtbare Einsamkeit". (632) Diesem Anhänger des

Übernatürlichen leuchtet jetzt ein, dass die Natur an Elsis Leiche den furchtbaren Verwesungsprozess vollbringt, den sie an allem übt, was sie selbst hervorgebracht hat (616). Es flimmert keine sich vom Leib losringende Seele über ihrem Grab. Indem er vom alten Glauben spricht, dass Menschen an einer bestimmten Stelle ihres Körpers Seelenschmerz empfinden, muss Jebe selbst jedoch zugeben, nur einen dunklen körperlichen Schrecken empfunden zu haben. Der hochmütig-egozentrische Einzelgänger scheut sich jetzt vor den Menschen, lebt wie ein Einsiedler, nimmt seine Praxis nicht wieder auf. Der Kontakt zur Außenwelt und zu seinen Mitmenschen droht ihm völlig abhanden zu kommen.

Erst der Ausbruch einer Seuche zwingt ihn endlich, aus seiner Isolation herauszutreten und sich seiner Gewohnheit entgegen mit seinem Assistenten über das einzuschlagende Verfahren zu beraten. Der Text zeigt, was sich durch Kooperation und Diskussion erzielen lässt. Indem sie auf ältere Praktiken zurückgreifen, entdecken sie ein wirksames Heilmittel gegen ein von der gegenwärtigen Medizin als tödlich angesehenes Übel. Signifikanterweise greift Franz gerade zu diesem Zeitpunkt zu seinen medizinischen Heften. Mehr als bloß der Wille, sie zu ordnen, ist wohl im Spiel. Dämmert ihm auf, dass es vielleicht doch eine Heilmethode gegen Gebärmutterkrebs geben könnte? Als er darauf stößt, trifft ihn – gleich einem Beilfall (618) – ein Todesschreck. Die Metaphorik ist eindeutig. Er verurteilt sich als „allweisen Mörder". Während er Elsi dafür bewunderte, dass sie die feinen Herbstgespinste nicht zerstören wollte, hat er selber „den zitternden Lebensfaden" durchschnitten (618). Seine hochmütige Einstellung gerät ins Wanken: Früher habe er Männer verachtet und gehasst, die aus Verzweiflung Weib und Kinder getötet haben, ebenso wie Frauen, die aus ähnlichen Gründen ihre Kinder umgebracht haben. Als Feiglinge, die das Leben nicht bestanden haben, wie es eigentlich ist; hätten sie Beil und Block verdient. Jetzt muss er der Hochmütige erkennen, er ist selbst zum Mörder geworden. Er war der Meinung gewesen, nur sanft auf die Todessense zu drücken, die sowieso ihre Arbeit von alleine verrichtet hätte; jetzt wird ihm jedoch klar, dass er sich das Recht genommen hat, die Rolle des Sensemannes zu übernehmen; nur seine „eigene, gottverlassene Hand" habe sein Weib getötet. Der durch romantische Liebesvorstellungen so Faszinierte hat sich gerade infolge dieser Vorliebe in eine Lage hineinmanövriert, wo er selbst tatsächlich zur Todesgestalt wird. Die Verantwortung für Elsis Tod wälzt er nicht auf das Schicksal oder auf Dämonen ab; er übernimmt sie selbst. Das für die Aufklärung und die Weimarer Klassik typische Bestehen auf die Autonomie und sittliche Verantwortung des Einzelnen liegt seiner Erklärung zugrunde, weder Priester noch Richter könnten ihn erlösen. Er selber müsse eine Sühne finden. Aber zu diesem Zeitpunkt ist es noch zu früh. Obwohl Lenthe ihn darauf hinweist, dass er einen Frevel begehe, indem er sich absperrt und sich von seinem eignen Gram fressen lasse, kann er solchen Reden keinen Sinn abgewinnen. Den Grund für diese Reaktion erkennt er selbst: Er hat das Verhältnis zu den Menschen verloren; sein Innerstes ist eine Welt für sich. Aber schon vor Elsis Mord war seine Beziehung zur Außenwelt suspekt; ja, in dieser Hinsicht ist seine jetzige Lage wohl kaum anders als die in seiner Jugend. Die kritische Stoßrichtung solcher Stellen ist klar: Das Ende der Novelle dämmert schon am Horizont auf: Der Mensch kann sich nur in einem gewissenhaft-dienenden Verhältnis zu seinen Mitmenschen erfüllen – ebenso wie er sich im privaten Bereich nur in einer echten Liebe zu einem wahren Menschen verwirklichen kann. Drei Jahre lang tut Jebe, was er muss oder auch nicht lassen kann, aber ohne innere Anteilnahme oder wissenschaftlichen Eifer.

Der letzte Teil von Franz' Bekenntnis – die Geschichte seines Kontakts mit der krebskranken Frau Roden und ihrer Tochter Hilda – dient dazu, ein „unromantisches", ganz und gar nicht fantastisches Frauenideal und zugleich ein „gesundes" Verhältnis zu Leiden und Tod zu skizzieren. Drei Monate vor dem Zeitpunkt seines Bekenntnisses wird Jebe zur Familie Roden herausgebeten. Hier kommt ihm ein Mädchen entgegen, das von seinem früheren Frauenideal in allem abweicht: die achtzehnjährige Hilda Roden beschreibt er als frisch, aufrecht, ein Bild der Gesundheit. (622). Betont werden ihre gesunden weißen Zähne, ihr dunkler Zopf, ihr feines Stumpfnäschen und das fast übermütige Leuchten aus ihren braunen Augen. (622) Als eine mutig-entschlossene junge Frau soll sie wirken, nicht aber als eine emanzipierte. Auf ihre Erklärung, „Wir Frauen dürfen nicht zu viel verlangen" fragt Jebe, ob sie „überaus so bescheiden" sei. Obwohl sie dies verneint (622), sind ihre Erwartungen – von unserem heutigen Standpunkt aus gesehen! – doch begrenzt. Als Franz' Diagnose zeigt, dass die Mutter an derselben Krankheit wie Elsi leidet, spürt Hilda seine anfängliche Panik und seinen Fluchtwillen; aber während Elsis erschrockene Augen seine eigne Panik nur gesteigert hatten, überzeugen ihn Hildas erschreckte Augen davon, dass er persönlich der Arzt für diesen Fall sei. (623) Von Dämonen oder sonstigen übernatürlichen Wesen ist nirgends die Rede.

Hilda zeigt ein einfühlsames Mitleid mit seinen – ihr aber nicht spezifizierten – traurigen Erlebnissen. Die Metaphorik betont nur Positives: ein Strom von Mitleid fließt zu ihm herüber; ihre Stimme ist warm; es ist ihm, als hauche ihm ein milder Westen ins Antlitz (623) Bei der Wiedergabe von Franz' Gedanken an die durchzuführende Operation wird der negativen Symbolik der mordenden Hand mit der Mordwaffe jetzt eine positive Alternative gegenübergestellt: Jetzt soll er mit seinem Arztmesser das erkrankte Organ entfernen; die Hand des Arztes dient jetzt dem Leben, nicht dem Tod. Obwohl sie die Ernsthaftigkeit der Lage ihrer Mutter erkennt, gerät Hilda nicht in Panik. Im Gegenteil, sie zeigt sich als eine Musterkrankenschwester, und der Text geht diskret, aber ausführlich darauf ein. Beschrieben wird z. B., wie sie ihre Mutter ohne allen Schrecken in den Armen hält. Nach einem Schmerzenanfall legt sie sie dann sanft auf ihre Kissen. Während die Wärterin solche Qualen nicht mit ansehen kann, ist Hilda fest entschlossen, für ihre Mutter zu sorgen. Jebe spricht von Opfermut und Stärke. Ihr Benehmen hilft ihm, sich als gütiger, aber sachlicher Arzt zu handeln: Als er ihr die Aussichten ihrer Mutter beschreibt, ist sein Ton nicht angstvoll. Zwar steht sie ihrerseits mit zitternden Lippen und bricht in einen Strom von Tränen aus, aber sie ist gleich zu allem bereit. Sie drückt Jebes Hand kräftig; vertraut ihm ganz. Wiederholt ist von ihren Augen die Rede und von den Blicken, die die beiden mit einander tauschen; nirgends taucht dabei die leiseste Spur von Gespenstigem auf. Die wahre menschliche Kommunikation wird dann in der ernst-innigen Unterhaltung zwischen Mutter und Tochter veranschaulicht. (625) Die Mutter akzeptiert gefasst die Möglichkeit eines tödlichen Ausgangs; um ihrer Tochter willen ist sie jedoch bereit, alles auf sich zu nehmen. Betont wird, wie Hilda die ganze Zeit ihren Arm um die Mutter geschlungen hält. Erst wenn Menschen sich dieses Halts und dieser Geborgenheit erfreuen – so die Botschaft des Textes –, sind sie imstande, mit Leid und Sorge fertig zu werden. Im Allgemeinen sorgt der Text dafür, dass der Eindruck nie aufkommt, Elsi sei hart und gefühllos. Ihre Gefühle sind spontan und stark, nur beherrscht sie sie ihrer Mutter wegen. Bei der Operation darf sie nicht anwesend sein; aber sonst steht „das feste zuverlässige Mädchen", wenn auch totenblass, Jebe in allem bei. Eine sorgend-praktische Gestalt tritt symbolischerweise an die Stelle aller Nachtgespenste; sie wacht nur, um ihrer Mutter in jedem Augenblick beizustehen. Ihre Pflege wird als streng aber liebevoll bezeichnet (626). Blass ist Hilda nur aus lauter Ermüdung und Sorge. Dieses Symbol der liebevollen Pflege wird dann zur Göttin der Genesung. (627) Als Jebe ihr mitteilt, ihre Mutter sei gerettet, erhellt sich ihr junges Antlitz „wie durch ein Wunder"; sie wird „wunderschön" (627). Suggeriert wird, dass medizinisch-wissenschaftliche Heilungen, die den Heilkräften der Natur zugute kommen, den Menschen „retten" können, wenn sie mit liebevoller Pflege einhergehen. Dagegen solle niemand einen Mitmenschen durch Euthanasie „erlösen" wollen. Dies sei bloß Mord. Auch räche sich der Mord am Täter.

Man kann sich ein Ende vorstellen, bei dem Franz Hilda heiratet und dann als Arzt der Gesellschaft gewissenhaft dient. Aber die Novelle geht anders aus. Verschiedene Gründe dafür lassen sich anführen. Storm wollte wohl Heyses Beispiel in „Auf Tod und Leben" nicht folgen; auch mag er eine solche Buße für wenig hart genug gehalten haben. Franz selbst begründet seinen mangelnden Heiratswillen damit, dass Hilda unter der Last seines Geheimnisses hätte zusammenbrechen können (627) – was bezweifelt werden kann. Er gibt auch an, dieses edle Geschöpf nicht zum Mittel einer Heilung erniedrigen zu wollen (630). Der Text deutet aber auch weniger edle, unbewusstere Beweggründe an. Als Frau Lenthe ihm Hilda als zweite Frau vorschlägt, wird er immer ängstlicher, abwehrender. Das vertraute Leitmotiv des „Durchfahrens" kehrt wieder (628) – und damit die alte Ambivalenz Frauen gegenüber. Am nächsten Tag schickt Franz seinen Assistenten zur Etatsrätin, statt wie üblich selbst hinzugehen, und ergreift die Flucht. Die erschrockene Hilda (628) sieht er nicht wieder, und eine Erklärung für sein Benehmen bekommt sie nie. Auch vom Rahmenerzähler verabschiedet er sich nicht. Vielmehr zieht er in aller Morgenfrühe aus seiner Mietwohnung aus.

Hat Franz sich als Mensch des Mordes schon überführt, so klagt er sich jetzt ausdrücklich als Arzt an. War schon die Szenenfolge mit den Rodens ziemlich plump-plakativ, so wirkt diese Stelle wie eine programmatische Verkündigung einer Botschaft, die Storm so sehr am Herzen lag, dass er sie gleichsam ausposaunen wollte. Die Stelle lautet:

Laß es dir sagen, Hans, es gibt etwas, von dem nur wenige Ärzte wissen; auch ich wußte nicht davon, obgleich ihr mich zum Arzt geboren glaubtet, bis ich daran zum Verbrecher wurde.

Er atmete tief auf. „Das ist die Heiligkeit des Lebens", sprach er. „Das Leben ist die Flamme, die über Allem leuchtet, in der die Welt ersteht und untergeht; nach dem Mysterium soll kein Mensch, kein Mann der Wissenschaft seine Hand ausstrecken, wenn er's nur tut im Dienst des Todes; denn sie wird ruchlos gleich der des Mörders!" (629)

Das zentrale Bild klingt an Alchemie an; aber der frühere Möchtegern-Zauberer der sich so sehr für das Geheimnisvoll-Überirdische interessierte, erkennt jetzt, dass das „Leben" das wahre Mysterium ist. Der christliche Mysteriums-Begriff wird säkularisiert; das Leben gewinnt gleichsam seine Heiligkeit zurück; die Selbstentfremdung wird überwunden. Die feuerbachsche Botschaft springt ins Auge. Das „Leben" wird zur obersten Kategorie. Der Arzt, der die Hand danach ausstreckt, nur um zu töten – man merke wieder das ambivalente Leitmotiv – verletzt das Prinzip, das der Welt zugrunde liegt. In der Kladde der Novelle heißt es: „Mein früheres Arztleben will mir jetzt fast ruchlos, ja wie ein Metzgerthum erscheinen."[8]

Der Text verkündet auch eine weitere Stormsche Botschaft, nämlich die rettende Kraft einer echt menschlichen Beichte an eine geliebte Person oder an einen Menschen, mit dem man befreundet ist. Ohne dass er dies hätte voraussehen können, befreit Franz' Bekenntnis seinem Freund gegenüber ihn von seiner Last. Er befreit sich von seinem Nachtmahr, indem er sich das Ungeheure (631) von der Seele spricht. Solche menschliche Kommunikation gehört zum Kern jeder erfüllten Ehe wie zu jeder echten Freundschaft. Keine Beichte an einen Priester hätte dasselbe erreichen können. Franz' seelische Genesung ist inzwischen so weit fortgeschritten, dass er sich von der Dohle und seiner Wohnung zu trennen vermag. Symbolischerweise wird die dunkle, feuchte Wohnung jetzt aufgeräumt, die Fenster werden aufgesperrt, die Tür steht weit offen. Die einzige Hexe ist jetzt die alte Magd mit ihrem Scheuerbesen, die ihre Nase in ihren Schürzenzipfel schnäuzt und grinsend erzählt, wie Franz ihr das Kostgeld für die Dohle gegeben hat. Zum Besen wird diese gut passen! Der Hexe gewinnt der Erzähler aber einen „Schatz" ab: Franz' Brief. (631) Darin spricht dieser seine endgültige Erkenntnis aus: Sein Verbrechen will er büßen, indem er zu Orten geht, wo mehr die Unwissenheit als Krankheit und Seuche den Tod der Menschen herbeiführt. Mit anderen Worten: Er will in Ostafrika den Aberglauben bekämpfen und ihn durch moderne medizinische Kenntnisse heilbringend ersetzen. Der einst Hochmütige will in Demut dem Leben dienen. Wer seine deutschen Mitmenschen früher vermied und verachtete, will sich in Demut dem Leben dienen, indem er sich für das Wohl der Afrikaner einsetzt.

Fast 30 Jahre später – im Jahre 1884, also zum Zeitpunkt, wo Bismarcks Afrikapolitik die Geister beschäftigte – bekommt der Rahmenerzähler zwei Briefe aus Ostafrika. Der erste stammt von einem Missionar. Daraus geht klar hervor, dass Franz „den rechten Weg des Heils verschmäht", auch wenn der Missionar glauben will, er sei unter seinen Gebeten zum wahren Gott-Schauen entschlafen. (632). Wenn man die vielen Winke im Text beachtet, so dürfte klar sein, dass eine solche Vision ebenso illusionär wie Franz' Nachtgesicht ist. Unendlich viel wichtiger ist aber die Tatsache, dass Franz als „hülfreich" gelobt wird. Bei der treuen Bekämpfung einer schweren Seuche hat er seine Kräfte aufgerieben. Die Ritter-Metaphorik kehrt wieder: dieser Ritter ist kein hochmütiger, er dient in Treue seinen Mitmenschen. Suggeriert wird, dass der ungläubige Franz doch das wahre Wesen des Christentums nicht nur erkannt sondern auch in seinem täglichen Tun und Treiben verkörpert und vorgeführt hat, nämlich die Nächstenliebe – eine alle Menschen gleich welcher Rasse umfassende Liebe.[9] Er bekennt jedoch, in seiner furchtbaren Einsamkeit an Selbstmord gedacht zu haben; er habe jedoch genügend Kraft gehabt, um sich abzuwenden und nicht noch einmal gegen das Leben zu freveln. Das Sterben und der Tod jagen ihm jetzt keine Angst mehr ein. Den Tod betrachtet er vielmehr als das „Tor zur Freiheit" (633),– was angesichts seiner Überzeugung von der Vergänglichkeit alles Irdischen nur die Befreiung aus seiner Vereinsamung bedeuten kann. Seine Hoffnung in extremis, dieses Tor könnte ihm von Elsis Hand geöffnet werden, mag illusionär sein; sie entspringt – um feuerbachsche Kategorien zu gebrauchen – einem zu bejahenden menschlichen Verlangen nach dem „ewigen" Einssein zweier Liebender. Bei allen Konzessionen an das poetisch-realistische Prinzip der Versöhnung weicht der Text von seiner feuerbachschen Botschaft nicht ab. Hätte Franz ein tief-erfülltes Verhältnis zu einer Frau gehabt, so hätte sie ihm in seiner Todesstunde leibhaftig beistehen können.

Dass Storm zeit seines Lebens ein reges Interesse am Fantastischen, am Irrationalen und am Aberglauben an den Tag legte, ist nicht zu leugnen. In seinen früheren Novellen ging er davon aus, dass allen Märchen, Sagen und Legenden bejahenswerte menschliche Triebe und Sehnsüchte zugrunde liegen, die allerdings durch gesellschaftliche Einflüsse entfremdete sind. Es ging ihm zunächst darum, die „realistischen" und deshalb auch realisierbaren Ziele solcher fantastischen Geschichten für seine Novellen fruchtbar zu machen. In seinen späteren Werken neigte er dazu, die menschliche Natur kritischer zu bewerten. Die Macht verhängnisvoller angeborener Triebe und eine anscheinend unausrottbare Tendenz zum Aberglauben drängten sich ihm immer mehr als Gefahren auf. Er wurde sich gleichzeitig der Rolle des Leidens, der Krankheit und des Todes immer mehr bewusst. Wenn sein demokratischer Humanismus nicht zu einer bloßen Utopie werden sollte, mussten seine Werke diesen Schattenseiten des menschlichen Lebens gebührend Rechnung tragen. Zur selben Zeit galt es, diejenigen weltanschaulichen und literarischen Tendenzen zu überwinden, die die Menschen daran hinderten, die Heiligkeit des diesseitig-sterblichen Lebens zu erkennen. Zunehmend wollte es Storm scheinen, als gehörten viele in der deutschen Romantik und im deutschen Volks- und Aberglauben vorkommenden Vorstellungen und Gefühle zu dieser Kategorie. Storms eigne Odyssee, was sein Frauen- und Liebesideal anging, bot ihm hier reichliches Material. In der Novelle „Ein Bekenntnis", in der viel autobiografisches Material enthalten ist, setzte er sich zum Ziel, Anziehungskraft und Auswirkungen dieser romantisch-okkulten Strömungen zu analysieren. Seine Bilanz fällt verheerend aus: Statt das Leben zu vertiefen und zu bereichern, führen diese Werte zu dessen Verarmung und Pervertierung. Das Romantische erscheint als das Krankhafte, ja letzten Endes als das Mörderische und Selbstmörderische. Erst nach dessen Überwindung kann sich beim Einzelnen ein gesundes geistig-seelisches Leben entwickeln. Dieser darf sich nicht aus einem pflichtbewussten sozialen Engagement zurückziehen, um in einem privaten Freiraum seinen willkürlichen Fantasien hochmütig zu frönen. Als aktiv-kooperatives Mitglied der Gesellschaft muss er sich durch sittliche Gesetze leiten lassen und sich in seinem Beruf bzw. seinem Amt für das allgemeine Wohl einsetzen. Solche Nächstenliebe ist die Voraussetzung einer wahrhaft humanen Gesellschaft, in der die Medizin nur dem Leben und nie bloß dem Tod dient. Der Arzt wird darin zum perfekten Symbol für eine demokratische Humanität, die nur nach Linderung und Heilung aller Krankheiten strebt und niemals einer krankhaften Faszination von Leiden und Tod erliegt. Um diese kritisch-humane Botschaft zu vermitteln, musste Storm in „Ein Bekenntnis" zu subtilen Erzählmitteln greifen. In dieser meisterhaft durchkomponierten Novelle zeigt der Poetische Realismus seine ganze Tiefe.

Anmerkungen

1 Heyses Kritik und Storms Reaktion darauf kann man in: Theodor Storm: Sämtliche Werke, Bd. 3, hg. v. Karl Ernst Laage, Frankfurt 1988, S. 1029 f. gesammelt finden. Zitiert wird nach dieser Ausgabe.
2 Wenig überzeugende Deutungen findet man bei Ingrid Schuster: Theodor Storm. Die Zeitkritische Dimension seiner Novellen, Bonn 1971, ebenso wie bei Fritz Böttger: Theodor Storm in seiner Zeit, Berlin 1959. Schuster (S.171-4) stilisierte den Helden zum kritisch betrachteten gründerzeitlichen Genietyp und rückte die Novelle dadurch in die Nähe damals modischer „Schimmelreiter"-Deutungen. Böttger (S. 349) behauptete, dass hinter dieser maskierenden Fabel der Tod von Storms erster Frau Constanze stand.
3 Jan U. Terpstra, Die Motivik des Visionären und Märchenhaften in Storms Novelle „Ein Bekenntnis" als archetypischer Ausdruck des Unbewußten. In: Amsterdamer Beiträge zur neueren Germanistik, 17 (1983): 131-168.
4 Marianne Wünsch: Experimente Storms an den Grenzen des Realismus: neue Realitäten in „Schweigen" und „Ein Bekenntnis". In: Schriften der Theodor-Storm-Gesellschaft, 41 (1992): 13-24.
5 Ebda, S. 21. Terpstra hatte dieselbe Ansicht schon früher und schon ausführlicher vertreten (S. 154 f.): „Der Tod erscheint als die Erfüllung einer frühen Ahnung. In der Vision hatte das Mädchen den Knaben ‚mit unsäglichem Erbarmen' angeschaut. Er hätte damals ‚unter diesen Augen sterben mögen'. Es ist, als hole ihn die rätselhafte Geliebte jetzt heim, als wäre im Erbarmen ihrer Augen sein ganzes Schicksal enthalten gewesen. Zwischen dem Traumgesicht des Knaben

und diesem Ende leuchtet das bestimmende Erlebnis noch zweimal auf: bei der Begegnung mit Elsi Füßli und bei ihrem Sterben. Der Vorwurf der Beziehungslosigkeit des ‚visionären Elemente' im Ganzen der Novelle wäre damit widerlegt. Etwas anderes ist es mit der Frage nach dem Verhältnis einer suggerierten geheimnisvollen Determiniertheit zur Idee der Willensfreiheit und der persönlichen Verantwortung des Wissenschaftlers. Die unverkennbare strukturelle und motivationsmäßige Inkonsequenz von *Ein Bekenntnis* ist auf die Spannung zwischen der bewußten und der tiefbestimmenden unbewußten seelischen Dimension zurückzuführen." (Terpstra, S. 154 f.)

6 Terpstra, S. 136.
7 Ebda, S. 139 f.
8 S. 40. Die Entwurfshandschrift (H¹) befindet sich in der Schleswig-Holsteinischen Landesbibliothek, Kiel.
9 Siehe zum Thema „Nächstenliebe" K. E. Laage: Theodor Storm. Eine Biographie, Heide 1999, S. 231.

Hochzeit der Gegensätze oder Suche nach dem Weiblichen? Wasser- und Feuerimaginationen in Theodor Storms „Regentrude"

Von Sylvia Bendel, Luzern

Die „Drei Märchen" – bisherige Deutungen

Die „Drei Märchen" – „Die Regentrude", „Bulemanns Haus", „Der Spiegel des Cyprianus" –, die Storm 1864/65 schrieb, fanden in der Literaturwissenschaft bislang wenig Aufmerksamkeit. Die einen Kommentatoren betrachten sie lediglich unter dem Gesichtspunkt der dichterischen Entwicklung Storms. Für sie sind die Märchen Übergangsarbeiten, Texte, in denen der Autor mit dem Wunderbaren experimentiert, um zu reiferer, gehaltvollerer Prosa zu kommen[1]. Andere bringen die Märchen noch unmittelbarer in den Zusammenhang mit Storms Biografie, eine Tendenz, der Storm durch seine Briefe Vorschub geleistet hat. Sie sehen in den Märchen ein Mittel des Menschen Storm, der politischen Wirklichkeit des Jahres 1864 zu entfliehen und – im Falle der Regentrude – seiner Friedenssehnsucht Ausdruck zu verleihen[2]. Einige literaturkritische Passagen, die den Märchen unabhängig von ihrem Autor gewidmet sind, deuten die Regentrude als Kampf und Sieg des Wassers über das Feuer[3] oder als Fruchtbarkeitsmythos bzw. Initiation[4].

Lediglich zwei Arbeiten versuchen den Text werkimmanent zu deuten. Die ältere Arbeit von Tax stellt den ersten Versuch dar, die Regentrude als Gegensatz und endliche Wiedervereinigung von Weiblichem und Männlichem zu deuten[5]. Das Thema der Initiation gelte nur für Maren als Privatperson. „Insgesamt handelt Storms Märchen vielmehr von unwirksam gewordenen weiblichen Elementarkräften und von der Restauration solcher Kräfte im Bilde des Regens"[6]. Nachdem es dem Feuermann gelungen ist, nicht nur die Herrschaft über die Erde zu erlangen, sondern bis ins Zentrum des Reichs der Regentrude, dem Brunnen, vorzudringen, hat es „wirklich den Anschein, dass diese tödliche Bedrohung des Weiblichen und damit des Menschlichen überhaupt nur in letzter Minute abgewendet werden konnte"[7]. Tax interpretiert den Schluss des Märchens als gelungene Restauration, als „neue Harmonie zwischen Mann und Frau auf der Grundlage einer erneuten Kommunikation mit der weiblichen Elementarwelt"[8].

Die jüngere Arbeit von Roebling deutet den Gang Marens zur Regentrude als „regressive Utopie", als Traum, in welchem auf der individuellen Ebene das phallische, „aggressiv-ausbeuterische Vaterprinzip", auf der kollektiven Ebene die „›Entfremdung‹ der Menschen von einem in der Tiefe sitzenden chtonischen Lebensprinzip" überwunden werden. „Im abschließenden Hochzeitsbild erscheint die Utopie einer total befriedeten Gesellschaft"[9]. Roeblings Interpretation fällt durch die Reduktion des Geschehens auf die Triebregulation etwas einseitig aus: „Auf der individuellen Ebene des Märchens realisiert das Wassersymbol eine doppelte Bedeutung: Einerseits hilft es, die quasi ödipale Fixierung, die hier als Bedrohung erlebt wird (Prinzip Vater/Feuermann), aufzuheben, andererseits wird es zum Medium einer vorödipalen Daseinsform"[10]. Weiblichkeit wird auf weibliche Sexualität reduziert, was Storms Text meines Erachtens nicht angemessen ist. Die Deutung „Andrees [...] überwindet schließlich aus Liebe zu Maren und mit ihrer Hilfe den Wiesenbauer und den Feuermann, ohne sich deshalb im weiblichen Bereich zu verlieren"[11] ist vollends unangebracht, denn es kann kein Zweifel darüber bestehen, dass Maren es ist, die das männliche Prinzip überwindet bzw. das weibliche sucht und findet und Andrees lediglich ihr Helfer ist.

Auf die Spitze getrieben wird die tiefenpsychologische Deutung von Hans-Sievert Hansen, der in den „Drei Märchen" Storms eigenen Narzissmus aufspürt[12]. Seine Interpretation überzeugt solange, als er auf der kollektiven Ebene argumentiert. So, wenn er das Märchen als „Traum vom Verlust des Mütterlichen in der Welt und von dessen Wiedererlangung durch ein Hinabtauchen in das Reich der Mütter" deutet und den „phallisch-aggressiven Urvater-Aspekt des Feuermanns" betont, der „vernichtet" wird[13]. Dort, wo Hansen „Die Regentrude" als Ausdruck eines persönlichen Traumas Storms deutet, überzeugt seine Interpretation nicht mehr: „Es fällt auf, daß das Verhältnis zur Mutter-Imago jetzt unter den günstigsten Aspekten erscheint. Sie vertritt hier das Nährende, Lösende, Liebevolle, der früher [in „Der kleine Häwelmann", d.V.] festgestellte regressive Zug zum symbiotischen Verhältnis fehlt jetzt. So weit dürfen wir diese Neubearbeitung des alten Traumas als gelungen ansehen. Sie geht aber auf Kosten der Vater-Rolle, deren fast ausschließlich negative Aspekte alle zum Untergang verurteilt wurden. [...] Der Feuermann muß ausgelöscht werden durch einen mächtigen Regen, er wehrt sich verzweifelt, so wie Triebe, die verdrängt werden. Diese werden irgendwann wiederkehren und dabei immer vom Gefühl des Unheimlichen begleitet sein"[14]. Die Interpretation überzeugt zum einen nicht, weil das männliche Prinzip, wie ich zeigen werde, gar nicht vollständig ausgelöscht wird. Zum andern nicht, weil Märchen Ausdruck *kollektiver* psychischer Vorgänge sind und auch so gedeutet werden wollen. Mit Gaston Bachelard gehe ich darin einig, dass die poetische Imagination das Einzelschicksal weit übersteigt: „La poésie a un bonheur qui lui est propre, quelque drame qu'elle soit amenée à l'illustrer". Das literarische Kunstwerk wird seines Reichtums beraubt, wenn es als Bearbeitung eines persönlichen Traumas des Dichters gedeutet, der Poet zu einem „cas clinique" gemacht wird[15]. „Die Regentrude" hat uns mehr zu sagen als wie es um Storms Triebleben stand.

Bei Tax, Roebling und Hansen kommen zwei Apekte der Deutung zu kurz. Erstens geben sie sich mit der Gleichsetzung von Wasser und Weiblichkeit zufrieden. Sie fragen weder nach weiteren Dimensionen des Weiblichen noch nach anderen im Märchen beschworenen Gegensätzen als dem zwischen männlich und weiblich. Zweitens gehen sie kaum auf die Zweiteilung der Geschichte in eine Handlung über und eine Handlung unter der Erde ein. Sie fügen das Geschehen im Reich der Regentrude nahtlos in den größeren Zweck der Wiedervereinigung von Männlichem und Weiblichem ein. Meiner Meinung nach müssen die beiden Ebenen schärfer getrennt werden. Psychologisch betrachtet gehört das, was auf der Erde geschieht, zum Bereich des Bewussten, das, was unter der Erde geschieht, zum Bereich des Unbewussten. Die Ereignisse auf der Erde sind in diesem Sinne als gesellschaftliche Vorgänge zu betrachten, die Ereignisse unter der Erde als psychische Vorgänge. „Die Regentrude" enthält quasi zwei Erzählstränge, und deren separate Analyse lässt die gefeierte Hochzeitsutopie am Schluss des Märchens als problematisch erscheinen.

Ich werde daher die Geschehnisse über und unter der Erde getrennt untersuchen. Dabei lasse ich mich von den folgenden Thesen bzw. Fragen leiten:

1. In der Regentrude entwirft Storm eine zwischen Mann und Frau, Feuer und Wasser, Moderne und Vormoderne, Logos und Mythos vollständig gespaltene Welt, um diese am Ende in einer grandiosen Vereinigung zusammenzuführen. Gelingt sie?
2. In der Regentrude schickt Storm ein Mädchen stellvertretend für alle Frauen auf die Suche nach dem verlorenen Weiblichen schlechthin. Ist sie erfolgreich?

Die in der Erzählung vorkommenden Figuren und Elemente werde ich dabei weniger als Allegorien und Symbole deuten, sondern als unmittelbare Imaginationen der menschlichen Seele. Warum? Storm betonte gegenüber Brinkmann: Bei der Regentrude „ist Alles rein aus meiner Phantasie heraus gewachsen"[16]. Was das bedeutet, hat Gaston Bachelard als „phénoménologie de l'imagination" beschrieben[17]. Seiner Ansicht nach ist das poetische Bild „un soudain relief du psychisme". Es ist nicht kausal, kennt keine Vergangenheit und evoziert „une sphère de *sublimation pure*, [...], qui est délestée de la charge des passions, libérée de la poussée des désirs"[18]. „L'image est *avant* la pensée, il faudrait dire que la poésie est, plutôt qu'une phénoménologie de l'esprit, une phénoménologie de l'âme." Der Leser ist angehalten, „de ne pas prendre une image comme un objet", es nicht in psychoanalytischer Weise zu intellektualisieren und zu „verstehen", sondern sich von ihm in seiner eigenen Tiefe ergreifen zu lassen[19]. Was Bachelard für das poetische Bild im Allgemeinen schreibt, konkretisiert Stuckert bezogen auf Naturschilderungen bei Storm so: „Storm steht der Natur nicht als Betrachtender gegenüber, sondern er fühlt sich als zugehöriger Teil mit ihr verbunden [...]. Infolgedessen tragen seine Naturbilder niemals das Gepräge einer von außen kommenden, sorgfältig feststellenden Beobachtung, die nachträglich in Worte umgesetzt ist, sondern wirken wie ein Stück Leben, das sich im Raume der Dichtung gewissermaßen selbsttätig darstellt und so neben der natürlichen eine geistige Daseinsform gewinnt"[20].

In der „Regentrude" stehen die der „reinen Phantasie" entsprungenen Bilder für allgemein menschliche Imaginationen von Feuer und Wasser, Männlichem und Weiblichem.

Die Figuren und ihre Position in einer gespaltenen Welt

Brinkmann und Hansen sahen den Sinn der Erzählung wie gesagt im Kampf gegen und im Sieg über den Feuermann und damit über den Urvater. Allein die Tatsache, dass am Schluss geheiratet wird, Mutter Stine und der Wiesenbauer Hand in Hand gehen und letzterer sagt: „so ist es am Ende doch so übel nicht, wenn Höhen und Tiefen beieinander kommen" (S. 108)[21], zeigt, dass diese Interpretation nicht stimmen kann. Hier wird niemand besiegt, hier kommen Kontrahenten zusammen.

Die angesprochene gespaltene Welt baut Storm durch die Personenbeschreibungen zu Beginn der Geschichte auf. Als Erstes begegnen wir dem Wiesenbauer: „Nur der dicke Wiesenbauer stand breitspurig in der Torfahrt seines stattlichen Hauses und rauchte im Schweiße seines Angesichts aus seinem großen Meerschaumkopfe. Dabei schaute er schmunzelnd einem mächtigen Fuder Heu entgegen, das eben von seinen Knechten auf die Diele gefahren wurde. [...] So stand er auch jetzt und rechnete, was bei den immer steigenden Preisen der Überschuß der Ernte für ihn einbringen könne" (S. 79).

Storm begnügt sich nicht damit zu sagen „Es war einmal ein reicher Bauer"; vielmehr baut er das Negativbild Stück für Stück auf: als Erstes ist der Bauer

„dick", was auf einen gewissen Wohlstand hindeutet; dann besitzt er ein „stattliches" Haus, was schon größeren Reichtum signalisiert; seine ganze Arbeitsleistung besteht im Rauchen, und zwar aus dem Mode- und Prestigeobjekt einer Meerschaumpfeife; er kann es sich leisten, mehrere Knechte zu beschäftigen, und schließlich besitzt er eine Menge Bargeld. Und wie wenn das nicht genug wäre, steht er da und rechnet aus, wie er noch mehr gewinnen könnte. „Steigende Preise" und „Überschuß" sind dabei Schlüsselwörter, die auf den klassischen Kapitalismus verweisen, ein Wirtschaftssystem, welches vom Gewinn und der Produktionssteigerung lebt.

Äußerlich ist der Wiesenbauer damit ein typischer Neureicher, der mit Glück auf den kapitalistischen Zug aufgesprungen ist. Dazu gesellen sich ausgesprochen schlechte Charaktereigenschaften: Er steht „breitspurig" da – ein Indiz für Überheblichkeit –, ist niederträchtig genug, sich darüber zu freuen, dass den andern die Ernte kaputt geht („Sie kriegen alle nichts"), und zu alledem ist er dumm: wer wird schon nach ein paar heißen Sommern behaupten, es gebe keinen Regen mehr („es gibt gar keinen Regen mehr in der Welt"). Über die Beschreibung des äußeren Reichtums und der inneren Schlechtigkeit hinaus wird der Wiesenbauer noch in einen weiteren Sinnkreis gestellt: den von Feuer und Sonne. Er ist der einzige, der an diesem sengend heißen Tag im Dorf zu sehen ist, aus Mund und Pfeife dringt Rauch, und die Sonne ist seine Komplizin, die ihm den Reichtum beschert hat. Er lebt von der Abwesenheit des Regens.

In dieser Personenbeschreibung begegnen wir einer typischen literarischen Technik Storms: dem Arbeiten mit Indizien[22]. So wie es für seine Novellenfiguren nie sicheres Wissen gibt, so ist selbst der Erzähler kein Allwissender, der sich ein Urteil über seine Figuren anmaßt; er sagt nicht: „Der Wiesenbauer war dumm und selbstsüchtig", sondern er lässt den Bauern selber dumme und selbstsüchtige Aussagen machen; er spricht nirgends vom „reichen Bauern", sondern zählt nur jene Attribute und Ereignisse auf, die jeder im Dorf sehen und wissen kann und die den Reichtum *signalisieren*. Dieses vordergründig so zurückhaltende Beschreiben lässt im Kopf des Lesers sehr scharf das – durchaus stereotype – Bild vom dummen, reichen und engherzigen Bauern entstehen.

Dasselbe gilt für die zweite Figur, die Mutter Stine. Auch sie ist eine im Grunde stereotype Märchenfigur: das arme, ältere Mütterchen. Doch wiederum behauptet Storm nicht, sie *war* blass und leidend, sondern nur sie „sah" blass und leidend „aus": „Sie sah blaß und leidend aus, und bei dem schwarzseidenen Tuche, das sie um den Hals gesteckt trug, trat der bekümmerte Ausdruck ihres Gesichtes nur noch mehr hervor" (S. 79). Er beschreibt also den Eindruck, den der Beobachter bei ihrem Anblick gewinnt, ohne über das Sichtbare hinauszugehen. Alles Übrige erfahren wir im Dialog zwischen Wiesenbauer und Mutter Stine (S. 80–82). Vordergründig geht es in diesem Dialog um das Wetter, um die Schulden Stines und um die Beziehung der Kinder, welche schließlich zum handlungsauslösenden Wettangebot des Wiesenbauers führt: Stine soll binnen 24 Stunden die Regentrude wecken, dann darf seine Tochter Maren ihren Sohn Andrees heiraten.

Hintergründig reicht der Konflikt aber viel tiefer. Erstens werden Wiesenbauer und Stine mit verschiedenen Elementen in Verbindung gebracht; ersterer mit dem Feuer, letztere mit dem Wasser. Zweitens zehren sie von einer je sehr verschiedenen Vergangenheit. Der Wiesenbauer hatte Erfolg mit der Spekulation, indem er vor Jahren feuchte Ländereien kaufte, die Urahne Stines hatte Erfolg mit dem Zauber, indem sie die Regentrude weckte. Vor allem aber stehen die beiden Elternteile drittens stellvertretend für zwei verschiedene Weltbilder. Der Wiesenbauer für das moderne, rationale („Ich verlasse mich auf mein Wetterglas" S. 81), Stine für das vormoderne, mythologische („die Regentrude [...] kann geweckt werden!" S. 81). Beide lehnen das je andere Weltbild ab: „Das Wetterglas ist ein totes Ding, Nachbar; das kann doch nicht das Wetter machen!" (S. 81). „Und Eure Regentrude ist ein Spukeding, ein Hirngespinst, ein Garnichts!" (S. 82). Neben dem Wettbewerb um Sonne und Regen, um die besten Felder und um die Ehechancen der Kinder geht es in der Regentrude damit auch um die Auseinandersetzung zwischen rationalem/modernem und mythologischem/vormodernem Weltbild.

Die Mann-Frau-Konstellation wird erweitert um die junge Generation. Von Maren erfahren wir gar nichts, außer dass sie „schön" und „schlank" ist und „rehbraune Augen" hat (S. 82). Andrees ist schlicht „der junge Bauer" (S. 83). Storm lässt das Bild der Kinder ganz aus ihrem Reden und Handeln emporsteigen. In ihrem ersten Auftritt lernen wir Maren als rasch, (vor-)laut und unbekümmert kennen, ein Eindruck, der in der darauf folgenden Szene verstärkt wird. Sie ist alles andere als brav, aber ihre Spontaneität und ihr Vertrauen in die Menschen sind gewinnend. Andrees ist weder der Vertreter eines bestimmten Weltbildes wie die Eltern, noch hat er eine Aufgabe zu erfüllen wie Maren, vielmehr ist er der allgemeine Bote und vor allem Helfer, Funktionen, die im Volksmärchen sonst oft von Fremden oder Tieren wahrgenommen werden[23].

Die höchste Ausgestaltung erfährt die Mann-Frau-Sonne-Regen-Konstellation durch die beiden mythologischen Figuren, Feuermann und Regentrude. In der Beschreibung dieser Figuren geht Storm noch subtiler vor, indem sie (vordergründig natürlich) nicht vom Autor, sondern von einer Figur des Märchens selber beschrieben werden. Der Leser lernt den Feuermann nur durch die Augen von Andrees kennen, der dazu immer allein ist, wenn er den Feuermann trifft. Ebenso ist Maren immer alleine mit der Regentrude, und wir sehen diese nur durch ihre Augen. Das Geschehen ist somit immer ein vermitteltes, bereits gedeutetes; das Erstaunliche kommt nie als absolutes Faktum daher, sondern als individuell so erlebtes und erzähltes. Feuermann und Regentrude treten nie in der menschlichen Gesellschaft auf. Sie werden nur von einzelnen Menschen an ausgesetztem Ort gefunden, ihr Erscheinungsbild für den Leser ist immer das Resultat einer persönlichen Begegnung, einer Begegnung des Menschen mit dem Numinosen.

Wenden wir uns nun dem Feuermann zu, wie Andrees ihn schildert. Andrees erzählt, wie er nach den Schafen schauen wollte, den umgekippten Zuber und daraufhin den Feuermann fand. Die Landschaft, die er schildert, ist dieselbe, in der zu Beginn der Wiesenbauer auftrat, nur potenziert: Verdurstete Schafe, völlige Menschenleere, sengende Glut. Die Verschiebung ins Märchenreich erfolgt ganz unbemerkt: vom (bekannten) „Weideplatz" und vom „Rain" kommt Andrees unvermittelt zum „Zwergenloch", wo, der Hitze zum Trotz, der obligate hässliche Molch sitzt. In dieser halb realen, halb märchenhaften Landschaft begegnet Andrees dem Feuermann. *Er* hält sich in der Beschreibung des Männleins nicht vornehm zurück wie der Autor gegenüber seinen Figuren, sondern wirft mit be- und verurteilenden Ausdrücken nur so um sich: „als ich mich umwende, sehe ich ein knorpsiges Männlein im feuerroten Rock und roter Zipfelmütze unten zwischen dem Heidekraute auf und abstapfen. [...] Auch sah es gar so arg und mißgeschaffen aus. Die großen braunroten Hände hatte es auf dem Rücken gefaltet und dabei spielten die krummen Finger wie Spinnenbeine in der Luft. [...] Das Unding drunten war noch immer in Bewegung; es bückte sich und riß ein Bündel versengten Grases aus dem Boden, daß ich glaubte, es müsse mit seinem Kürbiskopf vorn überschießen; aber es stand schon wieder auf seinen Spindelbeinen und, indem es das dürre Kraut zwischen seinen großen Fäusten zu Pulver rieb, begann es so entsetzlich zu lachen, dass auf der andern Seite des Hügels die halbtoten Schafe aufsprangen und in wilder Flucht an dem Rain hinunterjagten" (S. 84). Der Leser bekommt durch Andrees' Erzählung ein extrem einseitiges und negatives Bild des Feuermanns, welcher ein Ausbund an Hässlichkeit und Boshaftigkeit zu sein scheint. Bei genauer Betrachtung ist der Feuermann eine ins Unmenschliche gesteigerte Ausgabe des Wiesenbauers: der Wiesenbauer ist „dick" und trägt eine „rote Weste". Der Feuermann ist „völlig missgeschaffen" und trägt einen „feuerroten Rock". Der Bauer schnuppert an seinem Heu, der Feuermann wirft mit versengtem Gras um sich und zerreibt es zu Pulver. Der Wiesenbauer lächelt verschmitzt, während der Feuermann entsetzlich und gellend lacht. Der Wiesenbauer murmelt seine Boshaftigkeit vor sich hin („Sie kriegen alle nichts"), der Feuermann schreit sie in die Welt hinaus. Wer ist der Feuermann? Sein Name sagt es: er repräsentiert die Welt der Männlichkeit – das Männlein mit dem feuerroten Rock und der Zipfelmütze lässt sich bestens als Phallussymbol deuten – und des Feuers. Diese ist bei Storm aber zugleich die Welt der Boshaftigkeit, Habgier, Schadenfreude, Konkurrenz und Übervorteilung.

Schwieriger zu charakterisieren ist die Regentrude. Das Spezielle an ihr ist, dass sie sich im und mit dem Verlauf der Geschichte dauernd verändert – so sehr, dass Maren sie nicht wiedererkennt! Dies im Gegensatz zu den übrigen Figuren, die ausgesprochen stereotyp sind. Wie der Feuermann wird die Regentrude in einer einsamen, halb realen, halb märchenhaften Landschaft von einem menschlichen Wesen entdeckt. Wie er ist sie die Repräsentantin eines Elements, des Wassers, und eines Geschlechts, des Weiblichen, somit ein Archetyp. Ihre Eigenschaften hingegen werden nirgends so plakativ herausgestellt wie jene des Feuermanns, und es fällt schwer, darüber etwas Konkretes zu sagen. Im Großen und Ganzen ist sie natürlich das Gegenteil des Feuermanns: sie ist nicht hässlich, sondern schön, sie kräht nicht, sondern singt, sie führt keine Streitgespräche, sondern plaudert, sie sucht nicht Kampf und Gewinn, sondern arbeitet mit Maren zusammen und fürchtet die (zwangsläufige) Auseinandersetzung mit dem Feuermann. Darüber hinaus fehlen ihr aber jegliche positiven Eigenschaften. Sie ist weder die gute, allmächtige und allwissende Fee, noch die fleißige Hausfrau noch die fürsorgliche Gattin und Mutter. Die Regentrude ist im Gegenteil ausgesprochen nachlässig, vergesslich, verspielt, faul und ohne irgendwelche Ambitionen. Dieses Fehlen von positiven Eigenschaften ist es, was Brinkmann zu der abschätzigen Bemerkung veranlasste: „So scheint denn auch die Regentrude in der That von keinem andern menschlichen Motive bestimmt zu werden, als von dem Triebe, recht menschlich zu plaudern"[24]. In der Auseinandersetzung zwischen Gut und Böse ist also die Stelle des Guten mit einer Figur besetzt, der es ausgesprochen an guten Eigenschaften gebricht.

Mit den sechs Hauptfiguren baut Storm auf der menschlichen wie auf der mythologischen Ebene eine vollständig gespaltene Welt auf. Diese Spaltung ist so total, dass ich es wage, sie in einer Tabelle darzustellen, weil ich meine, dass eine solche für einmal die (poetische) Realität nicht zu stark vereinfacht:

Gegensätzliche Prinzipien in der Regentrude:

männlich	weiblich
Wiesenbauer	Mutter Stine
Andrees	Maren
Feuermann	Regentrude
Feuer	Wasser

Sonne	Regen
Kapitalismus	Traditionelle Wirtschaft
Erneuerung, Fortschritt	Tradition, Überlieferung
Konkurrenz, Verträge	Freundschaft, Verpflichtung
Gelächter	Gesang
Diskussion	Geplauder
rationales Weltbild	mythologisches Weltbild

Die Handlung: Aufbruch, Rückkehr und Vereinigung der Gegensätze

Durch das Wettangebot kommt die Handlung ins Rollen. Das Spannende an der Ausgangslage ist, dass Männer- und Frauenwelt durch die junge Generation verschränkt sind: die Frau Maren lebt im Männer-, der Mann Andrees im Frauenhaushalt[25]. Vorerst aber, nach Abschluss der Wette, gehen Frauen und Männer auseinander: Der Wiesenbauer sitzt mit dem Schulze im Wohnzimmer über Rechnungen zusammen, Mutter Stine geht mit Maren in ihr Stübchen, wo sie sich ans Spinnrad setzt (S. 82). Subtil sind hier nochmals die verschiedenen Vermögenslagen und Wirtschaftsweisen angedeutet.

Andrees tritt auf, schildert seine Begegnung mit dem Feuermann und bringt, ohne es zu wissen, mit dem Zaubersprüchlein die Lösung des Problems nach Hause (S. 84 f.):

> Dunst ist die Welle,
> Staub ist die Quelle!
> Stumm sind die Wälder,
> Feuermann tanzet über die Felder!
> Nimm dich in Acht!
> Eh' du erwacht,
> Holt dich die Mutter
> Heim in die Nacht!

Der Inhalt des Zauberspruchs, von den Figuren unhinterfragt auswendig gelernt, wird für den Leser erst im Rückblick verständlich. Weil die Regentrude eingeschlafen ist, sind die Felder unter der Herrschaft des Feuermanns vertrocknet. Wenn die Regentrude nicht schnell erwacht und handelt, wird sie unter die Erde verbannt.

Vorerst wirkt das Sprüchlein vor allem auf Maren: wieder brechen ihr ungestümes Temperament und ihr Optimismus hervor: „Alle" Not hat eine Ende (man vergleiche mit der vorhergehenden Szene: „Alles" wird gut), bereits übermorgen soll Hochzeit sein. Prompt wird sie gebremst („Kind!"), und der „bedächtige" Andrees muss Rat schaffen (S. 86). Mit der zweiten Begegnung zwischen Andrees und Feuermann, in der diesem der Weg zur Regentrude abgelauscht wird, sind für Andrees und Maren die letzten Fragen geklärt. Aber die beiden ziehen nun nicht wie ein Grimm'scher Märchenheld „in die Welt hinaus", nein, erst wird noch einmal geschlafen, wie es sich für den Helden einer doch sehr biedermeierlichen Erzählung gehört[26].

Der zweite Tag beginnt mit einer geradezu Spitzweg'schen Idylle mit Blumen, Morgensonne, einem Mädchenkopf am Fenster und dem schnarchenden Vater im Alkoven: „Auf die Sonnenblumen, die vor Marens Kammer im Garten standen, fiel eben der erste Morgenstrahl, als sie schon das Fenster aufstieß und ihren Kopf in die frische Luft hinaussteckte. Der Wiesenbauer, welcher nebenan im Alkoven des Wohnzimmers schlief, mußte davon erwacht sein; denn sein Schnarchen, das noch eben durch alle Wände drang, hatte plötzlich aufgehört. [...] »Ich habe nicht schlafen können, Vater«, rief sie zurück, »ich will mit den Leuten auf die Wiese; es ist so hübsch frisch heute Morgen.« »Hast das nicht nötig, Maren«, erwiderte der Bauer, »meine Tochter ist kein Dienstbot'.« Und nach einer Weile fügte er hinzu: »Na, wenn's Dir Plaisir macht! Aber sei zur rechten Zeit wieder heim, eh' die große Hitze kommt. Und vergiß mein Warmbier nicht.« (S. 89). Wir lernen jetzt erstmals eine andere Seite des Wiesenbauers kennen: er ist zwar eitel in Bezug auf seine Tochter, aber auch großzügig und gönnt ihr das Vergnügen, ins Freie zu gehen, wenn er nur sein Warmbier kriegt. Hübsch auch, wie er sich mit seinem französisierenden „Wenn's Dir Plaisir macht" einen großbürgerlichen Anstrich zu geben versucht, wo doch das Umfeld so ganz bäuerlich ist. Als Letztes bekommen die beiden ein Fläschchen zugesteckt – was wäre eine Märchenreise ohne helfendes Requisit –, ein letzter Hinweis auf das Weltbild Mutter Stines, in welchem die Überlieferung und das Wundermittel regieren, nicht der Fortschrittsglaube und das Wetterglas.

Maren und Andrees ziehen los. Wiederum ist der Übergang von der realen Welt zur Märchenwelt fließend: die beiden gehen durch „die" Dorfstraße (bekannt), über „eine" weite Heide (schon unbestimmter) und gelangen schließlich in „den großen Wald", der in jedem Märchen den Helden definitiv von seiner Heimat abschneidet (S. 90). Der Wald ist der Ort, wo alle menschliche Ordnung aufhört, jede Bindung, sei sie nun positiv im Sinne von Sicherheit oder negativ im Sinne von Schranken, aufhört, wo der Mensch vollkommen ausgesetzt ist. Im Wald entscheidet sich, ob der Mensch, der von zu Hause aufgebrochen ist, stecken bleibt, das heißt sich nicht mehr weiterentwickelt, gar umkommt, oder aber seine Chance packt und jenseits der Bäume ein neues Leben beginnt. Maren und Adrees gelangen jenseits des Waldes zu der hohlen Weide. Mit dem Abstieg ins Erdinnere verlassen sie die reale Welt überhaupt und tauchen in eine Welt, auf deren Be-Deutung ich weiter unten eingehe.

Ich nehme den Faden dort wieder auf, wo die beiden unvermittelt an die Oberfläche der realen Welt zurückkehren: „So glitten sie rasch dahin" (S. 107). Es folgt eine Passage, die dem Anfang der Erzählung täuschend ähnlich sieht: „Andrees hatte schon eine Zeit lang mit der Hand über den Augen in die Ferne geblickt. »Sieh doch, Maren«, rief er, »ist das nicht meine Roggenkoppel?« »Freilich, Andrees; und prächtig grün ist sie geworden! Aber siehst Du denn nicht, daß es unser Dorfbach ist, auf dem wir fahren?« »Richtig, Maren; aber was ist denn das dort? Das ist ja Alles überflutet!« »Ach, Du lieber Gott!« rief Maren, »das sind ja meines Vaters Wiesen! Sieh nur, das schöne Heu, es schwimmt ja Alles!« Andrees drückte dem Mädchen die Hand. »Laß nur, Maren!« sagte er, »der Preis ist, denk' ich, nicht zu hoch, und meine Felder tragen ja nun um desto besser.« (S. 107). Anstelle des Wiesenbauers steht jetzt Andrees da und schaut mit der Hand über den Augen in die Ferne, freut sich – wie jener an seinem Heu – an seinem grünen Roggen. Wie jener hat er kein Mitleid mit den Zu-kurz-gekommenen („Meine Felder tragen ja nun umso besser"), und schließlich hat er auch die Rechenhaftigkeit des Wiesenbauers: „der Preis" – überflutete Felder – ist „nicht zu hoch" für den Gewinn einer Ehefrau. Diese Rechenhaftigkeit mutet angesichts der Verzweiflung Marens, die es gerne allen recht gemacht hätte, genauso zynisch an wie die gespielte Großzügigkeit des Wiesenbauers zu Beginn der Erzählung, als er es doch nur auf die Güter von Stine abgesehen hatte. Kurz, Andrees hat perfekt die Rolle des Wiesenbauers übernommen; Maren hat nur die Hand gewechselt.

Doch Storm wechselt rasch zu einem freundlicheren Bild. Die beiden Helden wandern durch die Dorfstraße, die jetzt belebt ist, von allen freundlich empfangen, sogar vom Wiesenbauer, für den der Regen schwere wirtschaftliche Einbußen bedeutet und den Verlust von Wette und Tochter dazu. Sein Großmut ist größer als seine Habgier, er willigt ohne Protest in die Hochzeit ein und verzeiht Maren ihre Notlüge. So bekommt er zu guter Letzt doch noch positivere Züge als am Beginn der Erzählung. Storm lässt ihn den alles entscheidenden Satz sagen: „so ist es am Ende doch so übel nicht, wenn Höhen und Tiefen beieinander kommen" (S. 108).

Die anschließende Hochzeit ist denn auch nicht einfach die obligate Hochzeit, mit der ein richtiges Märchen endet: „da schritt im schönsten Sonnenschein ein großer Hochzeitszug der Kirche zu. Maren und Andrees waren die Brautleute, hinter ihnen gingen Hand in Hand Mutter Stine und der Wiesenbauer. Als sie fast bei der Kirchtür angelangt waren, [...], zog plötzlich ein weißes Wölkchen über ihnen am blauen Himmel auf und ein paar leichte Regentropfen fielen der Braut in ihren Kranz" (S. 108). Wenn Maren und Andrees heiraten, wenn Mutter Stine und der Wiesenbauer Hand in Hand gehen, wenn Sonne und Regen zugleich am Himmel stehen, dann bedeutet das die grandiose Vereinigung aller Gegensätze, alles bisher Getrennten. Der Wiesenbauer sagt „Höhen und Tiefen kommen zusammen", der Leser weiß aber, dass zugleich auch weibliche und männliche Welt, Tradition und Erneuerung, Mythos und Logos zusammenkommen.

Brinkmann suchte in der Regentrude vergeblich eine Allegorie, die den Kampf zwischen Hitze und Wasser und den Sieg des letzteren darstellt, und meinte enttäuscht: „Also wohl reines Mährchen ohne allegorischen oder utilitarischen Hintergrund!"[27] In seiner von Darwin geprägten Zeit konnte er sich offenbar nicht vorstellen, dass Storm gar keinen Kampf darstellen wollte, dass es bei ihm keinen Sieger gibt, sondern dass das Ziel die Versöhnung aller Gegensätze ist. Meiner Meinung nach *ist* die Regentrude eine Allegorie (selbst wenn Storm diesen Ausdruck ablehnte[28]), eine Allegorie, die von der totalen Spaltung der Welt ausgeht und in einer phantastischen, prächtigen Vereinigung und Aufhebung aller Gegensätze gipfelt.

Dieses schöne Hochzeitsbild vermag heute noch zu berühren. Es gewinnt vor dem historischen Hintergrund der 1860er Jahre aber eine besondere Intensität. In der Mitte des 19. Jahrhunderts sah sich eine mehrheitlich traditionell wirtschaftende Bevölkerung einer geistig kaum nachvollziehbar raschen Industrialisierung und Veränderung der Umwelt gegenüber. Traditionelles Christentum und Aberglaube standen in Konkurrenz zur modernen Wissenschaft, Medizin und der Lehre vom evolutionären Kampf ums Dasein. Traditionelle Bindungen zu Familie, Zunft, Kirche und Grundherr wurden aufgelöst zugunsten des freien Wettbewerbs, der Geldwirtschaft und der staatlichen Gesetzgebung. Auf der politischen Ebene standen Monarchie und Demokratie, Konservativismus, Liberalismus und Sozialismus im Kampf um die Vorherrschaft. Was wir im Rückblick als Aufbruch oder Fortschritt ansehen, war für die Zeitgenossen wohl in erster Linie eine innere Zerreißprobe.

Storm als sensibler Mensch muss diese Zerrissenheit seiner Zeit stark empfunden haben. Er selber war traditionell eingestellt und weit davon entfernt, irgendwelche Modeströmungen mitzumachen. Wie Bollenbeck treffend bemerkt: In Storms Erzählungen werden Blumen und Küsse getauscht, nicht Geld[29]. Seine männlichen Figuren sind keine gründerzeitlichen Kraftnaturen – Hauke Haien, der Schimmelreiter, der diesem Typ noch am nächsten kommt, ist eine durch und durch problematische Figur, die schlussendlich scheitert – , seine Frauen sind keine modernen Soldatenmütter. In seinen sämtlichen Novellen kommt keine einzige Maschine vor, keine Eisenbahn, kein Fabrikschlot, keine moderne

Armee und kein zu 1871 passender Hurra-Patriotismus. Storm schildert eine vormoderne Welt, die aber, das zeigt uns die Regentrude deutlich, von der modernen Welt bedroht ist. Wenn Storm am Ende der Erzählung die vormoderne und die moderne, die weibliche und die männliche Welt zusammenkommen lässt, so drückt er stellvertretend für viele seiner Zeitgenossen eine tiefe Sehnsucht nach Harmonie und der Vereinigung der tief empfundenen Gegensätze aus.

Die individuelle Initiation als kollektive Suche nach dem Weiblichen

Der mittlere Teil der Erzählung spielt unter der Erde, im Reich der Regentrude. Es drängt sich geradezu auf, diesen Teil tiefenpsychologisch zu deuten. Denn der Abstieg ins Erdinnere, die Wanderung durch Höhlen und Tunnel, das Öffnen von Türen zu unbekannten Räumen – häufige Motive sowohl in Märchen als auch in Träumen – werden tiefenpsychologisch als Gang ins Innere des Menschen, in sein wahres Ich, gedeutet. Die „gänzlich unbekannte Gegend" (S. 92), in der Maren und Andrees landen, ist die Seele von Maren.

Es überrascht, dass Storm Andrees mit hinuntersteigen lässt. Einerseits, weil ein Märchenheld traditionellerweise allein auf die Reise geht und sich unterwegs von Tieren oder Fremden helfen lässt und nicht vom guten Nachbarn nebenan. Andererseits, weil die Reise ins Innere des Menschen eigentlich nur von diesem allein getan werden kann. Dass Andrees mit hinuntersteigt, mag ein Hinweis darauf sein, wie sehr Maren vom männlich-väterlichen Prinzip beherrscht wird. Entsprechend trostlos sieht es in ihrem Innern aus: öde, abgestorben, unfruchtbar, „von der tödlichen Glut getroffen" (S. 94).

Beim Weitergehen wird sich Maren plötzlich ihres Dilemmas bewusst, in dem sie sich befindet: »Siehst Du, Andrees! Mein Vater hat noch sein halbes Heu draußen auf den Wiesen; und ich gehe da aus und will Regen machen!« »Dein Vater ist ein reicher Mann, Maren; aber wir andern haben unser Fetzchen Heu schon längst in der Scheuer und unsere Frucht noch alle auf den dürren Halmen.« »Ja, ja, Andrees, Du hast wohl recht; man muß auch an die Andern denken!« Im Stillen bei sich selber aber setzte sie nach einer Weile hinzu: »Maren, Maren, mach' dir keine Flausen vor; du tust ja doch Alles nur von wegen deinem Schatz!«" (S. 93 f.). Wie sie sich auch entscheidet, sie schadet entweder ihrem Vater oder ihrem Bräutigam. Ein unlösbarer Konflikt, der die Züge eines antiken Dramas trägt. Andrees appelliert an ihr soziales Gewissen, sie solle an „die andern" denken, was der Mehrheit im Dorf und natürlich auch ihm selber nützen würde. Maren ihrerseits macht sich Vorwürfe, dass sie alles nur „wegen dem Schatz" macht. Beide verkennen die Bedeutung des Geschehens, können sie als involvierte Figuren gar nicht erkennen: Maren tut ihren Gang weder für noch gegen ihren Vater, weder für die Gesellschaft im Allgemeinen noch für Andrees im Speziellen, sondern primär für sich selber. Im Märchen geht es darum, dass der Held von zu Hause auszieht, auf die Suche nach seiner Identität geht, Prüfungen besteht, als gefestigte Persönlichkeit zurückkehrt und in Form einer Hochzeit oder ähnlichem in die Gesellschaft reintegriert wird, aus der er als Suchender ausgezogen ist. Dass er nebenbei noch die Stadt vom Drachen befreit oder was auch immer, ist Nebensache. So ist auch für Maren das Regenholen nicht das Wichtigste, sondern das Finden der Urquelle der Weiblichkeit und damit ihr eigenes Frausein.

Mit dem abgestorbenen Garten der Regentrude betritt Maren urweibliches Gelände; hier muss sie allein weitergehen, ausgesetzt der Einsamkeit und dem Schweigen, das „wie ein Entsetzen" (S. 95) auf dem Ort liegt. Es folgt die berühmte Wanderung über Berge und Täler. Storm lässt Maren allerdings durch eine ganz andere Topografie marschieren: die Wechselhaftigkeit und die lange Dauer der Wanderung werden nicht durch zielloses Auf und Ab symbolisiert, sondern durch den Wechsel von dunkel und hell (Wald und blendendes Licht) und von kühl und heiß, während die Topografie eine klare Struktur mit einem eindeutigen Ziel aufweist: vom „Seebett" zum „Bach", von da zur „Rinne" und schließlich zum „Wasserfall". Marens Weg führt, dem natürlichen Lauf des Wassers in umgekehrter Richtung folgend, schnurstracks zum Ziel: zur Quelle.

Doch zuerst folgt die wundersame Begegnung mit der Regentrude (S. 95–97). Im Gegensatz zum Feuermann steht diese nicht einfach plötzlich da, sondern sie wird sukzessive entdeckt. Mit den Augen von Maren tastet der Leser sich die Felswand empor, entdeckt die Gewandfalten, die „ruhende Gestalt". Er erkennt die „schöne mächtige Frauengestalt" und, noch näher herantretend, das ehemals schöne, jetzt eingefallene Gesicht. Die Entdeckung des Weiblichen erfolgt nicht auf einen Schlag, sondern ist ein mühsamer, mit Furcht gemischter Prozess, für den Maren stellvertretend für alle Frauen ihren ganzen Mut zusammennehmen muss.

Die Gottheit wird geweckt, und wie so oft ist dieses Ereignis mit Naturerscheinungen verbunden: Zeus tritt selten anders als mit Blitz und Donner auf, der Gott Moses' fährt ebenfalls mit Blitz, Donner und Erdbeben auf den Sinai nieder – bei der Regentrude hingegen rauscht es lediglich „sanft durch die Wipfel der Bäume", und nur in der Ferne donnert es leise „wie von einem Gewitter". Mit dem „tiefen, klagenden Laut" von den Lippen der Regentrude wird bereits angedeutet, dass wir es hier mit einer Gottheit oder, sagen wir bescheidener, einer Fee der ganz besonderen Art zu tun haben. Diese lässt sich nämlich ganz gewöhnlich mit „Frau Trude" ansprechen, weiss nicht, weshalb das Menschenkind zu ihr kommt, ja, weiß nicht einmal, dass sie geschlafen hat und die Erde am vertrocknen ist; und nun steht sie da und „wimmert". Die Regentrude ist weder allwissend noch allmächtig, aber von ihrem Fuß bleibt beim Gehen „ein grüner Schimmer" auf dem Boden zurück. Die Parallele zur Göttin Flora ist leicht zu ziehen[30].

Die Reise zur Quelle beziehungsweise zum Brunnen geht zu zweit weiter. Des Rätsels Lösung liegt in einem Schloss, aber in was für einem! „[…] einige tausend Schritte vor ihnen sah Maren einen ungeheuern Bau emporsteigen. Er schien von grauem Gestein zackig und unregelmäßig aufgetürmt; bis in den Himmel, meinte Maren; denn nach oben hinauf war alles wie in Duft und Sonnenglanz zerflossen. Am Boden aber wurde die in riesenhaften Erkern vorspringende Fronte überall von hohen spitzbogigen Tor- und Fensterhöhlen durchbrochen, ohne daß jedoch von Fenstern oder Torflügeln selbst etwas zu sehen gewesen wäre" (S. 97). Diesem Schloss fehlt einfach alles, was ein richtiges Schloss zu einem Schloss macht: keine Zinnen, keine Türme, keine Mauern, nicht einmal eine klare Form oder Linie. Dieser „ungeheure Bau", „unregelmäßig aufgetürmt", der „in Duft und Sonnenglanz" zu zerfließen scheint und nach allen Seiten hin offen ist, dieser Bastard aus Schloss, Gebirge und Kathedrale ist ein richtiges Anti-Schloss. Noch überraschender präsentiert sich sein Inneres: „Das ganze Innere schien nur ein einziger unermeßlicher Raum zu sein. Mächtige Säulen von Tropfstein trugen in beinahe unabsehbarer Höhe eine seltsame Decke; fast meinte Maren, es seien nichts als graue riesenhafte Spinngewebe, die überall in Bauschen und Spitzen zwischen den Knäufen der Säulen herabhingen. […] diese ungeheurn Räume schienen außen nach der Fronte zu, durch welche Maren eingetreten war, ganz ohne Grenzen zu sein; Säule hinter Säule erhob sich, und wie sehr sie sich auch anstrengte, sie konnte nirgends ein Ende absehen" (S. 98 f.). Keine verriegelten

75

Türen, finsteren Gänge, Prunksäle und geheimen Zimmer, nein, ein „großes offenes Tor", ein „einziger unermeßlicher Raum"; keine Begrenzungen, nichts Verschlossenes, keine Wächter, aber auch kein Gold und keine Edelsteine, sondern ein einziger, großer Naturraum. Dieser muss nur noch zum Leben erweckt werden. Maren steht jetzt an der Quelle, am Brunnen, den sie nur aufzuschließen braucht. Wahrlich ein Schlüssel-Erlebnis! Der Brunnen ist ein Urbild weiblicher Fruchtbarkeit. Indem Maren ihn aufschließt, sorgt sie nicht nur für lebensspendenden Regen, sondern erschließt sich auch ihr eigenes Frausein. Aus einer vollständig männlich dominierten Welt ist sie aufgebrochen, hier, in diesem unbestimmt-weiblichen Natur-Raum, wird sie zur Frau.

Und zum zweiten Mal geschieht dies ohne Blitz und Donner. Wie groß wäre die Versuchung, aus dem Brunnen mächtige Gewitterwolken krachend hervorbrechen zu lassen und so den Erfolg Marens und den Sieg der Regentrude zu demonstrieren! Nicht so Storm, der die Gewalt aus dem Reich der Regentrude verbannt hat. Aus dem aufgeschlossenen Brunnen steigt zuerst nur ein „frischer Duft", der sich zu einem „feuchten Staub" und dann erst zu einem „zarten Gewölk" verdichtet. Ganz zart und leise wird das neue Element geweckt.

Und dann beginnt der Naturraum zu leben: Mit den Pflanzen kommen Farben, Formen und Düfte hervor, mit den Libellen die Bewegung. Als Klang lässt Storm die entzückte Maren als Gipfel der erotischen Aufladung der Landschaft „ein behagliches Stöhnen wie von einer süßen Frauenstimme" hören (S. 100). Die bisher abstrakte Weiblichkeit des Brunnens gewinnt jetzt Gestalt in der „wunderbar schönen, blühenden Frau" mit den nackten Armen, dem lächelnden Mund und den blitzenden Zähnen. Eine überaus sinnliche, dazu „übermütige" Frau, die klatschend ihre Wolken auf die Reise schickt, das ist die Regentrude! Ein großer Unterschied zu all den furchterregenden Feen und Zauberern, die sonst das Märchen bevölkern. Diese Fee will nicht überlistet sein, sondern geliebt. Sie lässt die Menschenkinder nicht sieben Jahre schuften, sondern liegt mit ihnen müßig plaudernd im Moos. In diesem Anti-Schloss liegt ein Anti-Paradies, ohne Edelsteine, ohne Milch und Honig, ein immaterielles, von seligem Nichtstun geprägtes Naturparadies.

Gaston Bachelard hat in seinem Buch *L'eau et les rêves* den eminent weiblichen Charakter des Wassers dargestellt. Wasser wird als nährend wie Muttermilch erfahren, Wasser schmiegt sich an die (in seinen Beispielen ausschließlich männliche) Brust wie eine Geliebte, Wasser wiegt einen wie eine Mutter, Wasser trägt und umhüllt den Menschen in vorgeburtlichem, vollkommenem Glück. Wasser ist in diesem Zusammenhang kein Symbol, keine Metapher, die für etwas anderes steht[31], sondern es wird direkt, substantiell, materiell erfahren[32]. Das Besondere an der Erzählung Storms ist, dass es bei ihm kein Jüngling ist, dem sich jede Welle „wie ein zarter Busen" anschmiegt, dem die Flut „eine Auflösung reizender Mädchen" zu sein scheint[33], dass hier kein weibliches Wasser männliches Feuer bzw. Begehren löscht („L'eau éteint le feu, la femme éteint l'ardeur"[34]), sondern dass es ein Mädchen ist, das diese urweibliche Erfahrung macht. Der Gang zur Regentrude und das Aufschließen des Brunnens sind ein Vorgang der Initiation.

So steckt denn hinter der Regentrude mehr als nur der „Trieb, recht menschlich zu plaudern"[35]. Das zeigt die zentrale Textstelle: „Wenn Du mich nicht geweckt hättest, wäre der Feuermann Meister geworden, und ich hätte wieder hinab müssen zu der Mutter unter die Erde" (S. 101). Damit stellt Storm die Regentrude in den Kreis des Demeter-Mythos. Demeter war die Göttin der Fruchtbarkeit, zu deren Ehren die griechischen Frauen ein dreitägiges Erntedankfest, die

Thesmophorien, feierten. Mit den olympischen Göttern war sie zerstritten, da ihre Tochter Persephone von Hades in die Unterwelt entführt worden war und nun ein Drittel des Jahres (dem die unfruchtbare Jahreszeit entspricht) unter der Erde verbringen muss. Die Regentrude ist keine Geringere als Persephone in norddeutschem Kostüm, die dafür sorgt, dass Zeus/der Feuermann/das männliche Prinzip nicht alleiniger „Meister" wird. In ihrer langen Rede beschwört sie die Zeit herauf, als noch kein männlich-rationaler Damm die Menschen von der Natur trennte, sondern als die Frauen als Hüterinnen der Fruchtbarkeit in lebendigem Austausch mit der Natur und ihren Gottheiten standen. Maren ist das auserwählte Menschenkind, das die Verbindung zu den antiken Naturgöttern wieder aufnimmt. Und diese Verbindung ist wiederum eine ganz andere, als sie sonst zwischen Gott und den Menschen stattfindet: Da gibt es keine Hierarchie, keine Gebote, keine Verträge, keine Buchhaltung mit abschließender großer Abrechnung von Gut und Böse, sondern eine gleichberechtigte Freundschaft, die von Geschenken („sie brachten mir zum Dank von ihren Früchten"), Zuneigung („die junge Freundin"), etwas Erotik („so schöne braune Löckchen") und vor allem von Treue lebt: „Wie sie meiner nicht vergaßen, so vergaß ich ihrer nicht" (S. 101).

Nach diesem Gespräch erst werden die Regenwolken auf die Reise geschickt und damit der eigentliche Kampf gegen den Feuermann aufgenommen. Dieser Kampf beschränkt sich auf ein „Heulen und Prasseln" mit ein paar Dampfwolken (S. 103), welches die Regentrude und Maren, einander in den Armen liegend, nicht einmal mit ansehen müssen. Offensichtlich will Storm den Kampf der Elemente so wenig gewalttätig wie möglich darstellen. Der Feuermann ist damit ausgelöscht, die Regentrude hat wieder die Kontrolle über den Wasserzyklus. Maren bedankt sich „für mich und alle Leute in unserm Dorfe" (S. 103). Maren ist ihren Weg gegangen und hat ihre Aufgabe bewältigt – damit hat sie aber zugleich auch ihre Funktion in der Gesellschaft erfüllt und etwas für alle getan. Sie kann gehen.

Die Heimreise folgt wieder dem Wasserlauf, diesmal in der richtigen Richtung: Quelle, Bach, Wasserfall, See. Rasch nähern sie sich der Grenze zum männlichen Bereich, und schon steigen Ängste und Zweifel in Maren auf. Sie ist sich ihrer neuen Rolle als Frau noch nicht sicher, mit der imposanten Regentrude kann sie sich nicht messen, Selbstzweifel und Eifersucht melden sich. Instinktiv versucht sie, die Regentrude von Andrees fern zu halten, trotz deren Neugier. Andrees soll (darf?) die vollkommene Frau, das „Ewig-Weibliche", gar nie zu Gesicht bekommen. Trude stärkt Maren den Rücken („schön bist Du, Närrchen!") und zieht sich dann zurück, nicht ohne Maren auf den Mund geküsst zu haben. Das Letzte, was wir von der Regentrude vernehmen, ist Gesang (beim Feuermann war es Gelächter), „süß" und „eintönig", dann bleibt nur der Regen zurück – und die „plötzliche(r) Sehnsucht" auf der Seite von Maren (S. 106).

Sehnsucht nach dem Weiblichen. Doch gerade dieses ist am Ende der Erzählung kaum greifbarer geworden als zu Beginn. Was der Leser zusammen mit Maren auf ihrem Weg fand, ist eine von Fruchtbarkeit, Pflanzen und Wasser strotzende Landschaft mit einem Schloss, das kein Schloss ist, einem Kampf, der kein Kampf ist, und einer höchst vagen und wandelbaren Frauengestalt, die schön und auf ihre Art sogar erotisch ist, die aber sonst überhaupt keine Eigenschaften besitzt. Weiblichkeit, das ist Natur plus Abwesenheit von Männlichkeit, von Storm positiv aufgeladen und verklärt.

Storm hat damit auf poetische Weise ausgedrückt, was Jacques Lacan 100 Jahre später aus wissenschaftlich-psychologischer Sicht viel radikaler ausdrücken wird: „Die Frau existiert nicht"[36]. In der Weiterführung von Freud, der Weiblichkeit als die Privation von Männlichkeit definiert, aber „nirgends sagt [...], was »weiblich« heißen soll", bestimmt Lacan das Weibliche als das „Nicht-Existierende, also das, [...], was sich nicht imaginieren läßt, [...], was sich durch den Logos nicht einfangen läßt"[37].

Storm hat mit seinem Märchen „Die Regentrude" genau diese Imaginierung des Weiblichen versucht. Über die eher stereotype Gleichsetzung der Frau mit Natur und Wasser ist er dabei, bei allem Reiz der Geschichte, nicht hinausgekommen. Entsprechend abrupt fällt Marens Rückkehr in die (Männer-)Welt aus. Kaum tauchen Maren und Andrees auf dem Bach in die reale Welt auf – Hansen deutet dies als Geburtsvorgang[38] –, schlüpft Andrees perfekt in die Rolle des Vaters und übernimmt die Kontrolle über Maren. Es scheint wenig wahrscheinlich, dass Maren viel von ihrer neu gewonnenen Weiblichkeit in diese männlich geprägte Alltagswelt hinüberretten kann. Sie kann es nicht, weil Weiblichkeit mit zum Untergang verdammten Werten gekoppelt wird – einer vormodernen Wirtschaftsweise und einem mythologischen Weltbild – und in einer alternativen Form gar nicht existiert. Vor diesem Hintergrund muss die im ersten Teil gepriesene alles-versöhnende Hochzeit als Illusion erscheinen. Und tatsächlich, in dem Moment, als der Hochzeitszug in die Kirche tritt, verschwinden die weiblichen Elemente Regen und Gesang, das männliche Prinzip hat wieder die Alleinherrschaft: „die Sonne schien wieder, die Orgel aber schwieg". Konsequenterweise hat der Priester, Vertreter der christlich-patriarchalen Welt, denn auch das letzte Wort: „Und der Priester verrichtete sein Werk".

Anmerkungen

1 So etwa Stuckert: „Es brauchte den Durchbruch durch die irrationale Welt des Märchenglaubens, um von dorther die blasse und kraftlose Welt seiner frühen Erzählungen mit tieferen Kräften zu füllen." Oder: „Storm vermochte die geheimnisvolle Hintergründigkeit der Welt, die in seinen bisherigen Novellen noch nirgends voll zum Ausdruck gekommen war, vorläufig nur in der Form des Märchens darzustellen." Franz Stuckert: Theodor Storm. Der Dichter in seinem Werk, Tübingen 1940 (3. Auflage 1966), S. 93 f. Ähnliche Äußerungen bei Dieter Lohmeier: Märchen und Spukgeschichten, in: LL IV S. 570–574.
2 „als die politischen Spannungen zwischen Dänemark und Schleswig-Holstein unerträglich wurden, versuchte Storm die Realität in einem kunstvollen Phantasiegebilde zu bannen." Und: „Berücksichtigt man die Abfassungszeit des Märchens [...], so ließen sich Feuermann und Regentrude auch als allegorische Figuren von Krieg und Frieden verstehen." H. Häntzschel in: Kindlers Neues Literatur Lexikon, hrsg. von Walter Jens, München 1991, Band 16, S. 32 f. Ähnliche Äußerungen bei Georg Bollenbeck: Theodor Storm. Eine Biografie. Frankfurt am Main 1988, S. 213–217.
3 Insbesondere Brinkmann in seinem Brief an Storm vom 9. Januar 1866.
4 Zum Beispiel Vinçon: „In der Tat liegt dieser Geschichte ein Fruchtbarkeitsmythos zugrunde, als dessen wesentliches Thema sich die Initiation herausstellt." Hartmuth Vinçon: Theodor Storm in Selbstzeugnissen und Bilddokumenten, Hamburg 1972, S. 93.
5 Petrus W. Tax: Storms Die Regentrude – auch „eine nachdenkliche Geschichte", in: Modern Language Notes 97/3 (1982), S. 615–635.
6 Ebd., S. 624.
7 Ebd., S. 625.
8 Ebd., S. 631.
9 Irmgard Roebling: Prinzip Heimat – eine regressive Utopie? Zur Interpretation von Theodor Storms „Regentrude", in: STSG 34 (1985), S. 55–66. Obige Zitate S. 58 f.
10 Roebling, a. a. O., S. 60.
11 Ebd., S. 59.
12 Hans-Sievert Hansen: Narzißmus in Storms Märchen. Eine psychoanalytische Interpretation. In: STSG 26 (1977), S. 37–56.
13 Hansen, a. a. O., S. 44 f.
14 Ebd., S. 45.

15 Gaston Bachelard: Poétique de l'espace. Paris 1957 (8. édition 1974), S. 13 f.
16 Brief an Hartmuth Brinkmann vom 18. 1. 1884.
17 Bachelard, a. a. O., S. 2.
18 Ebd., S. 12.
19 Ebd., S. 3 f.
20 Stuckert, a. a. O., S. 72.
21 Zitiert wird nach der Ausgabe von Dieter Lohmeier und Karl Ernst Laage (LL IV).
22 Vgl. dazu W. A. Coupe: Vom Doppelsinn des Lebens: Die Doppeldeutigkeit in der Novellistik Theodor Storms, in: STSG 26 (1977), S. 9–21.
23 Zum Volksmärchen vgl. Max Lüthi: Es war einmal ... Vom Wesen des Volksmärchens. Göttingen 1968 (2. Auflage). Zum Kunstmärchen Jens Tismar: Kunstmärchen. Sammlung Metzler 155. Stuttgart 1977.
24 Brinkmann an Storm im Brief vom 9. 1. 1866.
25 Einmal mehr haben wir es mit typisch Stormschen unvollständigen Familien zu tun. In der vorliegenden Erzählung rufen diese halben Familien geradezu nach einer Zusammenführung.
26 Neben allen märchenhaften Elementen in der *Regentrude* (stereotype Figuren, typisches Handlungsmuster, helfende Figuren und Requisiten, numinose Gestalten, unterirdische Reiche etc.) dominiert das Realistische eindeutig: Das Geschehen wird zeitlich und örtlich fixiert („vor hundert Jahren", nicht 'es war einmal'), der Wundertrank ist von einem Menschen gebraut worden, die sprechenden Tiere sind durch den helfenden Nachbarn ersetzt, die Heldin zieht nicht einfach in die weite Welt, sondern plant ihre Reise sorgfältig und schläft zuvor noch einmal – die Liste des Unmärchenhaften ließe sich beliebig verlängern. Trotzdem wird der Text wohl von den meisten mit Grimm's Märchen großgewordenen Lesern als Märchen empfunden werden.
27 Brinkmann an Storm im Brief vom 9. 1. 1866.
28 „Die Regentrude, dieses von Naturgefühl bis zur sinnlichen Empfindung getränkte ... Märchen betrachtest Du von einem Allegorie- oder Tendenzstandpunkt aus. Wie darfst Du denn das?" Brief an Brinkmann vom 10. 1. 1866.
29 Bollenbeck, a. a. O., S. 15.
30 Hansen, a. a. O., S. 44.
31 Dies kann das Wasser *auch* sein, vgl. zum Beispiel Adreas Amberg: Poetik des Wassers, Theodor Fontanes „Stechlin": Zur Protagonistischen Funktion des See-Symbols, in: Zeitschrift für deutsche Philologie 115 (1996), S. 541–559.
32 Gaston Bachelard: L'eau et les rêves. Essai sur l'imagination de la matière. Paris 1942 (22. Auflage 1989), S. 171–180.
33 Novalis: Heinrich von Ofterdingen, hrsg. von Hans-Joachim Mähl und Richard Samuel, Darmstadt 1978, Band 1, S. 242.
34 Bachelard a. a. O., S. 133.
35 Brinkmann an Storm im Brief vom 9. 1. 1866.
36 Zitiert nach Peter Widmer: Subversion des Begehrens. Jacques Lacan oder Die zweite Revolution der Psychoanalyse, Frankfurt am Main 1990, S. 91.
37 Widmer, a. a. O., S. 96.
38 Hansen, a. a. O., S. 45.

ns Wegzug aus Husum stammen, redet Storm ihn mit „Lieber Freund" oder „Lieber Herr Doctor" an; Fischer-Benzon schreibt „Lieber Herr Amtsrichter".
„Ich grüße Sie auf dem letzten Lappen Papier". Theodor Storms Briefwechsel mit Rudolph von Fischer-Benzon

Herausgegeben von Wilfried Lagler, Tübingen

Zum großen Freundes- und Bekanntenkreis Theodor Storms gehörte auch der Naturwissenschaftler, Gymnasialprofessor und spätere erste schleswig-holsteinische Landesbibliothekar Rudolph von Fischer-Benzon (1839–1911), dessen Name heute nur noch wenigen Fachleuten geläufig ist. Die Freundschaft mit dem Husumer Schriftsteller geht wohl auf die Jahre 1874 bis 1878 zurück, als Fischer-Benzon an der Gelehrtenschule in Husum unterrichtete und im Hause des Landrats Ludwig Graf zu Reventlow verkehrte[1]. Überdies waren Storm und Fischer-Benzon weitläufig miteinander verwandt. Doch scheint diese Verwandtschaft in den Beziehungen dieser beiden Männer keine Rolle zu gespielt haben. In den erhalten gebliebenen Briefen, die bis auf einen alle aus der Zeit nach Fischer-Benzons Wegzug aus Husum stammen, redet Storm ihn mit „Lieber Freund" oder „Lieber Herr Doctor" an; Fischer-Benzon schreibt „Lieber Herr Amtsrichter". Dennoch muss aber, wie diese Briefe belegen, das Verhältnis zwischen der Familie Storm und Fischer-Benzon, besonders zu Storms zweiter Ehefrau Dorothea (1828–1903) und ihrer gemeinsamen Tocher Friederike gen. Dodo (geb. 1868) sehr herzlich gewesen sein.

Wie waren Storm und Fischer-Benzon miteinander verwandt? Der Kaufmann Hermann Scherff (geb. 1829 in Altona), ein Vetter zweiten Grades von Theodor Storm, hatte Auguste von Fischer-Benzon (geb. 1837 in Westermühlen) geheiratet. Ihr Vater William August von Fischer-Benzon (1810–1891) war ein Bruder von Emil von Fischer-Benzon (1809–1881), dem Vater Rudolph von Fischer-Benzons[2]. Storm stand in engem Kontakt mit der Familie Scherff in Hamburg, insbesondere mit Hermanns Bruder Ludwig Scherff (geb. 1837), Musiker, Komponist und Mitarbeiter der Norddeutschen Bank in Hamburg. Ludwig Scherff komponierte unter anderem die inzwischen vergessene Oper „Die Rose von Bacharach", die 1871 in Hamburg uraufgeführt wurde, außerdem verschiedene Lieder, für die er Texte Theodor Storms verwendete[3]. Auch begleitete er Storm auf verschiedenen Reisen. Später folgte er seinem Bruder Karl – wohl aus geschäftlichen Gründen – nach Chile; dort in Iquique[4] verliert sich seine Spur.

Rudolph von Fischer-Benzon[5] wurde am 2. Februar 1839 in Westermühlen geboren und war also fast 22 Jahre jünger als Storm. Die Familie verließ Westermühlen bereits vier Jahre später, da der Vater, der Forstbeamte Emil von Fischer-Benzon, häufig versetzt wurde. Nach dem Schulbesuch u. a. an der Domschule in Schleswig absolvierte der junge Rudolph die Polytechnische Vorbereitungsanstalt in Hamburg. Sein naturwissenschaftliches Studium an der Universität Kiel schloss er 1865 mit der Promotion ab. Die Arbeits- und Interessegebiete Fischer-Benzons lagen auf den Gebieten Physik, Mineralogie, Mathematik und Botanik. Daneben interessierte er sich auch zeitlebens für philosophische, historische und literarische Fragestellungen. Nach ausgedehnten wissenschaftlichen Reisen, einer Hauslehrertätigkeit und einer Dozentur an der Universität Kiel trat Fischer-

Abb. 4. Rudolph von Fischer-Benzon (1839–1911), Photographie von Schmidt & Wegener, Kiel (um 1880). Archiv der Kieler Gelehrtenschule.

Benzon im Herbst 1869 in den höheren Schuldienst ein. 1869/70 unterrichtete er in Meldorf, 1870 bis 1874 in Hadersleben und von 1874 bis 1878 in Husum, anschließend wurde er Lehrer (später Professor) an der im Jahre 1320 gegründeten Kieler Gelehrtenschule. Durch seine besonderen Charaktereigenschaften und seine von großem Fleiß bestimmte Gelehrtennatur erwarb er sich hohe Achtung sowohl bei Kollegen als auch bei Schülern[6]. Nach schwerer Krankheit trat Fischer-Benzon 1893 vorzeitig in den Ruhestand. Zwei Jahre später bewarb er

Abb. 5. Theodor Storm (1817–1888), Photographie von Unbekannt (um 1880). Schleswig-Holsteinische Landesbibliothek, Kiel (Tönnies-Nachlass).

sich für das Amt des Leiters der Provinzialbibliothek (seit 1899 Schleswig-Holsteinische Landesbibliothek) in Kiel und versah das Amt des ersten hauptamtlichen Landesbibliothekars bis zu seinem Tode am 18. Juli 1911[7]. Neben seinen bibliothekarischen Arbeiten – 1898 bzw. 1907 erschien der erste gedruckte Katalog der von ihm planmäßig ausgebauten Landesbibliothek – wirkte Fischer-Benzon seit 1898 als Schriftführer der Gesellschaft für Schleswig-Holsteinische Geschichte; neben verschiedenen Aufsätzen veröffentlichte er in den Jahren 1891,

1894 und 1901 bedeutende botanische Monographien („Die Moore der Provinz Schleswig-Holstein", „Altdeutsche Gartenflora", „Die Flechten Schleswig-Holsteins").

Fischer-Benzon, der Junggeselle geblieben war, hatte bereits im Jahre 1903 verfügt, dass nach seinem Tode die in seinem Besitz befindlichen Briefe von Theodor Storm der Schleswig-Holsteinischen Landesbibliothek übergeben werden sollten[8]. Am 13. Dezember 1907 überließ er diese Briefe Gertrud Storm (1865–1936), die zu der Zeit an einer Biographie ihres Vaters arbeitete und Fischer-Benzon um Rat gebeten hatte[9]. Er schrieb ihr u. a.: „Nur eins müssen Sie mir versprechen: ... Biese ... darf nie einen von diesen Briefen in die Hände bekommen; ich kann ihn nun einmal nicht leiden"[10]. Gemeint war der Kieler Literaturhistoriker und Freund Theodor Storms, Prof. Alfred Biese (1856–1930), von 1879 bis 1899 Gymnasiallehrer in Kiel, Schleswig und Koblenz. Auf einem diesem Briefkonvolut beiliegenden Umschlag ist vermerkt: „Eigenhändige Briefe von Theodor Storm. An die Provinzialbibliothek oder an einen vernünftigen Verehrer des Dichters, nur nicht an Biese. Sind an die Tochter Gertrud in Varel i./Oldenburg geschickt". Von der Hand Gertrud Storms folgt auf diesem Umschlag: „Geschenk des Herrn Professor R. v. Fischer-Benzon an mich. Nach m. Tode sind diese Briefe d. Provinzial Bibliothek vermacht. Gertrud Storm". Insgesamt handelt es sich um 19 Schriftstücke (13 Briefe, zwei Postkarten und drei Zettel sowie um eine farbig gedruckte Weihnachtskarte), die hier erstmals veröffentlicht werden. Sie stammen aus den Jahren 1875 bis 1884. Ein Brief (Weihnachten 1878) enthält einen Anhang von Dorothea Storm; zwei weitere Schreiben (7.11.78 und 29.2.84) enthalten Briefe von Friederike Storm („Dodo"). Beigefügt sind hier außerdem drei im Nachlass Theodor Storms erhalten gebliebene Briefe Fischer-Benzons an den Dichter aus den Jahren 1882, 1883 und 1887. Die Veröffentlichung erfolgt mit freundlicher Genehmigung der Schleswig-Holsteinischen Landesbibliothek. Meinem Schwiegervater, Herrn Rektor a.D. Gerd Herholz (Wasbek bei Neumünster) danke ich für die Hilfe bei der Übertragung schwieriger Textstellen.

Die hier mitgeteilten Briefe stehen meist im Zusammenhang mit dem Weihnachtsfest, Geburtstagen oder dem Besuch Fischer-Benzons im Hause Storm. Ihr Inhalt ist überwiegend privater Natur und kreist meist um das Familien- und gesellschaftliche Leben Storms. Man berichtet einander von verschiedenen Begegnungen und Ereignissen, die zum Teil auch in Briefen Storms an andere Briefempfänger erwähnt werden; einige literarische Arbeiten werden gestreift oder kurz angesprochen. Es bestätigt sich das bekannte Bild von Storm als das eines fürsorglichen Familienvaters, für den die häusliche Ordnung und Atmosphäre, insbesondere auch das Weihnachtsfest sowie die Geselligkeit im Kreis von Freunden und Bekannten sehr wichtig ist. Aber auch seine Sorgen um den Sohn Hans und die optimistischen Wunschvorstellungen, mit denen er sie zu verdrängen sucht, klingen an. Einige Briefe haben verschiedene Aufträge und Besorgungen zum Inhalt, die Fischer-Benzon für den Dichter in Kiel ausführen sollte. Es lag sicher auch an Fischer-Benzons Gutmütigkeit, dass Storm ihn immer wieder mit neuen Aufträgen versah, deren genaue Beschreibung den heutigen Leser zuweilen mit Heiterkeit erfüllt. Für den Kenner der Biographie und des Lebenswerks von Storm mögen diese Briefe die eine oder andere interessante Nuance bieten.

Die Brieftexte werden diplomatisch wiedergegeben; Textergänzungen stehen in spitzen Klammern, Hinweise des Herausgebers in eckigen Klammern.

Die Briefe

1. Theodor Storm an Rudolph von Fischer-Benzon [Dezember 1875]

Ein Weihnachtsgruß
von Freundeshand,
Wir dachten, das sei
wohlgethan;
So sieh dir nur den
kleinen Scherz
Mit rechten Weihnachtsaugen an!

                                      ThStorm   Do Storm

2. Theodor Storm an Rudolph von Fischer-Benzon

Husum 29 Dezbr 75

Lieber Freund Dottore!
Es war gestern bei Morgenthee und Lampenschein, als meine Frau und ich, noch allein beisammen, Ihr Kistchen auspackten und Ihre Briefe lasen, bei deren letztem meiner Frau ein Stein vom Herzen fiel, an dem sie die Tage schwer getragen hatte. Den ersten lasen wir auch den Kindern bei Vertheilung Ihrer Gaben vor; wir sahen Sie deutlich in die hellen Läden aus und ein trotteln; Dodo[11] war so begeistert, daß sie gleich einen ganzen Brief hersagte, den sie Ihnen schreiben wollte. Damit wird's denn auch wohl sein Bewenden haben. Auch bei den andren schlugen die niedlichen Dinge erwünscht durch. Dann wurde der Veilchenduft der Pomade eingesogen und nach Verdienst bewundert; den Löwenantheil freilich nehme ich davon; das Papiermuster (die Qualität „Muster" besitzt es allerdings in nicht zu hohem Grade) trägt die schönste Rococo-Verzierung, die sich denken läßt; darüber würde selbst Meister Hans Sp⟨eckter⟩[12]. in Entzücken gerathen.
    Daß nun unser kleiner Weihnachtsscherz[13] so unserem Wunsche gemäß verlaufen ist, hat uns recht wohlgethan.
    Vom Weihnachtsabend sollen Sie hören, wenn Sie heimkommen[14], und auch noch die mit deutschen u. Münchner Bilderbogen[15] tapezierte Weihnachtsstube sehen. Die Sache nahm sich so recht weihnachtsmäßig aus, der golden „Märchenzweig"[16] war auch wieder am Baum.
    Darf ich Ihnen nun noch einen kleinen Auftrag geben.
    Wollen Sie mir nicht, wenn das Buch noch da ist, die Husumischen Nachrichten v. J. Laß[17] mitbringen. Das Buch hat 3 Theile
    1. Laß, Sammlung einiger Husumischen Nachrichten v. anno 1089 bis 1700
    2. Fortsetzung der Sammlg bis 1750 (diese beiden oft in einem Band)
    3. Laß Sammlg Hus. Nachrichten Zweyter Forts. 8 Stück nebst Register (ein ziemlich dicker Band)
    In dem einen Maacksch. Katalog[18] stehen, ich meine: 1 u 2 zu 2^r; in dem zweiten Katalog werden Sie auch 3 finden.
    Dann möchte ich Sie bitten, Herrn v. Maak zu ersuchen, mir den Band der v. Grautof herausgegbn. Lübsche Chronik v. Detmar[19], worin das 17e Jh. behandelt ist, auf acht Tage zu leihen.
    Das wär's; das andre schrieb ich Ihnen.

Uebrigens ruht meine qu⟨ästionirte⟩ Geschichte[20], und ob sie jemals wieder aufsteht, weiß ich nicht; aber ich bin nun einmal auf die Chroniken.
Also – noch einige Tage, die Ihnen recht behaglich verfließen mögen! Die Kinder und meine Frau tragen mir Grüße an Sie auf.
Empfehlen Sie mich auch unbekannterweise Ihren dortigen Freunden!

Ihr ThStorm

3. Theodor Storm und Friederike Storm an Rudolph von Fischer-Benzon

Husum, 7 Novbr 78.

Lieber Herr Doctor!

Sie haben uns verlassen[21], aber Ihre Freundlichkeit kehrt noch bei uns ein. Am Tage nach Dodo's Geburtstag[22] kamen wir Abends von Hennings[23] – mit ihnen, Kallsen's[24] u. Feldberg's[25] haben wir wöchentlich einmal Wisth, <u>nach</u> dem Abendessen; auf lebhaften Wunsch meiner Frau bin ich auch dabei. – Die Mädchen verkündigten, es sei von Ihnen etwas angekommen; und als nun meine Frau an der sanft schlummernden Dodo Bett trat, sah sie unter den 3 darüber hängenden Photographien die Fobesleter Gouvernante[26] aus dem Rahmen verschwunden; statt ihrer saßen Sie darin und gukten ganz fröhlich über das kleine Bett hinaus. Das hatten die beiden Kleinen vor dem zu Bettgehen noch mit großer Emsigkeit vollbracht.

Meine Frau, die recht unwohl war, ist jetzt wieder frisch auf und hat gewaltig mit Ebbe's[27] Anzug zu thun; denn Pauline P⟨etersen⟩[28]. gibt draußen bei Baechle einen „historischen Costümball".

Mit meiner Mutter geht es leidlich, sie ist wieder unten in ihrem Hause gewesen; aber das Sprachhemmniß[29] macht sie tief traurig. Unsere Lisbeth hält sich tapfer in Heiligenhafen[30]; vielleicht haben Sie Brief von ihr; sie wollte Sie bitten, ihr ein Instrument zu miethen; ich zahle natürlich. Auch Karl schreibt höchst munter aus seinem Varel[31]. An Neuem ist, so weit mir bekannt, von hier nur zu melden, daß Jordan[32] am 18t d.M. hier einen Nibelungen-Vortrag[33] halten wird; Keck[34] hat schon im Wochenblatt eine Biographie des gewaltigen Raphsoden gegeben. Ich fürchte mich etwas.

Möchten Sie Herrn Maack [vergl. Anm. 18] bitten, mir gelegentlich die übrigen Bände v. Christhiani's Schl. Holst. Geschichte[35] zu schicken, und ihm auch sagen, dß ich in betreff des Drukwerks Feldberg [vergl. Anm. 25] mich mißverstanden habe; daß ich übrigens für die freundliche Anzeige dankte. Meine Frau, die eben wieder (9 U. Abds) in historischen Angelegenheiten ausgeht, grüßt Sie freundlichst.

Ihr ThStorm

[Nachschrift von Friederike Storm:]
Mein lieber Herr Dr.

Meinen herzlichen Dank für daß reizende Kochbuch, ich freute mich sehr, im ersten Augenblick meinte ich es wäre ein wirkliches kleines Kochbuch, aber ich freute mich noch mehr als es ein Chocoladen-Buch war. Ich habe sehr viele Niedlichkeiten bekommen. Das kleine Taschenbuch welches ich vor zwei Jahren von Ihnen bekam, liegt noch ganz als wenn ich es eben bekommen hätte in meinem Schrank. Ich hatte sieben kleine Freundinnen bei mir; nach dem wir Chocolade getrunken hatten, führten wir Orpheus auf. Jette Berens war Orpheus, Gertrud Storm war Jupiter, ich war Juno, Gertrud Cornils Proserpina, Laura Jacobsen Pluto, Marta, Rosa, Gertrud Parzen. Wir amüsirten uns sehr schön. Es regnet bei uns immer. Ich habe jetzt einen schlimmen Fuß und kann nicht zur Schule gehen, doch er ist schon wieder auf der Besserung. Ich habe noch mehrere Briefe zu beantworten. Es grüßt und küßt Sie ihre kleine Dododo.

4. Theodor Storm an Rudolph von Fischer-Benzon (Postkarte)
Husum, 26/11 78.

Lieber Herr Doctor, möchten Sie mir nicht ein Gläschen Reseda=[36] oder ähnliche ceen etwa zu 3 M⟨ark⟩ besorgen; es könnte von der Handlung aus mit Postnachnahme geschickt werden; doch müßte es jedenfalls Freitag in meinen Händen sein. Jordan [vergl. Anm. 32] hat hier rhapsodiert u. wesentlich K⟨eck⟩.[vergl. Anm 34] gefallen. Die Berichte darüber in den Blättern sind ganz unwahr; die Aula war lange nicht besetzt, aus Plön war nur die Institutsvorsteherin Frl. Petersen, wo K⟨eck⟩'s Töchter sind etc. – Bei uns geht es seinen alten Gang, nur daß wir einen Nach-Abend-Tisch-Klubb mit Kallsens, [vergl. Anm. 24] Hennings [vergl. Anm. 23] u. Feldbergs [vergl. Anm. 25] haben, die Alten spielen Whist, wir Jungen plaudern oder lesen vor; heut abend: Nibelungen, d. h. die Alten, rhapsodiert von Ernst Storm[37], der darin Meister ist; Marie O⟨hem⟩[38]. ist auch dabei.
Gruß!
Ihr ThSt.

5. Theodor Storm an Rudolph von Fischer-Benzon

Zu Weihnachten 1878.

Da kommen wir wieder, lieber Freund, mit unserem bescheidenen Weihnachtsgruße; aber ich denke, Sie nehmen ihn doch gern und freundlich auf, weil er von Freunden kommt. Mögen Sie am Weihnachtsabend so zufrieden und still vergnügt sein, als es den Menschen, die schon ihren eigenen Kopf auf den Schultern tragen, in dieser mangelhaften Welt vergönnt ist! Für mich wollen die Weihnachtskerzen einen immer nachdenklicheren Glanz gewinnen, und doch seh ich sie noch immer gern.

Eben haben wir die Kiste nach Heiligenhafen gepackt, und unserer trefflichen Lite [vergl. Anm. 30] mit allerlei Lebensnothdurft und Vergnüglichkeit aufzuhelfen gesucht; ich denke, nach Neujahr wird auch wohl die Clavierfrage wieder auftauchen und Sie dann in Mitleidenschaft ziehen.

Karl [vergl. Anm. 31] wird am Vorabend des Weihnachtsabends erscheinen, wenn wir grade beim Baumaufputzen sind, also im günstigsten Moment; er wird uns dabei hoffentlich einige Vareler Geschichten ad modum derer von Franzen u. Kühlbrand[39] erzählen können, und so freue ich mich sehr auf diesen Vorabend. Meine Pelzstiefel sind schon an ihn abgesandt.

Sonst ist Vergnügliches nicht von hier zu melden, und von dem Traurigen wollen wir lieber schweigen. Ich bitte also nur noch, mich der Familie Maack[40] zum Feste freundlich zu empfehlen, und grüße Sie herzlich.
Ihr alter ThStorm

[Nachschrift von Dorothea Storm:]
Diesmal lieber Herr Doctor! ist es doch ganz anders, wie voriges Jahr, wo wir Ihnen einen Weihnachtsgruß sandten, und Sie uns gewöhnlich noch so nahe waren, es ist garnicht so nett daß Sie fortgegangen und die Theestunde Nachmittags ist ganz anders. Möchten Sie Ihren Weihnachten denn recht vergnügt verleben, oder wenigstens so froh wie es in dem Maack'schen [vergl. Anm. 40] gastlichen Hause sein kann. Hier ist wie immer ja Weihnachtsluft, Heimlichkeiten, Verpackungen etc., mein Mann sitzt mir gegenüber und klütert eine Kiste, so daß der ganze Tisch schüttelt. Hoffentlich hören wir bald von Ihnen etwas, die Kinder, besonders Dodo an der Sie eine große Verehrerin haben grüßen Sie herzlich, wie auch Ihre

Do Storm

6. Zwei Blätter ohne Datum

Ein schlimmer Gast,
   bis in die Zähne!

Mit weißen Kuchen zugedeckt,
hi! rath mal, was ist da versteckt?

7. Theodor Storm an Rudolph von Fischer-Benzon

Husum, 16 Febr/79.

Lieber Herr Doctor!
   Sie sind wohl so gütig, mir das Clavier zu 200 Thlr zu kaufen – ist es Pianino oder Tafelform? – wenn Herr Carstens[41] damit einverstanden ist, daß ich den Betrag Mitte April d. Js. zahle; er kann ja dann selbst darüber an mich schreiben. Das mit dem Zurücknehmen im Fall eines dauerhaften Schadens wiederholen Sie wohl noch einmal; auch schreiben <u>Sie</u> mir wohl die Firma des Claviers; Karte genügt ja.
   Wenn Sie Verpackung u. Versendung überwachen wollten, so wäre das ja sehr schön; und ich sage Ihnen für Alles besten Dank. Den Betrag der Kosten geben Sie mir dann auf; so daß Lisbeth [vergl. Anm 30] es dort frei erhält. Vielleicht sind Sie so gütig, ihr p⟨er⟩. Karte den Tag der Absendung anzuzeigen, damit sie das Nöthige vorbereiten kann.
   Wahrscheinlich reist meine Frau Dienstag über 8 Tage dahin, und es wäre ja nett, wenn Lisbeth dann das Instrument hätte, oder es doch in den Tagen käme; der Besuch ist auf 6 Tage berechnet. H⟨an⟩s. schrieb, sie solle in einem Concert dort 8händig spielen; es wird ja wohl das Septuor sein[42].
   Die kleine Geschichte war nett; und dieser Brief ist mit dem Rücken einer Gänsefeder geschrieben, weil meine Frau zu einem Briefe nach Heiligenh⟨afen⟩. sich meiner einzigen – mehr hab ich nie – Stahlfeder bemächtigt hat.
   Wir beide grüßen Sie freundlich

Ihr ThStorm

8. Theodor Storm an Rudolph von Fischer-Benzon (Postkarte vom 21.2.1879)

Donnerstag Abends 6 Uhr

Freundlichen Dank! Eben Ihre Karte nach Heiligenhafen gesandt Nächsten Mittwoch (Nacht in Neumünster bei ihrem Bruder) denkt meine Frau dahin abzugehen. Wenn das Instr⟨u⟩m⟨ent⟩. wirklich heut oder morgen abginge, so könnte es ja hübsch vor ihr da sein. Schon der Kälte wegen wäre es übrigens wohl räthlich, wenn Carstens [vergl. Anm. 41] Lieferungszeit versicherte; das kleine Plus würde ich gern tragen. Heut ist „Donnerstag" bei uns, Sie würden also heut Abend sonst bei uns sein; nun haben wir F⟨eldberg⟩.-s [vergl. Anm. 25] dazu gebeten, zumal die Kälte das Kommen der Gräfin⁴³ uns etwas zweifelhaft macht. In einem heut empfangenen Briefe hat Lisb⟨eth⟩. schon ihre Freude über das Clavier ausgedrückt. Sonst nil novi. Frau grüßt.

Ihr ThStorm

9. Theodor Storm an Rudolph von Fischer-Benzon (Zettel)

Ich grüße Sie auf dem letzten Lappen Papier.
Heut wird das Haus verlassen⁴⁴.
H 21/4 80.

Ihr ThStorm

10. Theodor Storm an Rudolph von Fischer-Benzon

Hademarschen, 26/3 81.

Lieber Freund Dottore!

Nicht eine Erkundigung nach Ihrem Frühlingsbeet – denn das wird wohl nicht eben weiter sein, als das unsrige, i. e. im Zustand der Ruhe – sondern eine Bitte ist die nächste Veranlassung dieses Briefes. Gertrud soll Ostern confirmirt werden und in Folge dessen eine Broche, oder sagen wir lieber „Tuch-" oder „Vorstecknadel" von mir erhalten, wie ihre Geschwister sie bei solcher Gelegenheit von ihren jetzt nicht mehr vorhandenen guten Großeltern erhielten. Könnten Sie nun einen dortigen Juwelier veranlassen, mir von Ihnen auszuwählende etwa 6 Stück, zum Preise von 30 bis 40 M⟨ark⟩. etwa oder etwas darüber, zur Auswahl zu schicken, so würde ich die nicht behaltenen am andern Tage sicher zurückschicken. Die Auswahl überlasse ich Ihnen, sei es ganz Gold, eine Gemme, Granaten in guter sorgfältiger Fassung oder was sonst.

Kiel hat freilich den Ruf außerordentlich hoher Preise; aber Sie werden ja wohl einigermaßen die leidlichsten Quellen kennen.

Uns geht es leidlich gut; da unsre Kinder alle Scharlach gehabt, so sind wir bei der Epidemie, wovon hier, meist nach 4 oder 5-tägiger Krankheit unverhältnismäßig viele Kinder fortgerafft wurden, leidlich ruhig. Auch haben wir nur die beiden jüngsten zu Hause, Elsabe, [vergl. Anm. 27] seit 6 Jan⟨uar⟩. in Husum, theils bei meinem Bruder, theils inmitten 4 W⟨ochen⟩. bei P⟨auline⟩. Petersen, [vergl. Anm. 28] kehrt Mittwoch zurück; Lucie⁴⁵ ist in Segeberg bei ihrem Onkel Stolle⁴⁶. Ihre Verlobung⁴⁷ hat sie in Uebereinstimmung mit ihrem Verlobten aufgegeben. Es wird mir schwer, diesen durch u. durch ehrenwerthen, so tapfer u. warmherzig an allen Familiennöthen theilnehmenden jungen Mann nicht mehr als ganz zu uns gehörig betrachten zu sollen; aber, abgesehen von der Aussichtslosigkeit, machte seine immer starrer hervortretende römisch katholische Kirchlichkeit eine Ehe mit ihm eigentlich zur Unmöglichkeit für eine Tochter meines Hauses, wo freies selbstverantwortliches Denken als selbstverständliche Lebensbedingung gilt. So bin ich denn doch zufrieden damit; denn was anfänglich für mich nur eine Beunruhigung, war jetzt eine ernstliche Besorgniß geworden. Er hatte wegen seiner Aussichtslosigkeit den Vorschlag, sie frei zu geben, sich als gebunden zu betrachten, das brachte dann in L⟨ucie⟩. das Uebrige zum Bewußtsein. Das nur für Sie.

Ernst [vergl. Anm. 37] ist Hülfsrichter beim Landgericht in Lüneburg, hätte schon ein paar Mal Amtsrichter sein können, lauert aber auf ein gutes Notariat. Sie werden in den Pfingsttagen, wo wir Sie also bestimmt in der Villa Storm erwarten, seine Schwiegereltern bei uns sehen, prächtige Leute. Er eine kindlich heitere Seele; Sohn eines früh verstorbnen Predigers, hat er sich wesentlich autodidactisch zu dem, was er im Leben geworden u. gewonnen, hinaufarbeiten müssen. Wir waren Januar 3 Tage bei ihnen und die ganze Familie hat uns sehr gefallen; auch schien mir der Seminarlehrer Krause[48] mit seinem frischen heitern Wesen ein allgemein respectirter Mann zu sein. Ernst hat ihn sehr lieb, und die Marie[49] ist ein trefflich Menschenkind. Und so ist alles dieses gut. – Nach Pfingsten, wo ich mit Dodo üb⟨er⟩. Kiel nach Heiligenhafen denke, werde ich in Ihrem Pavillon bei Ihnen als Gegenvisite Thee zu trinken suchen. Aber erst kommen Sie zu uns, worauf wir uns alle freuen.

Frau Do u. Dodo u. Dette lassen herzlich grüßen. Also – wenn Sie so freundlich sein wollten!

Ihr alter
ThStorm

[Am Rande nachgetragen:]
Meines Bruders Franz[50], der stattliche Junge, der sich Ihrer als Lehrer immer dankbar erinnerte, ist vor 8 Tagen unter schwerem Abschied nach der Capstadt gegangen, um dort sein Leben zu machen.

11. Theodor Storm an Rudolph von Fischer-Benzon

Hadem⟨arschen⟩. 15/9 81

Mein lieber Freund!

Ihren Trauerbrief erhielt ich nach Husum, wo ich mich von meinem Bruder[51] gesundheitlich revidiren ließ, nachgesandt. Daß der alte Mann[52], gleichsam die Arme nach dem Heimathstrande und seinem, wie ich denke, bestem Sohne ausstreckend, in das Land ohne Wiederkehr gegangen ist, hat auch uns ergriffen, und wir verstehen gewiß, wie tief Sie davon erschüttert sind; vielleicht aber auch hat er nicht gefühlt, daß es für ihn kein Wiedersehen gebe, und dann, meine ich, kann man kaum schöner sterben, als im Gefühl des nun ganz nahen lang ersehnten Glückes; und schön ist's doch, daß er nun in seiner Heimath ruht. Ich glaube, daß der Tod ihres alten Vaters Ihnen noch in einem milden Abendlicht erscheinen wird.

In einigen Tagen hoffe ich Sie in Kiel zu sehen und werde Sie noch näher benachrichtigen; ich gehe dann mit Dodo zum ersten Mal ins Heiligenhafener Pfarrhaus, [vergl. Anm. 30] wo ich wohl bis höchstens zum 15 od. 20 Oktb. bleiben werde. Sollte dieß Ihren Plan hierher zu kommen, kreuzen, so möchte ich Sie bitten, Weinachten oder Neujahr zu uns zu kommen, wo ja ein lieber und theilnehmender Gast stets willkommen ist.

Augenblicklich, u. gestern zu meinem Geburtstag, habe ich meinen alten lieben Paul Heyse[53] hier, der wohl, leider, uns morgen wieder verläßt.

In der Familie steht es im Wesentlichen gut; auch H⟨an⟩s [vergl. Anm. 42] scheint sich zurecht zu leben; er ist seit Mai Arzt in Frammersbach bei Lohr und an jedem andern Sonntag liegt ein netter reichhaltiger Brief an seine Mama, mit der er die Correspondenz führt, auf dem Theetisch, wenn wir hinunterkommen; quod Deus bene vertat.

Meine Frau und Tochter, in specie Dodo, grüßen Sie herzlich

Ihr ThStorm

12. Theodor Storm an Rudolph von Fischer-Benzon

Hademarschen, 14/12 81.

Darf ich Ihnen, lieber Freund, noch mit einer Weihnachtscommission kommen? Ich wollte dießmal einen alten Wunsch meiner Frau erfüllen und ihr eine goldne Uhrkette, die sie noch nie besessen, auf die Weihnachtsschüssel legen. Könnten Sie vielleicht die Garantie bei einem Goldschmidt übernehmen, daß er unter der Adresse „Frau Friederike Storm, Adr. Herrn Johannes Storm"[54] nach Ihrer Auswahl etwa vier Stück an mich schickte? Die Nichtgewählten sende ich promt am andern Tag zurück.

Ich will wohl, je nachdem, bis 120 M⟨ark⟩ anlegen. Die Frage ist: werden noch lange Ketten getragen? Ich glaube, meine Frau zieht die vor. Und dann: die schönsten (kurzen) Ketten sind alle mit matter Arbeit; aber das ist nicht practisch, wenn man sie täglich tragen will; die alten blanken schlangenartig gegliederten Ketten sind immer noch die besten; nur muß man sehen, daß man eine kriegt, die nicht hakt, was mitunter der Fall ist. Die Frage ist also: Läßt sich das Schöne mit dem Practischen verbinden? Sind die langen Ketten ganz außer Mode, dann braucht er keine zu senden; sonst möchte ich 2 von jeder Sorte. Die Postversicherung ist ja unglaublich billig.

Das das Eine. Das Andre: Können Sie Weihnachtabend bei uns sein? Es wäre zu nett.

Dodo sitzt bei mir, hat heftige Gewissensbisse, das sie Ihnen für die Geburtstagsfreude noch nicht gedankt hat, dabei recht unangenehme u., leider manchmal auftauchende Hinterkopfschmerzen, so daß sie diese Bisse auch jetzt nicht einmal loswerden kann u. statt eigen schriftlichen Dankes auf diesen durch ihres Vaters Feder beschränken muß und nur einen dankbaren Gruß einlegen kann.

Mama, die ja von diesem Brief auch nichts wissen darf, macht unten in der Plättstube unter Tante Rike's [vergl. Anm. 54] Assistenz Schweinewurst, Sülze etc. Daß Sie auch ihr mit Ihrem Weihnachtsbesuch eine Freude machen würden, brauche ich nicht zu sagen.

Also –

Ihr alter ThStorm

13. Theodor Storm an Rudolph von Fischer-Benzon

Hademarschen, 24 Jan. 82.

Hoffentlich, lieber Freund, hat Sie nur das Wetter und nicht Ihre Gesundheit bis jetzt von Hademarschen zurückgehalten; dieser Wind freilich bohrt mit einer eisigen Spitze, daß auch ich ihn zu vermeiden suche. Vorläufig komme ich wieder einmal mit einer Bitte, deren Gegenstand so etwas in Ihr Fach fällt. Ich will nemlich dieß Mal die Frühlingsungewitter nicht wieder heranziehen lassen, ohne mein Haus[55] zeitig mit Blitzableitern versehen zu haben, und der Haupt-Blitzfabrikant, den auch Prof. Carstens[56] mir vorig Jahr, mein ich, schriftlich empfahl, wohnt ja in Kiel, und heißt Kirchner[57], es wird ja wohl ein Klempner sein.

Die Höhe meines Hauses (ich weiß sie nicht im Ganzen) setzt sich aus dem Erdgeschoß von 12 Hambg. Fuß Höhe u. dem Stockwerk von 11 Fuß, worüber es dann noch auf dem Hausboden bis zur First eine Höhe von ca 4 Met. 50 centm. hat, zusammen, wozu der Zwischenraum v⟨on⟩. 2 Gypsdecken kommt; die First selbst ist ca 6 M. 40 centm. lang; etwa 10 Fuß vom Hause ist der Pumpbrunnen, in den die Leitung hineingehen müßte, das Dach ist Schiefer, die First oben mit Zink belegt; die ganze Mauer (Westen, etwas nördlich) wovon die Leitung hinunter müßte, ist mit Schiefer abgedeckt, die Dachfenster so, daß man dadurch aufs Dach kann, das mit den gewöhnlichen Haken versehen ist.

Möchten Sie nun einmal mit Kirchner sprechen (2 Spitzen müßte ich wohl haben)
1. Ob er es mir vor dem Frühling machen kann;
2. Was es mir (so daß ich absolut keine Nebenkosten hätte) kosten würde;
3) Ob er auch die nöthige jährliche (oder wie oft es denn nöthig ist) Revision übernimmt, und wie ungefähr sich das im Kostenpunkt stellen würde?

Vom 5 bis 18 d.M. waren wir in Husum, wo man uns mit 9 resp. Abend- und Mittagsgesellschaften erfreute, was beinah zu viel war; indeß haben wir Leib und Seele glücklich salviert, habe auch hier schon den großen Klubb wieder durchgemacht, und muß jetzt gleich zum Abendessen in einen Rudel junger Frauenzimmer, denn Ebbe [vergl. Anm. 27] feiert ihren 19ten Geburtstag.

Sonst Alles auf dem alten Fleck; nur das die Zeit nicht still steht und uns, leider, mitnimmt. Die Meinigen, insonders meine Frau, die mir eben in den Brief gukt, u. Dodo grüßen.

Ihr alter ThStorm

[Auf der Rückseite Notizen von unbekannter Hand:]
Wie lang ist das Gebäude und wie breit? Nach der kleinen Skize und Maaß von der Firsten nimmt Kirchner an, daß es ein abgewalmtes Dach ist. Stehen die Schornsteine mitten in der First event. wie weit von den Ecken? Darauf wird K⟨irchner⟩. berechnen können, ob 2 Stangen erforderlich oder 1 genügend wäre. Die Ausführung kann innerhalb 14 Tagen nach Auftrag geschehen. Um die Revisionskosten zu bestimmen, wäre anzugeben, wie weit das Gewese von der Bahn entfernt ist und wie es mit der Beförderung von der Bahn aus zu verhalten wäre.

14. Theodor Storm an Rudolph von Fischer-Benzon
Hademarschen, 22. Febr. 82.

Ich erschrecke eigentlich vor mir selber, lieber Freund, daß ich Ihren letzten Brief mit keiner Sylbe beantwortet habe; aber alle Künstler, die Poeten eingeschlossen, sind Egoisten; mich hat seitdem die letzte Hälfte einer größeren Arbeit täglich bis in den Nachmittag so ausschließlich in Anspruch genommen, daß bei der dann folgenden Abgespanntheit meines alternden Menschen hinterher zu keinem Schreiben noch die Willenskraft übrig war. „Hans Kirch und Heinz" wird es wohl heißen und vermutlich im Sommer im „Westermann"[58] zu lesen sein: da ich's nun bis auf etwas Reinschrift überwunden habe, fällt es mir schwer auf's Herz: Sie schrieben, daß Sie schwer krank gewesen und noch schwach seien, und wollten mir nächstens wegen des Klempners – oder was er ist – Kirchner [vergl.

Anm. 57] schreiben. Mit der Blitzableiterei hat es ja am Ende noch nicht solche Eile; aber da geraume Zeit seitdem verflossen, so besorgen wir, das böse wechselnde Klima, in specie das Kieler Klima könnte Sie in der Genesung wieder zurückgesetzt haben, und da möchte ich Sie bitten, uns doch durch ein paar Zeilen auf einer Karte von Ihrem Ergehen zu benachrichtigen.

Wir hier haben nicht zu klagen; heut Mittag haben wir Wildschweinbraten gegessen, den wir gestern von unserm Hans [vergl. Anm. 42] aus Frammersbach (bei Lohr in Bayern), wo er ein beliebter Arzt zu sein scheint, und von wo er promt alle 14 Tage zufriedne Briefe schreibt, geschickt bekommen. Gertrud erwarten wir zu Dodo's großer Freude heut Abend von Lisbeth aus Heiligenhafen zurück, wo sie seit 10 Dezbr. als wackre Stütze des Pfarrhauses geweilt hat. Morgen aber gehe ich mit Ebbe [vergl. Anm. 27] und Lute [vergl. Anm. 45] in unsern Kleinen d. h. speciell Hademarsischen Klubb (wir haben nemlich auch einen Hademarsisch-Hanerauer, einen combinirten) zum Pastor[59]. Mit Sehnsucht erwarte ich die Gartenzeit; heute habe ich nur Moos von meinen Bäumen bürsten können.

Wenn's dann endlich wieder warm wird, bringt die Zeit auch wohl Sie einmal zu uns.

Wir alle, in specie meine Frau und Dodo, grüßen Sie herzlich.

Ihr ThStorm

15. Theodor Storm an Rudolph von Fischer-Benzon

Hademarschen, 20 Mai 82

Also, lieber Freund, wie wird es mit Pfingsten? Daß wir voraussichtlich in den Festtagen Ihnen kein Nachtquartier bieten können, da um diese Zeit ein für alle Mal die Husumer brüderliche Familie solches in Beschlag hat, davon ist, meine ich, schon zwischen uns die Rede gewesen, u. Sie meinten, Mutter Thiessen's mit Recht wohlbeleumdetes Gasthaus sei jedenfalls ja da, was ja denn beruhigt; für das Tagquartier ist neben dem herzlichen Willkomm glücklicherweise Raum genug. Möglich – u. Sie erhalten jedenfalls spätestens hier auf dem Bahnhof von mir Bescheid, ist jedoch – trotzdem auch Tante Pauline [vergl. Anm. 28] dies mal mit auf der Bühne erscheinen wird, – ist indeß auch noch bei uns Nachtquartier, da Margarethe Storm[60], die irgendwo auswärts ist, nach einem on dit dort auch die Festtage bleiben wird. Also, jedenfalls dürfen wir Sie wohl Sonnabend vor Pfingsten Nachmittag 6 Uhr hier erwarten!

Kirchner [vergl. Anm. 57] hat mir vor 14 Tagen einen stattlichen Blitzableiter gesetzt, und wir verlebten nebenbei einen angenehmen Tag mit diesem liebenswürdigen Mann.

Also auf heiteres Wiedersehen! Mannh⟨ardt⟩[61]. sprach mir auch von einem Logis-Anerbieten seinerseits, aber lieber nicht.

Alle grüßen.

Ihr ThStorm

16. Rudolph von Fischer-Benzon an Theodor Storm

Kiel, den 14ten Septbr. 82.

Lieber Herr Amtsrichter!

Ein Telegramm würde Sie heute noch erreichen können, aber ein Telegramm hat auch etwas frostiges und kühles. Ich rechne also auf Ihre gewohnte Nachsicht und komme nun nachträglich mit meinen besten Glückwünschen zum Vorschein. Das Wetter macht heute auch Feiertag, und auf Ihrer Veranda wird sichs warm und behaglich sitzen lassen. So wird denn heute nachmittag die Theestunde sicher nach alter Weise still fröhlich verlaufen.

Augenblicklich bin ich in gewissem Sinne verwaist, denn meine Wirtin ist in Kopenhagen, seit etwa 14 Tagen; doch wird sie morgen früh zurück erwartet. Während dieser Zeit habe ich außerhalb des Hauses gegessen und bin dadurch faul und aushäusig geworden. Wie sehr ist man doch ein Sklave seiner Gewohnheit! Sonst bin ich nach den Ferien ganz fleißig gewesen, und während der Ferien war ich mit Stemann[62] in der Schweiz. Einen 5 Tage währenden Ausflug machten wir nach Oberitalien, an die Seen und nach Mailand. Pallanza am Lago Maggiore ist das Schönste, was ich gesehen habe. Auf der Isola bella war ich nicht, doch habe ich sie von Bord des Dampfschiffs aus genug besehen können. Sie ist gar zu künstlich angelegt als daß sie großen Eindruck machen könnte. Obgleich ich so viel Schönes sah und in so guter Gesellschaft lebte, ging es mir doch wie gewöhnlich auf der Reise: Ich wurde des Sehens überdrüssig und eilte nach Hause um noch einige ruhige Tage für mich zu haben, bevor ich wieder in die Klasse mußte.

Wahrscheinlich werde ich während der Michaelisferien[63] für einige Tage nach Kopenhagen gehen. Es sind dort mehrere Leute, die ich gerne kennenlernen möchte, auch wohnt dort die jüngste Schwester meines Vaters. Da ich bei Stemanns[64] wohnen kann, so wird der Kostenpunkt nicht sonderlich erheblich werden können.

In meiner Zeitung „Tägliche Rundschau" erscheint jetzt eine Arbeit von Wilhelm Jensen[65]. Mit Rücksicht auf meine Bildung lese ich dieses seltsame Machwerk. Machwerk nenne ich die Sache, weil ihr jede feinere künstlerische Behandlung abgeht. Der Stoff ist so sonderbar wie möglich. Was ich bei Jensen aber garnicht begreifen kann, das ist, daß seine Gestalten, die der guten Gesellschaft angehören sollen, dies keineswegs thun. Sie strotzen von einem dünkelhaften Hochmut, den man dem Studenten verzeiht, aber dem älteren Manne nicht mehr. Mein Interesse an der Sache ist also ein rein pathologisches.

Im übrigen freue ich mich des schönen Wetters und trauere, daß ich dabei in die Schule muß. Ein Vortrag über die Collision der Pflichten von dem alten Prof. Erdmann in Halle[66] hat mich aber wieder etwas zurecht gerückt.

Nun grüßen Sie Ihr ganzes Haus aufs Beste. Mit herzlichen Grüßen an Sie selber

Ihr RvFischer-Benzon

17. Theodor Storm an Rudolph von Fischer-Benzon

Hademarschen, 20 Dezbr 1882

Anbei, lieber Freund, meinen Weihnachtsgruß und die Bitte, mein ungebührliches Schweigen nicht für Theilnahmslosigkeit, d. h. wenigstens nur für eine vorübergehende zu halten, wie sie einen Menschen überkommt, der mit sich selbst nichts aufzustellen weiß. In Folge Verdauungsschwäche hatte ich dieß mal den miserabelsten Sommer meines Lebens, wodurch mir auch der sonst angenehme Sommeraufenthalt bei Ernst [vergl. Anm. 37] in seinem einsamen, aber behaglichen Toftlund verdorben wurde. Ich pflegte zu sagen: ich bin so mager, daß man Mützen auf meine Knochen hängen kann, und das war eigentlich ganz buchstäblich zu nehmen. Jetzt sollte das auch der größte Knustenmacher nicht mehr fertig bringen. So kann ich denn auch wieder schaffen und sitze wieder in einem so diftelig psychologischem Ding, wie das vorige; nur daß es, wie Sie es ja lieben, sich auf die Sonnenseite wendet [vergl. Anm. 70].

Auch in der Familie steht es so gut, wie man bei bescheidnen Ansprüchen es verlangen kann. In Heiligenhafen wurde ich Ende Oktober Großvater einer Enkelin (der kleine Enkel, eine Frühgeburt, starb ja damals mit 14 Tagen)[67] und Alles ist voll Freude darüber; Elsabe [vergl. Anm. 27] dort, wo sie auch Weihnachten bleibt. Ernst [vergl. Anm. 37] und Lucie [vergl. Anm. 45] in Tondern bei des Ersteren Schwiegereltern. [vergl. Anm. 48] Nur Karl [vergl. Anm. 31] haben wir aus seinem Varel zu erwarten. Trotzdem soll eine Riesentanne geschmückt werden, sogar mit lebensgroßen Kreuzschnäbeln aus Papier-Maché, Rothkehlchen auch und eins beim Neste sitzend. Ich war sehr besorgt, daß diese Dingen nebst gläsernen Silberglöckchen nicht rechtzeitig aus der Züllchower Anstalt (bei Stettin, eine Art rauhes Haus)[68] anlangen möchten; denn zu Weihnachten wird mir noch immer wieder puppenspielerisch zu Muthe, die Kinderzeit steigt aus ihrem dunkeln Abgrund wieder auf, und mit Andacht stecke ich den von Ernst erfundenen goldnen Märchenzweig [vergl. Anm. 16] in das dunkle Tannengrün. – Gern hätte ich unseren Medicus aus dem Spessart [vergl. Anm. 42] hier und auch seine Sehnsucht steht nach einem Weihnachtsabend im Elternhause; aber er sitzt dick in der Praxis und wir haben nur seine stets heiteren und zufriednen Briefe, die pünktlich jeden andren Sonntag eintreffen. Im Sommer war Karl während seiner Ferien bei ihm zu Besuch, wozu Hans ihm einen achtungswerthen Kostenbeitrag sandte. Ich denke, im nächsten Sommer wird es sich wohl wiederholen, da es beiden gleich sehr gefallen hat. So ist denn auch dieß besser, als ich zu hoffen wagte, ja gut; und ich werde meinen Weihnachtsabend ohne andre Sorgen, als wie sie bei dem Haupt einer großen Familie wohl kaum vermeidlich sind, still und zufrieden mit meiner Frau und den drei gegenwärtigen Kindern verleben. Gern hätten, gerade an diesem Abend, wir Sie einmal hier. Ob es sich noch einmal erfüllen wird? Meine Frau dankt für Ihren Geburtstagsbrief und läßt Sie herzlich grüßen; desgleichen die Kinder. Dodo, wenn sie aus ihrer (recht guten) Töchterschule kommt, wird wohl noch selbst zur Feder greifen und dem von ihr gefertigten Grünen eine Begleitseite mitgeben. – Am 5ten reist sie mit uns nach Husum, wozu für mich um solche Zeit wirklich etwas Courage gehört.

Und somit gute Weihnacht! Gedenken Sie unser freundlich.

Ihr ThStorm

18. Theodor Storm an Rudolph von Fischer-Benzon

Hademarschen, 23 Dezbr 83.

Lieber Freund.

Nicht Sie sind heut von mir vergessen; aber ein anderer, mein eigner Heiligenstädter Bruder[69], ist in dem großen Weihnachtstrubel von mir vergessen worden; zum Glück fiel er mir gestern Nachmittag noch ein; denn es wäre sonst was zwischen uns verschüttet gewesen und so schrieb ich und – Ihr „Schweigen"[70] mußte mit. Es wird aber bei Ihnen hoffentlich vor Neujahr anlangen. Und so bitte ich dießmal um Nachsicht.

Wir haben hier für morgen nur zwei Kinder auf Lager: Elsabe u. Dodo; aber um 6 Uhr morgen holen wir uns zwei Gäste, meinen Schwager Sanitätsrath Stolle u. Frau, [vergl. Anm. 46] lebendige jugendliche Menschen, aus Segeberg; freilich nur bis 26sten. Aber am 27sten 6 Uhr kommt das Toftlunder Ehepaar, [vergl. Anm. 37] das dort seinen ersten gemeinsamen Weihnachten halten will. Am 4 Jan. geht Elsabe ein paar Monate nach Erfurt zu einer Frau Pathe[71], um einmal zu tanzen, am 5ten ich mit Frau u. Dodo nach Husum, zunächst zu Reventlow's, [vergl. Anm. 43] dann zu Doctors, [vergl. Anm. 51] wie alle Jahre. Ich denke, wir werden Goos[72] dort finden.

Lucie führt Hans in Wörth a/Main das Haus, keine Kleinigkeit. Sie ist aber firm darin, wie mir Augenzeugen bestätigt haben. Gertrud hilft pro tempore im Pfarrhaus zu Heiligenhafen; und Karl wird auf Bitten der beiden dortigen Schwestern daselbst Weihnachten feiern.

Hier leben wir so weiter, verreisen aber oftmals; ich war 13–24 Novbr bei Freund Schleiden[73] in Hamburg, wo ich mit Heyse u. Frau auch dessen „Recht des Stärkeren" zum ersten Mal aufführen sah[74]. Dann ging meine Frau mit ihrer Schwester hier erst nach Pastor Haase's, [vergl. Anm. 30] dann nach Kiel, wo Sie ja unsichtbare Grüße gewechselt haben.

Kommen Sie nur einmal im Winter noch zu uns; Sie sollen's gut haben; das Haus ist warm, und die Menschen auch. Und frohe Weihnacht! Was ich von Frau und Kindern aufzuwenden habe, grüßt Sie herzlich.

Ihr ThStorm

19. Rudolph von Fischer-Benzon an Theodor Storm

Kiel, den 29sten Dec. 1883.

Lieber Herr Amtsrichter!

Herzlichen Dank für Ihren freundlichen Brief, der am Weihnachtsabend bei mir eintraf. Ich kam mir schon so sehr als Sünder vor, daß ich nun noch etwas beschämter wurde. Ihren Geburtstag hatte ich vergessen, ebenso den von Ihrer Frau und Dodo (Fräulein Friederike). Natürlich habe ich den Versuch gemacht, mich vor mir selbst zu entschuldigen, und das habe ich versucht, in dem ich mir einredete, daß die ernste Beschäftigung mit einer Abhandlung es einem gestatte, nicht an seine Freunde zu denken. Dieser Grund ist fadenscheinig und hilft mir eigentlich gar nichts, und deshalb halte ich es für das Vernünftigste meine Schuld ganz offen einzugestehen.

Um Ihnen nun einen Ersatz für das Papier zu verschaffen, welches ich eigentlich hätte beschreiben sollen, sende ich Ihnen ein Kästchen mit unbeschriebenem Papier. Dieses Papier scheint mir ganz freundlich und anmutig hergestellt zu sein, hübscher als ich es seit langem gesehen. Treiben Sie Ihre Güte so weit, verteilend auf desselben einzuwirken, so daß auch Ihre Frau und Dodo etwas davon abbekommen.

Den Weihnachtsabend habe ich, wie in den letzten Jahren immer, ganz still verlebt, nicht einmal ein Tannenbaum brannte. Dafür habe ich versucht, einige arme Leute zu erfreuen, was eigentlich nicht schwierig ist. Im übrigen habe ich sehr fleißig gearbeitet. Ich habe es übernommen, die Abhandlung für das Osterprogramm unserer Schule zu schreiben, und zwar habe ich mir ein Thema gewählt, daß Sie wahrscheinlich etwas entsetzen wird: die geometrische Konstruktionsaufgabe[75]. Indessen müssen auch solche Fragen im Interesse der Schüler behandelt werden. Auf diesem Gebiete ist viel gesündigt worden, und es ist möglich, hier etwas zu reformieren. Seit den Hundstagsferien[76] arbeite ich daran. In diesen Ferien muß der Abschluß erfolgen, denn im Februar muß der Druck beginnen. Wenn man sich für eine solche Arbeit die notwendige Zeit überall abkneifen muß, so sind einem die Ferien von doppeltem Wert. Leider entfliehen diese Tage dann auch doppelt so rasch.

Wie hat sich Husum in diesem Jahre verändert! Wenn ich in längeren Zwischenräumen wieder dorthin komme, erscheint es mir jedesmal anders. Nur Stemann[77] und Reventlow's [vergl. Anm. 43] bleiben unverändert. Wenn Sie nun demnächst nach Husum kommen, so bitte ich herzlich von mir zu grüßen.

Auf den Besitz von „Schweigen"[78] freue ich mich. Gelesen habe ich es schon in der Rundschau, und zwar mit großem Interesse. Es ist eine nachdenkliche Geschichte! Nur eines ist nicht so ganz nach meinem Sinn, der Schluß. Aber den werden Sie nicht missen wollen.

Von den Novellen der Rundschau habe ich mit besonderem Interesse „Den Abend vor der Hochzeit"[79] gelesen, und zwar wegen des wirklich vornehmen Tons der Erzählung. Aber nun sei's genug!

Mit den herzlichsten Grüßen nebst Glückwünschen zum neuen Jahre an Sie und alle die Ihrigen.

Ihr RvFischer-Benzon

20. Friederike und Theodor Storm an Rudolph von Fischer-Benzon

Hademarschen, 29/2 ⟨1884⟩

Lieber Herr Docktor!

Was denken Sie doch von uns! Daß wir Ihnen noch immer nicht für den freundlichen Weihnachtsgruß gedankt haben. Und doch haben Sie uns wieder mit dem schönen altdeutschen Briefpapier eine so große Freude bereitet. Wir haben uns alle darin getheilt und benutzen es nur bei besondern Gelegenheiten. Ich kann mich nur damit entschuldigen, daß dieser Winter für mich ein sehr beschäftigter ist, theils durch die Schule, theils durch die Arbeiten für den Confirmationsunterricht, da ich ja Palmarum confirmirt werde. Wir haben zur Confirmation alle eine Gemme bekommen, da möchte ich Sie, lieber Herr Docktor bitten uns durch einen dortigen Goldschmidt, der recht hübsche Gemmen hat, einige von Ihnen ausgesuchte zur Ansicht schicken zu lassen. Wir haben Sie so lange nicht gesehen, führt Ihr Weg Sie diesen Sommer einmal wieder her? Im Januar war ich mit meinen Eltern reichlich vierzehn Tage in Husum, zuerst bei Reventlows, [vergl. Anm. 43] wo wir den Geburtstag des Grafen mitmachten, dann bei Docktors. [vergl. Anm. 51] Nach meiner Confirmation werde ich im Juni wieder dort hingehen; wozu ich mich sehr freue.

In der Hoffnung daß Ihnen meine Bitte nicht zu viel Mühe macht bleibe ich mit herzlichem Gruß

Ihre Dodo

Ich hätte Ihnen, lieber Freund, schon längst geschrieben; aber meine Arbeit, „Zur Chronik von Grieshuus", deren erster Theil im März in Wien v. Sonnenthal[80] vorgelesen werden soll, hat mich noch immer festgehalten; erst um 4 Tage werd ich fertig sein. Es geht denn doch nicht mehr wie einst. Westermann bekommt es, will aber erst im Oktoberheft den neuen Jahrgang damit beginnen. – Ihr wunderbar schönes Briefpapier, für das wir herzlich danken, habe ich gewissenhaft zwischen Elsabe, Dodo, und uns beiden Alten vertheilt; ich selbst bin aber so geizig damit, daß bei mir noch mein Theil beisammen ist.

Meine Frau war in Kiel; Sie haben sich aber nicht gesehen; Sie müßten diesen Sommer doch einmal kommen, damit unsere Freundschaft nicht erkalte. Meine Frau läßt Sie herzlich grüßen.

Anfang Februar hatten wir Ernst [vergl. Anm. 37] und seine kleine prächtige

Frau u. Ferd. Tönnies[81] etwa 8 Tage; dann Julie Huesmann[82] auf 2 Tage hier, was Alles sehr nett war.
Nach Ostern denke ich halbwegs, nach Berlin zu gehen. Wollen Sie mit?
Und – bald vergaß ich es. Dodo soll confirmirt werden. Möchten Sie nicht einen dortigen [ab hier an den Rand geschrieben] Juwelier veranlaßen, mir etwa 3 von Ihnen ausgesuchte Gemmen – Brochen zu senden, um eine davon auszusuchen?

Ihr ThStorm

21. Rudolph von Fischer-Benzon an Theodor Storm[83]

Kiel, den 13ten September 1887.
Lieber Herr Amtsrichter!
Vor Jahren überreichte ich Ihnen einmal zu Ihrem Geburtstage einen Blumenstrauß, von dem Sie beim ersten Anblick glaubten, er bestände aus Veilchen. Morgen feiern Sie nun einen besonders festlichen Tag, an dem viele von Ihren näheren und ferneren Landsleuten teilnehmen. Also will ich dann versuchen Ihnen meinen besonderen Glückwunsch durch Veilchen auszudrücken. Hoffentlich kommen die so vergänglichen Blumen, die jetzt in unseren Gärten zum zweiten Male blühen, noch in leidlicher Frische bei Ihnen an.
Mit herzlichen Glückwünschen für Sie verbinde ich die besten Wünsche für Sie und Ihr ganzes Haus, und bin mit allseitigen Grüßen

Ihr R v. Fischer-Benzon

Anmerkungen

1 Paul von Hedemann-Heespen, Professor Dr. Rudolf von Fischer-Benzon. Eine Erinnerung, in: Die Heimat, Jg. 22 (1912), S. 37.
2 Danmarks Adels Aarbog, Jg. 20 (1903), S. 121. Zur Familie Schertt vgl. Werner Deetjen, Theodor Storm und die Familie Scherff, in: Friedrich Düsel (Hrsg.), Theodor Storm. Gedenkbuch zu des Dichters 100. Geburtstage, Braunschweig 1916, S. 202–215.
3 Vgl. Hermann Uhde, Das Stadttheater in Hamburg 1827–1877. Ein Beitrag zur deutschen Culturgeschichte, Stuttgart 1879, S. 586; Franz Pazdirek, Universal-Handbuch der Musikliteratur, Bd. 10, Hilversum 1904/1910, S. 465 f.
4 Freundlicher Hinweis von Frau Ingeborg Schwarzenberg de Schmalz (Santiago de Chile) vom 1.9.1990, die das Konsulatsregister in Iquique ausgewertet hat. Laut Mitteilung des Staatsarchivs Hamburg vom 18.10.1989 ergibt eine Eintragung im Hamburger Fremdenmeldeprotokoll, dass sich Ludwig Scherff (aus Iquique) am 28.4.1890 „auf Reisen" abgemeldet hat.
5 Ausführliche biografische Daten enthält mein Aufsatz: Rudolph von Fischer-Benzon (1839–1911), in: Die Heimat, Jg. 96 (1989), S. 289–292.
6 Vgl. z. B. Anton Funck, Erinnerungen an die Kieler Gelehrtenschule aus den Jahren 1878–98, in: Mitteilungen des Verbandes ehemaliger Abiturienten der Kieler Gelehrtenschule, Jg. 1933, S. 9 f.; Heinrich Rieper, Auf dem Kieler Gymnasium (1883–1892), in: Festschrift zur Sechshundert-Jahrfeier der Kieler Gelehrtenschule, Kiel 1950, S. 44 ff.; Johannes Möller, Harmoniumklänge über dem Exerzierplatz. Kieler Kultur vor 1900, Neumünster 1995, S. 61–63.
7 Zur Tätigkeit von Fischer-Benzon als Landesbibliothekar vgl. Wilfried Lagler, Die Schleswig-Holsteinische Landesbibliothek. Entwicklung und Bedeutung (1895–1985), Heide 1989, S. 22 ff.
8 Ebd., S. 30. Sie tragen heute die Signatur Cb 50.51:14.
9 Gertrud Storm, Theodor Storm. Ein Bild seines Lebens, Berlin 1912. In der Vorrede zu Bd. 1 heißt es: „Dankbaren Herzens gedenke ich ferner des Herrn Professors Dr. von Fischer-Benzon in Kiel und ..., die mir mit Rat und Tat freundlich zur Seite standen" (S. 10).
10 Zitiert bei Dieter Lohmeier, Der Nachlass Theodor Storms bei seiner Erwerbung durch die Schleswig-Holsteinische Landesbibliothek, in: Dieter Lohmeier/Renate Paczkowski (Hrsg.), Zwanzig Studien zur schleswig-holsteinischen Geschichte und Kulturgeschichte. Hans F. Rothert zum 65. Geburtstag, Heide 2001, Anm. 33.

11 Friederike Dorothea Storm (1868–1939), gen. Dodo, einzige Tochter Theodor und Dorothea Storms.
12 Gemeint ist der Maler, Zeichner und Kunstschriftsteller Hans Speckter (1848–1888). Mit ihm und seinem Vater Otto Speckter (1807–1871) stand Storm in engem Kontakt.
13 Es handelt sich um das Gelegenheitsgedicht, das Storm auf einer Weihnachtskarte an den Freund geschickt hatte; vergl. Brief Nr. 1.
14 Fischer-Benzon war zu dieser Zeit Lehrer an der Husumer Gelehrtenschule, die auch Storm von 1826–1835 besucht hatte.
15 Bilderbogen verschiedener Verlage waren im 19. Jahrhundert in vielen Häusern verbreitet. Vgl. z. B. Deutsche Bilderbogen für jung und alt/Hundert deutsche Bilderbogen für jung und alt. Nachdruck der von 1866–1873 in Stuttgart erschienenen Bilderbogen, Zürich 1978; Elisabeth Reynst, Friedrich Campe und sein Bilderbogen-Verlag zu Nürnberg, Nürnberg 1962.
16 Eine schöne und anschauliche Schilderung des Weihnachtsfestes im Hause Storm gibt Gertrud Storm (Vergilbte Blätter aus der grauen Stadt, Regensburg/Leipzig 1922, S. 107–120). Dort heißt es: „Der Märchenzweig ist eine Erfindung meines Bruders Ernst. Ein großer Lärchenzweig wird ganz vergoldet und so in der Mitte des Baumes befestigt, daß er seine schlanken feinen Zweige nach allen Seiten ausbreitet. Ein Freund unseres Hauses, Regierungsrat Petersen, der derzeit in Schlesien lebte, taufte den so vergoldeten Zweig ‚Märchenzweig'," (S. 114). Vergleiche auch: Theodor Storms Weihnachten. Dokumente, Gedichte, Erzählungen, hg. und erl. von Gerd Eversberg. Husum 1993.
17 Johann Lass, Sammlung einiger Husumischen Nachrichten von Anno 1089. bis Anno 1700. inclusive, Flensburg 1750; (1.) Fortsetzung [...] de Anno 1701. biss 1750. Junii inclusive, ebd. 1750; 2. Fortsetzung, 8 Stücke, nebst Register, ebd. 1758. Dieses Werk gelangte tatsächlich 1876 in den Besitz von Storm und befindet sich heute in der Staats- und Universitätsbibliothek Hamburg. Auf einigen Seiten finden sich Randbemerkungen von der Hand Storms. Vgl. Karl Ernst Laage, Stormforschung und Stormgesellschaft. Tätigkeitsbericht 1982, in: STSG, 32 (1983), S. 90.
18 Es handelte sich um einen Katalog der Verlags-, Sortiments- und Antiquariats-Buchhandlung G. v. Maack in Kiel, Kehdenstraße 30, die zu jener Zeit von Christ. Georg Leopold von Maack (1813–nach 1882) geleitet wurde. Vgl. Adreßbuch der Stadt Kiel [...] für das Jahr 1875/76, Kiel 1875, S. 157.
19 Chronik des Franciscaner Lesemeisters Detmar, nach der Urschrift und mit Ergänzungen aus andern Chroniken herausgegeben von Ferdinand Heinrich Grautoff, Th. 1–2, Hamburg 1829–30 (Die Lübeckischen Chroniken in niederdeutscher Sprache).
20 Storm benötigte diese Bücher offensichtlich für seine 1877/78 erschienene historische Novelle „Renate". So schreibt er z. B. am 5.11.1877 an Hermione von Preuschen: „Mich anlangend, so treibe ich allerlei Querleserei in Chroniken von Husum und Umgegend; es will etwas in mir Gestalt gewinnen, das sich nothwendig hier herum, so anno 1700–1717, zugetragen haben muß".
21 Fischer-Benzon war am 1. Oktober 1878 Lehrer an der Kieler Gelehrtenschule geworden. Vgl. Herfried Ehlers (Hrsg.), 675 Jahre Kieler Gelehrtenschule, Kiel 1995, S. 208.
22 Friederike Storms Geburtstag war der 4. November.
23 Peter Diedrich Christian Hennings (1834–1914), Philologe, seit 1864 Oberlehrer am Husumer Gymnasium.
24 Otto Kallsen (1822–1901), seit 1865 Lehrer bzw. Konrektor am Husumer Gymnasium.
25 Berend Wilhelm Feldberg (1800–1883), Kaufmann und zweiter Bürgermeister von Husum und seine Frau Juliane Dorothea (geb. 1813).
26 In Fobeslet (heute Fovslet), etwa 8 km südwestlich von Kolding (Dänemark) wohnte der mit dem Ehepaar Storm befreundete Gutsbesitzer Georg Lorenzen und seine Ehefrau Meta, ursprünglich alte Freunde von Dorothea Storm geb. Jensen. Lorenzens, die keine leiblichen Kinder hatten, zogen sieben Pflegekinder groß, die von der Gouvernante Caroline von Passow betreut wurden. Vgl. Conrad Höfer, Nachwort, in: Theodor Storms Briefe an seinen Freund Georg Lorenzen 1876–1882, Leipzig 1923, S. 35 f.
27 Elsabe Storm (1863–1945) gen. Ebbe.
28 Pauline Petersen (1844–1914) war die Musiklehrerin von Storms Kindern in Husum.
29 Lucia Storm geb. Woldsen (1797–1879) hatte im August 1876 einen Schlaganfall erlitten (vgl. Theodor Storm an Hermione von Preuschen vom 28.11.1878). Sie starb am 28. Juli 1879.
30 Lisbeth Storm (1855–1899) führte ihrem Bruder Hans, Arzt in Heiligenhafen, den Haushalt (Theodor Storm an Hermione von Preuschen vom 28.11.1878). Ein Jahr später, am 24. Oktober 1879, heiratete sie den Heiligenhafener Pastor Gustav Haase.
31 Karl Storm (1853–1899) lebte seit 1878 als Musiklehrer in Varel (Oldenburg).
32 Der Schriftsteller Wilhelm Jordan (1819–1904) ging mit seiner in den Jahren 1868–1874 verfaßten Nachdichtung des Nibelungenliedes („Nibelunge") auf zahlreiche Vortragsreisen. Eduard Engel schrieb hierzu: „Eine ärgere Geschmacksverirrung hat die neudeutsche gebildete Leserwelt kaum je bewiesen als durch den ungeheuren Erfolg dieses völlig verfehlten und dichterisch wertlosen Buches" (Geschichte der Deutschen Literatur des Neunzehnten Jahrhunderts und der Gegenwart, Wien/Leipzig 1908, S. 235).
33 Theodor Storm schrieb am 18.2.1879 an Gottfried Keller: „[... Gott stehe mir in Gnaden bei! Was

ist das für elendes Zeug! [...]". Noch ausführlicher Theodor Storm an Erich Schmidt vom 12.1.1879. Der Vortrag Jordans fand am 18.11.1878 statt (Theodor Storm an Erich Schmidt vom 17.11.1878).

34 Karl Heinrich Keck (1824–1895), ein Freund und Verwandter Storms (Constanze Storm und Kecks Frau waren Schwestern), leitete von 1870–1887 die Husumer Gelehrtenschule. Vgl. Theodor Storm an Erich Schmidt vom 21.11.1877.
35 Wilhelm Ernst Christiani, Geschichte der Herzogthümer Schleswig und Hollstein. Th. 1–4, Flensburg/Leipzig 1775–79; ders., Geschichte der Herzogthümer Schleswig und Hollstein unter dem Oldenburgischen Hause. Th. 1–4, Kiel 1781–1802; ders., Geschichte der Herzogthümer Schleswig und Hollstein unter dem Oldenburgischen Hause und im nähern Verhältnisse gegen die Krone Dännemark. Th. 1–2, Kiel 1781/1784.
36 Resedaceae (Resedengewächse) sind zu den Mohnpflanzen gehörige Kräutergewächse, die besonders im Mittelmeerraum vorkommen.
37 Theodor Storms zweitältester Sohn Ernst (1851–1913) war Amtsrichter in Lüneburg und Toftlund, seit 1887 Rechtsanwalt und Notar in Husum.
38 Vermutlich ist hier Marie Ohem gemeint, eine Tochter Detlef Ohems (1801–1880) und seiner Frau Helene Dorothea geb. Storm (1802–1864).
39 Johann Franzen (1851–1916) und Heinrich Kühlbrandt (1853–?) waren Schüler des Königlichen Gymnasiums in Husum und legten Ostern 1872 ihre Reifeprüfung ab.
40 Fischer-Benzon wohnte in Kiel im Knooper Weg 45; hier lebte auch der Buchhändler G. von Maack (vgl. Adreßbuch der Stadt Kiel [...] für das Jahr 1882, Kiel 1882, S. 167). Vgl. auch Anm. 18.
41 August Carstens, Pianofortehandlung, Kiel, Friedrichstraße 14 (Adreßbuch der Stadt Kiel [...] für das Jahr 1875/76, Kiel 1875, S. 95).
42 Hans Storm (1848–1886), der älteste Sohn des Dichters; er war zu jener Zeit Arzt in Heiligenhafen. „Septuor" ist eine ältere Form von „Septett", ein Tonstück für sieben Gesangssolostimmen oder sieben Soloinstrumente, auch Bezeichnung für die Gruppe der Aufführenden.
43 Emilie Gräfin zu Reventlow (1834–1905), Ehefrau des Husumer Landrats Ludwig Graf zu Reventlow (1824–1893), enge Freunde Storms.
44 Storm hatte sich zum 1. April 1880 pensionieren lassen und übersiedelte nach Hademarschen.
45 Lucie Storm (1860–1935), gen. Lute.
46 Ernst Friedrich Stolle (1818–1893), Arzt in Segeberg. Seine Frau Helene geb. Esmarch (1832–1884) war eine Schwester von Constanze Storm.
47 Lucie Storm war mit dem Bremer Apotheker Hermann Kirchner (1852–1928) verlobt. Vgl. zur Auflösung dieser Verlobung Theodor Storm an Paul Heyse vom 15.3.1881 (sowie den dort mitgeteilten Brief Storms an Hermann Kirchner vom 6.3.1881).
48 Adolf Krause (1830–1900), Musiklehrer in Tondern.
49 Maria Storm geb. Krause (1863–1932).
50 Franz Storm (1857–1929), Sohn von Theodor Storms jüngstem Bruder Johannes (1824–1906), Holzhändler in Hademarschen. Franz Storm wanderte nach Afrika aus.
51 Dr. Aemil Storm (1833–1897), Arzt in Husum.
52 Fischer-Benzons Vater war am 28. August 1881 gestorben (Danmarks Adels Aarbog, Jg. 1903, S. 121).
53 Paul Heyse (1830–1914), Dichter und enger Freund Storms.
54 Friederike Storm geb. Jensen (1826–1905), gen. Rieke, Schwester Dorothea Storms, verheiratet mit Johannes Storm (vgl. Anm. 50).
55 Storm hatte Ende 1881 seine neuerbaute „Altersvilla" in Hademarschen bezogen.
56 Gemeint ist wohl Prof. Gustav Karsten (1820–1900), Professor für Physik und Mineralogie an der Universität Kiel, dessen Assistent Fischer-Benzon früher war. Vgl. Friedrich Volbehr/Richard Weyl, Professoren und Dozenten der Christian-Albrechts-Universität zu Kiel 1665 bis 1933, 3. Aufl., Kiel 1934, S. 168.
57 G. Wilhelm Kirchner, Schieferdeckermeister, Knooper Weg 50 in Kiel (Anfertigung von Blitzableitern und Haustelegrafen). Vgl. Adreßbuch der Stadt Kiel [...] für das Jahr 1875/76, Kiel 1875, S. 140 bzw. 1882, S. XXXVII und S. 202. Fischer-Benzon wohnte nur wenige Häuser weiter. Vgl. auch Theodor Storm an Gottfried Keller vom 20. April 1882: „[...] etwas wie ein Gewittersturm scheint sich vorzubereiten; ich aber will schlafen gehen, obgleich der beste Blitzableitermacher Schleswig-Holsteins erst in 14 Tagen seine Stangen auf mein Dach pflanzen wird".
58 „Hans und Heinz Kirch" erschien im Jahrgang 53 (1882/83) von „Westermanns illustrierte deutsche Monatshefte".
59 Pastor August Treplin (1840–1917).
60 Margarethe Storm (1864–1942), Tochter von Aemil Storm.
61 Wahrscheinlich ist Johannes Mannhardt (1840–1909), Philologe und Leiter einer Internatsschule in Hanerau hier gemeint; dessen Vater, der Germanist Wilhelm Mannhardt (1800–1890), hatte diese Schule begründet.

62 Vermutlich handelt es sich hier um Carl von Stemann (vgl. Anm. 77).
63 Herbstferien.
64 In Kopenhagen lebten zwei jüngere Brüder von Carl von Stemann, nämlich Julius von Stemann (1844–1909) und Carl Gustav von Stemann (geb. 1845), sowie deren Mutter Friederike von Stemann (1804–1891). Vgl. Adam von Krogh, Die Stemann und von Stemann nebst ihren Blutsverwandten, in: Zeitschrift der Gesellschaft für Schleswig-Holsteinische Geschichte, Bd. 40 (1910), S. 194f.
65 Wilhelm Jensen (1837–1911), Schriftsteller und Freund von Theodor Storm und Paul Heyse. Vermutlich handelte es sich hier um seine Novelle „Der Wille des Herzens".
66 Johann Eduard Erdmann, Ueber Kollision von Pflichten, Berlin 1853. Der Hallenser Philosoph Erdmann (1805–1892) verfasste wichtige Beiträge zur Philosophiegeschichte.
67 Lisbeth Haase geb. Storm hatte am 16. Juni 1880 einen Sohn geboren (Frühgeburt), der jedoch bereits am 1. Juli 1880 starb. Am 24.10.1882 kam dann ihre Tochter Constanze zur Welt.
68 Vgl. hierzu Theodor Storm an Gräfin Emilie von Reventlow vom 19.12.1882 und Theodor Storm an Heinrich Seidel vom 22.12.1882. Der Volksschriftsteller, Dichter und Missionar Gustav Jahn (1818–1888) war seit 1858 Vorsteher des Rettungshauses und der Brüderanstalt in Züllchow bei Stettin, die nach dem Vorbild des Rauhen Hauses von Johann Hinrich Wichern in Hamburg errichtet worden waren. In Züllchow betrieb man eine Gärtnerei und den Verkauf von Christbaumschmuck (Allgemeine Deutsche Biographie, Bd. 50, Berlin 1905, S. 626 f.).
69 Otto Storm (1826–1908), Besitzer einer Gärtnerei in Heiligenstadt.
70 „Schweigen" erschien in „Deutsche Rundschau", Bd. 35 (1883). Hierauf hatte Storm bereits in seinem Brief vom 20.12.1882 an Fischer-Benzon angespielt („diftelig psychologisches Ding").
71 Gemeint ist ihre Patentante Agnes Tolberg. Vgl. Theodor Storm an Heinrich Schleiden vom 29.1.1884 mit Anm. 22,7.
72 Gustav Heinrich Goos (1841–1900), Amtsrichter in Bramstedt, Altona und Pinneberg.
73 Carl Heinrich Schleiden (1809–1890), protestantischer Theologe, Schriftsteller und Pädagoge in Hamburg, Freund Storms.
74 Paul Heyse, „Das Recht des Stärkeren". Vgl. Theodor Storm an Auguste Speckter vom 26.11.1883 und Anm. 88,4 hierzu. Die Aufführung fand am 17. November im Hamburger Thalia-Theater statt.
75 Rudolph von Fischer-Benzon, Die geometrische Konstruktionsaufgabe. Programm Königliches Gymnasium Kiel 1884 (Beilage).
76 Sommerferien.
77 Carl von Stemann (1838–1887), Rechtsanwalt und Notar in Husum.
78 „Schweigen" und acht weitere Widmungsexemplare von Theodor Storm übereignete Fischer-Benzon der Schleswig-Holsteinischen Landesbibliothek bereits in den 1890er Jahren (Mitteilung von Prof. Dr. Dieter Lohmeier vom 12.2.1990).
79 Th. Richard, „Der Abend vor der Hochzeit. Novelle", in: Deutsche Rundschau, Bd. 33 (1882), S. 142 ff.
80 Adolf Sonnenthal (1832–1909), Schauspieler am Burgtheater in Wien. Über diese Lesung vgl. den Briefwechsel Theodor Storm/Erich Schmidt, Band II, Anm. 113,4.
81 Ferdinand Tönnies (1855–1936), Soziologe, seit 1913 Prof. in Kiel.
82 Julie Huesmann (1848–1908), Nichte von Juliane Dorothea Feldberg, Freundin von Lisbeth Storm.
83 Dieser Brief befindet sich in einem Konvolut zu Theodor Storms 70. Geburtstag am 14. September 1887 (im Familienbesitz); eine Kopie wurde mir freundlicherweise von der Schleswig-Holsteinischen Landesbibliothek zugänglich gemacht (Schreiben von Prof. Dr. Dieter Lohmeier vom 23.8.1988).

Neue Briefe aus der Storm-Familie in der Landesbibliothek. Mit drei Briefen Paul Heyses an Do Storm vom Juli 1888

Von Dieter Lohmeier

Seit 1998 der ursprünglich im Besitz von Ernst Storm (1851–1913) befindliche Teilnachlass Storms mit sechs vollständigen Reinschriften von Novellen und dem Entwurf zum „Schimmelreiter" in das Archiv der Theodor-Storm-Gesellschaft gelangt ist[1], sind nach menschlichem Ermessen keine so großartigen Entdeckungen und Erwerbungen von Storm-Handschriften mehr zu erwarten, da mit diesem Teilnachlass einige der empfindlichsten Lücken in der Überlieferung des Nachlasses geschlossen worden sind. Dass aber dennoch auch weiterhin noch Erwerbungen von Handschriften, namentlich von Briefen, möglich sind, die unsere Kenntnis von Leben und Werk Storms, seiner Familie und seinem Freundeskreis weiter präzisieren und bereichern, zeigt die Tatsache, dass die Schleswig-Holsteinische Landesbibliothek gegen Ende des Jahres 2000 mit finanzieller Hilfe durch den Innenminister des Landes Schleswig-Holstein von einer Ururenkelin Storms ein Konvolut von fast vierzig Briefen aus dem Umkreis Storms erwerben konnte. Auf diese Ergänzung des im Besitz der Landesbibliothek befindlichen Storm-Nachlasses soll hier hingewiesen werden.

Die neu erworbenen Briefe haben sich nach Auskunft der Vorbesitzerin im Besitz von Storms Enkel Enno Krey (1891–1915) befunden, der 1914 mit einer Dissertation über das Werk seines Großvaters promoviert wurde[2] und bald darauf im Ersten Weltkrieg fiel. Da ein zum Konvolut gehörender Brief von Gertrud Storm aus dem Jahre 1912 an Enno Krey gerichtet ist, da weiterhin ein Brief der Schriftstellerin Gabriele Reuter an „Frau Krey", also Enno Kreys Mutter Elsabe geb. Storm (1863–1945), dabei ist und da die Landesbibliothek im Zusammenhang mit den Briefen auch ein von Krey mit handschriftlichen Korrekturen versehenes Exemplar seiner Dissertation erwerben konnte, ist die Angabe über die Provenienz zweifellos richtig. Sie bezieht sich vermutlich zunächst einmal auf die im Konvolut enthaltenen acht an Storm selbst gerichteten Briefe und zwei oder drei andere Stücke. Es ist denkbar, dass Enno Krey sie aufgrund von Erbteilungen innerhalb der Familie erhalten hat, doch wirkt das Vorhandene eher wie eine zufällig zustande gekommene Sammlung von Einzelstücken als wie das Ergebnis einer überlegt vorgenommenen Teilung größerer Nachlasskomplexe. Vielleicht handelt es sich also eher um Geschenke von Enno Kreys Tante Gertrud Storm (1865–1936). Das ist insofern nicht unwahrscheinlich, als diese mit Hilfe ihres Neffen den handschriftlichen Nachlass ihres Vaters ordnete, nachdem sie ihn 1906 in einer „Riesenkiste" auf dem Dachboden des Hauses in Hademarschen entdeckt hatte[3]. Außerdem hat Gertrud Storm, die in der Familie seit ihrer Kindheit immer Dette genannt wurde, auf einem an sie gerichteten Brief Paul Heyses vom 31. Dezember 1907, der sich in dem neu erworbenen Konvolut befindet, vermerkt: „gehört Enno", und unter der Abschrift eines Briefes von Storm vom 11. Februar 1886 an einen namentlich nicht genannten Herrn steht die vermutlich von Enno Krey hinzugefügte Notiz: „Die Abschrift ist von Dette, die sie mir August 1913 schenkte/der Brief an Westermann oder Schütze".

103

Etwa die Hälfte der zum Konvolut gehörenden Briefe stammt mit Sicherheit aus dem Besitz von Gertrud Storm, denn sie selbst ist die Adressatin einiger dieser Briefe, die zwischen 1906 und 1911 geschrieben worden sind, also in den Jahren, in denen sie am ersten Band der Biographie ihres Vaters[4] arbeitete. Das gilt für zwei Briefe und eine Briefkarte von Paul Heyse, zwei Briefe von Albert Köster, je ein Schreiben von Erich Schmidt, Richard Dehmel und Iven Kruse und noch einige andere Stücke. Außerdem sind die beiden einzigen eigenhändigen Briefe Storms, die in diesem Konvolut enthalten sind, an Gertrud Storm gerichtet. Außerdem sind noch ein Brief von Erich Schmidt an Do Storm vom 7. November 1891 und sieben Briefe Paul Heyses vorhanden: einer an Lucie Storm (1860–1935) aus dem Jahre 1884 sowie sechs an Do Storm aus den Jahren 1887 und 1888. Auch diese dürften sich im Besitz Gertrud Storms befunden und nicht zum eigentlichen Nachlass Storms gehört haben. Da alle diese Briefe aus den Jahren vor 1912 stammen, ist es durchaus wahrscheinlich, dass sie nicht erst aus dem Nachlass Gertrud Storms in das Konvolut gekommen sind, sondern dass Gertrud Storm selbst sie Enno Krey geschenkt hat, der wohl außer ihr der einzige ihrer Verwandten war, der sich damals eingehender mit den Quellen zu Leben und Werk Storms befasste.

Ein besonders wertvoller Teil der Neuerwerbung sind natürlich die beiden Briefe Storms an seine Tochter Gertrud. Sie sind am 29. April 1880 und am 16. Juli 1887 geschrieben und anscheinend die einzigen erhaltenen. Namentlich der erste ist von großem Interesse, da er unmittelbar nach Storms Pensionierung aus Husum nach Hademarschen gerichtet ist und von den Skrupeln zeugt, mit denen der Dichter aus seiner Heimatstadt wegzog: er wollte zwar ganz und ungestört im Familienkreise leben, wusste aber gleichzeitig sehr wohl, wie problematisch eben dies gerade für die drei noch unverheirateten Töchter war, die mit ihm nach Hademarschen gehen mussten – und ihn dies auch spüren ließen, wie namentlich die siebzehnjährige Elsabe („Ebbe"). Trotz ihrer Bemühungen, das Bild ihres Vaters und seiner Familie zu harmonisieren, hat Gertrud Storm beide Briefe in ihrer Auswahl von Briefen Storms an seine Kinder abgedruckt[5]. Sie tat dies freilich recht ungenau, wie es leider ihre Art war. So ist der zweite Brief im Abdruck auf den 19. Juli datiert, und im ersten ist aus dem (zugegebenermaßen nicht eben schulmäßig korrekten) Satzgefüge „Wie freue ich mich auf Euch, liebe Kinder! Mit Euch nach unserm Garten zu gehen und zu sehn, wie es mit all den Dingen steht." etwas halb Sinnloses geworden: „Wie freue ich mich auf Euch, liebe Kinder, mit Euch nach unserm Garten? und zu sehen, wie es mit all den Dingen steht!" In beiden Fällen ist die Handschrift völlig klar und mühelos lesbar. In Zukunft wird man diese beiden Briefe also zuverlässiger abdrucken können.

Einigen philologischen Wert hat auch die erwähnte Abschrift eines Briefes von Storm vom Februar 1886. Der Adressat ist weder, wie Enno Krey annahm, Georg Westermann noch Paul Schütze, sondern Bertrand Sichel. Dieser spielte in Storms Biographie zwar keine Rolle, wandte sich aber im Namen eines kleinen Kreises von Kunstfreunden in Mainz mit der Frage nach der Eigenart und der möglichen Erblichkeit dichterische Begabung an Storm, wie gleichzeitig auch an Gottfried Keller und Friedrich Spielhagen, und veranlasste ihn dadurch zu einer seiner wichtigsten Äußerungen über sein Selbstverständnis als Dichter und insbesondere als Lyriker. Die Stormforschung kennt diesen Brief bislang nur aus einem nach dem Original gemachten Abdruck in der Schweizer Zeitschrift „Corona" aus dem Jahre 1936, auf dem wiederum der Abdruck in der Briefausgabe von Peter Goldammer fußt[6]. Die sehr sorgfältige Abschrift ist als zweite sekundäre Quelle also sehr willkommen, solange das Original als verschollen oder vernichtet gelten muss. Wann dieses Gertrud Storm vorgelegen hat, geht aus der Abschrift nicht hervor. Dass ihr ein im Nachlass vorgefundenes Konzept Storms als Vorlage gedient haben könnte, ist angesichts der Übereinstimmung der Abschrift mit dem Druck und der Vollständigkeit von Datierung und Unterschrift jedenfalls auszuschließen. Wahrscheinlicher ist, dass Storm selbst seine Tochter gebeten hat, den besonders gehaltvollen Brief abzuschreiben, bevor er ihn absandte. Das würde auch erklären, warum Enno Krey nicht wusste, wer der Adressat war. Nicht zuletzt legt ein Vergleich mit der Handschrift von Gertrud Storms Brief an ihren Neffen aus dem Jahre 1912 es nahe, die Abschrift deutlich früher zu datieren.

Unter den an Storm gerichteten Briefen sind keine geschlossenen Folgen, sondern nur Einzelstücke aus der Feder verschiedener Männer, die seinen Lebensweg gekreuzt haben: Storms „Adoptivneffe"[7], der spätere Maler Hermann Schnee, ließ am 20. Juni 1856 als Sechzehnjähriger, wohl im Auftrage seines Vaters, des Gerichtsrats, den mit seiner Familie in Segeberg weilenden Dichter aus Potsdam wissen: „Lieber Onkel Storm! Im Augenblick ist ein Brief von Ministerium gekommen, daß Du angestellt bist, und zwar in Heiligenstadt, daselbst sollen sehr viel Katholiken sein"; der Arzt Woldemar Nürnberger in Landsberg an der Warthe, der unter dem Pseudonym M. Solitaire veröffentlichte, zeigte sich in seinem am 2. April 1869, zwei Wochen vor seinem Tod, geschriebenen Brief sehr erfreut, als Autor von Storm im fernen Husum wahrgenommen zu werden; Joseph Viktor Scheffel dankte am 25. November 1875 mit Brief und Foto für Vertonungen einiger seiner Gedichte durch den Husumer Musiklehrer Adolph Möller, die Storm ihm geschickt hatte; Johannes Biernatzki sandte am 28. März 1877 aus Einsiedeln anscheinend das Manuskript einer literarischen Arbeit zu kritischer Durchsicht; der von Klaus Groth sehr protegierte Rezitator Theodor Horstmann zahlte am 25. Februar 1886 ein ihm von Storm gewährtes Darlehen zurück; der Maler Leopold von Kalckreuth aus Weimar äußerte am 20. Juni 1886, kurz nach Storms Besuch in der Stadt Goethes, den Wunsch, die Novelle „Aquis submersus" zu illustrieren, die Storm ihm nach seiner Rückkehr nach Husum geschickt hatte, und Ferdinand Avenarius versuchte am 31. August 1887 Storm dafür zu gewinnen, Beiträge zu seiner im nächsten Monat beginnen Zeitschrift „Der Kunstwart" zu liefern.

Von besonderem Wert ist der vier Seiten lange Brief Theodor Fontanes vom 6. November 1868 in dessen charakteristischer, kalligraphisch wirkender Handschrift, mit dem er Storm für die ersten sechs Bände der „Sämmtlichen Werke" dankte und dabei auf den Zyklus „Tiefe Schatten" und das Gedicht „Beginn des Endes" einging. Diese Handschrift ist der Forschung – im Unterschied zu den anderen genannten Stücken – zwar nicht unbekannt, da die Vorbesitzerin sie erfreulicherweise der Theodor-Storm-Gesellschaft zugänglich machte, als diese die Veröffentlichung des Briefwechsels der beiden Dichter vorbereitete[8]. Angesichts der Tatsache, dass der weitaus größte Teil der Briefe Fontanes an Storm nur noch in zwei nicht unbedingt zuverlässigen Maschinenabschriften überliefert zu sein scheint, können sich die Storm- und die Fontaneforscher aber nur freuen, dass die Landesbibliothek, die die einzigen sonst bekannten Originale besitzt, ihren Bestand um dieses Stück vermehren konnte.

Außerdem enthält das Konvolut auch Fontanes Brief vom 3. Mai 1854 an den im „Tunnel über der Spree" Metastasio genannten Berliner Provinzialschulrat Karl Bormann, mit dem er diesen aufforderte, einen Beitrag zu dem Album mit Handschriften und Zeichnungen aus dem Kreis der Freunde und Bekannten in Berlin und Potsdam, das Storm seiner Frau Constanze zu ihrem Geburtstag schenken wollte, zu liefern und diesen sogleich an Storm zu schicken. Bormann hat auf dem Brief Eingang und Erledigung mit preußischer Beamtenkorrektheit vermerkt („acc. Donnerstag 4. 5. / fact. eod. / B.") und ihn dann offenbar zusammen mit dem erbetenen Albumblatt an Storm gesandt; andernfalls wäre er ja nicht im Storm-Nachlass überliefert[9]. Entsprechendes gilt für einen Brief des Malers Ludwig Richter (12. 8. 1856) an einen „hochverehrten Herrn", der zweifellos der Verleger Alexander Duncker ist: Richter teilte darin mit, dass sein „nervöser Zustand" sich so verschlimmert habe, dass er außerstande sei, bis zum September die versprochenen „Zeichnungen zu Storm's Erzählung" zu liefern, und bat Duncker, den Dichter dies wissen zu lassen, „da ihm die Illustration von Interesse zu seyn schien". Es ging hier um die Buchausgabe von „Hinzelmeier", die dann ohne Illustrationen erschien.

Unter den nun neu erworbenen Briefen Paul Heyses ist der bereits erwähnte an Gertrud Storm vom 31. Dezember 1907 die Antwort auf deren Mitteilung, dass sie eine Biographie ihres Vaters schreiben wolle, und auf die damit verbundene Frage nach dem Zeitpunkt der Bekanntschaft Heyses mit Storm. Gertrud Storm hat die wichtigste Passage aus diesem Brief dann in ihrer Biographie zitiert – mit allerhand ganz unnötigen Glättungen und Ungenauigkeiten[10]. Auch dieser Text lässt sich jetzt erstmals an der Handschrift selbst überprüfen. Dort lautet er im Zusammenhang mit dem von Gertrud Storm nicht zitierten Anfang des Briefes:

Der Beginn meiner Bekanntschaft mit Ihrem Vater liegt vor der Zeit, wo ich anfing, ein Tagebuch zu führen[.] Ich kann deßhalb nicht sagen, ob ich schon im Winter 50 auf 51 ihm zuerst begegnet bin, im Kuglerschen Hause, oder im Sommer darauf. Drollig ist, daß ich, der ganz junge, viel jüngere Autor, ihm, dem älteren, den Weg ins Publikum öffnete. Meine Märchen, der Jungbrunnen, waren im Alexander Dunckerschen Verlage erschienen. Eines Tages übergab mir Duncker ein Heft, betitelt Sommergeschichten und Lieder, von einem ganz unbekannten Poeten, mit der Bitte, es zu lesen und ihm dann zu sagen, ob ich ihm rathen könne, es in Verlag zu nehmen. Ich gab es ihm zurück mit den Worten, ich könne ihm nur Glückwünschen, die Bekanntschaft dieses unbekannten Poeten gemacht zu haben.

Die sechs Briefe Heyses an Do Storm aus den Jahren 1887 und 1888 waren bislang völlig unbekannt; jedenfalls werden sie in der vollständigen Ausgabe des Briefwechsels zwischen Storm und Heyse[11] nicht erwähnt, obwohl das zumindest bei dem Brief vom 10. September 1887 nahe gelegen hätte. Dies war nämlich der Brief, in dem Heyse der Frau seines Freundes mitteilte, dass er nicht zur Feier von Storms 70. Geburtstag kommen könne, und ihr Erläuterungen zu den Geschenken gab, die er und seine Frau auf den Postweg nach Hademarschen gegeben hatten. Als Storm Heyse am 27. September dankte[12], bezog er sich zwar nicht auf den Brief an seine Frau, aber auf die Geschenke. Die beiden Briefe ergänzen einander also sehr gut.

Unter den fünf Briefen Heyses an Do Storm aus dem Jahre 1888 sind drei aus den Tagen und Wochen unmittelbar nach Storms Tod am 4. Juli geschrieben hat. Sie sollen hier als Zeugnisse der Freundschaft und zugleich der Fürsorge für die Witwe des verstorbenen Freundes erstmals veröffentlicht werden:

1. Paul Heyse an Do Storm, München, 5. Juli 1888

Liebe, verehrte Frau, welch ein Schlag aus heiterer Luft! Ich bin noch so betäubt, daß ich besser thäte, nicht zu schreiben. Aber alle meine Gedanken gehen zu Ihnen, und wie ich jetzt zu Ihnen träte, um nur still Ihre Hand zu drücken, wenn ich in der Nähe wäre, so nehmen Sie vorlieb mit diesen unzulänglichen geschriebenen Worten. Mein lieber alter Freund nun auch dahin! Es ist mir noch undenkbar, ich habe seinen letzten Brief[13] wieder gelesen, aus dem so viel Lebensfreude hervorleuchtete, kein Hauch des Alters mich anwehte. So muß ich denken, daß das Schicksal sich unangekündigt vollzogen hat, daß er ohne Vorschauer des Endes sanft hinweggeführt wurde. Lassen Sie mich durch einen Freund wissen, wie es war. Ich würde so gern das Alles von Ihnen selbst erfragen, aber aus verschiedenen Gründen kann ich mich gerade jetzt nicht auf den weiten Weg machen. Hoffentlich kommt der Kranz, den ich nach Husum sende, früh genug an, um auf seinen Sarg gelegt zu werden.

All die langen Zeiten, seit wir so getreu Hand in Hand gegangen, ziehen wieder an mir vorbei, auch die traurigen, wo wir ihn schon verloren gaben, und dann die frohe Genesung, in der er die volle Kraft wiederzugewinnen schien. Wer konnte daran zweifeln, der seine letzte herrliche Novelle las, in der alle seine Macht und Frische, seine Seelenfülle und reine Bildnerkraft sich so wunderbar zu seltner Höhe erhoben! Er war ein Glücklicher! nicht zum wenigsten dadurch, daß er jedes Glück in so feinem Herzen bewahrte und immer von Neuem genoß u. dankte. Das wird Ihnen bleiben, theure Frau, daß Sie wissen, wie großen Antheil Sie an seinem Glücke hatten.

Ich kann nicht mehr schreiben. Grüßen Sie die Kinder. Meine Frau ist mit mir tief erschüttert und sendet Ihnen den Gruß der innigsten Mittrauer. Leben Sie wohl!

Ihr alter getreuer

München. 5. VII. 88 Paul Heyse

2. Paul Heyse an Do Storm, München, 18. Juli 1888

Ich danke Ihnen von Herzen, verehrte Freundin, daß Sie es über sich gewonnen haben, mir über die traurige letzte Zeit zu berichten[14]. Ich habe nun Alles mit Ihnen durchgelitten und das unheimliche Gefühl verloren, daß der theure Freund mir entrückt worden, ohne daß ich bis zuletzt Gutes und Böses mit ihm getheilt hätte. Wie lange wird das Leben um Sie her seine Macht üben müssen, bis Sie wieder die Kraft finden, sich ihm hinzugeben! In der Stilles Ihres Hauses aber ist es Ihnen vergönnt, dem Schmerz sein volles Recht zu thun und die tiefe Wunde rein ausbluten zu lassen. Und Sie sind ja von Liebe und verstehender Mittrauer umgeben, und Schwager und Sohn[15] werden Ihnen beistehen, auch die traurigen Geschäfte zu ordnen, die sich nur allzu rasch herandrängen. Halten Sie es meiner Freundschaft zu Gute, wenn ich heute schon darüber beruhigt werden möchte, ob sich zu dem Kummer nicht auch Sorge gesellt, ob ich irgend dazu beitragen könnte, Ihre Lage zu erleichtern. Sagen Sie mir offen, ob unser theurer Heimgegangener Sie in einer Lage zurückgelassen hat, die es Ihnen gestattet, mit getrostem Muth in die Zukunft zu blicken.

Ich muß mich heut auf diese wenigen Zeilen beschränken, meine Tochter Clara ist noch bei uns und reis't heute nach Miesbach voraus, wohin wir ihr am 28sten folgen, mein Sohn kommt am Nachmittag mit seiner jungen Frau von der Hochzeitsreise zurück, um 2 Tage zu bleiben, ich gehöre mir heute nicht an und wollte Sie nur wissen lassen, wie tief mich die rasche Erfüllung meines Wunsches gerührt hat. Auch meine Frau hat in inniger Bewegung diese Blätter gelesen u. sendet Ihnen die wärmsten Grüße. Lassen Sie mich Ihnen nahe bleiben!

Ihr treuergebner

München. 18. VII. 88 Paul Heyse

3. Paul Heyse an Do Storm, München, 25. Juli 1888

Haben Sie Dank, verehrte Freundin, für Ihre Mittheilung, die mich fürs Erste allerdings beruhigt, da Sie selbst sich wegen der Zukunft keine Sorge machen. Ich gestehe freilich, daß ich Ihnen eine reichlicher bemessene Einnahme wünschte, zumal die Aussichten, Ihr Haus zu verkaufen, nicht die sichersten sind und vielleicht noch Jahre vergehen werden, ehe sich ein Käufer findet. In einer Stadt aber würden doch größere Ansprüche an Sie und Ihre Tochter[16] gemacht werden als in dem stillen Hademarschen, und 3500 Mk. dürften dann nicht ausreichen. Versprechen Sie mir nur, sich, wenn dieser Fall eintreten sollte, sich sofort vertrauensvoll an mich zu wenden. Die Schillerstiftung würde dann eine Ehrenpflicht erfüllen und im besten Sinne dem Geist ihrer Statuten treu bleiben, wenn sie Ihnen gewährte, was die Wittwen von Mörike, Otto Ludwig, Herman Kurz, Albert Lindner[,] Gutzkow und Andere erhalten. Mir aber wäre es die größte Freude, für die hinterlassenen Lieben meines theuren Freundes den Fürsprecher zu machen, zumal ich der einmüthigen Zustimmung des Verwaltungsrathes gewiß sein dürfte. Ich wollte Ihnen das nur umgehend erwiedern, da es vielleicht auf Ihre nächsten Entschlüsse Einfluß hat. Im Übrigen müssen Sie mir heut die hastige Kürze zu Gute halten. Wir gehen am 28sten nach Miesbach (Oberbayern) und bestellen unser Haus. Zwischen Koffern und Kisten bleibt mir daher nur Zeit zu einem herzlichen Händedruck und einem Gruß an Ihr ganzes Haus.

In alter Treue Ihr

München. 25. VII. 88   Paul Heyse

Der letzte dieser Briefe ist am 18. Dezember 1888 geschrieben. Er enthält außer Heyses Dank für das Exemplar der Buchausgabe des „Schimmelreiters", die Do Storm ihm geschickt hatte, auch einen zuversichtlichen Blick in die Zukunft: „Ich sehe mit Freude, wie überall das Andenken unseres Freundes lebendig bleibt, wie man von allen Seiten sich bestrebt, ihm gerecht zu werden und die Summe dessen, was er uns gegeben, zu ziehen. Das wird von Jahr zu Jahr fortwirken, da es nicht durch den frischen Schmerz über seinen Verlust allein hervorgerufen, sondern in dem lebhaften Gefühl begründet ist, daß er einer der letzten wahren Dichter war, die unbeirrt von dem Lärm des Tages und den Verzerrungen des Geschmacks nur auf ihr Inneres gelauscht und falschen Götzen nie geopfert haben. Auch Ihnen muß diese Wahrnehmung eine hohe tröstliche Freude sein."

Anmerkungen

1. Die Storm-Handschriften aus dem Nachlaß von Ernst Storm. Mit einer Edition des „Concepts" zur Novelle „Der Schimmelreiter", Husum 1999 (Patrimonia, 151).
2. Das Tragische bei Theodor Storm, Diss. Marburg 1914.
3. Karl Ernst Laage: Entstehung und Schicksal des „Pole Poppenspäler"-Manuskripts, in: Schriften der Theodor-Storm-Gesellschaft 35 (1986), S. 30–37, bes. S. 33. – Ders.: Die Geschichte und Bedeutung des handschriftlichen Storm-Nachlasses, in: Die Storm-Handschriften aus dem Nachlaß von Ernst Storm (wie Anm. 1), S. 5–8.
4. Gertrud Storm: Theodor Storm. Ein Bild seines Lebens, [Bd. 1:] Jugendzeit, Berlin 1912.
5. Theodor Storm: Briefe an seine Kinder. Hrsg. v. Gertrud Storm, Braunschweig 1916, S. 293 f.
6. Theodor Storm: Briefe. Hrsg. v. Peter Goldammer, 2 Bde., Berlin u. Weimar 1972, Nr. 325.
7. Storm an Ernst Esmarch, 13. 9. 1859. Theodor Storm – Ernst Esmarch: Briefwechsel. Kritische Ausgabe, hrsg. v. Arthur Tilo Alt, Berlin 1979, S. 73.
8. Theodor Storm – Theodor Fontane: Briefwechsel. Kritische Ausgabe, hrsg. v. Jacob Steiner, Berlin 1981, S. 132.

9   Nach einer Maschinenabschrift, die als Beilage zu einer Maschinenabschrift von Fontanes Brief an Storm vom 3. Mai 1854, überliefert ist, ist er veröffentlicht: ebd., S.158.
10 Theodor Storm (wie Anm. 4), Bd. 1, S. 198.
11 Theodor Storm – Paul Heyse: Briefwechsel. Kritische Ausgabe, hrsg. v. Clifford Albrecht Bernd, 3 Bde., Berlin 1969–1974.
12 Ebd., Bd. 3, S. 158 f.
13 Storm an Heyse, 17. 5. 1888. Ebd., Bd. 3, S. 173.
14 Gertrud Storm veröffentlichte später einen eigenen Bericht „Die letzten Stunden" in ihrem Buch: Vergilbte Blätter aus der grauen Stadt, Regensburg u. Leipzig 1922, S.139–158.
15 Heyse denkt hier sicherlich an Aemil und Ernst Storm.
16 Damals lebte nur noch Gertrud Storm im Elternhause.

„Ich möchte dem Mann das gönnen." Rudolph Christian Ström – Photograph und Porträtist der Storm-Familie

Von Holger Borzikowsky, Husum

Mit der Geschichte und Überlieferung der photographischen Bildnisse Theodor Storms und seiner Familie hat sich die Storm-Forschung in den letzten Jahren intensiv auseinander gesetzt. Gewissermaßen einen Markstein stellte die von Gerd Eversberg besorgte Ausstellung „Storm-Portraits. Bildnisse von Theodor Storm und seiner Familie" dar, die zunächst 1995/96 im Husumer Storm-Haus und dann in mehreren anderen Institutionen – genannt seien das Literaturmuseum „Theodor Storm" in Heiligenstadt und das Literaturhaus Magdeburg – gezeigt wurde. Gerd Eversberg hatte seine Erkenntnisse zudem in einem Begleitkatalog zusammengefasst[1], der die Grundlage bildete für weitere vornehmlich den frühen photographischen Porträts Storms und seiner Familie gewidmete Forschungen verschiedener Photographiehistoriker. Deren Resultate wurden anlässlich der Stormtagung 1999 in einem Symposion dargeboten und zugleich wurde der Blick auf Porträtphotos von Freunden und Zeitgenossen des Dichters gerichtet.

Vier Vorträge des Symposions sind bereits 1999 in einem Beiheft zu Band 48 der „Schriften der Theodor-Storm-Gesellschaft" publiziert worden[2]. Damals nicht mehr aufgenommen werden konnte der Vortrag des Verfassers „Photographie in Husum: Rudolph Christian Ström". Das Wirken dieses Photographen und seine Beziehungen zu Storm seien daher an dieser Stelle dargestellt.

Im November 1863 gab Rudolph Christian Ström die Eröffnung eines photographischen Ateliers im „Husumer Wochenblatt" bekannt[3]. Es befand sich im Hause „Schloßgang 18"[4] und verblieb dort bis zum Jahr 1878, in dem Ström Husum verließ[5]. Ström war der erste über einen längeren Zeitraum ansässige Lichtbildner in Husum, nachdem der Ort zuvor nur von „fahrenden" Photographen aufgesucht worden war. Einige wenige Arbeiten aus der fast fünfzehnjährigen Tätigkeit Ströms in Husum zogen Spuren, die heute in alle Welt hinaus reichen: Zehntausendfach vervielfältigt illustrieren von ihm gefertigte Porträtphotographien Theodor Storms dessen Werkausgaben und biographische Veröffentlichungen über den Dichter. Aus dem Zeitraum ab 1864, also dem Jahr der Rückkehr Storms aus Heiligenstadt nach Husum, bis 1878 sind bisher nur Storm-Photographien aus Ströms Atelier, insgesamt fünf[6], bekannt, dazu mit derselben Provenienz etliche Einzel- oder Gruppenporträts von Mitgliedern der engeren und weiteren Familie[7]. Erst vor Kurzem noch tauchte aus Privatbesitz ein von Christian Rudolph Ström gefertigtes, bisher völlig unbekanntes Lichtbild Theodor Storms auf. (Vergl. den Beitrag von G. Eversberg in diesem Band der „Schriften".)

Storm scheint also die Fähigkeiten des Husumer Photographen Ström geschätzt und es nicht für nötig befunden zu haben, sich an andere Vertreter des Metiers zu wenden. Das geschah erst 1879; aus diesem Jahr liegen Porträtphotos Storms von Carl Andersen, Neumünster, vor[8].

Wertschätzung für den Photographen Ström spricht auch aus einem Brief Storms an den Zeichner Ludwig Pietsch v. 27.11.1868, in dem es heißt: „Unser

111

recht guter Photograph, der dieser Tage für größere Bilder (er ist ein Kopenhagener) einen neuen Apparat erhalten, wünscht mit einem Bilde (größrem Brustbild von mir) ein Geschäft zu machen. Ich möchte dem Mann das gönnen. Willst Du nicht – aber bald – mit einer [der] Dir bekannten Buch- oder Kunsthandlungen sprechen, ob sie darauf reflektieren. Er könnte sich dann mit ihnen direkt in Verbindung setzen. Bitte! Es wäre jetzt vor Weihnacht der rechte Zeitpunkt"[9].

Es kann aus den oben dargestellten Gründen kaum ein Zweifel daran bestehen, dass hier die Rede von Ström ist. Hinzuzufügen ist, dass Ström erst 1869 einen Konkurrenten erhielt: Carl Friedrich Schönborn, der 1878 sein Atelier übernahm[10].

Wer war nun Rudolph Christian Ström? Was mag die Wertschätzung Storms verursacht haben? Welche Kenntnis haben wir vom übrigen Œuvre des Photographen?

Die regionalkundliche Husum-Literatur vermag lediglich beizutragen, dass Ström um die Mitte der 1860er Jahre in Husum tätig gewesen sei. Das Standardwerk des dänischen Photographiehistorikers Bjørn Ochsner „Fotografer i og fra Danmark til og med år 1920" (Photographen in und aus Dänemark bis einschließlich 1920) gibt in der Ausgabe v. 1986 den Hinweis auf die Ateliereröffnung 1863 in Husum[11]. Ochsner nennt im Beitrag zu Ström Kopenhagen als weiteren Ateliersitz, durch den Wegfall einer Druckzeile bleibt er jedoch eine entsprechende Zeitangabe schuldig.

Der Hinweis Ochsners auf den Tod der Gattin Ströms, Thora Emilie, geb. Dorch, im April 1877 veranlaßte den Verfasser, in den Personenstandsregistern des Standesamtes Husum zu recherchieren. Es stellte sich heraus, dass Ström bereits im Oktober 1877 wieder heiratete, und zwar seine Schwägerin Ingeborg Friederike[12]. Dem Heiratseintrag konnten Geburtsdatum und -ort Rudolph Christian Ströms entnommen werden: 9. Dezember 1833, Odense auf Fünen. Als Eltern werden der Gastwirt Samuel Henrik Ström und dessen Ehefrau Bolette Elisabeth angegeben; beide waren bereits verstorben.

Ein Blick in den 1983 erschienenen 14. Band des „Dänischen Biographischen Lexikons" (Dansk Biografisk Leksikon) ermöglichte nun einen überraschenden Fortgang der Recherchen: Das Lexikon gab den Hinweis auf einen auf Fünen in Dänemark noch existierenden Zweig der Familie Ström (dänisch: Strøm), der auf den genannten Samuel Henrik als Stammvater zurückgeht[13]. Glücklicherweise ergaben sich briefliche Kontakte zu der in Blommenslyst/Fünen lebenden Urgroßnichte Rudolph Christian Ströms, Dr. phil. Ingrid Strøm, die bereitwillig Auskünfte nach den Materialien des Strøm-Familienarchivs gab. Frau Dr. Strøms Hinweise bereicherten die Forschungen des Verfassers ganz wesentlich.

Rudolph Christian Ström hatte sich als Jugendlicher ursprünglich ein anderes Berufsziel gesetzt als die Photographie. Er absolvierte nämlich eine Kaufmannslehre; hierauf weist das Bürgerschaftsregister der Stadt Odense, denn 1858 erhielt er dort das Bürgerrecht als Kaufmann für Kolonialwaren[14]. Das Datum seiner ersten Heirat ist bisher noch nicht ermittelt. Es ist ebenfalls nicht bekannt, wann er den Berufswechsel zum Photographen vollzog und aus welchen Gründen er sich in Husum niederließ. Vielleicht hatten sich Kontakte mit dem Porzellanmaler und Photographen Barthold Friedrich Brütt ergeben, der, zunächst in Husum ansässig, sich nach dem Husumer Stadtbrand v. 1852 zeitweise in Odense aufhielt.

Es ist auch ungeklärt, ob Ström direkt von Odense nach Husum zog, oder über die Zwischenstation Kopenhagen, worauf Theodor Storms Bemerkung hinweisen könnte, Ström sei Kopenhagener.

Abb. 6. Husum Großstraße, Nordseite. Photographie von Rudolph Christian Ström (um 1864). Privatbesitz.

Vielleicht noch einige Bemerkungen zur Familie Ström: Der Vater Samuel Henrik war ursprünglich Goldschmied, übte diesen Beruf jedoch wahrscheinlich niemals aus, da er mit jungen Jahren bereits die zentral gelegene große Gastwirtschaft vom verstorbenen Vater übernahm. Samuel Henrik war später Stadtverordneter. Einen Hang zur Politik zeigte auch sein Sohn Gollich, Rudolph Christian Ströms Bruder, der ein akademisches Studium absolvierte, nämlich das der Theologie. Er war fast 50 Jahre Pastor einer Gemeinde auf Fünen, saß jedoch zugleich auch 7 Jahre im dänischen Reichstag als konservativer Abgeordneter[15].

Rudolph Christian Ström verließ, wie schon bemerkt, 1878 Husum. Durch die Kopenhagener Adressbücher ist er in der dänischen Hauptstadt als Photograph im Zeitraum 1879–81 nachweisbar. Als Mitinhaber des Ateliers Ström & Walter taucht er dann in den 1890er Jahren in Berlin auf, das er zusammen mit einem „G. Ström" betreibt[16]. Rudolph Christian Ström starb am 1. Mai 1907; der Sterbeort ist vorerst unbekannt[17].

Über Ströms Gründe, Husum zu verlassen, können nur Vermutungen angestellt werden. Die Möglichkeit eines Neuanfangs, die Herausforderung durch neue Aufgaben, sicherlich auch eine erwartete Verbesserung seiner wirtschaftlichen Situation – zunächst in der Hauptstadt Kopenhagen – mögen ausschlaggebend gewesen sein.

In allen Phasen seiner beruflichen Tätigkeit hat Ström gewiss die Porträtphotographie als lukrativste Einnahmequelle genutzt; darin unterschied er sich nicht von den meisten seiner Berufskollegen. Beispiele seiner Beschäftigung mit anderen Motivbereichen sind aus der Husumer Zeit bekannt. So stellte Ström seinen Fotoapparat auch in den Straßen Husums auf, natürlich vor allem in der guten Stube der Stadt, im Bereich Markt, Großstraße und Hafen. Im Jahre 1865 bot er verschiedene Ansichten der Stadt im „Husumer Wochenblatt" an[18]. Heute ist eine geringe Anzahl Husumer Stadtansichten von Ström bekannt[19]. Sie sind alle

Abb. 7. Theodor Storm, Photographie von Rudolph Christian Ström (um 1865). Jetzt im Storm-Archiv (Rückseitig beschriftet „G. Lüpke.")

Abb. 8. Dorothea Storm, geb. Jensen (1828–1903), Photographie von Rudolph Christian Ström (1870). Schleswig-Holsteinische Landesbibliothek, Kiel (Tönnies-Nachlass).

vor den durchgreifenden historistischen Umformungen der Altstadt entstanden und zeigen noch das Husum der Kinder- und Jugendzeit Storms. Diese Arbeiten gehören zu den frühesten Beispielen topographischer Photographie in Husum; auch sie illustrieren häufig die biographische Literatur über den Dichter.

Für Ströms Interesse an Ereignisphotographie sind zurzeit zwei Beispiele aus Husum bekannt; es bleibt offen, ob er je in diesem Bereich über den Husumer Horizont hinausgeblickt hat. Es sind eine Aufnahme des 1866–67 in Husum neu errichteten Gymnasiums mit den Gästen der Einweihung (zu denen Storm übrigens gehörte) und ein Photo der Grundsteinlegung der Bürgerschule 1874[20].

Noch einmal zurück zum Fach Porträtphotographie. Außer im Storm-Archiv in Husum finden sich von Ström gefertigte Porträtphotographien unter anderem in der Königlichen Bibliothek Kopenhagen, in der Berlinischen Landesgalerie und in Privatsammlungen, so besonders im Privatarchiv Strøm. Der Verfasser hat einen Teil der Porträtfotos untersuchen können; es sei nun der Versuch unternommen, Ström als Porträtphotographen zu charakterisieren. Fangen wir mit den Requisiten an, den Tischen mit Gipsstuck, den Vorhängen mit Quasten, den Vasen und den gemalten Hintergründen. Ström verwendete sie sparsam. Er scheint hingegen sehr viel Einfühlungsvermögen seinen Kunden entgegengebracht zu haben; der Körpergestus der Porträtierten ist verhalten arrangiert, sie strahlen in zahlreichen Beispielen Ruhe, Gelassenheit aus, eine Wirkung, die der Photograph sicherlich bewusst angestrebt hat. Geschickt vermochte Ström in seinen photographischen Arbeiten auch Personengruppen anzuordnen, ja zu ‚komponieren' und so die dargestellten Personen in äußere und auch innere Beziehungen treten zu lassen[21].

Wer war also Rudolph Christian Ström? Gewiss kein Heros der norddeutschen und dänischen Photographiegeschichte, aber ein sensibler Künstler-Photograph, von dessen Œuvre man gern etwas mehr wüsste, dessen Wertschätzung durch Theodor Storm aber nunmehr durchaus schon nachvollziehbar erscheint.

Anmerkungen

1 Storm-Portraits. Bildnisse von Theodor Storm und seiner Familie. Heide 1995. Der Band behandelt auch in anderen zum Teil künstlerischen, zum Teil reproduzierenden Techniken wie zum Beispiel Ölmalerei, Schattenriss, Holzstich gefertigte Porträts.
2 Gerd Eversberg (Hrsg.), Dichter und ihre Photographien. Frühe Photos aus der Storm-Familie und aus dem Freundeskreis. Heide 1999.
3 19.11.1863, s. Bjørn Ochsner, Fotografer i og fra Danmark til og med år, Bd. K-Å, Ballerup 1986, S. 783. Uwe Steen (Bustorf) wertete Ströms Anzeigen in diversen Jahrgängen des „Husumer Wochenblattes" (Königliche Bibliothek Kopenhagen) aus, s. „Portraitphotographien Theodor Storms und seiner Familie (1843–1864). Bemerkungen über die Anfänge der Lichtbildnerei in Schleswig-Holstein. In: Gerd Eversberg (Hrsg.): Dichter und ihre Photographien ..., (wie Anm. 2), S. 67–87, hier S. 78. Der Verfasser dankt Uwe Steen herzlich für freundlich gewährten Hilfen.
4 Ochsner wie vor. Anm. – „Schloßgang 18" eigentlich: 1. Quartier Nr. 18.
5 Anzeige zur Versteigerung von „Mobilien und Hausstandssachen" im „Husumer Wochenblatt" v. 2.5.1878, Stadtarchiv Husum – Depositum im Kreisarchiv Nordfriesland, Husum: D 2 Stadt Husum Nr.1278 Bürgerrollen 1872/73–1905 mit Lücken, hier: Bürgerrolle pro 1877/78.
6 Storm-Portraits ..., (wie Anm. 1), Kat. Nr. 7, 11, 15 und 18 sowie G. Eversberg im vorliegenden Band. Gesichert datiert sind allein Nr. 18 (handschriftlicher Vermerk Storms auf der Rückseite „Aufgenommen im Sommer 1873.") und das neu aufgefundene Profilbildnis, vgl. Eversberg. Auf Datierungsfragen möchte ich grundsätzlich nicht weiter eingehen, siehe jedoch auch Anm. 9 im vorliegenden Text.
7 Storm-Portraits ..., (wie Anm. 1).
8 Ebd., Kat. Nr. 20, 22, 23.
9 Blätter der Freundschaft. Aus dem Briefwechsel zwischen Theodor Storm und Ludwig Pietsch. Mitgeteilt von Volquart Pauls, Heide 1939, S. 191. Aufgrund dieser Notiz ist wohl Kat. Nr.11 in Storm-

Portraits ..., s. Anm. 1, datiert auf „1868". Storm verschenkte im Oktober 1870 je einen Abzug des Photos an Iwan Turgenjew, s. Storm-Portraits..., und an Eduard Mörike, s. Michael Davidis, Freunde und Zeitgenossen Theodor Storms in der Photographischen Sammlung des Schiller-Nationalmuseums in Marbach. In: Gerd Eversberg (Hrsg.), Dichter und ihre Photographien ..., (wie Anm. 1), S. 33–42, hier S. 36.

10 Wie Anm. 5: Stadtarchiv Husum, Bürgerrolle pro 1877/78.
11 Ochsner wie Anm. 3.
12 Standesamt Husum, Heiratsregister 1877, Nr. 24, 12.10.1877.
13 Dansk Biografisk Leksikon. Tredje udgave, Bd. 14, 1983, S. 160.
14 Landsarkivet for Fyn, Odense. Ström (Strøm) wird im Bürgerschaftsregister als Kaufmann für „Colonial og grove Varer" geführt (Briefl. Mitteilung von Dr. Ingrid Strøm an den Verf.)
15 Über Gollich Strøm siehe den entspr. Artikel in Dansk Biografisk Leksikon. Tredje udgave, Bd. 14, 1983, S. 160.
16 Ochsner wie Anm. 3 und Berliner Adressbücher.
17 Briefl. Mitteilung von Dr. Ingrid Strøm an den Verf. anhand von Aufzeichnungen ihres Onkels Poul Strøm im Familienarchiv. Dort eine Gruppenphotographie, die sehr wahrscheinlich Rudolph Christian Ström und zwei seiner Töchter zeigt.
18 Steen wie Anm. 3, S. 79.
19 Stadtarchiv Husum (Depositum im Kreisarchiv Nordfriesland, Husum), Nordfriesisches Museum – Ludwig-Nissen-Haus, Husum. Siehe auch Felix Schmeißer, Alt-Husumer Bilderbuch, Husum 1939, Abb. S. 25, 26; Karl Ernst Laage, Theodor Storms Welt in Bildern. Eine Bildbiographie, Heide 1987, Abb. S. 33.
20 Gymnasium: Abzüge in der Schleswig-Holsteinischen Landesbibliothek Kiel sowie im Archiv der Hermann-Tast-Schule Husum; Bürgerschule: Abzug im Stadtarchiv Husum.
21 Der Verf. kann aus diesen Gründen Steens Zuschreibung des recht schwach choreographierten Porträts des Witwers Storm und seiner Kinder von 1866 (?) an Ström nicht zustimmen, s. Steen (wie Anm. 3) S. 79 f. und Abb. S. 78. Daran ändert nichts die in der gleichen Sitzung entstandene, wie eine Korrektur anmutende Aufnahme, s. die Abb. bei Peter Goldammer, Theodor Storm. Eine Einführung in Leben und Werk, Leipzig 1968, S. 140/41, und in späteren Auflagen. Als kompositorisch schwächste Vorstufe dieses Fotos kann Kat. Nr. 9 in: Storm-Portraits ..., (wie Anm. 1), angesprochen werden.

Eine bisher unbekannte Photographie von Theodor Storm

Von Gerd Eversberg, Husum

Die erhaltenen Photographien der Storm-Familie gehören zu den besterforschten Dokumenten der Literaturgeschichte des 19. Jahrhunderts. Der von mir anlässlich der Ausstellung „Storm-Portraits. Bildnisse von Theodor Storm und seiner Familie" im Jahre 1995 zusammengestellte Katalog[1] umfasst mehr als einhundert Familienbilder, darunter die 17 damals bekannten photographischen Aufnahmen von Theodor Storm. Meine ersten Versuche, das vorhandene Material zu dokumentieren und in einen Zusammenhang mit der Erforschung medialer Aspekte der Literatur des poetischen Realismus zu stellen, haben in einigen Fällen Kontroversen ausgelöst und zu weiteren Forschungen angeregt. Diese Ergebnisse wurden 1996 und 1999 in Husum anlässlich zweier Mediensymposien der Öffentlichkeit vorgestellt und – z. T. kontrovers – diskutiert. Auf der ersten Tagung unter dem Titel „Theodor Storm und die Medien" wurden vor allem filmische Adaptionen des Stormschen Erzählwerks thematisiert[2]; die zweite Veranstaltung im Jahre 1999 widmete sich unter dem Thema „Dichter und ihre Photographien. Frühe Photos aus der Storm-Familie und aus dem Freundeskreis" ausschließlich photographischen Dokumenten des 19. Jahrhunderts[3]. Ein Ergebnis dieser Sichtung des erhaltenen photographischen Materials war die fast lückenlose Kenntnis der physiognomischen Entwicklung Storms zwischen 1864 und 1886.

Jetzt ist überraschend eine weitere, bisher völlig unbekannte Photographie Storms aufgetaucht, die den Husumer Dichter im 56. Lebensjahr zeigt[4] (vergl. Abb. 9).

Diese Aufnahme wurde im Sommer 1873 von dem Husumer Photographen Rudolf Ström angefertigt; aufgrund der Neuentdeckung steigt die Anzahl der Storm-Portraits dieses Lichtbildners von bisher vier auf nunmehr fünf. (Vergl. den Beitrag von H. Borzikowsky in diesem Band der „Schriften"). Rudolph Ström eröffnete im November 1863 sein Atelier in Husum und wirkte bis 1878 in der Stadt; für Theodor Storm war er seit dessen Rückkehr in die Heimat im Jahre 1864 14 Jahre lang die Bezugsperson, wenn es um die Ablichtung seiner Person oder anderer Familienmitglieder ging. Uwe Steen vermutet, dass auch die Gruppenaufnahmen, die Theodor Storm mit seinen Kindern zeigt, in Ströms Atelier aufgenommen wurde[5]; von ihr haben sich drei Abzüge erhalten[6]. Damit sind zum jetzigen Zeitpunkt 8 Aufnahmen bekannt, mit denen Ström das Antlitz des Husumer Dichters für die Nachwelt dokumentiert hat. Dass der Dichter die handwerklichen Fähigkeiten des Photographen geschätzt hat, geht aus verschiedenen brieflichen Äußerungen hervor; von Ströms ersten Konkurrenten, Carl Friedrich Schönborn, der 1878 sein Atelier übernahm, ist kein Storm-Portrait erhalten. Erst 1879, also ein Jahr nach dem Weggang Ströms aus Husum, hat sich Theodor Storm von einem anderen Portraitphotographen abbilden lassen, von Carl Andersen aus Neumünster.

Die Bilder der eineinhalb Jahrzehnte zeigen uns Storm in den „besten Mannesjahren". Es ist die Zeit der Neuorientierung in der Heimat nach dem sechzehnjährigen Exil in Preußen, in der Storm zunächst als Landvogt in Husum praktizierte, um nach der Okkupation der Herzogtümer durch Preußen und die dadurch

Abb. 9. Das neu aufgefundene Lichtbild Storms aus dem Atelier von Rudolph Christian Ström.

Abb. 10. Die bereits bekannte Aufnahme mit der handschriftlichen Datierung „Aufgenommen im Sommer 1873".

eingeleitete Justiz- und Verwaltungsreform das Amt eines Richters zu übernehmen. Familiär wurde dieser Zeitraum durch den Tod Constanzes (1865), die Wiederverheiratung mit Dorothea und die Probleme mit den drei Söhnen bestimmt, deren berufliche Entwicklung nicht mit Storm Vorstellungen einher gingen. Literarisch entstehen in diesem Lebensabschnitt im Haus in der Wasserreihe 31 bedeutende Novellen, unter anderen „Pole Poppenspäler" und „Aquis submersus", mit denen der Husumer Dichter ein großes Publikum im ganzen deutschen Sprachraum erreicht. Die Portraitphotos Ströms und der nach einer dieser Aufnahmen hergestellte Holzstich von August Neumann, der 1869 in „Westermanns Illustrirte(n) Deutschen(n) Monatshefte(n)" erschien[7], prägen das Bild, das die Öffentlichkeit zu dieser Zeit von dem Erfolgsautor aus dem Norden Deutschlands kennt.

Die rechte Abbildung (Abb. 10) zeigt ein bereits bekanntes Photo, das von allen Storm-Portraits Ströms[8] allein sicher datiert ist, da Theodor Storm auf der Rückseite eigenhändig den Vermerk „Aufgenommen im Sommer 1873" angebracht hat[9]. Die neu entdeckte Photographie (links) ist ein vignettiertes Brustbild im Carte-de-Visite-Format (9,3 cm x 5,5 cm). Vergleicht man beide Abzüge, so wird deutlich, dass sie offenbar an einem Tag oder zumindest in engem zeitlichen Zusammenhang aufgenommen wurden. Storms Haar- und Barttracht sind auf beiden Bildern gleich und er trägt auch dieselbe Kleidung. Sehr wahrscheinlich handelt es sich um zwei Aufnahmen, die während einer Sitzung entstanden sind. Die linke Photographie zeigt den Dichter im Profil, die rechte stärker en face. Profilaufnahmen von Storm sind selten; lediglich ein weiteres Portraitphoto Ströms, das ich auf das Jahr 1870 datiere[10], hat sich erhalten und zeigt den Kopf von der Seite. Die übrigen Aufnahmen Storms sind zumeist im Halbprofil arrangiert, so dass beide Gesichtshälften zu sehen sind. Beide oben abgebildeten Aufnahmen dienten zunächst dazu, das private Bedürfnis an Photographien nach dem Leben zu befriedigen. Das Carte-de-Visite-Format war deshalb so beliebt, weil es preiswert herzustellen war und sich leicht in entsprechenden Einsteckalben sammeln ließ. Solche Photoalben wurden nicht nur mit Familienbildern gefüllt, sondern auch mit den Portraits von Freunden und Bekannten, wie einige erhaltene Exemplare aus Dichternachlässen des 19. Jahrhunderts belegen[11]. Sie stellen heute wichtige Dokumente gegenseitiger Anteilnahme miteinander bekannter und befreundeter Familien dar.

Die Bedeutung der photographischen Portraits von Theodor Storm ist nicht nur biographischer Art, denn das Bild des Dichters, das sich in der Öffentlichkeit seit den 1860er Jahren bildete, war nicht allein durch die literarischen Produkte des Husumer Dichters bestimmt, der als Lyriker und Erzähler ein großes Lesepublikum erreichte, sondern in zunehmendem Maße auch von den Portraits, die in Zeitschriften gedruckt wurden und seit Erscheinen der Gesammelten Werke im Verlag Westermann eine ganz spezifische Vorstellung der Dichterpersönlichkeit vermittelten. Storm berichtete über diese neuen Vermarktungsstrategien in einem Brief an seinen Freund und Landsmann Klaus Groth im Juli 1868: „George Westermann bringt im Oktober die Gesamtausgabe meiner Werke. Als Vorbereitung sollen Lebensskizze und eingehende Besprechung des Poeten Th. St. nebst Portrait in seinen Illustrirten Monatsheften erscheinen."

Neben der verkaufsfördernden Wirkung solcher Portraits waren Originalabzüge bzw. drucktechnisch reproduzierte Photographien selbst zunehmend interessante ökonomische Nebenprodukte des literarischen Markts. Für die Buchillustrationen – hier finden wir in Storms Gesammelten Werken die leicht herzustellenden und für große Auflagen geeigneten Holzstiche – bot sich das

Dichterportrait als Frontispiz an. Verbreitet wurden auf diese Weise Bildnisse Storms im 40., 50. und 60. Lebensjahrzehnt, die in stilisierter Weise den ernsten, nachdenklichen und schwermütigen Dichter zeigen, der uns aus entrückter Distanz anschaut und die Vorstellung von einem erhabenen Poeten vermitteln soll.

Anmerkungen

1   Gerd Eversberg: Storm-Portraits. Bildnisse von Theodor Storm und seiner Familie. Heide 1995.
2   Harro Segeberg und Gerd Eversberg (Hg.): Theodor Storm und die Medien. Zur Mediengeschichte eines poetischen Realisten. Berlin 1999. (Husumer Beiträge zur Storm-Forschung, Bd. 1.)
3   Gerd Eversberg (Hrsg.), Dichter und ihre Photographien. Frühe Photos aus der Storm-Familie und aus dem Freundeskreis. Heide 1999.
4   Der Abzug wurde in einem Teilnachlass des Dichters von K. E. Laage identifiziert und konnte Anfang 2001 für das Storm-Archiv aus Privatbesitz erworben werden.
5   Uwe Steen: Portraitphotographien Theodor Storms und seiner Familie (1843–1864). Bemerkungen über die Anfänge der Lichtbildnerei in Schleswig-Holstein. In: Gerd Eversberg (Hrsg.), Dichter und ihre Photographien. (wie Anm. 2), S. 79.
6   Gerd Eversberg: Storm-Portraits ..., (wie Anm. 1), Kat. Nr. 8, 9 und 10; die Nr. 10 ist im Katalog (S. 27) sowie in Steens Aufsatz (S. 78) abgebildet.
7   Gerd Eversberg: Storm-Portraits ..., (wie Anm. 1), Kat. Nr. 12.
8   Gerd Eversberg: Storm-Portraits ..., (wie Anm. 1), Kat. Nr.7, 11, 15 und 18.
9   Der Abzug von Nr. 18 ist durch einen handschriftlichen Vermerk Storms „Aufgenommen im Sommer 1873" auf der Rückseite datiert. Da im Storm-Archiv nur eine Reproduktion des Originals aufbewahrt wird, lässt sich über die Größe des Originalabzugs nichts aussagen. Wahrscheinlich ist, dass es sich auch bei dieser Aufnahme um eine Carte-de-Visite handelt, die uns Storm als vignettiertes Brustbild präsentiert.
10 Gerd Eversberg: Storm-Portraits ..., (wie Anm. 1), Kat. Nr. 15.
11 Vergl. Michael Davidis: Freunde und Zeitgenossen Theodor Storms in der Photographischen Sammlung des Schiller-Nationalmuseums in Marbach. In: Gerd Eversberg (Hrsg.), Dichter und ihre Photographien. (wie Anm. 2) S. 33–42.

Storm-Bibliographie

Zusammengestellt von Elke Jacobsen, Husum

Nachträge zu den Jahren 1901–1998

Am Kamin erzählt. Klassische deutsche Meistererzählungen von Achim von Arnim [u. a.]; mit 160 Ill. nach alten Vorlagen v. Jaques Callot [u. a.] Frechen: Komet [o. J.] 640 S. Ill. (S. 288–313: Draußen im Heidedorf.)

Bellach, Hannelore: Phantastik und Realismus in Theodor Storms Märchen und Novellen. (Magisterarb.) Kiel 1991. 151 S. [Masch.-schr.]

Bender, Hans: Liebesmüdigkeit. In: Reich-Ranicki, Marcel (Hg.): Frankfurter Anthologie. Gedichte u. Interpretationen. Bd. 5. Frankfurt a. M.: Insel-Verl. 1980. S. 113–16. (Über Storms Gedicht „Hyazinthen".)

Bern, Maximilian (Hg.): Maienzeit. Blüten dt. Dichtung. Berlin: Schreiter [1906 oder früher]. XII, 176 S. (Darin mehrere Gedichte v. Th. Storm.)

Bertram, Frenz: Das „Lusthaus" im Lehmsieker Gehölz. In: Zwischen Eider und Wiedau. Heimatkalender f. Nordfriesland. 1989, S. 100–05. Ill. (Zur „Wald- und Wasserfreude" erwähnt.)

Biehne, Horst: Theodor Storm, der Dichter Frieslands. Zu seinem 50. Todestag am 4. Juli. In: Kieler Neueste Nachrichten v. 02./03.07.1938.

Bithorn, Wilhelm: Lebenskunst nach Dichterworten entworfen von Wilhelm Bithorn. 4. Aufl. Leipzig: Dürr 1925. 142 S. (Darin auch Gedanken über einige Storm-Gedichte.)

Borzikowsky, Joachim u. Wilhelm Wolf: Das Vogelleben im Husumer Schloßpark. In: Zwischen Eider und Wiedau. Heimatkalender f. Nordfriesland. 1959, S. 99–103. (Mit kurzer Erwähnung v. Th. Storms Vogelbeobachtungen.)

Bremer Lesebuch. Verl. d. Bücherkommission o. J. 287 S. Ill. (Darin v. Th. Storm: Abendleed [= Gode Nacht]; Weihnachtslied.)

Burdorf, Dieter: Einführung in die Gedichtanalyse. Stuttgart, Weimar: Metzler 1995. (Erwähnt: Meeresstrand, Die Stadt, Frauen-Ritornelle.)

Denzer, Kurt: Charakteristische Merkmale der NS-Filmdramaturgie. In: Schleswig-Holstein unter dem Hakenkreuz. Im Auftr. d. Evangel. Akademie Nordelbien. Hg. v. Urs J. Diederichs u. Hans-Hermann Wiebe. Bad Segeberg, Hamburg [1985]. S. 155–72.

Douliez, Paul u. Hermann Engelhard (Hg.): Das Buch der Lieder und Arien. Gütersloh: Bertelsmann; Stuttgart: Europ. Buch- u. Phonoklub; Wien: Buchgemeinschaft Donauland o. J. 861 S. (Lizenzausg. d. Winkler-Verl. München.) (S. 314/15: „Über die Heide" [op. 86 Nr. 4 v. Brahms]; ohne Noten.)

Friede auf Erden. Ein Weihnachtsbuch. Ausgew. u. hg. v. Hans Krey. 41.–60. Tsd. Berlin: Union-Verl. 1955. 194 S. Ill. (S. 96–101: Auszug aus „Immensee": „Da stand das Kind am Wege".)

Gregori, Ferdinand (Hg.): An goldenen Tischen. Natur- u. Liebesstimmungen dt. Dichter. Buchschmuck v. Fidus. 25.–29. Tsd. Leipzig: Hesse & Becker [o. J.] XXII, 367 S. Ill. (Darin 9 Gedichte v. Th. Storm.)

Günzel, Klaus: Bäder-Residenzen. Kuren u. Amouren, Diplomatie u. Intrigen.

Stuttgart: Deutsche Verlagsanstalt 1998. 216 S. Ill. (S. 147–63: Baden-Baden; Storm kurz erwähnt; mit Pietsch-Zeichnung.)

Hasubek, Peter: Auf der Suche nach der Vergangenheit. Zur Erinnerungsstruktur v. Heinrich Manns frühen Erzählungen. Heinrich Mann u. Theodor Storm. In: Hasubek, Peter: „Der Indianer auf dem Kriegspfad". Studien zum Werk Heinrich Manns 1888–1918. Frankfurt a. M. [u. a.]: Lang 1997. S. 45–71.

Hienger, Jörg u. Rudolf Knauf (Hg.): Deutsche Gedichte von Andreas Gryphius bis Ingeborg Bachmann. Eine Anthologie mit Interpretationen. Göttingen: Vandenhoeck u. Ruprecht 1969. (S. 123–25: Kurzbiogr. Storms u. über das Gedicht „Die Stadt".)

Hippe, Robert: Der Tod im deutschen Gedicht. Hollfeld: Bange 1971. (Interpretationen motivgleicher Gedichte in Themengruppen. 5.) (S. 34/35: Über Storms Gedicht „Lied des Harfenmädchens".)

Holz, Detlef (Hg.): Deutsche Menschen. Eine Folge v. Briefen. Von Ehre ohne Ruhm. Von Größe ohne Glanz. Von Würde ohne Sold. 2. Aufl. Luzern: Vita Nova-Verl. 1937. 116 S. (S. 108–11: Gottfried Keller an Theodor Storm, Zürich, 26.02.1879.)

Jackson, David: Constanze Storms Heiligenstädter Jahre. In: Eichsfeld. Jahrbuch. Duderstadt. 6 (1998), S. 150–68.

Kath, Lydia: Weihnachten bei Theodor Storm. Eine Erzählung. Ill.: Emmy-Claire Haag. 2. Aufl. Wuppertal: Kiefel 1966. 32 S. Ill.

Krolow, Karl: Offenes Geheimnis. In: Reich-Ranicki, Marcel (Hg.): Frankfurter Anthologie. Gedichte u. Interpretationen. Bd. 3. Frankfurt a. M.: Insel-Verl. 1978. S. 87–90. (Über Storms Gedicht „Abends".)

Lesebuch 65 für Realschulen. 7./8. Klasse. Hg.: Klaus Gerth [u. a.] Hannover [u. a.]: Schroedel 1967. 384 S. Ill. (Darin v. Th. Storm: „Gode Nacht"; „Trost"; „Meeresstrand".)

Literatur. Lese- und Arbeitsbuch für den Deutschunterricht auf der Oberstufe. Bd. 1: Dichterische Texte. Hg. v. Oswald Stein. Frankfurt a. M.: Hirschgraben-Verl. 1970. 339 S. Ill. (S. 120: „Über die Heide".)

Loitz, Sabine Claudia: Varianten des Vater-Sohn-Konflikts und ihre Implikationen in ausgewählten Erzähltexten Theodor Storms: „Carsten Curator", „Hans und Heinz Kirch", „Bötjer Basch". (Magisterarb.) Kiel 1993. 119 S. [Masch.-schr.]

Lomberg, August: Präparationen zu deutschen Gedichten. Nach Herbartischen Grundsätzen ausgearb. Ausg. A. 6. H.: Neuere und neueste Dichter. 4. Aufl. Langensalza: Beyer 1912. (S. 220–36, 276–82: Über Storms Gedichte „Abseits", „Eine Frühlingsnacht", „Herbst" [„Schon ins Land ..."], „Knecht Ruprecht", „Weihnachtsabend"; außerdem: Lebensbild.)

Meine Lieder. Poésies à apprendre par coeur. (De la 6me à la 1re.) Par un groupe de professeurs du Lycée Hoche. (In dt. Sprache; mit Vorw. in franz. Sprache.) Paris: Didier 1909. 111 S. (S. 70: Die Stadt.)

Momma, Wilhelm: Die Regentrude. Ein Märchenspiel. In 5 Bildern nach d. gleichnam. Stormschen Märchen. Melodien v. Hedwig Becker. 1. Aufl. Berlin: Bühnenvolksbundverl. 1927. 52 S.; Noten. (Sing- und Märchenspiele. 8.)

Müller, Joachim: Theodor Storms Novelle „Zur Chronik von Grieshuus". In: Müller, Joachim: Die Novelle im Deutschunterricht. 2. T. Berlin: Matthiesen 1940. S. 22–32.

Niethammer, Annelise: Die kleinen Freuden des Lebens. Stuttgart: Alemannen-Verl. 1939. O. Pag. Ill. (Darin 4 Gedichte v. Th. Storm.)

Nissen, Peter: Laudatio auf das Dragseth-Duo anläßlich der Verleihung des Bad Bevensen-Preises 1990. In: Zwischen Eider und Wiedau. Heimatkalender f. Nordfriesland. 1991, S. 64–68. (Auch über Vertonungen v. Storm-Gedichten, z. B. „Die Stadt".)

Ohly, Susanne: Die Vater-Sohn-Beziehung in der Biographie Theodor Storms und ihre Spiegelungen in seinen Novellen („Bötjer Basch" – „Carsten Curator" – „Hans und Heinz Kirch".) (Magisterarb.) Kiel 1988. 157 S. [Masch.-schr.]

Pinkerneil, Beate (Hg.): Das große deutsche Balladenbuch. Frankfurt a. M.: Athenäum-Verl. 1978. [Darin v. Th. Storm: Weihnachtabend, In Bulemanns Haus, Tannkönig, Geschwisterblut, Walpurgisnacht.]

Raab, Heinrich (Hg.): Deutsche Dichteranekdoten. Berlin: Junker u. Dünnhaupt 1943. 139 S. Ill. (S. 113–16: Fontane-Erinnerung an Theodor Storm.)

Riewerts, Brar: Theodor Storm und das Schloß. Zum 150. Geburtstag d. Dichters am 14. September 1967. In: Zwischen Eider und Wiedau. Heimatkalender f. Nordfriesland. 1967, S. 50–52.

Rockenbach, Martin (Hg.): Lob der deutschen Familie. Ein Hausbuch älterer u. neuer dt. Dichtung. Mit Bildern v. Maria Braun. Freiburg i. Br.: Herder 1936. XVI, 315 S. Ill. (Darin v. Th. Storm: 3 Gedichte, 2 Briefe an seinen Sohn, „Im Saal".)

Schmid, Bastian (Hg.): Naturbetrachtung. Ausgew. Texte entnommen Werken d. Dichtkunst, d. Wiss. u. d. Philosophie (v. ausgehenden 18. Jh. bis zur Gegenwart). München: Rösl & Cie. 1922. XXVI, 373 S. (S. 111–13: Auszüge aus „Immensee".)

Schneider, Wilhelm: Liebe zum deutschen Gedicht. Ein Begleiter f. alle Freunde d. Lyrik. 5. Aufl. Freiburg i. B.: Herder 1963. (U. a. über Storms Gedicht „Meeresstrand".)

Schulz, Bernhard: Der literarische Unterricht in der Volksschule. Eine Lesekunde in Beispielen. Bd. I: 1.–4. Schuljahr. Düsseldorf: Bagel [1961]. [S. 137–42 u. 215–38: Über „Der kleine Häwelmann" u. „Knecht Ruprecht".]

Sprengel, Peter: Geschichte der deutschsprachigen Literatur 1870–1900. Von d. Reichsgründung bis zur Jahrhundertwende. München: Beck 1998. XIX, 825 S. (Geschichte d. dt. Literatur v. d. Anfängen bis zur Gegenwart. IX, 1.)

Stege, Fritz: Theodor Storm und Elisabeth Milner-Menzel. Ein Beitr. zur Storm-Forschung. In: Am Feierabend. Sonderbeil. d. „Nordfriesischen Nachrichten". 26.10.1964.

Stein, Ernst: Wege zum Gedicht. Eine Einführung in Gedichtbetrachtung u. Gedichtbehandlung. 2. unveränd. Aufl. Berlin: Volk u. Wissen 1967. (U. a. über Storms Gedicht „Juli".)

Storm, Theodor: Abends. In: Rehmann, Ruth (Hg.): Eltern und Kinder. München: Bruckmann 1979. S. 149.

Storm, Theodor: Aquis submersus. (In franz. Sprache.) Texte traduit et présenté par Robert Pitrou. Paris: Aubier Montaigne 1973. XIX, 91 S. (doppelte Seitenzählung.) (Collection Bilingue.) (In dt. u. franz. Sprache seitengegenüber.)

Storm, Theodor: Ich bin mir meiner Seele ... In: Die deutsche Schrift. Vierteljahreshefte zur Förderung d. dt. Sprache u. Schrift. Ahlhorn. 119. Folge, 63. Jg. (1996) 2, Titelblatt.

Storm, Theodor: Immensee e altre novelle. (In ital. Sprache.) A cura di Fabrizio Cambi. Trient: Università degli Studi di Trento 1998. XXXI, 273 S. (Labirinti.

Collana del Dipartimento di Scienze Filologiche e Storiche.35.) (Enthält: Immensee. Späte Rosen. Im Schloß. Die Regentrude. Bulemanns Haus. Viola tricolor. Der Schimmelreiter.) (Geschenk v. Hg.)

Storm, Theodor: Novelle. (In ital. Sprache.) Introduzione, prefazione, traduzione e note di Laura Bocci. 1. Aufl. Garzanti Editore 1996. XLIV, 427 S. (I grandi libri Garzanti.) (Biogr., Bibliogr., 9 Novellen.) (Geschenk v. d. Buchhandlung Delff.)

Storm, Theodor: Pole Poppenspäler. Berlin u. Wien: Tillgner 1924. 58 S. (Omnia-Bücherei. 21.) (Geschenk v. Herrn W. Strumann.)

Storm, Theodor: Von Jenseit des Meeres. Eine Erzählung. Wiesbaden: Verl. d. Volksbildungsvereins 1901. 57 S. (Wiesbadener Volksbücher. 17.)

Storm, Theodor: (Zur Chronik von Grieshuus.) Sobre la crónica de la casa gris. (In span. Sprache.) Traducción Anton Dieterich, Genoveva Dieterich. 1. Aufl. Barcelona: Alba Editorial 1996. 215 S. (Darin: Vorwort v. Th. Mann aus d. Knaur-Ausg.; Zur Chronik von Grieshuus; Immensee; Psyche.) (Geschenk v. d. Buchhandlung Delff.)

Tateo, Giovanni: Editore, narratore e cronista nelle „Chroniknovellen" di Theodor Storm. In: Contesti. 7 (1995), S. 9–65. (Geschenk v. Verf.)

Vaagt, Gerd: Das Ophelia-Motiv bei Theodor Storm und anderen Dichtern. In: Die Heimat. Zeitschr. f. Natur- u. Landeskunde v. Schleswig-Holstein u. Hamburg. (1997) 3/4, S. 71–74.

Weber, Horst: Theodor Storm: Abseits. In: Tontsch, Brigitte (Hg.): Interpretationen deutscher und rumäniendeutscher Lyrik. Klausenberg: Dacia 1971. S. 147–51.

Weing, Siegfried: Verisimilitude and the Nineteenth-Century German Novella. In: Neues zu Altem. Novellen der Vergangenheit und der Gegenwart. Hg. v. Sabine Cramer. München: Fink 1996. S. 1–24. (Houston German Studies. 10.)

Wohlleben, Robert: Der Deichgraf blieb im Skagerrak. Oder: Störtebeker auf Wotans Schimmel. In: Auskunft. 15 (1995) 1, S. 3–25.

Neuerscheinungen 1999–2000

I. Werke, Übersetzungen, Briefe

Brud Nevez. Brest. (2000) 224. (S. 5: „Nozvez vad" = Übersetzung des Storm-Gedichts „Gode Nacht" ins Bretonische von Jan Michels.) (Geschenk v. Übers.)

Der kleine Häwelmann und andere Geschichten zur guten Nacht. Ausgewählt von Franziska Günther-Herold. 1. Aufl. Berlin: Aufbau Taschenbuch-Verl. 2000. 126 S. (Geschenk v. Literaturmuseum „Theodor Storm", Heiligenstadt.)

Goldammer, Peter (Hg.): Aus dem Briefwechsel Theodor Storms mit seinem Bruder Otto. In: Schriften der Theodor-Storm-Gesellschaft. 49 (2000), S. 71–125. Ill.

Hecker, Monika: Frauenwege. Stadtrundgang durch Husum. 1. Aufl. Husum: Gleichstellungsbeauftragte d. Stadt Husum u. d. Kreises Nordfriesland 1999. 37 S. Zahlr. Ill. (S. 13: Storms Gedicht „An meine Künftige".)

Hennecke, Frank J. (Hg.): Herbstgedichte. Eine Anthologie. Ludwigshafen am Rhein 2000. 28 S. (S. 10: „Oktoberlied"; S. 11: „Über die Heide".) (Geschenk v. Hg.)

Kutzer, Horst (Hg.): Wildes Wetter! Ein literar. Begleiter durch Heiteres u. Wolkiges. Leipzig: Reclam 2000. 251 S. (Reclam-Bibliothek.) (S. 192/93: Oktoberlied.)
Poesie des Nordens. Fotografiert von Günter Pump. Textausw.: Bernd Rachuth. Heide: Boyens 2000. 76 S. überw. Ill. (Mit mehreren Storm-Gedichten.)
Rusitsch. [Gedichtsammlung.] (In russ. Sprache.) Hg. v. V. M. Butenko. Moskva-Puschkino: Verl. Ekonomika u. Informatika 2000. 287 S. (Mit Vita u. Übersetzung d. Storm-Gedichts „Gräber an der Küste" v. V. M. Butenko.) (Geschenk v. Hg.)
Rusitsch. [Gedichtsammlung.] (In russ. Sprache.) Hg. v. V. M. Butenko. Moskva-Puschkino: Verl. Ekonomika u. Informatika 2000. 279 S. (S. 93/94: Übersetzung d. Storm-Gedichte „Zwischenreich" u. „Von Katzen" v. V. M. Butenko.) (Geschenk v. Hg.)
Storm, Theodor: Gesammelte Werke in zwei Bänden. Neu hg. u. mit e. Nachw. u. Zeittaf. v. Walter Zimorski. Bd. I: Frühe Erzählprosa u. Novellen. Bd. II: Späte Novellen, Märchen, Spukgeschichten, Gedichte u. Prosa. Düsseldorf, Zürich: Artemis & Winkler 2000. 2 Bde. (Winkler Weltliteratur.) (Auch als Dünndruck-Ausg.) (Geschenk v. Hg. bzw. Verl.)
Storm, Theodor: Der Herr Etatsrat. Novellen. 1. Aufl. Berlin: Aufbau Taschenbuch-Verl. 2000. 273 S. (Aufbau Bibliothek.) (Carsten Curator. Hans u. Heinz Kirch. Bötjer Basch. Der Herr Etatsrat.)
Storm, Theodor: Der Schimmelreiter. Text, Entstehungsgeschichte, Quellen, Schauplätze, Aufnahme u. Kritik. Hg. v. Karl Ernst Laage. Mit Textill. v. Gustav Olms u. Hans Volkert u. mit Abb. im Kommentar. 9., durchges. u. erw. Aufl. Heide: Boyens 2000. 160 S. Ill.; Faks. (Editionen aus dem Storm-Haus. 1.)
Storm, Theodor: (Der Schimmelreiter.) De Schimmelruiter. (In niederländ. Sprache.) Vertaling en nawoord Kees de Both. 2. druk. Pandora 2000. 136 S. (Pandora Klassiek.) (Geschenk v. Übers.)
Storm, Theodor: Die Regentrude. Ein Mittsommernachtsmärchen. Mit Kaltnadelradierungen v. Carsten Gille. [Mit Nachw. v. Gerd Eversberg.] Berlin: Rohrwall-Verl. 2000. 63 S. Ill. (Kunst-Märchen. II.)
Storm, Theodor: Gedichte und Märchen. Reprint. Kelkheim: Schmitz 2000. 238 S. (Geschenk v. d. Buchhandlung Delff, Husum.)
Storm, Theodor: In St. Jürgen. Fabula. (In lat. Sprache.) Hanc fabulam e Theodisco in Latinum vertit Rochus Habitzky. Leichlingen: Brune 2000. 63 S. (Bibliotheca neo-Latina.) (Geschenk v. Übers.)
Storm, Theodor: Pole Poppenspäler. Novelle. Hg. v. Johannes Diekhans. Erarb. u. mit Anm. versehen v. Jean Lefebvre. Mit d. Textill. d. Erstdr. v. Carl Offterdinger. Paderborn: Schöningh 2000. 122 S. Ill. (Einfach Deutsch.) (Geschenk v. Herrn Jean Lefebvre.)
Tillmann, Doris: Weihnachtszauber. Weihnachtliches auf alten Postkarten. Heide: Boyens 2000. 57 S. Zahlr. Ill. (S. 9: Weihnachtslied [Vom Himmel ...])

II. Sekundärliteratur

Barz, Paul: Der wahre Schimmelreiter. Die Geschichte e. Landschaft u. ihres Dichters Theodor Storm. Hamburg: Convent-Verl. 2000. 255 S. Ill.; Kt.
Berbig, Roland: „alle diese guten und schlechten Bücher kann ich nur naschend einsehen". Theodor Storm als Leser. In: Stormlektüren. Festschrift für Karl

Ernst Laage zum 80. Geburtstag. Hg. v. Gerd Eversberg, David Jackson u. Eckart Pastor. Würzburg: Königshausen u. Neumann 2000. S. 21–32.

Bernd, Clifford Albrecht: Vom dänischen Kulturerbe. Um e. neues Verständnis für Storms Lyrik bittend. In: Stormlektüren. Festschrift für Karl Ernst Laage zum 80. Geburtstag. Hg. v. Gerd Eversberg, David Jackson u. Eckart Pastor. Würzburg: Königshausen u. Neumann 2000. S. 33–45.

Betz, Frederick: Theodor Storm: Immensee. Bibliogr. erg. Ausg. Stuttgart: Reclam 1999. 88 S. (Erläuterungen und Dokumente.) (Universal-Bibliothek. 8166.)

Boehringer, Michael: The telling tactics of narrative strategies in Tieck, Kleist, Stifter, and Storm. New York [u. a.]: Lang 1999. 204 S. (North American studies in nineteenth-century German literature. 24.) (Chapter 5, S. 111–51: Framing reality: Theodor Storm's „Aquis submersus".)

Bollenbeck, Georg: Theodor Storm: bildungsbürgerliche Lebenslagen und bildungsbürgerliche Kunstsemantik. In: Stormlektüren. Festschrift für Karl Ernst Laage zum 80. Geburtstag. Hg. v. Gerd Eversberg, David Jackson u. Eckart Pastor. Würzburg: Königshausen u. Neumann 2000. S. 79–89.

Boswell, Patricia: „Beginn des Endes": das letzte Erlebnis. In: Stormlektüren. Festschrift für Karl Ernst Laage zum 80. Geburtstag. Hg. v. Gerd Eversberg, David Jackson u. Eckart Pastor. Würzburg: Königshausen u. Neumann 2000. S. 215–26.

Coghlan, Brian: „Theodor Storm geht ins Theater". Beobachtungen zur 'Oper auf Haderslevhuus'. In: Schriften der Theodor-Storm-Gesellschaft. 49 (2000), S. 9–21.

Coghlan, Brian: Unterschwellige Gedanken zur Entstehung von „Geh nicht hinein". In: Stormlektüren. Festschrift für Karl Ernst Laage zum 80. Geburtstag. Hg. v. Gerd Eversberg, David Jackson u. Eckart Pastor. Würzburg: Königshausen u. Neumann 2000. S. 227–40.

Cozic, Alain: „Der Gespensterbesen": Von der Quelle zur „Kamin"-Geschichte. Zu Storms Auffassung v. Phantastischen. In: Stormlektüren. Festschrift für Karl Ernst Laage zum 80. Geburtstag. Hg. v. Gerd Eversberg, David Jackson u. Eckart Pastor. Würzburg: Königshausen u. Neumann 2000. S. 313–22.

Danilevski, Rostislav J. u. Galina A. Thieme: Das Genre „Storm-Turgenjew" und die russische lyrische Prosa. In: Stormlektüren. Festschrift für Karl Ernst Laage zum 80. Geburtstag. Hg. v. Gerd Eversberg, David Jackson u. Eckart Pastor. Würzburg: Königshausen u. Neumann 2000. S. 271–79.

Detering, Heinrich: Entomologische Verwandlungen. Kafka als Leser v. Storms „Der Herr Etatsrat". In: Stormlektüren. Festschrift für Karl Ernst Laage zum 80. Geburtstag. Hg. v. Gerd Eversberg, David Jackson u. Eckart Pastor. Würzburg: Königshausen u. Neumann 2000. S. 349–61.

Dietrich, Jürgen: Husums Kinogeschichte. In: Beiträge zur Husumer Stadtgeschichte. Hg. v. d. Ges. f. Husumer Stadtgeschichte. (2000) 7, S. 108–20. Ill. (Filme „Der Schimmelreiter" u. „Immensee" u. d. Husumer Filmtage erw.)

Dircks, Susanne: Der Schimmelreiter in Norderfriedrichskoog. Die Novelle v. Theodor Storm als inszenierte Lesung mit Musik. In: Zwischen Eider und Wiedau. Heimatkalender für Nordfriesland 1999. S. 197/98. Ill.

Eversberg, Gerd: Erläuterungen zu Theodor Storm „Pole Poppenspäler". 3. überarb. Aufl. Hollfeld: Bange 2000. 102 S. (Königs Erläuterungen und Materialien. 194.)

Eversberg, Gerd: Im Kreise der Dichter. Wilhelm Petersen (1835–1900) u. seine Freundschaft mit Storm, Keller, Heyse, Groth u. a. Eine Ausstellung zum 100. Todestag. Mit e. Beitr. v. Kornelia Küchmeister. Eine Ausstellung d.

Storm-Hauses in Husum, März 2000. Husum: Theodor-Storm-Ges.; Heide: Boyens 2000. 96 S. Ill.; Faks. (Husumer Kataloge. 1.)

Eversberg, Gerd: Storm-Forschung und Storm-Gesellschaft. In: Schriften der Theodor-Storm-Gesellschaft. 49 (2000), S. 153–59.

Eversberg, Gerd: Theodor Storm in den „Neuen Medien". In: Schriften der Theodor-Storm-Gesellschaft. 49 (2000), S. 127–35.

Eversberg, Gerd: „Vor der Deichnovelle habe ich einige Furcht". Storms letzter Schreibprozeß im Spiegel d. „Schimmelreiter"-Textzeugen. In: Stormlektüren. Festschrift für Karl Ernst Laage zum 80. Geburtstag. Hg. v. Gerd Eversberg, David Jackson u. Eckart Pastor. Würzburg: Königshausen u. Neumann 2000. S. 323–48.

Familien-Reiseführer Nordseeküste Schleswig-Holstein. Autorin: Annette Meyer-Prien. Hg.: Olympus Optical Co. (Europe). Hamburg: Companions 2000. 160 S. Zahlr. Ill. (Husum u. Storm: S. 58–60, S. 144.)

Fasold, Regina: Culpa patris aquis submersus? Mütter u. Tod in Theodor Storms Novellen. In: Begegnung der Zeiten. Festschrift f. Helmut Richter zum 65. Geburtstag. Hg. v. Regina Fasold. Leipzig: Leipziger Universitäts-Verl. 1999. S. 185–202.

Fasold, Regina: Geschwisterliebe und Heimatsehnsucht in Texten Theodor Storms. In: Storm-Blätter aus Heiligenstadt. 2000. S. 12–30.

Fasold, Regina: Theodor Storms Verständnis von „Vererbung" im Kontext des Darwinismus-Diskurses seiner Zeit. In: Stormlektüren. Festschrift für Karl Ernst Laage zum 80. Geburtstag. Hg. v. Gerd Eversberg, David Jackson u. Eckart Pastor. Würzburg: Königshausen u. Neumann 2000. S. 47–58.

Freund, Winfried: Eros und Thanatos. Zur Balladendichtung Theodor Storms. In: Stormlektüren. Festschrift für Karl Ernst Laage zum 80. Geburtstag. Hg. v. Gerd Eversberg, David Jackson u. Eckart Pastor. Würzburg: Königshausen u. Neumann 2000. S. 241–53.

Geffers-Browne, Christine: Calvinismus oder schlicht Hygiene? Zu einigen Aspekten d. Novelle „Renate". In: Schriften der Theodor-Storm-Gesellschaft. 49 (2000), S. 65–69.

Gerrekens, Louis: Funktionen von Intertextualität in „Zur Chronik von Grieshuus" und „Zur ‚Wald- und Wasserfreude'". In: Stormlektüren. Festschrift für Karl Ernst Laage zum 80. Geburtstag. Hg. v. Gerd Eversberg, David Jackson u. Eckart Pastor. Würzburg: Königshausen u. Neumann 2000. S. 59–78.

Goldammer, Peter: Culpa patris? Theodor Storms Verhältnis zu seinem Sohn Hans u. seine Spiegelung in d. Novellen „Carsten Curator" u. „Hans und Heinz Kirch". In: Stormlektüren. Festschrift für Karl Ernst Laage zum 80. Geburtstag. Hg. v. Gerd Eversberg, David Jackson u. Eckart Pastor. Würzburg: Königshausen u. Neumann 2000. S. 143–50.

Goldammer, Peter: Miniaturmaler oder realistischer Novellist. Theodor Storm in dt. Konversationslexika. In: Storm-Blätter aus Heiligenstadt. 2000. S. 4–11.

Goodman-Thau, Eveline: Golem, Adam oder Antichrist – Kabbalistische Hintergründe der Golemlegende in der jüdischen und deutschen Literatur des 19. Jahrhunderts. In: Goodman-Thau, Eveline, Gert Mattenklott u. Christoph Schulte (Hg.): Kabbala und die Literatur der Romantik. Zwischen Magie u. Trope. Tübingen: Niemeyer 1999. S. 81–134. (S. 129: Storms Gedicht „Ein Golem" erwähnt.)

Harnischfeger, Johannes: Modernisierung und Teufelspakt. Die Funktion d. Dämonischen in Theodor Storms „Schimmelreiter". In: Schriften der Theodor-Storm-Gesellschaft. 49 (2000), S. 23–44.

Hetmann, Frederik, Ingrid Röbbelen u. Harald Tondern: Dichter leben. Eine Literaturgeschichte in Geschichten. Bd. 1: Von Grimmelshausen bis Fontane. Weinheim u. Basel: Beltz u. Gelberg 2000. 280 S. (Gulliver Taschenbuch. 5504.) (S. 246–64: Tondern, Harald: Über Theodor Storm. Liebesweh.)

Hielmcrone, Ulf v.: Das Schloss vor Husum. 1. Aufl. München, Berlin: Dt. Kunstverl. [2000]. 31 S. Ill. (DKV-Kunstführer. 585/0.)

Hinrichs, Boy: Zur Lyrik-Konzeption Theodor Storms. Emanzipation v. d. rhetor. Phrase u. intertextueller Dialog. In: Stormlektüren. Festschrift für Karl Ernst Laage zum 80. Geburtstag. Hg. v. Gerd Eversberg, David Jackson u. Eckart Pastor. Würzburg: Königshausen u. Neumann 2000. S. 281–99.

Jackson, David: Von Müttern, Mamas, Marien und Madonnen. „Viola tricolor", e. Novelle aus patriarchal. Zeit. In: Stormlektüren. Festschrift für Karl Ernst Laage zum 80. Geburtstag. Hg. v. Gerd Eversberg, David Jackson u. Eckart Pastor. Würzburg: Königshausen u. Neumann 2000. S. 151–62.

Jackson, David: Theodor Storms „Zerstreute Kapitel". In: Berliner Hefte zur Geschichte des literarischen Lebens. Am Inst. f. dt. Literatur d. Humboldt-Univ. zu Berlin hg. v. Peter Wruck u. Roland Berbig. 3 (2000), S. 123–43.

Jacobsen, Elke: Storm-Bibliographie. In: Schriften der Theodor-Storm-Gesellschaft. 49 (2000), S. 141–52.

Jacobsen, Elke: Verzeichnis der Veröffentlichungen von Karl Ernst Laage. In: Stormlektüren. Festschrift für Karl Ernst Laage zum 80. Geburtstag. Hg. v. Gerd Eversberg, David Jackson u. Eckart Pastor. Würzburg: Königshausen u. Neumann 2000. S. 387–97.

Jaritz, Gerhard: Storms Familienleben in Heiligenstadt – seine Kinder behandelte Storm wie seine Freunde. In: Eichsfeld. Monatszeitschr. d. Eichsfeldes. Duderstadt. 44 (2000) 3, S. 87/88.

Jaritz, Gerhard: Storms Vorgesetzter Kreisgerichtsdirektor Hentrich. In: Storm-Blätter aus Heiligenstadt. 2000, S. 34–36.

Koch, Dietrich: Joachim Rohweder. In: Zwischen Eider und Wiedau. Heimatkalender für Nordfriesland 1999. S. 134–39. Ill.; Faks. (Mit Abdr. e. Autogr. v. Storm an Rohweder.)

Korte, Hermann: „Taugenichts"-Lektüren. Eichendorff im literar. Kanon. In: Internationales Archiv für Sozialgeschichte der deutschen Literatur. Tübingen. 24 (1999) 2, S. 17–70. (S. 42–45: „Seelenstimmung": Kanonpraxis eines Autors am Beispiel Theodor Storms.)

Krauss, Rolf H.: Photographie und Literatur. Zur photogr. Wahrnehmung in d. deutschsprachigen Literatur d. 19. Jh. Ostfildern: Hatje Cantz Verl. 2000. 172 S. (S. 91–94: Zwei Momentaufnahmen bei Keller und Storm.)

Laage, Karl Ernst: Aus dem Storm-Archiv: Neue Dokumente aus Prag und St. Petersburg. In: Mitteilungen aus dem Storm-Haus. (2000) 13, S. 9–11. Faks. (Über d. Beziehung zwischen Th. Storm u. August v. Viedert.)

Laage, Karl Ernst: Das Storm-Haus in Husum. Eine Führung durch d. Museum. Mit 28 Abb. 3. erw. u. neugestaltete Aufl. Heide: Boyens 2000. 84 S. Ill.

Laage, Karl Ernst: Die Beziehungen Theodor Storms zu seinem „Schimmelreiter"-Berater Christian Eckermann und dessen Familie (mit unveröffentlichten Briefen). In: Schriften der Theodor-Storm-Gesellschaft. 49 (2000), S. 45–63. Kt.

Laage, Karl Ernst: Fontanes „Husumerei" und Gontscharows „Oblomowerei". In: Fontane Blätter. (2000) 70, S. 161–65.

Laage, K(arl) E(rnst): Neue „Schimmelreiter"-Dokumente im Husumer Storm-Haus. In: ALG Umschau. Berlin. (2000) 25, S. 30.

Laage, K(arl) E(rnst): Neue „Schimmelreiter"-Dokumente im Husumer „Storm-Haus". In: Gesellschaft für Schleswig-Holsteinische Geschichte: Mitteilungen. (2000) 58, S. 17.

Laage, Karl Ernst u. Gerhard Jaritz: Theodor Storms erste Übernachtung in Heiligenstadt. In: Storm-Blätter aus Heiligenstadt. 2000, S. 31–33.

Laage, Karl Ernst: Theodor Storms russische Begegnungen. In: Russen und Rußland aus deutscher Sicht. 19./20. Jahrhundert: Von der Bismarckzeit bis zum Ersten Weltkrieg. Hg. v. Mechthild Keller unter Mitarb. v. Karl-Heinz Korn. München: Fink 2000. S. 521–38.

Lamberty, Michael, Helmut Obermann u. Kathleen Renz: Lernzirkel Küste. Gotha u. Stuttgart: Klett-Perthes 2000. O. Pag. Ill.; Kt. (Lernen an Stationen.) (Ringbuch mit CD-ROM; 1 S. über „Der Schimmelreiter".)

Lefebvre, J(ean): Storm nimmt Abschied von Pastor Truelsen. In: Mitteilungen aus dem Storm-Haus. (2000) 13, S. 13–15. Faks. (Mit Faks. d. 1. S. d. Briefes v. Storm an Sophie Truelsen v. 24.4.1888.)

Literarische Reise durch Schleswig-Holstein 1999. 1. Aufl. Hamburg: Norddt. Verleger- u. Buchhändler-Verband 1999. 183, VII S. Ill. (Über das Storm-Haus: S. 162/63.)

Lohmeier, Dieter: Der Briefwechsel zischen Theodor Storm und Ferdinand Tönnies. In: Stormlektüren. Festschrift für Karl Ernst Laage zum 80. Geburtstag. Hg. v. Gerd Eversberg, David Jackson u. Eckart Pastor. Würzburg: Königshausen u. Neumann 2000. S. 91–127.

Lohmeier, Dieter: Zwei Gedichte von Theodor Storm. Plattdeutsches in der Landesbibliothek. In: Der Landtag Schleswig-Holstein. Kiel. (2000) 6, S. 20. Faks. (Über „An Klaus Groth" u. „Över de stillen Straten" [= „Gode Nacht"].) (Geschenk v. Verf.)

Looft-Gaude, Ulrike: Das Pastorat aus Grube und die Pastoren Stricker. In: Schleswig-Holstein. Spezial: Kirche. (2000) 1+2, S. 27–29. Ill.

McKinnon, Helen: Theodor Storm's „Immensee": Text and Music. Submitted in fulfilment of the requirements for the degree of Master of Philosophy. Sydney 2000. 2 Bde. Faks.; Noten. (Geschenk v. d. Verf.)

Mettenleiter, Peter u. Stephan Knöbl (Hg.): Blickfeld Deutsch. Jahrgangsstufen 9 u. 10. Erarb. v. Wolfgang Aleker [u. a.] Umschlagentwurf u. Ill.: Susanne Kuhlendahl. Paderborn: Schöningh 2000. 479 S. Ill. (Darin mehrfach Th. Storm.)

Mitteilungen aus dem Storm-Haus 13. Hg.: Theodor-Storm-Gesellschaft, Husum. Heide 2000. 30 S. Ill.; Faks.

Neumann, Christian: Katermord und Mutterfluch – zu den Tiefenstrukturen in Storms Novelle „Der Schimmelreiter". In: Literatur in Wissenschaft und Unterricht. Würzburg. XXXIII (2000) 1, S. 3–16.

Nürnberger, Helmuth: Das Schloß der Kinderfrau. Kleine Beitr. zur Literatur d. 19. u. 20. Jh. In Zsarb. d. Inst. f. Germanistik d. Univ. Flensburg u. d. Theodor Fontane Ges. Sektion „Schleswiger Land" hg. v. August Sladek u. Erich Unglaub. Flensburg: Baltica-Verl. Bruhns 2000. VIII, 299 S. (U. a. über: Storms Gedichte, Publikationen in Storms 100. Todesjahr, „Über die Heide", Storm und Fontane in ihren Briefen.)

Pachtenfels, Jürgen: Briefmarkenmotive aus Schleswig-Holstein seit 1850. In: Schleswig-Holstein. (2000) 5, S. 4–8. Ill. (Mit Abb. d. Storm-Briefmarke.)

Paefgen, Elisabeth K.: Frauen, die rechnen, und Männer, die nicht (mehr) reden können. Storm, „Der Schimmelreiter", 1888. In: Bogdal, Klaus-Michael u.

Clemens Kammler (Hg.): (K)ein Kanon. 30 Schulklassiker neu gelesen. München: Oldenbourg 2000. S. 79–83.

Pätzold, Hartmut: Der verunsicherte Bürger. Bemerkungen zum Paradigma misslingender pluripolarer Identität in „Carsten Curator". In: Stormlektüren. Festschrift für Karl Ernst Laage zum 80. Geburtstag. Hg. v. Gerd Eversberg, David Jackson u. Eckart Pastor. Würzburg: Königshausen u. Neumann 2000. S. 129–41.

Pastor, Eckart: Arme „Elisabeth"! Von d. (unverzeihlichen) Unzulänglichkeit d. Übersetzens. In: Schriften der Theodor-Storm-Gesellschaft. 49 (2000), S. 137–40.

Pastor, Eckart: Die männliche Stimme. Überlegungen zum Stormschen Erzählen anlässl. d. Novelle „Renate". In: Stormlektüren. Festschrift für Karl Ernst Laage zum 80. Geburtstag. Hg. v. Gerd Eversberg, David Jackson u. Eckart Pastor. Würzburg: Königshausen u. Neumann 2000. S. 163–82.

Reich-Ranicki, Marcel: Mein Leben. 6. Aufl. Stuttgart: Deutsche Verlags-Anstalt 1999. 565 S.

Reich-Ranicki, Marcel: Spiegel unserer Seele. Theodor Storm: Lied des Harfenmädchens. In: Frankfurter Allgemeine Zeitung. Nr. 216 v. 16.9.2000.

Roebling, Irmgard: „Von Menschentragik und wildem Naturgeheimnis". Die Thematisierung v. Natur u. Weiblichkeit in „Der Schimmelreiter". In: Stormlektüren. Festschrift für Karl Ernst Laage zum 80. Geburtstag. Hg. v. Gerd Eversberg, David Jackson u. Eckart Pastor. Würzburg: Königshausen u. Neumann 2000. S. 183–214.

Rössing, Roger u. Renate: Eichsfeld. Sonderausg. Würzburg: Flechsig 1999. 96 S. Zahlr. Ill. (Die schönsten Landschaften in Deutschland.)

Royer, Jean: Detlev von Liliencron über Theodor Storm. Aus e. unveröff. Brief Liliencrons an Michael Georg Conrad. In: Stormlektüren. Festschrift für Karl Ernst Laage zum 80. Geburtstag. Hg. v. Gerd Eversberg, David Jackson u. Eckart Pastor. Würzburg: Königshausen u. Neumann 2000. S. 301–11.

Schriften der Theodor-Storm-Gesellschaft. Im Auftr. d. Theodor-Storm-Ges. hg. v. Karl Ernst Laage u. Gerd Eversberg. Bd. 49 (2000). Heide: Boyens 2000. 188 S. Ill.; Kt.

Schwarz, Anette: Social subjects and tragic legacies: the uncanny in Theodor Storm's „Der Schimmelreiter". In: The Germanic Review. 73 (1998) 3, S. 251–66.

Segeberg, Harro (Mitarb.: Maike Limpert): „Storm ver-filmt"? Veit Harlans Film „Unsterbliche Geliebte" (1951). In: Stormlektüren. Festschrift für Karl Ernst Laage zum 80. Geburts tag. Hg. v. Gerd Eversberg, David Jackson u. Eckart Pastor. Würzburg: Königshausen u. Neumann 2000. S. 363–85. Ill.

Seidler, Burkhard, Herwig Grau u. Dietmar Wagner: Literatur-Kartei: „Der Schimmelreiter". Mülheim a. d. Ruhr: Verl. a. d. Ruhr 2000. 98 S. Ill.

Steensen, Thomas (Hg.): Das große Nordfriesland-Buch. Hamburg: Ellert u. Richter 2000. 560 S. Zahlr. Ill. (Nordfriisk Instituut.)

Storm-Blätter aus Heiligenstadt. Hg. Stadt Heilbad Heiligenstadt, Literaturmuseum „Theodor Storm". Redaktion: Antonia Günther. Heiligenstadt. 2000. 46 S.

Stormlektüren. Festschrift für Karl Ernst Laage zum 80. Geburtstag. Hg. v. Gerd Eversberg, David Jackson u. Eckart Pastor. Würzburg: Königshausen u. Neumann 2000. 416 S.

Tanaka, Hiroyuki: Der ästhetische Storm. Zur Musikalität seiner Dichtungen. Karl Ernst Laage zum 80. Geburtstag. (Sonderdr.) In: Journal of Kanazawa College of Economics. Kanazawa. 33 (2000) 3, S. 93–102. (Geschenk v. Verf.)

Thieme, Galina: Ivan Turgenev und die deutsche Literatur. Sein Verhältnis zu Goethe u. seine Gemeinsamkeiten mit Berthold Auerbach, Theodor Fontane u. Theodor Storm. Frankfurt a. M. [u. a.]: Lang 2000. 137 S. (Heidelberger Publikationen zur Slavistik. Reihe B; Bd. 15.) (4. Kap.: Lyrik und Prosa. Turgenev u. Storm: Grundprinzipien d. „Stimmungsnovelle". S. 107–37.) (Geschenk v. d. Verf.)

Titzmann, Michael: Die Verarbeitung von Gottfrieds „Tristan" in Storms „Späte Rosen". Die Begegnung unvereinbarer Anthropologien. In: Helle döne schöne. Versammelte Arbeiten zur älteren und neueren deutschen Literatur. Festschrift f. Wolfgang Walliczek. Hg. v. Horst Brunner ... Göppingen: Kümmerle 1999. S. 295–322.

Undeutsch, Dieter: „Gelassen, kraftvoll und zart ..." Der Theaterregisseur Otto Falckenberg in Ording.) In: St. Peter-Ording. Aus der Ortsgeschichte. Hg.: AG Orts-Chronik e. V. C. Heitmann / M. Oppel. St. Peter-Ording. (2000) 21, S. 52–58. (Erwähnt Ernst Storm.) (Geschenk v. Dr. Undeutsch.)

Wünsch, Marianne: Leben im Zeichen des Todes. Zu Theodor Storms Lyrik. In: Stormlektüren. Festschrift für Karl Ernst Laage zum 80. Geburtstag. Hg. v. Gerd Eversberg, David Jackson u. Eckart Pastor. Würzburg: Königshausen u. Neumann 2000. S. 255–70.

III. Sekundärliteratur (Examensarbeiten u. ä., außer Diss.)

Beneke, Herbert (Hg.): Die Konzeption der Welt und des Menschen in ausgewählten Novellen Theodor Storms. Dem Präsidenten d. Theodor Storm Ges. Herrn Prof. Dr. Karl Ernst Laage gewidmet anläßl. seines 80. Geburtstages. (Ms.) 2000. 176 S. (Masch.-schr.) (Geschenk v. Hg.)

Klose, Wolfgang: „Wo aber ist Heinz Kirch geblieben?" Kritisches Erzählen als Abbild zerfallender Gemeinschaft in Theodor Storms Novelle „Hans und Heinz Kirch". (Ms.) Münnerstadt 1999. 8 S. (Ms.)

Krämer, Kyri: Tod und Vergänglichkeit bei Theodor Storm und Iwan Turgenjew. Eine vergleichende Analyse. (Examensarb.) Kiel 2000. 82 S. (Masch.-schr.) (Geschenk v. d. Verf.)

Perret, Katja: Erziehung zum produktiven Umgang mit Literatur: Restauration von Theodor Storms „Sylter Novelle" in einem LK 12. (Schriftl. Hausarb. ... f. d. Lehramt ...) Halle/Westfalen 2000. 29 S. u. Anh. Ill. (Geschenk v. d. Verf.)

Steffen, Anja: Theodor Storms „Drei Märchen" – Literarische Phantastik im bürgerlichen Realismus. (Examensarb. / Lehramt.) Frankfurt a. M. 2000. 74 S. [Masch.-schr.] (Geschenk v. d. Verf.)

Stühmer, Ralf: Theodor Storm im Lichte des Poetischen Realismus. (Hausarb.) Fernuniv. Hagen 2000. 17 S. (Masch.-schr.) (auch auf CD-ROM). (Geschenk v. Verf.)

IV. Film, Fernsehen, Kassetten, CD-ROM u. ä.

ZeitZeichen. WDR/NDR. 21.02.1999: Vor 125 Jahren erscheint die Novelle „Pole Poppenspäler" von Theodor Storm. (Rundfunksendung v. Angelika Grunenberg.)

Storm-Forschung und Storm-Gesellschaft

Von Gerd Eversberg, Husum

I. Storm-Archiv

Durch den Ankauf wertvoller Bücher und Dokumente wurden auch in diesem Jahr die Bestände des Archivs und der Bibliothek erweitert. Dazu stellte die Gesellschaft Mittel zur Verfügung, außerdem wurden Zuwendungen der „Irene Thordsen-Stiftung" genutzt.

Das Archiv gab vielfältige Auskünfte bezüglich Theodor Storm und seiner Welt und wurde von über 40 Besuchern für wissenschaftliche Arbeiten benutzt, bzw. zu Informationszwecken besucht.

An folgenden Publikationen wurde im laufenden Jahr gearbeitet:
„Mitteilungen aus dem Storm-Haus" 2000 und „Schriften der Theodor-Storm-Gesellschaft" Nr. 49/2000; Festschrift zum 80. Geburtstag des Präsidenten unter dem Titel „Stormlektüren" in Zusammenarbeit mit den Germanisten Dr. David Jackson, Cardiff und Prof. Dr. Eckart Pastor, Liége. Das Buch konnte dem Jubilar anlässlich der Storm-Tagung im September überreicht werden. Unter dem Titel „Der Freund der Dichter" erschien ein Katalog zur „Petersen"-Ausstellung, in dem erstmals Dokumente zur Persönlichkeit Wilhelm Petersens und zu seinen Kontakten mit Storm, Keller, Groth u. a. Autoren und Künstlern zusammengestellt werden konnten.

Für eine illustrierte Separatausgabe von Storms Märchen „Die Regentrude" schrieb der Sekretär ein Nachwort. Das Buch erscheint im Berliner Verlag Rohrwall.

Neuerwerbungen des Storm-Archivs

1. Handschriften und Fotokopien von Handschriften

a) Handschriften

Gedichte

Freese, Henriette: An den Schlaf. O. O. u. D. 2 S.
Schaukal, Richard: Theodor Storm. [Gedicht.] O. O. 25.09.1916. 1 S. (Vgl. Düsel, Friedrich [Hg.]: Theodor Storm Gedenkbuch, S. 29.) (Geschenk v. d. Buchhandlung Delff.)

Briefe

Storm, Gertrud: Postkarte an Constanze Haase. [Husum], 22.09.1897.

b) Fotokopien

Gedichte

Storm, Theodor: Das macht es hat die Nachtigall (Die Nachtigall). (Albumblatt.) Heiligenstadt, 12.10.1861. In: Venator & Hanstein KG, Kölner Buch- u. Graphikauktionen: Wertvolle Bücher, Manuskripte, Autographen, Druckgraphik, Handzeichnungen. 25. März 2000. Nr. 636, S. 137/38. Faks.

Briefe

Dehmel, R.: Brief an Gertrud Storm. Blankenese b. Hamburg, 22.02.1910. 3 S. (Orig.: SHLB.)
Groth, Klaus: Postkarte an Wilhelm Petersen. Kiel, 19.09.1881. (Orig.: SHLB.)
Heyse, Paul: Briefe an Wilhelm Petersen. Gries/Bozen, 08.03.1891. 4 S. Gries/Bozen, 05.04.1891. 4 S. (Orig.: SHLB.)
Heyse, Paul: Brief an Gertrud Storm. München, 31.12.1907. 3 S. (Orig.: SHLB.)
Jensen, Wilhelm: Postkarten an Wilhelm Petersen. Kiel, 27.01.1874. Kiel, 17.07.1874. (Orig.: SHLB.)
Liliencron, Detlev v.: Brief an Michael Georg Conrad. (Mit Storm-Charakterisierungen.) (05.01.1889.) $4^1/_2$ S. (unvollst.) (Orig.: Stadtbibliothek München.)
Petersen, Wilhelm: Postkarte an Wilhelm Jensen. Schleswig, 19.04.1874. (Federzeichnung.) (Orig.: SHLB.)

Dokumente

Storm, Theodor: Widmung an Adele Eckermann. 27.02.1885. In: Storm, Theodor: Eine stille Geschichte. In: Deutsche Rundschau 42 (Jan.–März 1885). (Orig.: SHLB.)
Storm, Theodor: Widmung an Friedrich Rückert. Heiligenstadt, 10.03.1864. In: Storm, Theodor: Gedichte. 4. verm. Aufl. Berlin: Schindler 1864.

2. Bücher, Aufsätze (Auswahl: Erstausgaben, Erstdrucke, Storms Bibliothek u. a.)

Bauer, Gisela: Glückssteine unterm Regenbogen. Gedichte. Hg.: Gisela Bauer, Zwickau. Bamberg: Urlaub 1999. 117 S. Ill. (Mit Motto v. Th. Storm u. e. Gedicht „Für Husum" mit Bezug auf „Die Stadt") (Geschenk v. d. Verf.)
Brentano, Clemens: Ausgewählte Prosa. Hg. v. J. B. Diel. Mit Ill. v. Eduard Steinle in unveränderl. Lichtdr. v. J. Albert. (2. Bd.) Freiburg i. Br.: Herder 1873. VIII, 616 S. Ill. (Mit Widmung in Th. Storms Hs.: Ernst Storm Weihnachten 1875.)
Eichendorff, Joseph Frhrr. v.: Julian. Leipzig: Simion 1853. 74 S. (Ein entsprechender oder ähnlicher Band stand in Storms Bibliothek.)
Fouqué, Friedrich Baron de la Motte: Dramatische Dichtungen für Deutsche. Mit Musik. Berlin: Hitzig 1813. VI, 362 S. Noten. (Alf und Yngwi. Die Irmensäule. Die Runenschrift. Die Heimkehr des großen Kurfürsten. Die Familie Hallersee.) (Ein entsprechender Band stand in Storms Bibliothek.)
Fouqué, Friedrich Baron de la Motte: Sintram und seine Gefährten. Braunschweig: Schwetschke u. Sohn 1873. 192 S. (Mit Widmung in Th. Storms Hs.: Ernst Storm zum Geburtstg 1886.)

Heyse, Paul: Fünf neue Novellen. 6. Sammlung. Berlin: Hertz 1866. 400 S. (Franz Alzeyer. Die Reise nach dem Glück. Die kleine Mama. Kleopatra. Die Wittwe von Pisa.) (Ein entsprechender oder ähnlicher Band stand in Storms Bibliothek.)

Pietsch, Ludwig: Wie ich Schriftsteller geworden bin. Der wunderliche Roman meines Lebens. Hg. v. Peter Goldammer. Bd. 1: Erinnerungen aus den fünfziger Jahren. Bd. 2: Erinnerungen aus den sechziger Jahren. [In 1 Bd.] 1. Aufl. Berlin: Aufbau-Verl. 2000. 670 S. (Geschenk v. Hg.)

Stamm, Hermann: Theodor Storm, eine Einführung in seine Stimmungskunst. Eckernförde: Heldt 1915. VIII, 74 S. (Mit hs. Widmung v. Hermann Stamm an Max Kirmsse, 04.05.1916.) (Geschenk v. Frau Almut Christ, Niedenhausen.)

Wilhelm Petersen. Zu seinem hundertjährigen Geburtstage am 20. Januar 1935 seinen Enkeln von seinem Sohne gewidmet. Als Ms. in 50 Ex. gedr. bei J. J. Augustin in Glückstadt u. Hamburg. 145 S. (Nr. 30; aus d. Besitz v. Anna Magnussen geb. Petersen.) (Auch Storm erwähnt.)

3. Kompositionen

Borris, Siegfried u. Heinrich Martens: Chorbuch für gleiche Stimmen. 5.–12. Schuljahr. 1.–100. Tsd. Berlin, Leipzig: Volk u. Wissen 1948. 274 S. Ill.; Noten. (Das Musikschulwerk. 6.) (Darin Vertonungen v. Storm-Gedichten: Knab, Armin: Über die Heide; Am grauen Strand. Ahrens, Joseph: Gode Nacht. Licht, Ernst: Öwer de stillen Straten.)

Brix, Jakob: Vertonung des Storm-Gedichts „Hinter den Tannen". (Kopie v. Herrn Friedel, Klanxbüll.)

Der Hamburger Musikant. Teil B vom 7. Schuljahr ab. Hamburg: Verl. d. Ges. d. Freunde d. vaterländ. Schul- u. Erziehungswesens; Wolfenbüttel u. Hamburg: Möseler-Verl. 1951. 192 S. Noten. (S. 53: Licht, Ernst: „Gode Nacht".)

Musik im Leben. Schulwerk für die Musikerziehung. Bd. I. Ein Buch zum Singen und Spielen vom 5. Schuljahr an. Hg. v. Josef Heer [u. a.], neu durchges. v. Richard Jakoby. 21. Aufl. Frankfurt a. M. [u. a.]: Diesterweg 1969. XVI, 224 S. Noten. (Darin Vertonungen v. Storm-Gedichten: Rabsch, Edgar: „Över de stillen Straten". Richter, Wilhelm: „Meeresstrand".)

Rabsch, Edgar (Hg.): Musik. Ein Schulwerk f. d. Musikerziehung. Ausg. A. Für Grund- u. Volksschulen. Bearb. v. Edgar Rabsch u. Josef Heer. Bd. II: Sing- und Musizierbuch f. d. 5.–9. Schuljahr. 5. Aufl. Frankfurt a. M., Berlin, Bonn: Diesterweg 1963. VI, 178 S. Noten. (S. 122: Joh. Christoph Pez: Vertonung d. Storm-Gedichts „Weihnacht" [„Mir ist das Herz so froh erschrocken"].)

Sturm, Walther: Vertonung des Storm-Gedichts „An die Freunde".

Ulmann, Hellmuth v.: Vertonung des Storm-Gedichts „Die Nachtigall" (Op. 8a; 6.10.1938.)

Wessely, Herbert: Vertonung des Storm-Gedichts „Öwer de stillen Straten" [= „Gode Nacht"]. 1930. (Satz: Widmar Hader 1978.)

4. Bild-Archiv

Das Bildarchiv konnte im letzten Jahr (2000) wieder erweitert werden; die Postkarten-Kartei wurde weiter ergänzt und die Abteilung Kunst (Grafiken, Stiche und Original-Zeichnungen) wurde neu geordnet.

Benutzt wurde das Bild-Archiv (außer für die eigenen Zwecke: Ausstellung „Im Kreise der Dichter. Wilhelm Petersen (1835–1900) und seine Freundschaft mit Storm, Keller, Heyse, Groth u. a.") u. a. von: Beltz Verlag, Weinheim; Cornelsen Verlag, Berlin; Ellert & Richter Verlag, Hamburg; Joseph Groben, Ehnen/Luxemburg; Rochus Habitzky, Kerpen-Neubottenbroich; Landesarchiv Schleswig-Holstein, Schleswig; Jan Michels, Göttingen; Schulbuchverlag Oldenbourg, München; Piper Verlag, München; Rowohlt Taschenbuch-Verlag, Reinbek; Verlag Ferdinand Schöningh, Paderborn; Dr. Christian M. Sörensen, Mildstedt; Westholst. Verlagsanstalt Boyens & Co., Heide.

5. Benutzung von Bibliothek und Archiv

Die Storm-Spezialbibliothek und das Archiv der Theodor-Storm-Gesellschaft wurden von Stormforschern, Doktoranden und Studenten aus aller Welt benutzt. Es ging 2000 u. a. um folgende Themen (Auswahl):

Versuche, Theodor Storm mit dem „Poetischen Realismus" in Zusammenhang zu bringen (Hausarbeit, Fernuniv. Hagen)

Generationskonflikte in den späten Novellen Storms (Universität Wrocław/ Polen)

Storms Novelle „Der Schimmelreiter" (2. Staatsexamen-Prüfung, Itzehoe)

Mann-/Fraubeziehung u. Charakterisierung bei Theodor Storm – „Ein Doppelgänger" und „Der Schimmelreiter" (Magisterarbeit, Univ. Stockholm)

Natur und Pflanzen in den Werken Theodor Storms (Dissertation, Univ. Düsseldorf)

Briefwechsel Storm – Klaus Groth (Materialsuche für Hausarbeit)

Storm als Jurist (Neu-Isenburg)

Theodor Storms Chroniknovellen (Materialsuche)

Frauenfiguren in Storms Prosawerk (Examensarbeit)

Storms Kinder (Materialsuche)

Storms Novelle „Viola tricolor" (Materialsuche)

Storms Novelle „Der Schimmelreiter" (Materialsuche für eine Projektarbeit)

Theodor Storms Märchen „Die Regentrude" (Materialsuche)

Das Phantastische im Werk Theodor Storms (Hausarbeit, Univ. Kiel)

Literaturfilme am Beispiel Theodor Storms (Seminararbeit, Univ. Flensburg)

Die Herkunft „Nis Puks" (Seminararbeit, Univ. Flensburg)

II. Storm-Museum

Die Besucherzahlen im Museum betrugen 2000 insgesamt 29 041; 108 Schüler- und 98 Erwachsenengruppen wurden von Mitarbeitern der Gesellschaft betreut. Im Museum fanden Vorträge, Filmvorführungen und Seminare für unterschiedliche Besuchergruppen statt.

Museum und Archiv wurden von Literatur-Studenten aus Hamburg, Kiel und Flensburg besucht.

Dem Museum wurde eine Kommode geschenkt, die aus Storms Besitz stammt und früher im Hause von Storms Sohn Ernst aufbewahrt wurde. Außerdem konnten aus dem Nachlass Theodor Storms drei Stühle erworben werden, die vom Stil her zu den bereits im Museum befindlichen Möbeln von Constanze Storm passen und die im Kleinen Wohnzimmer aufgestellt wurden.

Die Museumssaison wurde am 6. April eröffnet und zwar mit einer Ausstellung „Im Kreise der Dichter", die Wilhelm Petersen (1835–1900) gewidmet ist. In dieser Ausstellung werden die vielfältigen freundschaftlichen Beziehungen zwischen Petersen und bedeutenden Schriftstellern und Künstlern der Stormzeit dargestellt. Parallel zur Ausstellung wurde vom Sekretär der Gesellschaft ein Katalog erarbeitet, der den Besuchern angeboten wird.

Das Bauamt der Stadt Husum führte umfangreiche Renovierungsarbeiten im Hause durch, so wurden Putzschäden und Setzrisse beseitigt und einige Fensterteile erneuert, sowie der gesamte Treppenhausbereich und der Eingangsbereich farblich neu gestaltet.

Hauptteil der Sanierungsarbeiten, die noch im Jahr 2001 fortgesetzt wurden, ist die Grundsanierung des Waschhauses im Garten des Storm-Hauses. Hier wurde der alte Fußboden herausgenommen und die Mauern gegen Feuchtigkeit isoliert. Schließlich wurde ein neuer Estrich eingebracht. Im Frühjahr 2001 wird im Waschhaus eine neue Ausstellung erarbeitet, die auf das Storm-Museum hinweisen soll, da viele Besucher ohne Eintritt Garten und Waschhaus besuchen und so ins Museum gelenkt werden können.

Zu Beginn der Adventszeit wurde wieder ein Weihnachtsbaum so geschmückt, wie Theodor Storm dies in vielen Dokumenten beschrieben hat. Ein Vortrag während der Feiertage in festlicher Umgebung erinnerte an die Bedeutung des Weihnachtsfestes für den Dichter und seine Familie. Aus den Beständen des Museums und einer Privatsammlung wurde in zwei Vitrinen alter Weihnachtsbaumschmuck gezeigt.

Im Treppenaufgang zum Verwaltungsbereich ist die Ausstellung zur Geschichte des Storm-Hauses neu gestaltet worden.

Im gesamten Museum wurde die Erneuerung der Beschriftungen fortgesetzt. Diese Arbeit wird im nächsten Jahr abgeschlossen.

III. Storm-Gesellschaft

Die Mitgliederzahl der Gesellschaft betrug zum Jahresende 2000 insgesamt 1347 Mitglieder. Die Gesellschaft organisierte für ihre Mitglieder und für andere interessierte Personen eine Reihe von Veranstaltungen, die im Museum und an anderen Orten der Stadt Husum stattfanden. Präsident und Sekretär der Gesellschaft haben im Jahre 2000 sowohl in Husum als auch in anderen Städten eine Reihe von Vorträgen gehalten. Der Präsident hielt zum Gedenken der Eindeichung der Hattstedter Marsch vor 500 Jahren einen Vortrag mit dem Titel „Schimmelreiterland Hattstedtermarsch", in Itzehoe einen Vortrag beim Heimatverein Steinburg „Theodor Storm – Wesenszüge seiner Dichtung" und im August einen Vortrag über Theodor Storm im Rahmen der „Sommerkirche" in Welt auf Eiderstedt. Der Sekretär sprach Anfang Februar in der Volkshochschule Wankendorf über „Theodor Storms Leben im Spiegel seiner Lyrik", im März nahm er an der IPTS-Landesfachtagung Deutsch in Kiel teil, im Mai hielt er einen Vortrag in Hademarschen über Theodor Storm und im Juni eröffnete er die

Ausstellung „Immensee" in Heiligenstadt anlässlich der dortigen Stormtage, die vorher im Storm-Haus gezeigt wurde.

Im Mai und Juni wurde die Veranstaltungsreihe „Storm-Akademie" fortgesetzt. Diesmal sprachen Dr. Gerd Eversberg über die „Schuld des Erzählers in Storms Novelle ‚Der Herr Etatsrat'"; Prof. Dr. Karl Ernst Laage über „Theodor Storm: Regional- und Weltliteratur" und Frau Prof. Dr. Helga Bleckwenn von der Universität Flensburg über „Storms ‚Aquis submersus' und Goethes ‚Wahlverwandtschaften'". Unbestrittener Höhepunkt dieser „Storm-Akademie" war die Aufführung des restaurierten Films „Ein Fest auf Haderslevhuus" im Kinocenter Husum. Zu dieser Veranstaltung war Dr. Michael Schaudig aus München angereist, der als Filmhistoriker die Restaurierung des Films verantwortet hat. Erstmals konnte die Originalkopie des Films einem größeren Publikum gezeigt werden. Die Storm-Gesellschaft hat damit ihre Bemühungen um die Erforschung der Mediengeschichte Theodor Storms fortgesetzt.

Das diesjährige Sommerprogramm, mit dem die Gesellschaft vor allem Touristen ansprechen will, bestand aus sieben Veranstaltungen. Sie wurden im Storm-Museum angeboten und dienten dazu, die Gäste mit Leben und Werk Storms vertraut zu machen, anschließend stand eine Führung durchs Museum auf dem Programm. Darüber hinaus wurden regelmäßig dienstags und donnerstags jeweils zu zwei Terminen Filmvorführungen angeboten, wobei der vom WDR produzierte 20minütige Film über Theodor Storm aus der Reihe „Rückblende" eingesetzt werden konnte. Ebenfalls Teil des touristischen Sommerprogramms waren zwei Veranstaltungen im Ratssaal des Husumer Rathauses: Am 19. Juli hielt Dr. Gerd Eversberg einen Vortrag mit Lesung über „Theodor Storms Leben und Werk in seinen Gedichten" und am 16. August sprach Prof. Dr. Laage über „Mit Storm unterwegs in Husum und anderswo". Zu beiden Vortragsveranstaltungen wurden in Zusammenarbeit mit der Tourist-Information anschließende Stadtführungen angeboten.

Die diesjährige Storm-Tagung im September war durch die Zusammenarbeit mit der Raabe-Gesellschaft in Braunschweig gekennzeichnet. Unter Federführung unseres Präsidiumsmitgliedes Prof. Dr. Heinrich Detering und des Sekretärs der Gesellschaft wurde ein Storm-Raabe-Symposion organisiert, das unter dem Titel „Kunstautonomie und literarischer Markt – Konstellationen des Poetischen Realismus" einen bisher noch nicht genügend erforschten Bereich thematisierte. Durch finanzielle Unterstützung der Deutschen Forschungsgemeinschaft (DFG) und des Kultus- und Wissenschaftsministerium des Landes Schleswig-Holstein sowie der Storm-Gesellschaft war es möglich, diese große Veranstaltung in Husum zu organisieren. Eingeladen waren 12 Referenten aus Deutschland, Österreich, der Schweiz, Frankreich, Belgien, Großbritannien und den USA. Sie stellten in ihren Referaten Marktbeziehungen vor allem der Autoren Storm und Raabe aber auch anderer Vertreter des poetischen Realismus dar. Sie diskutierten neue Forschungsansätze innerhalb des Referentenkreises unter Teilnahme eines Zuschauerkreises, der durchschnittlich 80 interessierte Personen umfasste. Die Vorträge wurden im Schloss vor Husum veranstaltet, während die Mitgliederversammlungen der beiden Gesellschaften in der Kongresshalle stattfanden. Den Festvortrag hielt Prof. Dr. Hans Jürgen Schrader aus Genf: „Autorfedern unter Press-Autorität. Mitformende Marktfaktoren der realistischen Erzählkunst, an Beispielen Storms, Raabes und Kellers".

Anlässlich des 80. Geburtstages ihres Präsidenten lud die Theodor-Storm-Gesellschaft zu einem Empfang ein, auf dem die langjährige Arbeit des vormaligen

Sekretärs und jetzigen Präsidenten Prof. Dr. Karl Ernst Laage gewürdigt wurde und ihm Vertreter der Gesellschaft und des öffentlichen Lebens für sein Engagement dankten.

Die Vorträge, die anlässlich der Storm-Tagung und des Symposions gehalten wurden, werden voraussichtlich im nächsten Jahr in einer Publikation veröffentlicht, die in Zusammenarbeit zwischen Raabe- und Storm-Gesellschaft in der Reihe „Husumer Beiträge zur Stormforschung" im Berliner Erich Schmidt Verlag erscheinen soll.

Die Exkursion führte die Teilnehmer auf die Insel Sylt, wo auf den Spuren von Storm und Raabe verschiedene historische Stätten besucht wurden.

Am 22. Oktober trug der Sekretär in Thun in der Schweiz anlässlich einer Matinee in Zusammenarbeit mit einem Künstler Theodor-Storm-Texte vor, die durch Klaviermusik ergänzt wurden.

Am 15. November hielt der Sekretär einen Vortrag über Theodor Storm als Jurist, Literat und Lyriker in der neu gegründeten Bucerius Law School in Hamburg. Weitere Vorträge fanden im Hotel „Altes Gymnasium" statt, wo verschiedene Tagungsgruppen die Storm-Gesellschaft um Mitarbeit beim kulturellen Rahmenprogramm gebeten hatten. Diese Gelegenheit wurde genutzt, die Gäste auch mit dem Storm-Museum bekannt zu machen.

Im Sommersemester 2000 veranstaltete der Sekretär als Lehrbeauftragter an der Universität Flensburg ein Seminar über Literaturverfilmungen am Beispiel Theodor Storms und im Wintersemester 2000/2001 zum Thema „Märchen und Sagen aus Schleswig-Holstein".

6. Programm der Raabe- und Storm-Tagung mit Symposion zum Thema „Kunstautonomie und literarischer Markt – Konstellationen des Poetischen Realismus" vom 7. bis 10. September 2000 in Husum

Donnerstag, 7. September 2000
Symposion „Kunstautonomie und literarischer Markt – Konstellationen des Poetischen Realismus" unter Leitung von Prof. Dr. Detering (Univ. Kiel) und Dr. Eversberg (Storm-Gesellschaft, Husum)
16.00 Uhr Schloss vor Husum (Südflügel):
1. Sektion: Kunstanspruch und Popularitätssehnsucht (Leitung: Prof. Dr. Karl Ernst Laage, Husum)

2 Referate:
PD Dr. Silvia Serena Tschopp (Univ. Augsburg): „‚Romane für das Volk'. Prutz' und Kellers Konzept einer zugleich kunstvollen und populären Literatur"
Prof. Dr. Sigurd Paul Scheichl (Innsbruck): „Selbstaussagen und Autoren des Realismus. Karl Emil Franzos' Anthologie ‚Die Geschichte des Erstlingswerks' (1894)"
19.30 Uhr Schloss vor Husum (Rittersaal)
Eröffnung des Symposions
Empfang durch den Kreis Nordfriesland und die Stadt Husum
Begrüßungen
Vortrag Dr. Gerd Eversberg: „Region und Poesie. Theodor Storms Entwicklung zum Schriftsteller"

Freitag, 8. September 2000
Schloss vor Husum (Südflügel)
Fortsetzung des Symposions
9.00 Uhr: *2. Sektion: Kunstautonomie und Zeitgenossenschaft (Leitung: Dr. Gerd Eversberg)* 3 Referate:
Dr. Rudolf Helmstetter (Konstanz): „Bedingungslose und bedingte Autonomie. Nietzsches ‚Kunst nur für Künstler' und Fontanes Literatur fürs Familienalbum"
Dr. Regina Fasold (Leipzig): „Romantische Kunstautonomie versus Zeitgeist um 1864? Zur Bedeutung von Storms Märchendichtung für seine realistische Poetik"
Prof. Dr. Jeffrey L. Sammons (Yale): „Zu den Erzählungen Fontanes und Spielhagens anlässlich des Ardenne-Skandals. Fragen an das Kanonisierungswesen"

14.00 Uhr: *3. Sektion: Marktgängige und marktwidrige Erzählkonzepte (Leitung: Prof. Dr. Heinrich Detering)* 3 Referate
Prof. Dr. Horst Denkler (Berlin): „Die Verwandlung des Marktgängigen ins Marktwidrige: Raabe schreibt Jensen um"
Dr. Anne-Bitt Gerecke (Kiel): „Fontanes ‚Unwiederbringlich' – das Ende des historischen Romans?"
Prof. Dr. Jean Royer (Paris): „Erziehung zur Zweisamkeit in Storms ‚Waldwinkel' und Raabes ‚Stopfkuchen'"

20.00 Uhr Hotel „Altes Gymnasium", Süderstraße 6
Treffen der Raabe- und Storm-Tagungsteilnehmer mit kleinem Abendimbiss
Vortrag Prof. Dr. Karl Ernst Laage: „Zur Regionalität im Poetischen Realismus: Syltspiegelungen in Storms und Raabes Sylt-Novellen"

Sonnabend, 9. September 2000
ab 9.00 Uhr: Storm-Haus, Wasserreihe 31
Möglichkeit zur Besichtigung des Museums und der neuen Ausstellung „Im Kreise der Dichter. Wilhelm Petersen (1835–1900) und seine Freundschaft mit Storm, Keller, Heyse, Groth u.a."

Schloss vor Husum (Südflügel)
Fortsetzung des Symposions
9.00 Uhr: *4. Sektion: Reichsgründung und Regionalität (Leitung: Prof. Dr. Harro Segeberg, Univ. Hamburg)* 2 Referate
Dr. David Jackson (Cardiff): „‚Abu Telfan' – Bumsdorf, Nippenburg, Richmond und Königgrätz"
Dr. Peter Goldammer (Weimar): „Halligfahrt und Mondschein. Storms und Raabes Reaktionen auf die Gründung des Deutschen Reiches"

Irene Thordsen-Kongresshalle, Erichsenweg (am Schlosspark)
Mitgliederversammlungen
14.00 Uhr Raabe-Gesellschaft (kleine Halle)
15.00 Uhr Storm-Gesellschaft (große Halle)
Begrüßung
Tätigkeitsbericht
Kassenbericht
Wahlen
Verschiedenes

16.00 Uhr *Festversammlung*
Begrüßung durch die Präsidenten der beiden Gesellschaften
Festvortrag Prof. Dr. Hans Jürgen Schrader (Genf): „Autorfedern unter Press-Autorität. Mitformende Marktfaktoren der realistischen Erzählkunst, an Beispielen Storms, Raabes und Kellers."
Musikalische Umrahmung durch ein Ensemble der Hermann-Tast-Schule

19.30 Uhr *Übergabe der Festschrift zum 80. Geburtstag von Prof. Dr. Karl Ernst Laage „Stormlektüren"*
Laudatio: Prof. Dr. Eckart Pastor (Univ. Liége/Belgien)
Sektempfang
anschl. Ausgabe der subskribierten Festschrift

Sonntag, 10. September 2000
7.30 Uhr: Abfahrt vom ZOB (am Nissenhaus)
Exkursion nach Sylt auf den Spuren von Wilhelm Raabe und Theodor Storm
Mittagessen in Keitum; Besichtigung der Museen „Vogelkoje" und „Altfriesisches Haus"
Rückkehr gegen 18.00 Uhr

Storm-Tagung 2001 (Vorschau)
und 50 Jahre „Schriften der Theodor-Storm-Gesellschaft"
7. bis 9. September in Husum
Freitag, 7. Sept., 20.00 Uhr Hotel „Altes Gymnasium" Übergabe und Vorstellung des Bandes „Theodor Storm. Dichter und demokratischer Humanist. Eine Biographie" des Storm-Preisträgers der Stadt Husum, Dr. David Jackson.

Sonnabend, 8. Sept., Irene Thordsen-Kongresshalle
14.30 Uhr: Mitgliederversammlung
16.00 Uhr Festvortrag: Frau Prof. Dr. Rita Morrien (Univ. Freiburg) „Der dunkle ‚Garten der Vergangenheit' – historisches Erzählen als Lizenz zur Ausschweifung in den Chroniknovellen Theodor Storms"
20.00 Uhr: 50 Jahre „Schriften der Theodor-Storm-Gesellschaft"
Vortrag: Dr. Gerd Eversberg „Ein modernes Storm-Bild. 50 Bände ‚Schriften der Theodor-Storm-Gesellschaft'"
Anschließend lädt der Boyens Verlag zu einem Empfang ein.

Sonntag, 9. Sept., Exkursion nach Westermühlen und Johannisberg

Storm-Tagung 2002: 6. bis 8. September

Buchbesprechungen

Stormlektüren. Festschrift für Karl Ernst Laage zum 80. Geburtstag. Hg. von Gerd Eversberg, David Jackson u. Eckart Pastor. – Würzburg: Verlag Königshausen & Neumann GmbH 2000.

Dieser vorzüglich ausgestattete Band erweist sich bei näherer Betrachtung als eine außergewöhnlich gehaltvolle Festschrift. Herausgeber und Autoren bieten kein Sammelsurium der Stormforschung, sondern in sieben Themenbereichen, deren Beiträge z. T. ineinander übergreifen bzw. sich ergänzen, ein übersichtlich strukturiertes Bild markanter Erscheinungsformen der Stormschen Dichtung im Spiegel aktueller wissenschaftlicher Auseinandersetzung.

Bereits ein Blick auf das Autorenverzeichnis beweist, dass dem Werk des norddeutschen Dichters zunehmend Weltgeltung zuteil geworden ist, woran der Jubilar einen entscheidenden Anteil hat (S. 13–16).

Die Lektüre ist gewinnbringend, weil nicht nur der erreichte Forschungsstand reflektiert wird, sondern bisherige Erkenntnisse auch in Frage gestellt, problematisiert und durch neuere Einsichten vertieft bzw. erweitert werden. Beeindruckend ist nicht allein der Facettenreichtum der Beiträge; das eigentlich Inspirierende besteht darin, dass der Leser verschiedentlich einen bislang ungewöhnlichen Einblick in das Widersprüchliche, gelegentlich auch Verwirrende in Storms Werk, in seine Natur-, Kunst- und Gesellschaftsauffassung erhält. In diesem Sinne erweisen sich auch diskursive Auffassungen einiger Autoren zur gleichen Thematik als bereichernd; denn ein Sowohl-als-Auch regt zu weiteren Überlegungen an, zumal der Dichter dadurch in seiner konvergierenden und divergierenden Haltung zum konkreten sozial- und kulturhistorischen Umfeld deutlich Gestalt gewinnt.

Der Leser erhält u. a. neue Einsichten in Storms lyrisches Schaffen, vor allem bezüglich der Motive des Todes und der Vergänglichkeit, aber auch zu seiner exponierten Stellung unter den Lyrikern des 19. Jahrhunderts. In dieses Bezugsfeld gehören auch die anregenden Hinweise auf mögliche Einflüsse dänischer Poesie (S. 38 ff.).

Neue Sichtweisen vermitteln ferner aufschlussreiche Arbeiten über den Einfluss der Naturerfahrungen des Dichters im Spiegel des naturwissenschaftlich-technischen Denkens seiner Zeit auf seine Erzählkunst (S. 183 ff., bes. S. 207–14; s. auch S. 47 ff.).

Beiträge zur Novellistik, insbesondere zur künstlerischen Gestaltung des Motivs der Vaterschuld, gewinnen unter Einbeziehung biografischer Aspekte trotz – oder besser – wegen kontroverser Auffassungen neuen Erkenntniswert (S. 143 ff. u. 163 ff.).

Einen anschaulichen Einblick in den schwierigen Arbeitsprozess des bereits schwer erkrankten Storm bei der Gestaltung der „Schimmelreiter"-Novelle gewährt eine akribisch gearbeitete Textgenese, die sich auf neu erworbene Handschriften gründet. Durch den Abdruck bisher nicht bekannter Manuskriptteile gewinnt der Leser eine Vorstellung, wie sicher der Dichter den Text aufgebaut, strukturiert und erarbeitet hat (S. 331 ff.). (Vgl. hierzu auch: „Die Storm-Handschriften aus dem Nachlass von Ernst Storm. Mit der Edition des ‚Concepts' zur Novelle ‚Der Schimmelreiter'" in: Patrimonia-Heft 151, hrsg. von der Kulturstiftung der Länder u. a., Berlin 1999.)

Nicht ohne Bewegung liest man die Briefe zwischen dem älteren Storm und dem etwa 40 Jahre jüngeren Wissenschaftler F. Tönnies, die hier nach den Handschriften erstmalig neu ediert und kommentiert vorliegen (S. 91 ff.). Diese Briefdokumente, vorwiegend aus der Feder des Husumer Dichters überliefert, lassen das berührend Menschliche dieser Freundschaftsbeziehung lebendig werden.

Als ein Phänomen in der europäischen Poesie des 19. Jahrhunderts erscheinen die überzeugend nachgewiesenen Gemeinsamkeiten im Bereich lyrischer Prosa zwischen

Storm und Turgenjew, die Liliencron bereits 1872 treffend als ein „Genre ‚Storm-Turgenjew'" (S. 275) charakterisierte.

Auf eine mögliche Adaption der Storm-Novelle „Der Herr Etatsrat" durch Kafka für seine Erzählung „Die Verwandlung" verweist zwar eine literarhistorisch nicht gesicherte, aber dafür durchaus anregende Studie (S. 349 ff.).

Es ist erfreulich, dass eine Festschrift, deren vielfältige wissenschaftliche Beiträge hier nur angedeutet werden konnten, sich nicht der filmischen Adaption Stormscher Novellen verschließt. Eine sehr gründlich gearbeitete Studie dokumentiert unter dem treffenden Titel „Storm ver-filmt"? (S. 363 ff.) die umstrittene „Aquis submersus"-Verfilmung von Veit Harlan („Unsterbliche Geliebte") in ihrer Wirkung auf Kino-Besucher von 1951 und belegt, wie nah bzw. wie fern der Film der Stormschen Dichtung war und mit welcher Strategie der Regisseur damalige Filmbedürfnisse beim deutschen Publikum zu berücksichtigen wusste. Dieser auch kulturgeschichtlich interessante Beitrag dürfte zu weiteren Untersuchungen über Storm-Verfilmungen anregen.

Als Resümee lässt sich nur bestätigen, dass sich die Erwartungen und Ziele der Herausgeber (S. 17) durch einen reichen Ertrag erfüllt haben. Doch wünschenswert wäre eine Arbeit zur Rezeption von Novellen und Gedichten dieses Künstlers in der Gegenwart gewesen, zumal „Storm-Lektüren" durchaus Fragen nach Interessen und Motiven heutiger Storm-Leser einschließen.

Manfred Horlitz, Potsdam

Theodor Storm: Pole Poppenspäler. Hg. von Johannes Diekhans. Erarbeitet und mit Anmerkungen versehen von Jean Lefebvre. Paderborn: Ferdinand Schöningh 2000.

In der Lektüre-Reihe des Schöningh-Verlages ist ein neuer Band mit der Jugendnovelle „Pole Poppenspäler" erschienen, die Storm 1874 als Auftragsarbeit für die Zeitschrift „Die Jugend" geschrieben hat und die seit der Wende des 19. zum 20. Jahrhunderts von der Jugend-Schriftenbewegung zum Muster klassischer Schullektüren erkoren wurde. Seit mehr als hundert Jahren gehört die Puppenspielergeschichte zum Lektürekanon der Sekundarstufe I sämtlicher Schulformen und hat bis heute ihre Attraktion auf Lehrer nicht verloren. Auch wenn vor einiger Zeit eine kritische Stimme auf das gesunkene Schülerinteresse verwiesen und für eine Behandlung der Novelle in der gymnasialen Oberstufe plädiert hat (Wilhelm Große: Theodor Storm. Pole Poppenspäler. In: Lehrpraktische Analysen. Stuttgart 1994), so belegen viele Gespräche mit Schülern und Lehrern, die das Storm-Haus in Husum besuchen, dass „Pole Poppenspäler" neben dem „Schimmelreiter" nach wie vor die meistgelesene Erzählung Storms ist.

Die neue Ausgabe in der Reihe „Einfach Deutsch" bietet zunächst den Text mit Lesehilfen in den Anmerkungen, ohne die eine Lektüre Schülern heute, mehr als hundert Jahre nach der Entstehung des Textes, kaum mehr zumutbar erscheint. Jean Lefebvre hat die Kommentare verschiedener wissenschaftlicher Editionen und früherer Schulausgaben geschickt für seinen Leserkreis verarbeitet und schafft somit die Grundlage eines ersten Leseverstehens. Der Text wird von den Illustrationen des Erstdrucks von Carl Ofterdinger begleitet. In einem Anhang bietet der Herausgeber umfangreiche Materialien an, die ebenfalls den didaktischen Blick des Schulpraktikers erkennen lassen. Der Kommentar ist nicht überfrachtet mit literaturwissenschaftlichen Informationen, sondern reduziert die biographischen Hinweise auf das Notwendigste und ist durch geschickt ausgewähltes Bildmaterial sehr anschaulich gestaltet. Eine Seite mit Daten zu Storms Leben wird durch Bild- und Textmaterial zum Schreibprozess und zur Entstehungsgeschichte der Erzählung ergänzt. Eine originelle Idee ist es, drei Lieder in den Anhang aufzunehmen, nämlich die beiden in der Novelle erwähnten: „Der Kosak und das Mädchen", gesungen vom Kröpel-Lieschen bei der misslingenden letzten Vorstellung Tendlers und das niederdeutsche Volkslied „Lott is dot", das von dem ungebildeten Publikum nach Sprengung der Vorstellung gegröhlt wird. Lefebvre ergänzt dieses Kapitel seines Anhangs durch Klaus Hoffmanns „Der König der Kinder", einer deutschen Adaption eines Chansons von Jean Ferrat. Trefflich ausgewählt wurden die von knappen Texten begleiteten Bildmaterialien zu den Schauplätzen der Novelle, Husum und Heiligenstadt, die durch Zeichnungen von Wilhelm M. Buch ergänzt werden. Es schließen sich Materialien zum Puppenspiel an; zwei Textauszüge aus Kellers Roman „Der grüne Heinrich" und ein Kapitel aus Karl von Holteis „Die Vagabunden" vermitteln neben einem Auszug aus Simrocks „Puppenspiel vom Doktor Faust" etwas von der zeitgenössischen Atmosphäre bei Marionettentheater-Aufführungen. Es folgen Hinweise für eine praktische Unterrichtsgestaltung mit Hilfe von Stabpuppen und zwei knappe Texte zur Novellentheorie. Damit erhalten die Schüler altersgerechte Informationen, die zu verschiedenen didaktischen Konzeptionen benutzt werden können, auf deren beispielhafte Skizzierung die Reihe aber verzichtet. Die letzte Seite enthält ein kurzes Literaturverzeichnis; vielleicht sollte der Verlag den Leseheften seiner Reihe ein kurzes Nachwort beigeben, in dem die historischen Zusammenhänge von Entstehung und Rezeption der Texte zumindest angedeutet werden.

Gerd Eversberg, Husum

Theodor Storm: Der Schimmelreiter. Hg. von Claudia Lorenz und Christiane von Schachtmeyer. München: Oldenbourg 2000. (Lektüre, Kopiervorlagen).

Seitdem der Deutschunterricht die handlungsorientierte Behandlung von Literatur entdeckt hat, bieten die Verlage den Deutschlehrern entsprechend ausgearbeitete Modelle, die die Schüler zu kreativer anstatt zu kopflastiger Auseinandersetzung anregen sollen. Storms „Schimmelreiter" eröffnet die Reihe 'Lektüre', die für einen lebendigen Umgang mit Ganzschriften Pate stehen soll. Die Grenzen dieser Methode sind jedoch bei dieser Darstellung offensichtlich.

In der Einleitung wird die Aufteilung des didaktischen Modells in einen nicht ganz nachvollziehbaren Texterschließungs- und in einen Interpretationsteil gegliedert. Dieser doppelte Zugang verlangt eine doppelte Auseinandersetzung, die sich für junge Leser als Belastung erweisen kann. Die textproduktiven Aufgabenstellungen sind zahlreich, vielleicht zu zahlreich, wenn man bedenkt, dass Storms Novelle hohe Anforderungen an die Fiktionskompetenz stellt und sich deshalb nicht nur schülerorientiert erschließen lässt. Das vorliegende Literaturkonzept lässt vermuten, dass sich die Textarbeit im Ankreuzen von vorgegebenen Lösungsmöglichkeiten oder in der Produktion paralleler Texte (Tagebuch, Theaterfassung, Eheberatung, Gerichtsverhandlung) erschöpft. Es sei in diesem Zusammenhang erwähnt, dass einzelne Lösungsmöglichkeiten in den multiple-choice-Aufgaben abwegig und unangemessen erscheinen. Dass sie zu einem verfälschenden Textverständnis führen können und deshalb mit Vorsicht zu handhaben sind, zeigen z. B. die Fragen zum Charakter Hauke Haiens, der sich nicht statisch fassen lässt. Seine Position im Dorf und sein Selbstverständnis sind dem Wandel unterworfen und verlangen eine detailliertere Antwort. Querverweise in den Fragestellungen hätten diese Schwäche abfangen können.

Grundsätzlich seien Bedenken angemeldet gegen eine Methode, die Begriffe und Ein-Wort-Sätze vorgibt, statt sie selbstständig von Schülern erarbeiten zu lassen. Zur Verbesserung des Leseverhaltens wird in der Einleitung die Verzögerung als methodische Möglichkeit genannt. Hier wäre es bestimmt leserfreundlicher gewesen, eine (wenn auch knappe) Vorstellung der Arbeitsergebnisse Lindehahns und der Theorie Isers über die Vorstellungserschwerung bei fiktiven Texten zu liefern. Diese ergiebige Rezeptionshaltung, wozu das Erarbeiten von Lesehypothesen gehört, wird aber in den gewählten Aufgaben nicht genügend fruchtbar gemacht. Zu begrüßen sind hingegen die ansprechenden Illustrationen, die in die Interpretationsarbeit einbezogen werden. Dass das Gemälde Caspar David

Friedrichs ‚Mönch am Meer' von der ‚Schimmelreiter-Didaktik' bereits 1996 entdeckt wurde, tut dessen Verwendung keinen Abbruch.

Die Zielgruppe dieses Erschließungsmodells wird nicht genannt, aber aus der Art einzelner Fragen ist zu entnehmen, dass schon die 7. oder 8. Klasse anvisiert wird. Manche Aufgaben wiederum können die Schüler überfordern, entweder weil die Formulierung zu wissenschaftlich oder weil der Umfang der notwendigen Textkenntnis von Schülern in diesem Alter nicht zu leisten ist oder aber weil sich die Informationen außerhalb ihrer Erfahrungsbereiche befinden. Zu häufig bleibt die Funktion solcher Aufgaben unklar. Fragen zum aktuellen Deichbau können von Experten beantwortet werden, sie tragen aber nicht weiter zu einem besseren Verständnis der von der Novelle aufgeworfenen Problematik bei. Das Umschreiben einer Textvorlage in einen Wetterbericht mag das Sprachvermögen des Schülers schärfen, die poetische Funktion des Stils Storms wird aber durch den vorgeschlagenen Sachtext nicht verdeutlicht. Es ist nichts dagegen einzuwenden, dass Schüler zuerst ihr eigenes Verhältnis zum Aberglauben prüfen, bevor sie über dessen Funktion im Werk nachdenken. Der ausgesuchte Weg wird aber nicht kritisch beleuchtet, so dass der Eindruck entsteht, dass Hauke Haien erfolglos gegen die unaufgeklärten Dorfbewohner kämpft und allein daran scheitert. Das unterdrückte weibliche Erzählen, dem die aktuelle Forschung einen besonderen Stellenwert widmet, hätte im Rahmen der Analyse des Aberglaubens oder der Autorintention untersucht werden müssen. Die Sekundärliteratur beschränkt sich allerdings auf einen verlagsinternen Titel, der vor zehn Jahren erschienen ist – die überarbeitete Fassung von 1999 wird nicht erwähnt.

Es ist zu bezweifeln, ob mit diesem einseitigen methodischen Ansatz der junge Schüler zu einem angemessenen Verständnis der Novelle geführt werden kann, es sei denn, dass die im Anhang angeführten Informationen und verschiedene Antwortmöglichkeiten in einem abschließenden Unterrichtsgespräch diskutiert werden, so dass die Lerngruppe die erzielten Arbeitsergebnisse in einem literarischen Zusammenhang betrachten kann.

Jean Lefebvre, Büsum

Storm-Texte in neuen „Oldenbourg Interpretationen". 1. Lyrik von der Romantik bis zur Jahrhundertwende. Interpretiert von Thomas Gräff. München: Oldenbourg 2000. 2. (Bd. 96) (K)ein Kanon. 30 Schulklassiker neu gelesen. Hg. von Klaus-Michael Bogdal und Clemens Kammler. München: Oldenbourg 2000. (Bd. 100).

Für den Schulgebrauch und damit als theoretische Basis für Deutschlehrer ist die Reihe „Oldenbourg Interpretationen" konzipiert. In den theoretischen Teilen der neu konzipierten Bände dieser Reihe finden sich fachwissenschaftlich fundierte Darstellungen epochenspezifischer Literaturkonzepte und methodische Reflexionen, die den neusten Stand literaturwissenschaftlicher Theoriebildung und Interpretation aufgreifen. Die hier vorgenommene Kanonisierung von Dichtung für Unterrichtszwecke vor allem der Gymnasien wirft immer auch ein Schlaglicht auf den Stand der Erforschung einzelner Autoren. Ich konzentriere mich in dieser Besprechung auf die Frage, was in diesen Publikationen Neues über Theodor Storm zu erfahren ist.

Die Bedeutung des Lyrikers Storm, die von seinen Zeitgenossen nicht erkannt wurde, zeigt sich weniger in Einzelinterpretationen ausgewählter Gedichte als viel mehr in solchen Darstellungen, die im Kontext des Epochenwandels auf Verschiebungen von Akzenten oder gar auf Paradigmenwechsel hinweisen. So bestimmt der Verfasser im Kapitel über den Bürgerlichen Realismus als zentrales Anliegen der Dichtung zwischen 1848 und 1890 die Poetisierung und Verklärung der Wirklichkeit. Dies gelang in der Prosadichtung dieser Zeit einer ganzen Reihe von Autoren, die bedeutende Novellen und Romane publizierten, in herausragender Weise; die Produktion populärer Lyrik aber zeichnet sich eher durch Quantität denn durch Qualität aus, sie schon von

Zeitgenossen als eklektizistisch abgewertet wurden.

Einer der wenigen Lyriker dieser Zeit, die sich neben Hebbel, Keller, Meyer und Fontane bewusst von der Goldschnittpoesie der Epigonen absetzte, war Theodor Storm. Ohne eine geschlossene Poetik des Gedichts zu schaffen, hat Storm seine Grundüberzeugungen mehrfach klar formuliert, nach denen im lyrischen Gedicht das Allgemeine sich im Individuellen auszusprechen habe, die Phrase vermieden werden müsse, aus der Inspiration Allgemeingültiges entstehen und auf die Gefühle des Lesers ein neues Licht geworfen werden müsse.

Thomas Gräff wählt zwei Gedichte Storms aus und zeigt an den Texten, wie der Dichter seinen an verschiedenen Orten schriftlich fixierten poetologischen Grundsätzen gerecht zu werden sucht. Das erste Gedicht ist „Meeresstrand", in dem Storm 1854 die Unmittelbarkeit seiner Naturerfahrung einfängt. Gräff stellt den Text in die Tradition des Abendliedes und zeigt, mit welchen sprachlichen Mitteln Storm die Atmosphäre der Einsamkeit gestaltet. Dadurch, dass Storm die Landschaft nicht mehr, wie das die romantische Naturlyrik versucht hatte, mit der Gefühlsregung des betrachtenden Ichs assimiliert, sondern sein Gefühl der Vereinzelung auf Elemente der Landschaft überträgt, weist der Text über die traditionelle Erlebnislyrik hinaus und vermittelt eine typische Erfahrung der Moderne. Dies trifft in noch größerem Maße auf das 1878 entstandene Gedicht „Geh nicht hinein" zu, in dem sich Storm mit einem Todeserlebnis auseinandersetzt. Der Detailrealismus der Beschreibungen und vor allem die ungewöhnliche Form belegt, wie Storm in seiner späten Lyrik die abgenutzten Muster der Erlebnislyrik weit hinter sich gelassen hat und wie nahe er mit seiner schlichten Sprache der modernen Lyrik steht.

Damit wird deutlich, dass die Charakterisierung Storms als letztem Lyriker in der Nachfolge der Poesie der klassischen und romantischen Epoche, die sich auf Aussagen des Dichters selbst berufen kann, einer dringenden Ergänzung bedarf. Einige von Storms Gedichten weisen nicht nur auf die Moderne voraus, sie sind selber Teil einer neuen Dichtungsauffassung, die sich von dem klassischen Totalitätsanspruch der Weltauffassung verabschiedet und am Ende des 19. Jahrhunderts nur noch zu Selbstaussage und Vereinzelung fähig ist.

Etwas von der Bedeutung Storms für die Entfaltung der Lyrik des 20. Jahrhunderts wird auch im ersten Kapitel von Hermann Kortes Darstellung der theoretischen Voraussetzungen der lyrischen Moderne deutlich: Lyrik des 20. Jahrhunderts (1900–1945), München 2000.

Storms Unmittelbarkeitspostulat, das auf den Prämissen der erlebnismäßigen und stimmungshaften Wirkung von Gedichten gründet, wird mit programmatischen Statements von Hugo von Hofmannsthal und Stefan George kontrastiert. Wie kein anderer hat der Husumer Dichter versucht, das Ideal der im Gefühl gegründeten Dichtung für die eigene Gedichtproduktion ebenso wie für die Auswahl fremder Texte für Lyrikanthologien fruchtbar zu machen und dadurch die Illusion des Unmittelbaren seiner in den Text projizierten Seelenstimmung zu verabsolutieren. Diese Hoffnung auf eine Wirkungsmacht der Lyrik wird von Vertretern der Moderne endgültig verworfen und durch eine Poesie der Form ersetzt, in der die künstlerische Autonomie gegen jeden Anspruch einer Wirkungskonzeption abgegrenzt wird. Am Beginn des 20. Jahrhunderts dominiert die Selbstreferenz des autonomen Dichters, dem Schreiben zur existenziellen Notwendigkeit wird und dessen Texte nicht mehr in Abhängigkeit von Marktbedingungen, Literaturkritik und öffentlicher Meinung entstehen, sondern in denen sich der Anspruch individuellen Künstlertums sehr oft hermetisch ausdrückt. Dass einige der großen Gedichte Storms entgegen seiner eigenen theoretischen Konzeption nicht nur auf diese Wende verweisen, sondern bereits Elemente des Modernen selbst enthalten, ist eine These, die von der Storm-Forschung noch differenzierter untersucht werden muss.

Dass Storms Novellistik längst in den Kanon der Schullektüre Eingang gefunden hat, belegt auch der Jubiläumsband der Reihe (Odelbourg Interpretationen 100), in dem die Herausgeber 30 Schulklassiker von Lessing („Emila Galotti" und „Nathan der Weise") bis Süskind („Das Parfüm") neu beleuchten wollen. Sie haben Schulpraktiker und Hochschullehrer verschiedener Generationen gebeten, die bekannten Werke in knappen Beiträgen (in der Regel auf 5 bis 6

Druckseiten) neu zu interpretieren. Natürlich verlangt diese radikale Beschränkung des Umfangs eine Konzentration auf einen Aspekt und provoziert eine holzschnittartige Begründung der jeweiligen Bedeutung der Texte, die es sinnvoll erscheinen lässt, sie im Deutschunterricht zu behandeln.

Elisabeth K. Paefgen verzichtet in ihrem Beitrag *Frauen, die rechnen, und Männer, die nicht (mehr) reden können. Storm, „Der Schimmelreiter", 1888* auf eine Auseinandersetzung mit den bisherigen Deutungen von Storms Hauptwerk und konzentriert sich auf die Beziehung zwischen Elke und Hauke, auf weibliches und männliches Wissen, auf Rechnen und Leben. Sie weist auf die häufig vernachlässigte Tatsache hin, dass Elke als Mädchen Hauke Haien in der Rechenkunst ebenbürtig war, dass sie aber in der Ehe auf diese Fähigkeit nie zurückgreift. Daraus entsteht die Frage, welche Funktion die Klugheit Elkes für die Novellenhandlung überhaupt hat. Offenbar haben die Storm-Interpreten bisher übersehen, dass Elke ihren Mann nie bei der Verwirklichung von dessen Deichbauplänen unterstützt, dass sich ihr Segen allein auf ihre Ehe bezieht. Daraus und aus weiteren Indizien, darunter dem Bruch des alten Deiches, den Hauke zu erneuern versäumt hat, leitet die Verfasserin die These ab, das hätte verhindert werden können, „wenn Hauke die redende Verbindung mit seiner klugen Frau gehalten hätte."

Gerd Eversberg, Husum

Burkhard Seidler, Herwig Grau und Dietmar Wagner: Literaturkartei: „Der Schimmelreiter". Mülheim: Verlag an der Ruhr 2000.

Die Herausgeber der neuen Literaturkartei zu Storms 1888 erstmals veröffentlichten Hauptwerks „Der Schimmelreiter" zählen diese Novelle zu den „Klassikern" der Schullektüre und sind davon überzeugt, dass sich mit diesem Text „moderner Unterricht machen lässt" und dass er „Themen berührt, die Schüler berühren" (S. 3). Damit deckt sich die knappe didaktische Reflexion der Einleitung mit Beobachtungen, die mir von einer Storm-Renaissance sowohl der literaturwissenschaftlichen Beschäftigung mit dem „Schimmelreiter" als auch seiner Bedeutung als Schullektüre zu sprechen erlauben. Ich habe in den letzten Bänden der „Schriften" auf die überraschende Aktualität des „Schimmelreiter" mehrfach hinweisen können.

Im Vordergrund der Kartei stehen die Materialien für den Unterricht; in der (zu) knappen Einleitung für Lehrer wird aber das didaktische Konzept der Autoren zumindest im Ansatz erkennbar. Der „Schimmelreiter" gilt als ein Stück „Weltliteratur", das in einer einzigartigen Landschaft verortet werden und moderne Leseerfahrung „auf eine faszinierende und irritierende Weise" erweitern kann. Dieser Hinweis auf das Spannungsgefüge von „nachvollziehbarer Realität und geahnter Irrealität" deckt sich mit den Beobachtungen, die man bei der Lektüre der vielen unterschiedlichen Interpretationen gewinnt, die in den letzten Jahrzehnten zu Storms Novelle veröffentlicht wurden. In ihnen wurde einerseits auf Storms Faszination durch das Konzept der Aufklärung und den dadurch ermöglichten technischen Fortschritt hingewiesen, andererseits aber auch die Brechung dieses optimistischen Denkens betont, das sich im „Schimmelreiter" vor allem durch die Bedeutung des Mythos und den Einbruch des Irrationalen zeigt. Vor diesem zumindest angedeuteten geistesgeschichtlichen Hintergrund entfalten die Autoren Unterrichtsmaterialien, „die Varianten der Textanalyse ebenso ermöglichen wie Textproduktion und das Denken und Verstehen im Handeln verankern wollen". (S. 3)

Die Kartei ist in „Arbeitsbogen" und „Hinweise zu dem Arbeitsbogen" gliedert, die beide den Schülern zur Verfügung gestellt werden sollen. Die sehr umfangreichen Materialien – die Literaturkartei enthält fast einhundert Kopiervorlagen im Format DIN-A4 – provozieren gelegentlich die Frage nach der Unterrichtsökonomie; es darf aber nicht vergessen werden, dass sich die Reihe an Klassen aller Schulformen richtet und dass der Lehrer zur Auswahl aus dem angebotenen Material genötigt und zur Entwicklung eines didaktischen Konzepts verpflichtet ist, wenn die Unterrichtsreihe nicht ins Beliebige zerfließen soll. Dennoch erscheint mir eine Erweiterung der Kartei um ein paar Seiten fachliche und didaktische Überlegungen sinnvoll, vor allem um dem Benutzer ein paar Kriterien an die Hand zu geben, nach denen er die Ziele seines Unterrichts formulieren und Wege zu sinnvollen Zusammenstellungen ausgewählter Materialien finden kann. Eine vollständige Vervielfältigung des Materials für die Hand der Schüler kann doch wohl kaum das dahinter stehende didaktische Konzept sein.

Die Themen entfalten in ihrer Gesamtheit ein buntes Kaleidoskop möglicher Zugänge zum Text: Am Deich, am Meer, extreme Landschaft als Erfahrungswelt; Deichbau, Biographisches; Geographie der Schauplätze, Tier- und Pflanzenwelt u.s.w. In einer textorientierten Erarbeitungsphase werden diese Aspekte weiter differenziert: Land und Leute, Personen, Typen, Filmische Adaptionen sind Perspektiven, die zum größeren Teil auf produktionsorientierte Schüleraktivitäten zielen. Motivierend wirken Arbeitsaufgaben, die durch Gegenwartsbezüge den historischen Abstand zum Novellengeschehen aufheben, ohne das Bewusstsein dieser Distanz unkritisch aufzugeben: Zeitungstexte, Tagebuchnotizen, Produktion von Alternativerzählungen, Briefe und andere Schreibanlässe werden vor der historischen Textfolie zu jugendgemäßen Schreibversuchen und ermöglichen Assimilationen zwischen dem jeweiligen Schülerbewusstsein und der von einem klassischen Text ausgelösten Fiktion. Bei aller Aktualisierung (z. B. Buchgestaltung, Werbung) kommen aber Struktur der Novelle und Charakter der Personen nicht zu kurz. Haus, Deich, Meer, soziales Gefüge früherer Jahrhunderte sowie Haukes Verhältnis zur lebenden Kreatur werden so in einen Bedeutungszusammenhang mit der Landschaft und mit der Biographie des Autors gebracht und immer wieder auf primäre Textstellen zurückgeführt. Die Arbeitsbogen ermöglichen eine Vielfalt unterschiedlicher Schüleraktivitäten und dienen zugleich der Ergebnissicherung, der Leistungsüberprüfung und – für den Lehrer – der Unterrichtsevaluation. Es schließen sich Hinweise zu Referaten und Projekten sowie ein Quellen- und Medienverzeichnis an.

Insgesamt macht das Material einen solide recherchierten und didaktisch verantwortungsbewusst und schülernah durchdachten Eindruck und lässt sich in verschiedenen Jahrgangstufen der Sekundarstufe I unterschiedlicher Schulformen einsetzen.

Gerd Eversberg, Husum

Fontane-Handbuch. Hg. v. Christian Grawe und Helmuth Nürnberger. Stuttgart: Alfred Kröner Verlag 2000.

Das vorliegende Fontane-Handbuch bietet Lesern und Benutzern ein umfassendes Kompendium der gegenwärtigen Fontane-Forschung. In der bewährten Reihe der „Handbücher" des Kröner Verlags haben 24 renommierte Fontane-Forscher aus sieben Ländern eine alle relevanten Aspekte beachtende Gesamtdarstellung auf dem aktuellen Kenntnisstand der Fontane-Forschung – im Zusammenwirken mit der Fontane-Gesellschaft – in gebotener Komprimierung publiziert. Das informations- und kenntnisreiche Handbuch entspricht mit seiner übersichtlich strukturierten Themenvielfalt dem aktuellen literarischen Interesse, das dem Werk Theodor Fontanes wie nie zuvor gilt.

Im Zentrum dieses auf vielfältige Weise anregenden Kompendiums stehen thematisch organisierte Forschungsbeiträge des gegenwärtigen Wissens über Fontane, sein Leben und Werk sowie seine Wirkung. Der übersichtlichen Gliederung der Themenvielfalt unter den leitenden Aspekten „Theodor Fontane in seiner Zeit", „Kulturelle Tradition und Poetik", das Werk und dessen Wirkung, entspricht eine leser- und benutzerfreundliche Konzeption des Kompendiums, das dem Wunsch nach überblicksartiger Orientierung und schwerpunktsetzender Information optimal erfüllt und auf die vielfältigen Interessen und Tendenzen der heutigen Fontane-Forschung verweist.

In die einzelnen Beiträge wie in die bibliografischen Angaben und Hinweise, die auch Anhaltspunkte für weitere Studien mitliefern, sind die Erträge zahlreicher Publikationen der letzten Jahre aufgenommen und eingearbeitet. In den Mittelpunkt des spezifisch literarischen Interesses gerückt sind Fontanes Erzählwerk (seine Romane, Novellen, Erzählungen, Fragmente, Entwürfe), die Lyrik, die selbstbiografischen Schriften (Tagebücher und Briefwerk) und die journalistischen Texte (politische Journalistik, Kriegsberichte und Kritiken). Der biografisch-historische Teil „Theodor Fontane in seiner Zeit" mit seinen umfang- und einsichtsreichen biografischen Fassetten zeigt Fontane als Zeugen und Chronisten seines Jahrhunderts, seine Verflechtung mit dem literarischen Leben und seine produktive Auseinandersetzung mit zeitgenössischen Stilrichtungen. Instruktiv werden „Kulturelle Traditionen", mit denen Fontane sich engagiert befasst hat, referiert: Fontanes differenziertes Verhältnis zur deutschen, englischen und russischen Literatur, zum europäischen Naturalismus und darüber hinaus zu Kirche, Religion und Philosophie und bildenden Kunst. Gegenwärtig wird Fontanes bedeutendes literarisches Erzählwerk als Kulminationspunkt des realistischen Romans der europäischen Literatur der zweiten Hälfte des 19. Jahrhunderts und zugleich als eine der bedeutendsten künstlerischen Leistungen der Weltliteratur gewürdigt. Während Fontane ein Zeitgenosse von Heine, Büchner, Hebbel, Keller, Storm und Heyse war, trat er als Romancier von europäischem Rang erst mit Nietzsche, Freud und Gerhart Hauptmann an die literarisch interessierte Öffentlichkeit. Vor allem führte Fontane den realistischen Roman, auf Grund seiner eigenen poetischen Positionen und Techniken, auf das Niveau des europäischen Realismus bis an die Grenze der Moderne – das vorgestellte Fontane-Bild steht heute auf Augenhöhe mit Dickens, Zola und Turgenjew. Naturalismus, Impressionismus, Symbolismus, Jugendstil sind die kulturellen Traditionen und Stilrichtungen, mit denen sich Fontane in rezeptiver Produktion auseinander setzte, seine charakteristische Poetik und seine spezifisch realistische Technik entwickelt und ausgebildet hat – vielleicht deutet dieser literaturkritische Impetus Fontanes am meisten auf die eindrucksvolle Modernität seines Erzählwerkes. Das Kapitel über die Wirkung und Rezeption referiert daher nicht nur die Editions- und Forschungsgeschichte sowie die Literaturkritik, die Fontanes Werk auf sich ziehen konnte, sondern darüber hinaus auch Fontanes Einfluss auf die Literatur des 20. Jahrhunderts.

Das benutzerfreundliche Handbuch bietet den nicht zu unterschätzenden Vorteil, sich dem dargestellten Werk Fontanes mit konzentriertem Blick und zugleich aus erweiterter Perspektive zu nähern. Es kann gerade auch dem jüngeren Leser und Benutzer, der Fontane und sein Werk noch nicht kennt, oder dem Leser, der ihn aus einem verengten oder verstellten Blickwinkel kennengelernt hat, einen grundlegenden und darüber hinaus blickerweiternden Zugang eröffnen und erleichtern. Auch wer schon zu den Fontane-Freunden gehört, wird Bekanntes wieder erkennen, zu unrecht fast Vergessenes und sogar ihm Unbekanntes, biografisch und werkgeschichtlich kompetent kommentiert, vorfinden; es wird wohl wenige Fontane-Freunde geben, die durch dieses kenntnis- und lehrreiche Kompendium nicht dazulernen können – Vertrautes wirkt selten langweilig, Verborgenes weckt Neugierde.

Auf diese Weise kann das Fontane-Handbuch zum aktuellen Bild Fontanes wirksam beitragen: Es legitimiert sich durch die leitende Intention der Autoren, Fontanes Leben und Persönlichkeit, seine Verflechtung mit den Zeitströmungen, seine Bedeutung als Zeuge und Chronist seines Jahrhunderts, sein Verhältnis zur europäischen Literatur und Kultur sowie sein literarisches Gesamtwerk und dessen Wirkung komprimiert darzustellen. Das mit diesem Kompendium gelungene Arrangement einer Gesamtdarstellung von Leben, Werk und Wirkung Fontanes lädt gerade auch jüngere Leser ein zu gezielter oder überblicksartiger Lektüre eines unverzichtbaren Nachschlagewerks, das auch spezielle Einzelforschungen inspirieren wird. Die versammelten Erkenntnisse und Einsichten der gegenwärtigen Fontane-Forschung erscheinen wie eine Kulturreise durch die Fontane-Zeit, auf der auch Unerwartetes überrascht.

Walter Zimorski, Oberhausen

Ludwig Pietsch: Wie ich Schriftsteller geworden bin. Der wunderliche Roman meines Lebens. Herausgegeben von Peter Goldammer, Berlin: Aufbau-Verlag GmbH 2000.

Peter Goldammer legt mit der zweibändigen Autobiografie Ludwig Pietschs „Wie ich Schriftsteller geworden bin" die Neu-Edition des Memoirenwerkes eines Mannes vor, der, wie der Herausgeber wohl weiß, den Anspruch auf den Titel Schriftsteller nur sehr bedingt erheben kann. Pietschs Erinnerungen an das Berlin seiner Entwicklungsjahre zwischen 1852 und 1866, vom mühseligen Beginn als Zeichner für die „Leipziger Illustrierte Zeitung" bis hin zum anerkannten Kunstberichterstatter der großen Berliner Blätter, „Spenersche Zeitung", „Berliner Allgemeine" und vor allem „Vossische Zeitung", werden für den heutigen Leser nicht durch die Selbstdarstellung einer faszinierend originellen Künstlerpersönlichkeit interessant, sondern fast ausschließlich dadurch, dass der Verfasser zu einer großen Anzahl bedeutender Menschen seiner Zeit, die nicht nur aus Künstlerkreisen stammten, in enger, ja freundschaftlicher Beziehung stand. Diese erstaunliche Bindungsfähigkeit und eine Zeitgenossenschaft mit wachem Sinn für Entwicklungen in Kunst, Literatur und Politik machen Pietschs Memoiren zu einer „kulturgeschichtlichen Quelle ersten Ranges" (584), wie Goldammer mit Recht hervorhebt. Zumindest die Kenner der Storm-Biografie werden ihm darin sofort zustimmen, denn Pietschs Erinnerungen an die Besuche der Storm-Familie in Heiligenstadt zählen zu den wenigen Zeugnissen, die aus der Sicht eines Außenstehenden Lebensstil und Geselligkeiten sowie speziell den Freund des Husumer Dichters, Alexander von Wussow, in jenen Jahren auf dem Eichsfeld schildern. Darüber hinaus gehören der Rückblick auf seine erste Begegnung mit Storm im Frühling 1855 im Gebäude der Berliner Kunstakademie vor einer der unheimlich-traumhaften Landschaften Karl Blechens und die auf der exakten Beobachtungsgabe des Malers Pietsch beruhenden Porträts von Storm und Constanze, zu den einzigartigen historischen Momentaufnahmen, die eine Dichterbiografie zu verlebendigen vermögen.

Und damit sind wir bereits mitten in der Schilderungskunst des im letzten Drittel des 19. Jahrhunderts so renommierten Berliner Journalisten. Freilich sollte man etwas Muße und Geduld mitbringen, um mit dem Verfasser in die Welt der literarischen Zirkel, der großen Sänger, der Berliner Ateliers, der Redaktionsstuben seiner Zeit einzutauchen, denn Pietsch ist nicht der pointenreiche, witzige Plauderer, sondern ein ernsthafter Berichterstatter, der in seiner Affinität zum Bohemeleben nie die großen politischen Ereignisse im Europa jener Jahre und speziell natürlich die in Preußen aus dem Blick verliert. Das betrifft den Krimkrieg (1853–1856) genauso wie die Befreiung Italiens im französisch-italienisch-österreichischen Krieg von 1859, die Erhebung Bismarcks zum preußischen Ministerpräsidenten 1862 und den in kriegerische Auseinandersetzungen der europäischen Großmächte einmündenden Schleswig-Holstein-Konflikt 1864/66, um nur einige Eckdaten des politischen Kommentars zu nennen. Die geheimen Fluchtpunkte von Pietschs Zeitdarstellung aber sind im Grunde die bürgerliche Revolution von 1848/49, das ‚tolle Jahr' in Köthen im Kreise von befreundeten Demokraten, die im Herzogtum Anhalt-Dessau eine der freiheitlichsten Verfassungen durchgesetzt hatten, sowie die sich daran anschließenden Erfahrungen, welche sich in einem Satz andeuten, den er in Bezug auf Ferdinand Lassalle formulierte: „Sehr merkwürdig und schwer verständlich erschien es mir, dass die furchtbare, vernichtende praktische Kritik, welche doch die von uns allen miterlebte Weltgeschichte von 1849–57 an den Ideen von 1848 geübt hatte, auf ihn ganz ohne Eindruck geblieben war und seinen Glauben durchaus unerschüttert gelassen hatte." (210) Das Porträt Ferdinand Lassalles, des Begründers der Sozialdemokratie in Deutschland, im 1. Band, 17., 18. und 22. Kapitel ist unbedingt zur Lektüre zu empfehlen. Pietsch, der Lassalle über Lina und Franz Duncker, den Verlagsbuchhändler und Herausgeber der „Volkszeitung", 1857 kennen gelernt hatte, besuchte trotz des eingestandenen Gegensatzes „zwischen meiner und seiner Lebensstellung, seinem und meinem Naturell, seinen und meinen Anschauungen von der Kunst, der Dichtung, der Natur und Geschichte" (210) regelmäßig die abendlichen Gesprächsrunden in der Wohnung Lassalles, zu denen u.a. auch Varnhagen von Ense, der General a. D. von Pfuel (Jugendfreund Heinrich von Kleists), Ernst Dohm, der Redakteur des „Kladderadatsch", Adolf Stahr und Fanny Lewald sowie Hans von Bülow kamen. Die Eindrücke Pietschs von diesen geselligen Zusammenkünften, die im Sommer auch im Biergarten stattfanden, den der Verfasser wie viele andere Lokalitäten Berlins, Straßenzüge, Häuser etc., mit viel Liebe fürs Detail beschreibt, beschränken sich hier nicht nur auf den äußeren, z.T. recht exzentrischen Lebensstil des Philosophen, der seinen Ausdruck findet in der heute freilich etwas lächerlich anmutenden Haschisch-Séance zu Beginn des 18. Kapitels, sondern Pietsch versteht es durchaus auch, ein Charakterporträt des Mannes zu entwerfen und dessen Stellung in der Berliner Gesellschaft zu erfassen, die durch Lassalles Verhältnis zur geschiedenen Gräfin Sophie von Hatzfeld nicht unkompliziert war. Die im März 1862 erschienene Kritik Lassalles an Julian Schmidts Literaturgeschichte, „Herr Julian Schmidt, der Literaturhistoriker" hat auf Seiten Pietschs zu einer Abkühlung der Beziehung geführt, da er unterdessen in ein geradezu familiäres Verhältnis zum mächtigen Literaturkritiker der „Grenzboten" getreten war. Die Schilderung von Julian Schmidts Häuslichkeit in Berlin zur Zeit seiner Arbeit an der „Berliner Allgemeinen Zeitung", der warmherzigen Beziehung zu seiner Frau zeigen menschliche Seiten eines Mannes, über den die Nachwelt harsche Urteile fällte aufgrund seines doktrinären, einen Großteil der modernen Literatur ausgrenzenden Literaturverständnisses; gerade um dieser Mitteilungen wegen liest man Pietschs Buch jedoch gern und nimmt manche Eigentümlichkeiten in Kauf, nicht zuletzt den stilprägenden, permanenten Enthusiasmus des Verfassers für eine durch „Geist und Kunst geadelte Geselligkeit" (499), die in der Beschreibung des Salons der von ihm hochverehrten Sängerin Pauline Viardot-García seinen Höhepunkt findet. Vieles wäre noch zu nennen, was die Lektüre lohnt, es sind vor allem die authentisch wirkenden Einzelzüge, die für den Kenner das Bild von der jeweiligen historischen Persönlichkeit runden bzw. sanft korrigieren, angefangen bei Christian Rauch, den Pietsch noch in seinem Atelier gezeichnet hat, über Paul Konewka, dessen so einzigartige Begabung für den Scherenschnitt er begreifbar zu machen sucht, bis hin zu Adolf Menzel, den er bei seiner Arbeit am Gemälde der Krönung Wilhelms I. beobachtete, um nur einige wenige Beispiele zu nennen. „Wer kennt die Völker, nennt die Namen..." könnte man mit Recht bei diesem 566 Seiten umfassenden Memoirenwerk fragen, ca. 900 Personen umfasst letztlich das Register. Man wäre wohl im Meer des eigenen Unwissens oder des Vergessenen verloren, würde man nicht einen sicheren Lotsen an seiner Seite wissen, der den Leser wie den Autor begleitet: Peter Goldammer erweist sich wieder einmal als ausgezeichneter Editor, dessen Nachwort (574–584) zu Pietschs zweibändigem Werk, das 1893/94 erstmals im Verlag von F. Fontane & Co. in Berlin erschien, als Vorwort zu empfehlen wäre, da der Herausgeber erläutert am souveränsten Vorzüge und Grenzen der Autobiografie des Verfassers und gibt neben knappen biografischen Notizen auch wichtige Hinweise für dessen Einordnung in die Berliner Literatenszene. Sehr hilfreich erweisen sich hierbei die im Anhang publizierten Äußerungen „Über Ludwig Pietsch" von Wilhelm Lübke, Theodor Fontane und Alfred Kerr, die aus höchst unterschiedlichen Blickwinkeln die Fähigkeiten des Autors abschätzen – vielleicht ist Kerrs Porträt das treffendste. Aber wofür man dem Herausgeber vor allem dankt, ist die Aufmerksamkeit, mit der er den Text leserfreundlich erschließt, das betrifft nicht nur den ca. 40-seitigen Anmerkungsteil und das Personenregister, sondern auch die Kolumnentitel, mit denen Goldammer jede zweite Seite versieht, da Pietsch selbst für die Orientierung des Lesers in seinem Erinnerungswerk fast nichts getan hat: Die je zweiundzwanzig Kapitel des ersten und zweiten Teils sind von ihm nur durchnummeriert worden. Erst durch die thematischen Hinweise und natürlich durch das Personenregister wird es möglich, den Text je nach Interessenlage auch auszugsweise zu lesen und den Zugriff auf Informationen, die einen bestimmten Personenkreis betreffen, zu erlangen. Diese editorische Sorgfalt erstreckt sich, fast könnte man sagen, selbstverständlich bei Goldammer, auch auf den Anmerkungsteil, der solide

Informationen zu historischen Ereignissen, Personen, Werken etc. bringt, ohne die der Leser hier nicht auskommt. Wichtig in dem Zusammenhang sind auch eine ganze Reihe von Korrekturen an Mitteilungen Ludwig Pietschs, entbehrlicher dagegen wäre vielleicht mancher Nachweis von schöngeistigen Anspielungen gewesen. Aber wer wollte Letzteres als editorisches Manko verbuchen bei diesem gelungenen und heute immer seltener werdenden Versuch, einen Mann, dessen Texte nicht zum literarischen Kanon gehören, dessen lebendiges Zeitbild jedoch so manche literatur- bzw. kunsthistorische Zusammenhänge zu erhellen vermag, dem Vergessen zu entreißen. Dazu gehören Interessen und Kenntnisse, die die ganze Breite der Literaturgeschichte erfassen, sowie das Verantwortungsgefühl dafür, dass dem heutigen Leser die einstige literarische Vielfalt nicht gänzlich aus dem Blick schwindet. Von dieser Überzeugung sind Goldammers Editionen stets getragen gewesen, wir denken hier nur an die „Begegnungen und Würdigungen. Literarische Porträts von Carl Spitteler bis Klaus Mann" von 1984 oder den schönen Band: Otto Gildemeister: „Allerhand Nörgeleien. Essays" von 1991. Man wünscht dem Altmeister der Storm-Edition noch viele Jahre, in denen er im Sinne dieses Bildungsauftrages wirken möge und uns mit seinen Entdeckungen Lektürevergnügen der besonderen Art verschafft.

Regina Fasold, Leipzig

Abbildungsverzeichnis

I. Abb. Im Anhang:

Abb. 1   Der erste Band der „Schriften" (1950) Broschur mit Kordelheftung und aufgeklebten Schildchen

Abb. 2   Umschlaggestaltung seit Schrift 17 (1968) mit festem Einband.

Abb. 3   Umschlaggestaltung seit Schrift 38 (1989)

II. Abb. Im Textteil:

Abb. 4   Rudolph von Fischer-Benzon (1839–1911), Photographie von Schmidt & Wegener, Kiel (um 1880). Archiv der Kieler Gelehrtenschule.

Abb. 5   Theodor Storm (1817–1888), Photographie von Unbekannt (um 1880). Schleswig-Holsteinische Landesbibliothek, Kiel (Tönnies-Nachlass).

Abb. 6   Husum Großstraße, Nordseite. Photographie von Rudolph Christian Ström (um 1864). Privatbesitz; Repro: Storm-Archiv, Husum.

Abb. 7   Theodor Storm, Photographie von Rudolph Christian Ström (um 1865). Privatbesitz; Repro: Storm-Archiv, Husum.

Abb. 8   Dorothea Storm, geb. Jensen (1828-1903), Photographie von Rudolph Christian Ström (1870). Schleswig-Holsteinische Landesbibliothek, Kiel (Tönnies-Nachlass).

Abb. 9   Theodor Storm, Photographie von Rudolph Christian Ström (1873), Storm-Archiv, Husum.

Abb. 10 Theodor Storm, Photographie von Rudolph Christian Ström (mit der handschriftlichen Datierung „Aufgenommen im Sommer 1873" von Th. Storm), Storm-Archiv, Husum.

Richtlinien für die Manuskriptgestaltung

Die „Schriften der Theodor-Storm-Gesellschaft" erscheinen im Herbst jeden Jahres. Um eine Planung zu ermöglichen, wird gebeten, die Manuskripte schon $1^1/_2$ Jahre vor dem Erscheinungstermin einzureichen (also zum 1. März des Vorjahres). Das *druckfertige* Typoskript muss dann zum 15. Januar des Erscheinungsjahres bei den Herausgebern vorliegen. Wir bitten außerdem um eine Datei auf Diskette im Format WORD (.doc) mit automatisch verwalteten Endnoten, Schriftart TIMES NEW ROMAN 12 bzw. 10 Punkte. Über die Veröffentlichung entscheiden die Herausgeber gemeinsam mit einem Redaktionsausschuss des Präsidiums.

Der Umfang der Beiträge sollte im allgemeinen 10–15 Druckseiten (das entspricht ca. 3800 Zeichen pro Seite) nicht überschreiten, der von Rezensionen sollte auf 1–2 Typoskript-Seiten beschränkt bleiben. Bitte beachten Sie folgende Richtlinien:

1. Die Form des Manuskriptes

Der Text soll einseitig auf fortlaufend nummerierten DIN-A4-Blättern ausgedruckt werden. Ab sofort ist die neue Rechtschreibung verbindlich; Zitate werden in der jeweiligen Rechtschreibung der Quelle wiedergegeben. Tabellen, Abbildungsunterschriften etc. sollen am Ende der Textdatei eingefügt werden.

2. Auszeichnungen

Titel werden im Text immer in Anführungsstriche gesetzt (z. B. „Immensee"); darüber hinaus sind Kursivhervorhebungen möglich. Bitte verwenden Sie keine Unterstreichungen und keinen Fettsatz. Sätze und Absätze, die – wie längere Text- oder Briefzitate – in einem kleineren Schriftgrad gesetzt werden sollen, werden vom Text durch je eine Leerzeile getrennt und einen Punkt kleiner gesetzt.

3. Abbildungsvorlagen

Werden Abbildungen aus bereits erschienenen Büchern oder Zeitschriftenbeiträgen entnommen, so muss der Autor die Genehmigung für deren Reproduktion einholen. In jedem Fall muss ein genauer Quellenhinweis in das Abbildungsverzeichnis oder die Bildunterschrift aufgenommen werden. Abbildungsunterschriften bitte am Ende der Textdatei einfügen oder auf getrennten Blättern beilegen; sie gehören nicht auf die Originale.

4. Anmerkungen

Die Anmerkungen werden als Endnoten verwaltet oder im Anschluss an den Beitrag gesondert aufgeführt und durchnummeriert. Ein gesondertes Literaturverzeichnis ist in der Regel entbehrlich.
Beim ersten Zitieren eines Titels wird folgende Form vorgeschlagen: Autor, Titel, eventuell Zweittitel, Erscheinungsort (bei mehreren nur der erste), Erscheinungsjahr, Seitenzahl. Also z. B.:
Gertrud Storm: Vergilbte Blätter aus der grauen Stadt. Regensburg 1922, S. 24.
Oder bei Zeitschriftenaufsätzen:
Karl Ernst Laage: Das Puppenspiel „Dr. Johannes Faust". Eine Quelle zu Storms „Pole Poppenspäler". In: Zeitschrift für deutsche Philologie 99 (1980), S. 581–589.
Bei wiederholten Zitaten in direkter Folge genügt:
Ebd., S. x;
sonst reichen Name und Hinweise auf die laufende Anmerkungsnummer des erstmaligen Zitats; also:
Gertrud Storm (wie Anm. x), S. 28.
Bei Zitaten aus Storms Werken oder bei Hinweisen auf Gedichte, Novellen oder sonstige Texte des Dichters soll aus der Ausgabe des Deutschen Klassiker Verlages zitiert werden:
Theodor Storm: Sämtliche Werke in 4 Bänden, hg. von K. E. Laage und D. Lohmeier. Frankfurt a.M. 1987 f.

Die Ausgabe wird abgekürzt als „LL" mit beigefügter Band- und Seitenzahl; also „LL 1, S. 222".
In Ausnahmefällen können auch folgende Ausgaben benutzt werden:
Theodor Storms sämtliche Werke in 8 Bänden, hg. von A. Köster, Leipzig 1919 ff. oder Theodor Storm: Sämtliche Werke, 4 Bde., hg. von P. Goldammer, 7. Aufl., Berlin 1991.
In diesen Fällen werden als Abkürzungen verwendet:
K 1, S. 150 bzw. Gd. IV, S. 150.
Bei folgenden Briefausgaben brauchen nur *Briefschreiber, Adressat* und *Datum* angegeben werden, z. B. Theodor Storm an Friedrich Eggers vom 20.12.1856;
Theodor Storm: Briefe an seine Braut *(Constanze Esmarch)*, hg. von Gertrud Storm. Braunschweig 1915.
Theodor Storm – *Hartmuth und Laura Brinkmann*. Briefwechsel, hg. von August Stahl. Berlin 1986.
Storm als Erzieher. Seine Briefe an *Ada Christen*, hg. von Oskar Katann. Wien 1948.
Theodor Storms Briefe an *Friedrich Eggers*, hg. von H. Wolfgang Seidel. Berlin 1911.
Theodor Storm: Briefe in die Heimat (an die *Eltern*), hg. von Gertrud Storm. Berlin 1907.
Theodor Storm – *Ernst Esmarch*. Briefwechsel, hg. von Arthur Tilo Alt. Berlin 1979.
Theodor Storm – *Theodor Fontane*. Briefwechsel, hg. von Jacob Steiner. Berlin 1981.
Peter Goldammer: Theodor Storm und *Karl Emil Franzos*. Ein unbekannter Briefwechsel. In: STSG 18 (1969), S. 9–40.
Theodor Storm: Briefe an seine Frau *(Constanze Storm*, geb. Esmarch), hg. von Gertrud Storm. Braunschweig 1915.
Theodor Storm – *Klaus Groth*. Briefwechsel, hg. von Boy Hinrichs. Berlin 1990.
Theodor Storm: Briefe an seinen Sohn *Hans*. Katalog 633. J. A. Stargardt, Marburg 1985.
Theodor Storm – *Paul Heyse*. Briefwechsel, hg. von Clifford Albrecht Bernd. 3 Bde. Berlin 1969/70/74.
Theodor Storm – *Gottfried Keller*. Briefwechsel, hg. von Karl Ernst Laage. Berlin 1992.
Theodor Storm: Briefe an seine Kinder (an *Hans, Ernst, Karl, Lisbeth, Lucie, Elsabe, Gertrud, Dodo)*, hg. von Gertrud Storm. Braunschweig 1916.
Roland Berbig: Der Unstern über dem Tannhäuser-Rütli. *Franz Kuglers* Briefe an Theodor Storm. In: STSG 42 (1993), S. 115–139.
Briefwechsel zwischen Theodor Storm und *Emil Kuh*, veröffentlicht von Paul R. Kuh. In: Westermanns Monatshefte 67 (1889/90).
Theodor Storm: Briefe an *Georg Scherer* und *Detlev von Liliencron*, hg. von Franz Stuckert. In: STSG 3 (1954), S. 15–59.
Theodor Storms Briefe an seinen Freund *Georg Lorenzen* 1876–1882, hg. von Conrad Höfer. Leipzig 1923.
Arthur Tilo Alt: Theodor Storm und *Hieronymus Lorm:* Unveröffentlichte Briefe. In: STSG 27 (1978), S. 26–36.
Dieter Lohmeier: Storm und sein dänischer Übersetzer *Johannes Magnussen*. Mit unveröffentlichten Briefen. In: STSG 33 (1984), S. 53–70.
Theodor Storms Briefwechsel mit *Theodor Mommsen*, hg. von Hans-Erich Teitge. Weimar 1966.
Theodor Storm – *Eduard Mörike*. Theodor Storm – *Margarethe Mörike*. Briefwechsel, hg. von Hildburg und Werner Kohlschmidt. Berlin 1978.
Heinrich Mack: Theodor Storms Briefe an *Albert Nieß*. In: Westermanns Monatshefte 81 (1936), S. 71–76.
Neue Stormbriefe an die *Brüder Paetel*, hg. von Wilhelm-Ernst Tornette. In: Die Bücherschale (1927) 3, S. 3–18.
D. L.: Der Briefwechsel zwischen Theodor Storm und *Ferdinand Tönnies*. In: Stormlektüren. Festschrift für Karl Ernst Laage zum 80. Geburtstag, hg. von Gerd Eversberg u.a., Würzburg 2000, S. 91–127.
Theodor Storm – *Wilhelm Petersen*. Briefwechsel, hg. von Brian Coghlan. Berlin 1984.
Gerhard Ranft: Theodor Storm und *Elise Polko*. In: STSG 39 (1990), S. 46–68.
Gerhard Ranft: Theodor Storms Briefe an *Hermione von Preuschen*. In: STSG 22 (1973), S. 55–94.

Theodor Storm und *Karl Theodor Pyl.* Unbekannte Briefe, hg. von Kurt Gassen. In: Pommersche Jahrbücher 33 (1939), 5.128–152.
Ferdinand Trömel: Theodor Storms Briefe an die *Gräfin Emilie Reventlow.* In: STSG 25 (1976), S. 25–47
Peter Goldammer: Theodor Storm und *Julius Rodenberg.* In: STSG 22 (1973), S. 32–54.
Theodor Storm – *Heinrich Schleiden.* Briefwechsel, hg. von Peter Goldammer. Berlin 1995.
Theodor Storm – *Erich Schmidt.* Briefwechsel, hg. von Karl Ernst Laage. 2 Bde. Berlin 1972/76.
Gerd Eversberg: Der Briefwechsel zwischen Theodor Storm und *Heinrich Seidel.* In: STSG 45 (1996), S. 47–96.
Theodor Storm – Otto *Speckter.* Theodor Storm – *Hans Speckter.* Briefwechsel, hg. von Walter Hettche. Berlin 1991.
Gerhard Ranft: Theodor Storm und *Dorothea geb. Jensen.* Ein unveröffentlichter Briefwechsel. In: STSG 28 (1979), S. 34–97.
Peter Goldammer: Aus dem Briefwechsel Theodor Storms mit seinem Bruder *Otto.* In: STSG 49 (2000), S. 71–125.
Karl Ernst Laage: Theodor Storm und *Iwan Turgenjew.* Persönliche und literarische Beziehungen, Einflüsse, Briefe, Bilder. In: STSG 16 (1967).
Theodor Storm: Briefe an *Dorothea Jensen* und an *Georg Westermann,* hg. von Ewald Lüpke. Braunschweig 1942.
Werden Briefe nach der zweibändigen Ausgabe des Aufbau-Verlages Briefe. Hg. von Peter Goldammer, 2 Bde. Berlin, 2. Aufl. 1984 zitiert, ist der Zusatz (z. B. bei Eggers): „In: *Briefe 1,* 310" erforderlich.
Zur leichteren Orientierung der Leser der STSG werden diese Zitiervorschriften in jedem Band nebst den verwendeten Abkürzungen am Schluss angefügt.

5. Klammern

[…] Auslassungen (im Brief-, Novellen- und Gedicht-Text)
⟨ ⟩ Ergänzungen des Herausgebers (einzelner Worte oder Angaben)
[ ] Erläuterungen des Herausgebers (z. B. [in der Handschrift seiner Tochter])

6. Abkürzungen

Bitte achten Sie auf eine einheitliche Anwendung der Abkürzungen in allen Manuskripten und Korrekturbogen. Im allgemeinen sollen Abkürzungen, bei denen der letzte Buchstabe des Wortes mitgeschrieben wird, keinen Abkürzungspunkt erhalten. Abkürzungen werden am Satzanfang immer mit großen Anfangsbuchstaben geschrieben. Die Zusätze bei Ortsnamen sollen grundsätzlich durch Punkte abgekürzt werden, zum Beispiel: Rothenburg o. d. T.

Allgemeine Abkürzungen			
Abbildung	= Abb.	Jahrgänge	= Jgg.
Abhandlung	= Abh.	Kapitel	= Kap.
Abteilung	= Abt.	Katalog	= Kat.
Anmerkung	= Anm.	Lieferung	= Lief.
Artikel	= Art.	Neue Folge	= N. F.
Auflage	= Aufl.	Nummer	= Nr.
Band	= Bd	Seite	= S.
Bände	= Bde	Seite 488 bis 490	= S. 488–490
Dissertation	= Diss.	Seite 481 bis 482	= S. 481/82
Ebenda	= ebd.	StA	= Storm-Archiv, Husum
Handschrift	= Hs.	STSG	= Schriften der Theodor-Storm-Gesellschaft
handschriftlich	= hs.		
Heft	= H.	Tafel	= Taf.
herausgegeben	= hg.	Teil	= T.
Jahrbuch	= Jb.	unter anderem	= u. a.
Jahrbücher	= Jbb.	vergleiche	= vgl.
Jahrgang	= Jg.		

Verzeichnis der Mitarbeiter

Dr. Silvia Bendel, Luzern
Holger Borzikowsky, Husum
Dr. Gerd Eversberg, Husum
Dr. Regina Fasold, Leipzig
Manfred Horlitz, Potsdam
Dr. David Jackson, Cardiff
Elke Jacobsen, Husum
Prof. Dr. Karl Ernst Laage, Husum
Dr. Wilfried Lagler, Tübingen
Dr. Jean Lefebvre, Büsum
Prof. Dr. Dieter Lohmeier, Kiel
Dr. Rita Morrien, Freiburg
Walter Zimorski, Oberhausen

Briefe an die Mitarbeiter werden vom Sekretariat der Theodor-Storm-Gesellschaft, Wasserreihe 31, 25813 Husum weitergeleitet.

Schriften der Theodor-Storm-Gesellschaft 1952–2001

Gesamtregister der Bände 1–50

Zusammengestellt
von
Gerd Eversberg

50 Jahre
„Schriften der Theodor-Storm-Gesellschaft"
(1952–2001)
Zur Geschichte der „Schriften"

Von Karl Ernst Laage

Anlässlich der Gründung der Theodor Storm-Gesellschaft im September des Jahres 1948 wurden in der damals beschlossenen Satzung in § 1 folgende Aufgaben formuliert:
1. Die Dichtung und die Gedankenwelt Storms verbreiten zu helfen,
2. die mit Theodor Storm und seiner Zeit verknüpften Forschung zu beleben und zu pflegen.

Um diesen Aufgaben gerecht werden zu können, wurde bereits kurz nach der Gründung darüber nachgedacht, ob man nicht ein „Jahrbuch" herausbringen sollte (Protokoll der 1. Sitzung des Präsidiums vom 4.11.1948). Dieses Thema ist dann in späteren Sitzungen des Präsidiums und des literarischen Ausschusses weiter erörtert worden. Der Aufbau eines Storm-Archivs und die Edition von Storm-Briefen aber wurde zunächst als vordringlicher eingestuft. Erst auf der Sitzung vom 2. Juli 1951 wurde dann festgestellt, dass es „im Interesse der Gesellschaft notwendig" sei, „ein Jahrbuch herauszugeben". Man meinte jedoch, dass sich die Gesellschaft nicht „verpflichten" dürfe, „alljährlich eine Schrift herauszugeben". So wurde die Herausgabe einer „zwanglosen Schriftenreihe" beschlossen (Zitat aus dem Protokoll). Von daher ergab sich der bis heute beibehaltene Titel „Schriften der Theodor-Storm-Gesellschaft".

Der Direktor der Schleswig-Holsteinischen Landesbibliothek Prof. Dr. Pauls erbot sich zusammen mit dem damaligen Sekretär Rektor i. R. Carl Laage „in diesem Sinne Verhandlungen mit der Westholsteinischen Verlagsanstalt in Heide aufzunehmen" (Zitat aus dem Protokoll vom 2.7.1951). Der Verlag offerierte ein schmales Bändchen „mit Kordelheftung" von 2 Bogen bzw. 48 Seiten in einer Auflage von 1000 Exemplaren zu einem Stückpreis von DM 0,91 (!). Das Angebot bewog das Präsidium den 1. Band der „Schriften der Theodor-Storm-Gesellschaft" vorzubereiten; er erschien zur Stormtagung 1952. In der Präsidiumssitzung vom 20. September 1952 wurde festgestellt: „Wir denken, dass der ersten Schrift in zwangloser Folge weitere folgen werden". Schon zur Stormtagung 1953 erschien „Schrift 2", und dann ist – obwohl man ursprünglich nur eine „zwanglose" Schriftenreihe, also kein jährlich erscheinendes „Jahrbuch" begründen wollte, jedes Jahr ohne Unterbrechung eine „Schrift" erschienen.

Die Herausgeber dieser Schriften waren:

Von Schrift 1 (1952) bis Schrift 14 (1965): Rektor i. R. Carl Laage, der derzeitige Sekretär der Gesellschaft.

Von Schrift 15 (1966) bis Schrift 22 (1973): Dr. Karl Ernst Laage, der Sekretär der Gesellschaft.

Von Schrift 23 (1974) bis Schrift 29 (1980): Dr. K. E. Laage zusammen mit Dr. Volkmar Hand.

Von Schrift 30 (1981) bis Schrift 38 (1989): Prof. Dr. K. E. Laage (als Sekretär) mit Schulrat Friedrich Heitmann (als 2. Sekretär).

Von Schrift 39 (1990) bis Schrift 50 (2001): Dr. Gerd Eversberg (als Sekretär der Gesellschaft) zusammen mit Prof. Dr. K. E. Laage (dem Präsidenten der Gesellschaft).

Dreimal ist in diesen Jahren der Einband der Schriften verändert worden. Die geschmackvolle, aber etwas ‚biedermeierlich' anmutende Gestaltung der ersten Bände (mit „Kordelheftung") (vgl. Abb. 1), wurde in Schrift 17 (1968 mit den Vorträgen und Referaten zum 100. Geburtstag des Dichters) abgelöst durch einen festeren Einband und ein Storm-Portrait auf der Vorderseite (vgl. Abb. 2). Schrift 38 (1989) erfuhr dann noch einmal eine Modernisierung, die bis Schrift 20 (2001) unverändert blieb (vgl. Abb. 3).

Abb. 1. Der erste Band der „Schriften" (1950) Broschur mit Kordelheftung und aufgeklebten Schildchen

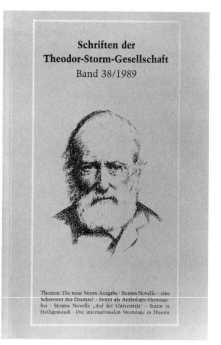

Abb. 2. Umschlaggestaltung seit Schrift 17 (1968) mit festem Einband.

Abb. 3. Umschlaggestaltung seit Schrift 38 (1989)

Zweimal wurden in der Schriftenreihe statt der üblichen Sammelbände (mit verschiedenen Aufsätzen von verschiedenen Autoren) Monographien veröffentlicht: Als „Schrift 16" erschien 1967 zum 150. Geburtstag des Dichters der Band „Theodor Storm und Iwan Turgenjew", und als „Schrift 37" erschien 1988 zum 100. Todestag des Dichters „Theodor Storms Welt in Bildern", eine Bildbiographie (beide von K. E. Laage).

Als Beilage zu den „Schriften der Theodor-Storm-Gesellschaft" (Nr. 48) wurden 1999 der Band „Dichter und ihre Photographien" von Gerd Eversberg herausgegeben. Mehrfach erhielten die Mitglieder mit den „Schriften" Mitgliederverzeichnisse (1961, 1966, 1968, 1975, 1982, 1994).

Inhalt der „Schriften" waren von Anfang an die wissenschaftlichen Vorträge, die im Mittelpunkt der Stormtagungen gestanden hatten, so gleich in Schrift 1 von Prof. Dr. W. Kohlschmidt (Ordinarius am Literaturwissenschaftlichen Institut der Universität Kiel) der Vortrag „Theodor Storm und die Züricher Dichter". Schon früh erhielten Auslandsgermanisten in den „Schriften" die Möglichkeit, die Ergebnisse ihrer Storm-Forschungen zu veröffentlichen, z.B. in Schrift 2: Prof. Dr. E. O. Wooley (Bloomington, USA) mit „Storm und Bertha von Buchan" und in Schrift 4: Prof. Dr. W. Silz (New York) mit „Theodor Storms 'Schimmelreiter'".

Auch Briefveröffentlichungen finden sich schon in den ersten Bänden: In Schrift 3 wurden zum ersten Mal die Briefwechsel Storm–Georg Scherer und Storm–Detlev von Liliencron, in Schrift 4 wurde der Briefwechsel Storms mit Klaus Groth veröffentlicht. Insgesamt wurden im Laufe der Jahre mehr als 25 (!) Briefwechsel in den „Schriften" zum ersten Mal publiziert (vgl. Bd. 47, S. 179 f.). Dadurch sind die „Schriften" für die Stormforschung unentbehrlich geworden.

Eine erste – die Mitglieder und Forscher informierende – Storm-Bibliographie hat bereits 1954 in Nr. 3 Cl. A. Bernd und Ergänzungen dazu hat 1956 in Nr. 5 H. Gebauer abgedruckt.

Auch Erstdrucke bisher unbekannter Werke Storms findet man in den „Schriften": Schrift 1 (1952) wurde mit dem Erstdruck von Storms Kindermärchen „Hans Bär" eröffnet. Den Text des Novellen-Fragments „Sylter Novelle" veröffentlichten Cl. A. Bernd und K. E. Laage zum ersten Mal in Schrift 18 (1969). Und den von Storm gestrichenen, in den gedruckten Text der Novelle nicht übernommenen Schlussteil der „Schimmelreiter"-Novelle konnten die Leser der Schriften in Schrift Nr. 30 (1981) lesen.

Der Umfang der einzelnen „Schriften" wurde im Laufe der Jahre immer größer. Hatte man sich im Jahre 1952 zunächst mit 60 Seiten (Nr. 1) begnügt, so waren es 1968 (Nr. 17) schon 128 Seiten und 1998 (Nr. 47) sogar 184 Seiten. Das hing auch damit zusammen, dass seit 1965 (Nr. 15) die Rubrik „Storm-Forschung und Storm-Gesellschaft" hinzukam und den Stormforschern wie Mitgliedern der Gesellschaft interessante Informationen vermittelten (diese Rubrik wurde 1989 teilweise in die „Mitteilungen aus dem Storm-Haus" übernommen). Von 1971 an (Nr. 20) wurden außerdem die Neuerwerbungen des Storm-Archivs und alle Storm-Neuerscheinungen in den Schriften verzeichnet (zuerst von Frau Margarethe Draheim, dann von Frau Elke Jacobsen); diese laufend aktualisierte Storm-Bibliographie ist für die Forschung unentbehrlich geworden. Seit 1990 (Nr. 39) informiert außerdem ein umfangreicher Rezensionsteil die Mitglieder und die Forscher über Neuerscheinungen auf dem Gebiet der Storm- und Realismusforschung.

Sonst aber wurde das die ersten Bände der „Schriften" zugrunde liegende, wenn auch nicht ausgesprochene Programm bestimmend für die ganze Reihe: Forschungsbeiträge zur Lyrik und Novellistik Theodor Storms, Vorträge bekannter deutscher und ausländischer Germanisten, biographische Untersuchungen und Briefersterveröffentlichungen stehen bis heute im Vordergrund und machen die „Schriften der Theodor-Storm-Gesellschaft" zu einem viel gelesenen und anerkannten Organ, das viel – gerade auch von der Forschung – zitiert wird.

Zusammenfassende Würdigungen haben Prof. Jürgen Sang (Hawai/ USA) in Schrift 30 (1981) und in Schrift 31 (1982) sowie Prof. Brian Coghlan (Adelaide/ Australien) 1993 (in Nr. 42: „40 Jahre Schriften der Theodor-Storm-Gesellschaft") veröffentlicht.

Nachdem 1971 (in Schrift 20) schon einmal der Inhalt aller bis dahin erschienenen Bände abgedruckt worden war, hatte Gerhard Ranft 1981 (in Schrift 30, S. 111–142) ein Register zu den Bänden 1–30 erstellt, geordnet nach „Sachinhalt" (u.a. Lyrik, Novellistik, einzelne Novellen, Briefwechsel und Biographie) und nach Verfassernamen der Beiträge.

Heute nun – im Jahre 2001 – wird mit Schrift 50 ein Gesamtregister aller 50 Bände (1951–2001) vorgelegt, erstellt mit Hilfe der Computertechnik, geordnet nach neuen Prinzipien, die Dr. Gerd Eversberg für dieses Register aufgestellt und nach denen er dieses Register erstellt hat.

Dass die „Schriften der Theodor-Storm-Gesellschaft" in den zurückliegenden 50 Jahren immer sorgfältig korrigiert, sauber gedruckt und gebunden, wohl ausgestattet und pünktlich jeweils im Herbst jeden Jahres den Mitgliedern der Storm-Gesellschaft und der Forschung zur Verfügung gestellt werden konnten, das ist der Verdienst der Herausgeber und ihrer Mitarbeiter, besonders aber auch des Verlages Boyens und Co. Ihnen allen sei heute im Jahre 2001 anlässlich des Erscheinens des 50. Bandes herzlichen Dank gesagt.

Schriften der Theodor-Storm-Gesellschaft 1952–2001. Register zu den Bänden 1–50

Zusammengestellt von Gerd Eversberg

Vorbemerkung

Das hier vorgelegte Gesamtregister der Schriften der Theodor-Storm-Gesellschaft verzeichnet sämtliche Beiträge, die in den 50 erschienenen Bänden veröffentlicht wurden. Nicht aufgenommen wurden die jährlichen Berichte der Sekretäre der Gesellschaft sowie die Buchbesprechungen.

Der erste Teil gliedert die Aufsätze nach Stoffgebieten. Dabei habe ich zum Teil auf die Gliederungsaspekte zurückgegriffen, die Gerhard Ranft bei seinem Verzeichnis im 30. Band der Schriften (1981) verwendet hat; das angewachsene Material erleichtert eine Einteilung nicht. Auch heute ist es problematisch, sämtliche Beiträge jeweils nur einer thematischen Kategorie zuzuordnen.

Die Aufstellung ist folgendermaßen gegliedert:

1	Biographisches
1.	Storm und seine Familie
1.2	Freunde und Kollegen
1.3	Zum Briefwechsel
2	Storms Werke
2.1	Handschriften und Drucke
2.2	Rezeption
2.3	Analysen und Deutungen
2.4	Zur Lyrik
2.4.1	Allgemeines
2.4.2	Zu einzelnen Gedichten
2.5	Zur Novellistik
2.5.1	Allgemeines
2.5.2	Zu einzelnen Erzählungen und Novellen
3	Zur Geschichte der Storm-Gesellschaft und der Storm-Forschung
4	Sonstiges

Der daran anschließende zweite Teil verzeichnet sämtliche Beiträge alphabetisch geordnet nach Verfassernamen.

Die Titel wurden innerhalb der Sachgebiete alphabetisch nach Verfassernamen angeordnet; mehrere Beiträge eines Verfassers erscheinen in chronologischer Folge ihrer Veröffentlichung.

Teil I
Verzeichnis der Beiträge nach Sachgruppen

1 Biographisches
1.2 Storm und seine Familie

		Bd.	Seite
Rüdiger Articus:	„und typen lassen will ich mich auch". Die Daguerreotypien von Theodor Storms Braut und Ehefrau Constanze Esmarch	Beiheft zu den Schriften der Theodor-Storm-Gesellschaft 48 (1999)	43–65
Berbig, Roland:	Ausland. Exil oder Weltgewinn? Zu Theodor Storms Wechsel nach Preußen 1852/1853	42 (1993)	42–47
David L. Dysart:	Theodor Storm und die Photographie	Beiheft zu den Schriften der Theodor-Storm-Gesellschaft 48 (1999)	23–31
Eversberg, Gerd:	Storms Reaktion auf die Wahlbeeinflussungsversuche von 1862	39 (1990)	69–74
Gerd Eversberg (Hg.):	Dichter und ihre Photographen. Frühe Photos aus der Storm-Familie und aus dem Freundeskreis. Heide 1999.	(Beiheft zu den Schriften der Theodor-Storm-Gesellschaft 48)	
Fey, Hermann:	Theodor Storm als Komponist	6 (1957)	38–53
Fisenne, Otto von:	Theodor Storm als Jurist	8 (1959)	9–47
Jackson, David:	Theodor Storms Heimkehr im Jahre 1864	33 (1984)	19–44
Kardel, Harboe:	Theodor Storm als Gast bei einer Silberhochzeit 1886	30 (1981)	74
Kardel, Harboe:	Storm – Erinnerungen aus Hadersleben	33 (1984)	83–84
Laage, Karl Ernst:	„Urgroßmutters Garten ... weltfern, weit, weit dahinten"	27 (1978)	61–63
Laage, Karl Ernst:	Storms zweite Trauung am 13. Juni 1866	28 (1979)	123–124
Laage, Karl Ernst:	Gertrud Storm – Ein Leben für den Vater (mit einer Chronik)	36 (1987)	61–67
Laage, Karl Ernst:	Theodor Storms Welt in Bildern	37 (1988)	190
Lehmann, Gerd:	Letzter auswärtiger Besuch bei Storm	27 (1978)	50–52

Lohmeier, Dieter:	Die Berichte der Husumer Behörden über Storms politische Haltung während der schleswig-holsteinischen Erhebung	34 (1985)	39–48
Müller, Lothar:	Theodor Storms Gestalt als Landvogt und Amtsrichter in den Jahren 1866 und 1867	34 (1985)	49–54
Schmidt, Harry:	Theodor Storm und die „Vereinigte freundschaftliche Gesellschaft". Ein Kulturbild aus der Rokokozeit	2 (1953)	52–68
Schriever, Franz:	Theodor Storm in seiner politischen Welt	1 (1952)	27–40
Schücking, Christoph B.:	Theodor Storms Nachkommen - Beispiele aus ihrem Wirken	38 (1989)	52–54
Schultze, Christa:	Stormstätten in Potsdam	36 (1987)	83–89
Sievers, Hans Jürgen:	Zur Geschichte von Theodor Storms „Singverein". Eine Chronik	18 (1969)	89–105
Uwe Steen:	Portraitphotographien Theodor Storms und seiner Familie (1843-1864). Bemerkungen über die Anfänge der Lichtbildnerei in Schleswig-Holstein	Beiheft zu den Schriften der Theodor-Storm-Gesellschaft 48 (1999)	67–87
Trömel, Ferdinand:	Zur Baugeschichte von Storms Elternhaus, Husum, Hohle Gasse 3	27 (1978)	37–39
Von Fisenne, Otto:	Theodor Storm als Jurist	18 (1969)	9–47
Wedemeyer, Manfred:	Theodor Storm im Strandkorb? Bemerkungen zu einem alten Sylter Strandfoto	29 (1980)	53–54

1.2 Freunde und Kollegen

Michael Davidis:	Freunde und Zeitgenossen Theodor Storms in der Photographischen Sammlung des Schiller-Nationalmuseums in Marbach	Beiheft zu den Schriften der Theodor-Storm-Gesellschaft 48 (1999)	33–42
Kohlschmidt, Werner:	Theodor Storm und die Züricher Dichter	1 (1952)	15–26
Kohlschmidt, Werner:	Die Dichtung Theodor Storms und der Schweizer Realismus (Noch ein Postulat der Forschung)	17 (1968)	58–61

Royer, Jean:	Theodor Storm und die französische Prosadichtung seiner Zeit	17 (1968)	62–71
Backenköhler, Gerd:	Der Weg in die Unterwelt. Über ein Märchenmotiv bei Th. Storm und H. C. Andersen	38 (1989)	80–82
Barkhausen, Karl-Ludwig:	Der Schriftsteller *Hans Bethge* zu Besuch in Husum (1896)	48 (1999)	87–92
Stahl, August:	Der Amtsrichter *Hartmuth Brinkmann* und seine Beziehungen zu Theodor Storm	36 (1987)	9–14
Wooley, E. O.:	Storm und *Bertha von Buchan*	2 (1953)	19–51
Laage, Karl Ernst:	Die Beziehungen Theodor Storms zu seinem „Schimmelreiter"-Berater *Christian Eckermann* und dessen Familie (mit unveröffentlichten Briefen)	49 (2000)	45–63
Dohnke, Kay:	Kongruenzen und Divergenzen, Sprache und Stoff. Aspekte realistischen Erzählens bei Theodor Storm und *Johann Hinrich Fehrs*	45 (1996)	97–116
Böckmann, Paul:	Th. Storm und *Fontane* (ein Beitrag zur Funktion der Erinnerung in Storms Erzählkunst)	17 (1968)	85–93
Müller-Seidel, Walter:	„Das Klassische nenne ich das Gesunde ..." Krankheitsbilder in *Fontanes* erzählter Welt	31 (1982)	9–27
Ubben, John H.:	Theodor Storm und *Gottfried von Straßburg*	6 (1957)	54–58
Ranft, Gerhard:	Theodor Storm und *Friedrich Hebbel*	13 (1964)	7–27
Michielsen, Jan:	Theodor Storm als Kritiker *Paul Heyses*	26 (1977)	57–66
Schmidt, Traugott:	Theodor Storm und *Paul Heyse* (Irrwege des Ruhms)	15 (1966)	9–32
Stüben, Jens:	Haffkrug – Schleswig – Westerland – Hademarschen. *Paul Heyses* Schleswig-Holstein-Reise 1881	41 (1992)	55–67
Laage, Karl Ernst:	Theodor Storm und Iwan Turgenjew. Persönliche und literarische Beziehungen	16 (1967)	175

Laage, Karl Ernst:	K. H. Keck „Storm-Stiftung zum Wohle der Arbeiter aus Anlaß des ‚Doppelgängers'"	46 (1997)	99–104
Royer, Jean:	Theodor Storm und *Detlev von Liliencron*	20 (1971)	23–39
Royer, Jean:	Eduard Alberti über *Liliencron* und Storm	21 (1972)	87–89
Schumann, Willy:	Theodor Storm und *Thomas Mann*: Gemeinsames und Unterschiedliches	13 (1964)	28–44
Wooley, E. O.:	Vier Briefe von *Thomas Mann*	13 (1964)	45–46
Coghlan, Brian:	Die Gestalt des Regierungsrates *Wilhelm Petersen*	34 (1985)	9–15
Schuster, Ingrid:	Zweierlei Lyrik: Theodor Storm und *Robert Prutz*	28 (1979)	98–108
Fey, Hermann:	Theodor Storm und sein Landsmann *Karl Reinecke*	5 (1956)	43–59
Suhrbier, Hartwig:	*Arno Schmidt* am Grabe von Theodor Storm. Anmerkungen zu einem Photo	43 (1994)	139–141
Bauer, Gisela:	Theodor Storm und *Robert Schumann*	39 (1990)	75–79
Schmidt, Karl:	*Chr. von Tiedemann*, ein Kollege Theodor Storms (mit einem Stormbrief)	30 (1981)	75–76
Bartoleit, Ralf:	Das Verhältnis von *Ferdinand Tönnies'* „Gemeinschaft und Gesellschaft" zu Theodor Storms Erzählwerk: Über die Fragwürdigkeit einer naheliegenden Interpretation	36 (1987)	69–82
Segeberg, Harro:	Noch einmal: Storm – *Tönnies*. Eine Duplik	38 (1989)	73–79
Achilles, Wolf:	Von Orel bis Husum. Was *Turgenjew* mit Storms „grauer Stadt" zu tun hat	33 (1984)	80–82
Laage, Karl Ernst:	Theodor Storm und *Iwan Turgenjew*	12 (1963)	11–26
Laage, Karl Ernst:	Theodor Storm und *Iwan Turgenjew*. Als Nachtrag zum 100. Todestag Turgenjews am 3. September 1883	33 (1984)	71–74
Seiler, Bernd, W.:	Nachdenken über Theodor S. – „Innerlichkeit" bei Storm und *Christa Wolf*	27 (1978)	9–25

1.3 Zum Briefwechsel

Laage, Karl Ernst:	Storm-Briefveröffentlichungen. Vom Einzelbrief zur Briefbandreihe (Kurzvortrag zur Storm-Tagung 1979)	29 (1980)	66–71
Laage, Karl Ernst:	Die Problematik von Briefeditionen und die Briefbandreihe der Storm-Gesellschaft	31 (1982)	61–63
Biese, Alfred:	Erinnerungen an Theodor Storm (Im Anhang: Die Korrespondenz Storm–*Biese*)	30 (1981)	77–88
Kahleyss, Elinor:	Zur Edition des Briefwechsels von Storm mit *Hartmuth und Laura Brinkmann*	36 (1987)	15–17
Goldammer, Peter:	„Mich verdrießt dieser Artikel..." Theodor Storm und das *Brockhaussche Konversationslexikon*. Mit zwei bisher unveröffentlichten Storm-Briefen	45 (1996)	127–133
Lohmeier, Dieter:	Theodor Fontane über den „Eroticismus" und die „Husumerei" Storms: Fontanes Briefwechsel mit *Hedwig Büchting*	39 (1990)	26–45
Bernd, Clifford Albrecht:	Ein unveröffentlichter Briefwechsel zwischen Theodor Storm und *Ludwig Eichrodt* (Storm als Literaturkritiker)	14 (1965)	12–19
Lagler, Wilfried:	„Ich grüße Sie auf dem letzten Lappen Papier". Theodor Storms Briefwechsel mit *Rudolph von Fischer-Benzon*	50 (2001)	81–101
Lohmeier, Dieter:	Einige Ergänzungen zur neuen Ausgabe des Briefwechsels zwischen Storm und *Fontane*	31 (1982)	43–49
Steiner, Jakob:	Schlußworte des Herausgebers anläßlich der Übergabe der Kritischen Ausgabe des Briefwechsels Theodor Storm – *Theodor Fontane*	31 (1982)	64–66
Goldammer, Peter:	Theodor Storm und *Karl Emil Franzos* (ein unbekannter Briefwechsel)	18 (1969)	9–40
Jenssen, Christian:	Theodor Storms Briefe an *Klaus Groth*	4 (1955)	31–77

Hettche, Walter:	Lucie, Frau Do und „Onkel Paul". Eine Ergänzung zum Briefwechsel zwischen Theodor Storm und *Paul Heyse*	43 (1994)	117–126
Laage, Karl Ernst:	„Der Storm-*Keller*-Briefwechsel ist ein unschätzbarer Besitz unserer Literatur" (H. Maync) – Zur Neuedition der Briefe	42 (1993)	7–13
Berbig, Roland:	Der Unstern über dem Tannhäuser-Rütli. *Franz Kuglers* Briefe an Theodor Storm	42 (1993)	115–139
Laage, Karl Ernst:	Drei Briefe *Liliencrons* an Storm	15 (1966)	33–39
Alt, Arthur Tilo:	Theodor Storm und *Hieronymus Lorm*: unveröffentlichte Briefe	27 (1978)	26–36
Lohmeier, Dieter:	Storm und sein dänischer Übersetzer *Johannes Magnussen*. Mit unveröffentlichten Briefen	33 (1984)	53–70
Lohmeier, Dieter (Hg.):	Die Briefe *Ludwig Loewes* an Theodor Storm	43 (1994)	23–41
Eversberg, Gerd:	„Ich halte übrigens ein großes Stück auf diesen Mann". Briefwechsel zwischen Theodor Storm und dem Verleger *Wilhelm Mauke*	40 (1991)	59–82
Goldammer, Peter:	Eine Ergänzung zum Briefwechsel Storm–*Mörike*	26 (1977)	67–71
Kahleyss, Ellinor:	Der Storm-*Petersen*-Briefwechsel innerhalb der Reihe der Briefausgaben	34 (1985)	17–19
Ranft, Gerhard:	Theodor Storm und *Elise Polko*. Ein bisher unveröffentlichter Briefwechsel	39 (1990)	46–68
Ranft, Gerhard:	Theodor Stoms Brief an *Hermione von Preuschen*	22 (1973)	55–94
Trömel, Ferdinand:	Theodor Storms Briefe an die *Gräfin Emilie Reventlow*	25 (1976)	25–47
Goldammer, Peter:	Theodor Storm und *Julius Rodenberg*	22 (1973)	32–54
Stuckert, Franz:	Theodor Storm. Briefe an *Georg Scherer* und *Detlev von Liliencron*	3 (1954)	15–59
Hettche, Walter (Hg.):	*Alexander Julius Schindler* (Julius von der Traun). Briefe an Theodor Storm	46 (1997)	13–69

Goldammer, Peter:	„Mein, den Jahren nach, ältester Freund". Zu Storms Briefwechsel mit *Heinrich Schleiden*	45 (1996)	23–26
Goldammer, Peter:	„Du gottbegnadeter Sänger". Ein Nachtrag zum Briefwechsel zwischen Theodor Storm und *Heinrich Schleiden*	47 (1998)	83–85
Wooley, E. O.:	Ein unveröffentlichter Brief von *Paul Schütze* zu Storms 70. Geburtstag	13 (1964)	53–55
Eversberg, Gerd:	Der Briefwechsel zwischen Theodor Storm und *Heinrich Seidel*	45 (1996)	47–96
Hettche, Walter:	„... diese mir wie Blutsverwandte liebe Familie...". Theodor Storm im Briefwechsel mit *Otto und Hans Speckter*	41 (1992)	7–12
Hettche, Walter:	Theodor Storm: Brief an *Hans Speckter* vom 18. Dezember 1878. Ein Nachtrag zum Briefwechsel Storm–Speckter	48 (1999)	85–86
Ranft, Gerhard:	Theodor Storm und *Dorothea geb. Jensen*. Ein unveröffentlichter Briefwechsel	28 (1979)	34–97
Schmidt, Karl:	Bleick und Matthias Bleicken. Nachtrag zum Kommentar des Briefwechsels Storm–*Dorothea Jensen*	29 (1981)	64–65
Suhr, Max:	Umzugsgedanken. Mit unbekannten Briefen von *Dorothea* und Theodor Storm	41 (1992)	83–89
Goldammer, Peter:	„Ist es nicht langweilig?" fragte Vater. Aufzeichnungen von Theodor Storms jüngster Tochter *Friederike*	44 (1995)	51–55
Goldammer, Peter:	Aus dem Briefwechsel Theodor Storms mit seinem Bruder *Otto*	49 (2000)	71–125
Laage, Karl Ernst:	Theodor Storm 1832 – 15 Jahre alt (Erstveröffentlichung des frühesten Storm-Briefes)	29 (1980)	9–16
Gellinek, Christian:	Theodor Storms Briefe an Mitglieder der Familie seines Vetters *Friedrich Gustav Stuhr* aus Friedrichstadt	40 (1991)	51–59

Laage, Karl Ernst:	Theodor Storm und *Iwan Turgenjew* (Persönliche und literarische Beziehungen, Einflüsse, Briefe, Bilder)	16 (1967)	3–175
Storm, Theodor:	Brief an *Unbekannt* (Faksimile)	8 (1959)	57–58

2 Storms Werke
2.1 Handschriften und Drucke

Eversberg, Gerd:	Region und Poesie. Theodor Storms Entwicklung zum Schriftsteller	50 (2001)	7–21
Eversberg, Gerd:	Einige Storm nicht zugeschriebene Sagen und Geschichtserzählungen	43 (1994)	75–95
Häntzschel, Günter:	Theodor Storm als Anthologie-Herausgeber	38 (1989)	39–51
Honnefelder, Gottfried:	Zur Centenarausgabe von Theodor Storms sämtlichen Werken in der Bibliothek deutscher Klassiker	38 (1989)	6–8
Koch, Margarete:	Allerlei zerstreute Kleinigkeiten aus dem Nachlaß Theodor Storms	14 (1965)	20–23
Laage, Karl Ernst:	Theodor Storms Werke (Entstehungsdaten und Lebensabschnitte)	24 (1975)	88–89
Laage, Karl Ernst:	Eine wieder entdeckte Storm-Handschrift (Notizen zum Mörike-Besuch 1855)	25 (1976)	75–77
Laage, Karl Ernst:	Neue Storm-Handschriften im Archiv der Theodor-Storm-Gesellschaft	29 (1980)	55–63
Laage, Karl Ernst:	Die Handschriften und ihre Bedeutung für die neue Storm-Ausgabe	38 (1989)	19–25
Laage, Karl Ernst:	Theodor Storms Löwen-Medaillon. Zu den Buchdeckelverzierungen der „Gedichte", mit den Auszügen aus unveröffentlichten Briefen	41 (1992)	91–97
Lohmeier, Dieter:	Warum eine neue Storm-Ausgabe?	38 (1989)	9–18

Paulsen jun., Ingwert:	Das „Liederbuch dreier Freunde"	23 (1974)	62–64
Storm, Theodor:	Hans Bähr, ein Mährlein. Seiner jungen Freundin Bertha von Buchan gewidmet	1 (1952)	9–14
Storm, Theodor:	Abseits (Gedichte)	8 (1959)	56
Stuckert, Franz:	Der handschriftliche Nachlaß Storms und seine Bedeutung für die Forschung	1 (1952)	41–60
Zimorski, Walter:	Neuentdeckte Musikalien der Storm-Familie. Ein Forschungsbericht	46 (1997)	95–98

2.2 Rezeption

Albertsen, Leif Ludwig:	Zur Problematik der Übersetzung von Dichtung	32 (1983)	9–14
Baumann, Gerhard:	Storm im Geschichtsbild des Historikers	43 (1994)	127–138
Boll, Karl Friedrich:	Über die Verfilmung von Werken Fontanes und Storms	25 (1976)	61–74
Brandis, E. P.:	Theodor Storm in Rußland	21 (1972)	9–23
Brett, Ewans David:	Warum hat Storm heute so viele Leser?	21 (1972)	91–92
Donath, Adolf:	Theodor Storm in Polen	30 (1981)	69–73
Donath, Adolf:	Zur Problematik von Storm-Übersetzungen ins Polnische	32 (1983)	15–18
Eversberg, Gerd:	Theodor Storm in den „Neuen Medien"	49 (2000)	127–135
Hinrichs, Boy:	Theodor Storm. Texte und Kontexte. Thesen zur Rezeptionsforschung	42 (1993)	67–72
Jenssen, Christian:	Theodor Storm und die Gegenwart	5 (1956)	9–17
Jenssen, Christian:	Theodor Storm im Blickfeld der Literatur des 20. Jahrhunderts	7 (1958)	9–16
Jenssen, Christian:	Zum 75. Todestage Theodor Storms	12 (1963)	9–10
Karthaiou, Rhena:	Warum hat Storm heute soviel Leser?	21 (1972)	95–97
Knotterbelt, Anne:	Warum hat Storm heute soviel Leser?	21 (1972)	92

Laage, Karl Ernst:	Theodor Storm und seine Vaterstadt, ein Beitrag zum Neuverständnis des Dichters	17 (1968)	19–24
Laage, Karl Ernst:	Theodor Storm in unserer Zeit	21 (1972)	89–91
Laage, Karl Ernst:	Bedeutung und Ergebnisse des Übersetzer-Wettbewerbs	32 (1983)	25–28
Lazar, Erwin:	Storm-Rezeption in der slowakischen Literatur	32 (1983)	41–45
Pastor, Eckart:	Arme „Elisabeth"! Von der (unverzeihlichen) Unzulänglichkeit des Übersetzens	49 (2000)	137–140
Prjanischnikow, E. A.:	Einige Bemerkungen zu russischen Storm-Übersetzungen	23 (1974)	55–77
Prjanischnikow, E. A.:	„Der Schimmelreiter" von Theodor Storm und „Das weiße Dampfschiff" von Tschingis Ajtmatow: Übereinstimmungen und Unterschiede	44 (1995)	61–64
Prinzivalli, Lydia:	Ergebnisse und Aufgaben der Storm-Forschung in Italien	17 (1968)	47–54
Ritter, Heinz:	„Jahreszeiten in Liedern". Storm und die Ritterschen Initialmalereien	19 (1970)	63–69
Royer, Jean:	Zur Beurteilung von Storm-Übersetzungen	32 (1983)	19–24
Royer, Jean:	Zu Theodor Storms „Le capital dissipé"	35 (1986)	48–50
Sammern-Frankenegg, Fritz Rüdiger:	Prolegomena zu einer Neuverfilmung von Storms „Immensee"	48 (1999)	141–153
Sang, Jürgen:	Kein Gelehrtenroman: Woldsen oder Es wird keine Ruhe geben	34 (1985)	71–75
Schmäls, Irene:	Warum hat Storm heute so viele Leser?	21 (1972)	92–93
Schmidt, Klaus, M.:	Novellentheorie und filmisches Erzählen vor dem Hintergrund moderner Stormverfilmungen (zum Symposion „Theodor Storm und die Medien [1996])	48 (1999)	95–125
Schwerdtfeger, Wolfgang:	Warum hat Storm heute so viele Leser?	21 (1972)	93
Simonides, Dina:	Warum hat Storm heute so viele Leser?	21 (1972)	94–95

Spiss, Viktor:	Zur Übersetzung von Storm-Gedichten in die russische Sprache	32 (1983)	32
Storm, Theodor:	Lucie (Gedicht). In französischer Übersetzung	21 (1972)	93
Takahashi, Kenji:	Theodor Storm und Japan	17 (1968)	55–57
Takeda, Sueo:	Zur Übersetzung eines Gedichtes Theodor Storms ins Japanische	32 (1983)	37–38
Wang, Luzia Mei-ling:	Literarische Übersetzung. Zur Rezeptionsgeschichte von Storms „Immensee" in Taiwan	48 (1999)	73–83
Weydt, Günther:	Umwertungen des Storm-Bildes durch Thomas Mann	17 (1968)	94–101
Williams, John R.:	Zur Übersetzung der Gedichte „Constanze" und „Weihnachtsabend" ins Englische	32 (1983)	33–35
Zhiyou, Wang:	Storm in China	32 (1983)	46–50
Zimmermann, Bernhard:	„Am grauen Strand, am grauen Meer" – Annäherungen an literarische Erbe am Beispiel einer Storm-Adaption des Fernsehens der DDR	48 (1999)	127–139
Ziólkowska, Grazyna:	Zur Übersetzung des Gedichts „Mondlicht" ins Polnische	32 (1983)	36–37

2.3 Analysen und Deutungen

Alt, Arthur Tilo:	Das Phänomen der Erschütterung bei Th. Storm	15 (1966)	40–46
Alt, Arthur Tilo:	Flucht und Verwandlung: Theodor Storms Verhältnis zur Wirklichkeit	25 (1976)	9–24
Artiss, David:	Theodor Storms symbolische Tierwelt – dargestellt an seinen Vorstellungen von Wolf, Hund und Pferd	45 (1996)	7–22
Baßler, Moritz:	„Die ins Haus heimgeholte Transzendenz" – Theodor Storms Liebesauffassung vor dem Hintergrund der Philosophie Ludwig Feuerbachs	36 (1987)	43–60
Bernd, Clifford Albrecht:	Das Verhältnis von erlittenem und überwundenem Vergänglichkeitsgefühl in Th. Storms Erzählhaltung	10 (1961)	32–38

Bernd, Clifford Albrecht:	Storms Literaturkritik – ein Weg zum neuen Verständnis seiner Dichtung	17 (1968)	77–81
Bernd, Clifford Albrecht:	Theodor Storm und die Romantik	21 (1972)	24–37
Boll, Karl Friedrich:	Das Problem der Zeit bei Th. Storm	18 (1969)	54–76
Boll, Karl Friedrich:	Spuk, Ahnungen und Gesichte bei Th. Storm	9 (1960)	9–23
Boll, Karl Friedrich:	Theodor Storm, ein Kind seiner Zeit	10 (1961)	9–31
Bollenbeck, Georg:	Theodor Storm, verengter Horizont und vertiefter Blick	39 (1990)	15–25
Coghlan, Brian:	Theodor Storm – gestern, heute und morgen	42 (1993)	73–75
De Cort, Joseph:	Die Rolle der Ethik in Storms epischem Werk	17 (1968)	102–107
De Cort, Joseph:	Das Idyllische in Storms Novellistik	26 (1977)	22–36
Hermann, Walther:	Jugendliebe und Lebenswerk bei Theodor Storm	2 (1953)	9–18
Laage, Karl Ernst:	Anmerkungen zum Zeitbezug der Stormschen Dichtung	39 (1990)	6–10
Lohmeier, Dieter:	Juden in Leben und Werk Theodor Storms	43 (1994)	7–22
Mann, Thomas:	Theodor Storm, der Mensch	13 (1964)	47–52
Mieder, Wolfgang:	Die Funktion des Sprichworts in Theodor Storms Werken	22 (1973)	95–114
Pastor, Eckart:	„Schließe mir die Augen beide ..." Überlegungen zum poetischen Kosmos des jungen Storm	32 (1983)	63–73
Pastor, Eckart:	Vom Instrumentarium des Dichters	42 (1993)	48–53
Perraudin, Michal:	Bild und Wirklichkeit des Hauses bei Storm	43 (1994)	97–115
Peters, Friedrich Ernst:	Rosengeruch des Unwiederbringlichen	3 (1954)	9–14
Piacentini, Clothilde:	Die Poesie im Werk Theodor Storms	17 (1968)	82–84
Preisendanz, Wolfgang:	Gedichtete Perspektiven in Storms Erzählkunst	17 (1968)	25–37

Ritchie, J. M.:	Theodor Storm und der sogenannte Realismus	34 (1985)	21–33
Roebling, Ingard:	Storm und die weibliche Stimme	42 (1993)	54–62
Roebling, Irmgard:	Marienphantasien des Poetischen Realismus. Keller, Storm, Fontane	47 (1998)	7–24
Sang, Jürgen:	Die Auflösung der Wirklichkeitseinheit bei Theodor Storm	20 (1971)	51–70
Schumann, Willy:	Die Umwelt in Theodor Storms Charakterisierungskunst	11 (1962)	26–38
Sievers, Harry:	Storms Gedanken über Unsterblichkeit und Tod in ihrem inneren Zusammenhang	5 (1956)	18–42
Wapnewski, Peter:	Theodor Storm: Nach fünfzig und hundertfünfzig Jahren	48 (1999)	13–42
Wolf, Wilhelm:	Landschaft, Tier- und Pflanzenwelt im Werke Theodor Storms	9 (1960)	33–43

2.4 Zur Lyrik

2.4.1 Allgemeines

Bakalow, A. S.:	„Stille" und „Lärm" in der Lyrik Theodor Storms	36 (1987)	37–42
Eversberg, Gerd:	Storms erste Gedichtveröffentlichungen	41 (1992)	45–49
Eversberg, Gerd:	Rätsel und Wortspiele von Theodor Storm. Mit bisher ungedruckten Versen	44 (1995)	41–51
Hettche, Walter:	Zwei Rätsel und ihre Lösung. Zu Gerd Eversbergs Beitrag „Rätsel und Wortspiele von Theodor Storm"	45 (1996)	139
Eversberg, Gerd:	Ein bisher Theodor Storm nicht zugeschriebenes Gedicht	44 (1995)	57–59
Hausmann, Manfred:	Unendliches Gedicht. Bemühungen anläßlich der Lyrik Theodor Storms	11 (1962)	9–25
Jackson, David:	Storms Lyrik	42 (1993)	39–41
Lohmeier, Dieter:	Das Erlebnisgedicht bei Storm	30 (1981)	9–26
Martini, Fritz:	Theodor Storms Lyrik (Tradition – Produktion – Rezeption)	23 (1974)	9–27
Müller, Lothar:	Neues zu den frühen Gedichtveröffentlichungen Theodor Storms	41 (1992)	31–44

Nicolai, Heinz:	Theodor Storms Verhältnis zu Goethe (zu Storms Auffassung vom Wesen der Lyrik)	19 (1970)	9–24
Pätzold, Hartmut:	„Ein Stück andre Welt". Von der Unbrauchbarkeit des Paradigmas der „Erlebnislyrik" für die Gedichte Theodor Storms	43 (1994)	43–63
Ranft, Gerhard:	Theodor Storms Auffassung vom Wesen der Lyrik	8 (1959)	48–55
Sengle, Friedrich:	Storms lyrische Eigenleistung. Abgrenzung von anderen großen Lyrikern des 19. Jahrhunderts	28 (1979)	9–33
Spycher, Peter:	Geheimnisvolles in Theodor Storms Lyrik	24 (1975)	9–35
Wooley, E. O.:	Ein Beitrag zur Datierung von Theodor Storms Gedichten	7 (1958)	40–47

2.4.2 Zu einzelnen Gedichten

Silz, Walter:	Theodor Storm: Drei Gedichte	19 (1970)	25–34
Suhr, Max:	Zur Datierung von Storms Gedicht „Eine Fremde"	34 (1985)	67–70
Hansen, Hans-Siewert:	„Denn die Vernichtung ist auch was wert." Einige Überlegungen zu einem rätselhaften Vers von Theodor Storm	46 (1997)	89–94
Bertram, Theodor:	„Der eine fragt: Was kommt danach?" Versuch einer Deutung des viel umstrittenen Storm-Gedichts	19 (1970)	50–62
Jarka, Horst:	Theodor Storms Gedicht „Die Nachtigall"	19 (1970)	43–49
Klindt, Hans Theodor:	Theodor Storm und Wieland. Eine Anmerkung zu Storms Gedicht „Die Stadt"	20 (1971)	76–77
Peters, Lorenz C.:	Zu Theodor Storms Gedicht „Die Stadt"	25 (1976)	77–78
Martini, Fritz:	Ein Österreicher entdeckt Theodor Storm (Ferdinand Kürnbergers Novelle „Das Fenderhaus", ihre Umarbeitung zum Roman „Der Haustyrann" und Storms Gedicht „Für meine Söhne")	30 (1981)	49–55

Martini, Fritz:	Ein Gedicht Theodor Storms: „Geh nicht hinein" – Existenz, Geschichte und Stilkritik	6 (1957)	9–37
Koch, Karl:	Unvergessener „Knecht Ruprecht"	23 (1974)	58–59
Silman, Tamara:	Theodor Storms Gedicht „Meeresstrand"	25 (1976)	48–52
Selbmann, Rolf:	Vergoldeter Herbst. Storms „Oktoberlied", Emanuel Geibel und der Realismus in der Lyrik	45 (1996)	117–126
Laage, Karl Ernst:	„Zwei Strophen zu einem russischen Liede." Entstehung und Schicksal des Gedichts „Schlaf nicht mehr!" von Theodor Storm. Zum 175. Geburtstag Iwan Turgenjews (geb. 9.11.1818)	43 (1994)	65–73
Alt, Arthur Tilo:	Einige Bemerkungen zur Interpretation des Gedichtes „Über die Heide" in Schrift 19	20 (1971)	71–72
Müller, Hanno und Norbert Mecklenburg:	Theodor Storms Gedicht „Über die Heide". Versuch einer kritischen Interpretation	19 (1970)	35–42
Boswell, Patricia:	Theodor Storm „Zur Taufe" – Ein Beitrag zur Entstehung des Gedichts	30 (1981)	39–48

2.5 Zur Novellistik

2.5.1 Allgemeines

Amlinger, Lore M.:	Von „Immensee" zum „Schimmelreiter". Zur Entwicklung des Stormschen Helden	38 (1989)	63–72
Boll, Karl Friedrich:	Die Adelssitze in den Chroniknovellen Th. Storms	12 (1963)	38–52
Boll, Karl Friedrich:	Storm: „Meine Novellistik ist aus meiner Lyrik erwachsen"	29 (1980)	17–32
Coghlan, Brian:	Storms Novelleneingänge (Ein Beitrag zur Darstellung seiner späteren Erzählkunst)	17 (1968)	72–76
Coghlan, Brian:	Dauer im Wechsel. Kontinuität und Entwicklung der Stormschen Erzählkunst	20 (1971)	9–22

Coghlan, Brian:	Theodor Storms Novelle: eine Schwester des Dramas?	38 (1989)	26–38
Coupe, W. A.:	Der Doppelsinn des Lebens: Die Doppeldeutigkeit in der Novellistik Th. Storms	26 (1977)	9–21
Frühwald, Wolfgang:	Der Enthusiasmus des Lebens. Individuation und Psychologisierung in Theodor Storms späten Erzählungen	33 (1984)	9–18
Jørgensen, Sven-Aage:	Vergangenheit und Vergänglichkeit. Zur Funktion des Erinnerns in Theodor Storms Novellen	35 (1986)	9–15
Laage, Karl Ernst:	Das Erinnerungsmotiv in Theodor Storms Novellistik	7 (1958)	17–39
Wierlacher, Alois:	Situationen (Zu Storms früher Prosa)	21 (1972)	38–44

2.5.2 Zu einzelnen Erzählungen und Novellen

Kuchenbuch, Thomas:	„Angelika" – oder die gescheiterte Auflehnung (Zur gesellschaftlichen Wurzel der Resignationskunst im Poetischen Realismus)	21 (1972)	68–86
Boll, Karl Friedrich:	Das Bonnixsche Epitaph in Drelsdorf und die Kirchenbilder in Th. Storms Erzählung „Aquis submersus"	14 (1965)	24–39
Boll, Karl Friedrich:	Das verschollene Totenbildnis der Kirche in Drelsdorf	24 (1975)	98–101
Coupe, W. A.:	Zur Frage der Schuld in „Aquis submersus"	24 (1975)	57–72
Cunningham, Wm. L.:	Zur Wassersymbolik in „Aquis submersus"	27 (1978)	40–49
Hirata, Tatsuji:	Storms Novelle „Aquis submersus". Eine Betrachtung über Motive und Struktur des Werkes	27 (1978)	57–60
Jackson, David A.:	Die Überwindung der Schuld in der Novelle „Aquis submersus"	21 (1972)	45–56
Struve, Reinhard:	Funktionen des Rahmens in Theodor Storms Novelle „Aquis submersus"	23 (1974)	28–32

Lohmeier, Dieter:	Erzählprobleme des Poetischen Realismus. Am Beispiel von Storms Novelle „Auf dem Staatshof"	28 (1979)	109–122
Hertling, G. H.:	Theodor Storms Novelle „Auf der Universität". Zur Funktion und Bedeutung von „Tanz" und „Contretanz"	38 (1989)	83–97
Pizer, John:	Mit wem ging Theodor Storm spazieren? G. E. Lessing, Erich Schmidt und „Auf der Universität"	46 (1997)	77–83
Stein, Malte:	Tod und Weiblichkeit in Theodor Storms Novelle „Auf der Universität". Eine Textanalyse aus intertextueller Perspektive	45 (1996)	27–45
Friedmann, Eva Merrett:	Amerikaspiegelung in Theodor Storms Novelle „Bötjer Basch"	32 (1983)	55–62
Lowsky, Martin:	Fritz Basch oder Die Sensibilität für die Sprache. Über Theodor Storms Novelle „Bötjer Basch"	48 (1999)	57–64
Jackson, David:	Frauenopfer und Frauenverrat. Theodor Storms Novelle „Carsten Curator"	48 (1999)	43–56
Laage, Karl Ernst:	Die Schuld des Vaters in Theodor Storms Novelle „Carsten Curator"	44 (1995)	7–22
Laage, Karl Ernst:	„Culpa patris". Zur Frage nach der Schuld des Vaters in Storms Novelle „Carsten Curator"	46 (1997)	7–12
Schweitzer, Christoph E.:	Die Bedeutung des „Familienbildes" für die Interpretation von Theodor Storms Novelle „Carsten Curator"	47 (1998)	41–46
Jackson, David:	Getarnt aber deutlich. Kritik am preußischen Adel in Theodor Storms Novelle „Der Herr Etatsrat"	47 (1998)	25–39
Tschorn, Wolfgang:	Der Verfall der Familie. „Der Herr Etatsrat" und „Ein Doppelgänger" als Beispiele zu einem zentralen Darstellungsobjekt Storms	29 (1980)	44–52

Harnischfeger, Johannes:	Modernisierung und Teufelspakt. Die Funktion des Dämonischen in Theodor Storms „Schimmelreiter"	49 (2000)	23–43
Laage, Karl Ernst:	Der „Schimmelreiter" im „Danziger Dampfboot"	20 (1971)	72–75
Laage, Karl Ernst:	Der ursprüngliche Schluß der Stormschen „Schimmelreiter"-Novelle, eine Neuentdeckung	30 (1981)	57–67
Langer, Ilse:	Volksaberglaube und paranormales Geschehen in einigen Szenen des „Schimmelreiters"	24 (1975)	90–97
Segeberg, Harro:	Intermedialität bei Storm. Zur Mediengeschichte des *Schimmelreiter*-Komplexes	42 (1993)	77–94
Silz, Walter:	Theodor Storms *Schimmelreiter*	4 (1955)	9–30
Bendel, Silvia:	Hochzeit der Gegensätze oder Suche nach dem Weiblichen? Wasser- und Feuerimaginationen in Theodor Storms „Regentrude"	50 (2001)	65–79
Freund, Winfried:	Rückkehr zum Mythos. Mythisches und symbolisches Erzählen in Theodor Storms Märchen „Die Regentrude"	35 (1986)	38–47
Roebling, Irmgard:	Prinzip Heimat – eine regressive Utopie? Zur Interpretation von Theodor Storms „Regentrude"	34 (1985)	55–66
Kunz, Joseph:	Theodor Storms Novelle „Draußen im Heidedorf", Versuch einer Interpretation	22 (1973)	18–31
Segeberg, Harro:	Theodor Storm als „Dichter-Jurist". Zum Verhältnis von juristischer, moralischer und poetischer Gerechtigkeit in den Erzählungen „Draußen im Heidedorf" und „Ein Doppelgänger"	41 (1992)	69–82
Pastor, Eckart:	„Du bist hier Partei!" Theodor Storms Novelle „Draußen im Heidedorf" und ihre Erzähler	44 (1995)	23–39
Jackson, David:	„Ein Bekenntnis" – Theodor Storms frauenfreundliche Abrechnung mit einem mörderischen romantischen Liebesideal	50 (2001)	37–63

Schuster, Ingrid:	Storms „Ein Doppelgänger" und Brechts „Der gute Mensch von Sezuan", eine Gegenüberstellung	23 (1974)	33–38
Morrien, Rita	Arbeit „in Kontrasten" – Künstler- und Vaterschaft in Theodor Storms Novelle „Eine Malerarbeit"	50 (2001)	23–35
Coghlan, Brian:	„Theodor Storm geht ins Theater". Beobachtungen zur ‚Oper auf Haderslevhuus'	49 (2000)	9–21
Kardel, Harboe:	Der geschichtliche und örtliche Hintergrund der Novelle „Ein Fest auf Haderslevhuus"	23 (1974)	39–46
Doane, Heike A.:	Probleme der Kommunikation in Theodor Storms „Hans und Heinz Kirch"	33 (1984)	45–51
Laage, Karl Ernst:	„Nachricht von der Stadt Heiligenhafen (1743)". Eine bisher unbekannte Quelle zu Storms „Hans und Heinz Kirch"	26 (1977)	72–74
Pätzold, Hartmut:	Der soziale Raum als Ort „schuldlosen Verhängnisses". („Hans und Heinz Kirch")	40 (1991)	33–50
Boll, Karl Friedrich:	Quellen der Stormerzählung „Im Brauerhause"	20 (1971)	40–50
Belgardt, Raimund:	Dichtertum als Existenzproblem. Zur Deutung von Storms „Immensee"	18 (1969)	77–88
Hohn, Herybert:	Der Stil der Landschaftsdarstellung in Storms Novelle „Immensee"	29 (1980)	33–43
Wooley, E. O.:	„Immensee". Ein Beitrag zur Entstehung und Würdigung der Novelle	9 (1960)	24–32
Brate, Gertrud:	Theodor Storms „Im Nachbarhause links"	21 (1972)	57–67
Schütt, Hans-Friedrich:	Der geschichtliche Hintergrund zu Theodor Storms Novelle „Im Nachbarhaus links"	25 (1976)	53–60
Boswell, Patricia M.:	Theodor Storms Heiligenstädter Novelle „Im Schloß"	40 (1991)	17–32
Bernd, Clifford Albrecht:	Das Erinnerungsmotiv in Storms „In St. Jürgen"	12 (1963)	27–37

Kratz, Bernd:	Das „Wiedersehen an der Bahre". Ein Balladenmotiv in Theodor Storms Novelle „In St. Jürgen"	48 (1999)	65–72
Hansen, Hans-Sievert:	Narzißmus in Storms *Märchen*. Eine psychoanalytische Interpretation	26 (1977)	37–56
Eversberg, Gerd:	„*Pole Poppenspäler*" – zensiert	38 (1989)	55–62
Frommholz, Rüdiger:	„*Pole Poppenspäler*" – Kinder- oder Künstlergeschichte?	36 (1987)	19–36
Laage, Karl Ernst:	Entstehung und Schicksal des „*Pole Poppenspäler*"-Manuskripts	35 (1986)	30–37
Schroeder, Horst:	„*Pole Poppenspäler*" und die Schule	24 (1975)	36–56
Ciemnyjewski, Gregor:	„Natürliche" versus „künstliche" Gesellschaftsordnung. Zum Gesellschaftskritischen in Storms „*Posthuma*"	45 (1996)	135–138
Leroy, Robert und Pastor, Eckart:	„... eine Tote zu lieben": Storms frühe Erzählung „*Posthuma*"	41 (1992)	51–54
Geffers-Browne, Christine:	Calvinismus oder schlicht Hygiene? Zu einigen Aspekten der Novelle „*Renate*"	49 (2000)	65–71
Terpstna, Jan Ulbe:	Storms Novelle „*Renate*" und der Würzburger Hexenprozeß der Renata Singer im Jahre 1749	23 (1974)	47–54
Wünsch, Marianne:	Experimente Storms an den Grenzen des Realismus: neue Realitäten in „*Schweigen*" und „*Ein Bekenntnis*"	41 (1992)	13–23
Meyer, Hans:	Schwabstedter Personen und Örtlichkeiten in Storms Erzählungen „*Renate*" und „*Zur Wald- und Wasserfreude*"	10 (1961)	39–53
Bernd, Clifford Albrecht u. K. E. Laage:	*Sylter Novelle*, ein unbekannter Novellenentwurf Theodor Storms	18 (1969)	41–53
Boll, Karl Friedrich:	„Das kleine italienische Motiv" – Anstoß zu Storms Novelle „*Zur Chronik von Grieshuus*"	31 (1982)	67–68
Gerreckens, Louis:	„Und hier ist es" – die verwirrende Fiktion erzählerischer Objektivität in Storms Novelle „*Zur Chronik von Grieshuus*"	47 (1998)	47–72

3 Zur Geschichte der Storm-Gesellschaft und der Storm-Forschung

Bendixen, Peter:	Grußwort aus Anlaß der Ehrung der Preisträger des Internationalen Storm-Übersetzer-Wettbewerbs	32 (1983)	7–8
Bernd, Clifford Albrecht:	Die gegenwärtige Theodor-Storm-Forschung. Eine Bibliographie	3 (1954)	60–79
Boyens, Uwe:	40 Jahre Partnerschaft zwischen Storm-Gesellschaft und Verlag Boyens & Co.	42 (1993)	103–105
Coghlan, Brian:	Ansprache anläßlich eines Empfangs der Stadt Husum für die Teilnehmer des Internationalen Storm-Symposions	38 (1989)	109–110
Conrady, K. O.:	Prolog zu einem Storm-Symposion	17 (1968)	38–40
Eversberg, Gerd:	Schriften der Theodor-Storm-Gesellschaft 1952–2000. Register zu den Bänden 1–50	50 (2001)	170–219
Heitmann, Friedrich:	Die Matinee der Storm-Tagung 1985	35 (1986)	51–54
Jackson, David:	Perspektiven der Storm-Forschung. Rückblick und Ausblick	42 (1993)	23–34
Kahleyss, Ellinor:	Unsere neuen Storm-Veröffentlichungen	39 (1990)	11–14
Klose, Olaf:	Das Kieler Storm-Archiv	17 (1968)	9–18
Laage, Karl Ernst:	Die internationalen Stormtage in Husum. Ein Bericht über ihren Verlauf	38 (1989)	104–108
Laage, Karl Ernst:	Storm-Kolloquium – Eröffnung, Rückblick und Ausblick	42 (1993)	37–38
Laage, Karl Ernst:	Stormtagung 1998. Ansprache zur Eröffnung der Festversammlung	48 (1999)	9–11
Laage, Karl Ernst:	50 Jahre „Schriften der Theodor-Storm-Gesellschaft"	50 (2001)	166–169
Laage, Karl Ernst/ Eversberg, Gerd:	50 Jahre Theodor-Storm-Gesellschaft. Eine Chronik (1948-1998)	47 (1998)	129–182
Lohmeier, Dieter:	Plädoyer für sozialpsychologische Untersuchungen über Theodor Storm	42 (1993)	95–101

Ranft, Gerhardt:	„Schriften der Theodor-Storm-Gesellschaft" 1952–1981. Gesamtregister zu den Bänden 1–30	30 (1981)	111–144
Sang, Jürgen:	Storms Lyrik als Gegenstand der Forschung – 30 Jahre „Schriften der Theodor-Storm-Gesellschaft"	30 (1981)	27–38
Sang, Jürgen:	Novellenforschung und Storm-Literatur in 30 Jahrgängen der „Schriften der Theodor-Storm-Gesellschaft"	31 (1982)	50–60
Silz, Walter:	Storm-Forschung in den Vereinigten Staaten	17 (1968)	41–46

4 Sonstiges

Albersmeier, Franz-Josef:	Europäische Literatur und Photographie/Film	Beiheft zu den Schriften der Theodor-Storm-Gesellschaft 48 (1999)	9–21
Ciemnyjewski, Gregor:	Offener Brief an Robert Leroy und Eckart Pastor	47 (1998)	86
Draheim, Margarete:	Storm-Bibliographie	25 (1976) – 36 (1987)	
Leroy, Robert und Eckart Pastor:	Redliche versus unendliche Attacke. Eine Replik	46 (1997)	105–106
Eversberg, Gerd:	Zu einigen Bildern des Malers Nicolas Peters im Husumer Storm-Haus	47 (1998)	73–81
Eversberg, Gerd:	Theodor Storm und die Entwicklung photographischer Reproduktionstechniken	Beiheft zu den Schriften der Theodor-Storm-Gesellschaft 48 (1999)	89–94
Fuerst, Norbert:	Prof. Dr. E. Wooley, USA (Nachruf)	14 (1965)	7–9
Gebauer, Hannelore:	Beitrag zur Storm-Bibliographie	5 (1956)	60–71
Heitmann, Friedrich:	Storm-Übersetzungen in aller Welt. Zu einer Ausstellung im Storm-Haus in Husum	32 (1983)	39–40

Heitmann, Friedrich:	Zum 100. Todestag des russischen Dichters Turgenjew: Konzeption der Ausstellung „Iwan Turgenjew – Theodor Storm".	33 (1984)	75–79
Heitmann, Friedrich:	Theodor Storms Novelle „Immensee", Konzeption einer Ausstellung	34 (1985)	35–38
Heitmann, Friedrich:	Theodor Storms Novelle „Pole Poppenspäler". Konzeption einer Ausstellung	35 (1986)	25–29
Heitmann, Friedrich:	Handschrift und Erstdruck. Eine Ausstellung im Storm-Haus zum 100. Todestag des Dichters	38 (1989)	101–103
Jacobsen, Elke:	Storm-Bibliographie	38 (1989) ff.	
Laage, Carl:	Die Storm-Gedächtnisstätte im Nissenhaus in Husum	7 (1958)	48–56
Laage, Carl:	Die Storm-Stätten in Husum „Von heut und ehedem"	11 (1962)	39–61
Laage, Karl Ernst:	Das Storm-Haus, Husum, Wasserreihe 31. Einführungsvortrag anläßlich der feierlichen Eröffnung des Storm-Hauses am 16. September 1972	22 (1973)	9–17
Laage, Karl Ernst:	Theodor Storm in Husum und Nordfriesland. Ein Führer durch die Storm-Stätten	22 (1973)	115–137
Laage, Karl Ernst:	Storm und Dänemark (Ansprache [Auszug] zur Eröffnung der Ausstellung „Storms Werk in Dänemark" im Storm-Haus anläßlich der ersten „Dänischen Woche" in Husum vom 8.–16.9.1973)	23 (1974)	60–61
Laage, Karl Ernst:	Das Storm-Haus, Husum, Wasserreihe 31	24 (1975)	73–87
Laage, Karl Ernst:	Storm – heute (Ansprache anläßlich der Eröffnung einer Ausstellung im Storm-Haus am 1. September 1974 mit dem Untertitel „Popularität und Mißbrauch des Dichters")	24 (1975)	102–104
Laage, Karl Ernst:	Theodor Storm und Erich Schmidt: 1877 (Zu einer Ausstellung anläßlich ihrer ersten Begegnung)	27 (1978)	53–56

Laage, Karl Ernst:	Neue Räume im Storm-Haus (Referat anläßlich der Eröffnung dieser Räume am 6. Mai 1978)	28 (1979)	127–131
Laage, Karl Ernst:	Das „Viaola-tricolor"-Zimmer im Storm-Haus in Husum. Ansprache anläßlich der Restaurierung und Einweihung	32 (1983)	75–78
Laage, K. Ernst:	Theodor Storm in Heiligenstadt. Zur Einweihung des Literaturmuseums „Theodor Storm" in Heiligenstadt	38 (1989)	98–101
Laage, Karl Ernst:	Zur Geschichte des Stormschen Wohnzimmers	41 (1992)	25–29
Laage, Karl Ernst:	*Theodor Fontane* und Theodor Storm. Eine Dichterfreundschaft. Anläßlich des Erscheinens der ersten vollständigen Edition des Storm-Fontane-Briefwechsels und der Eröffnung einer Storm-Fontane-Ausstellung im Storm-Haus	31 (1982)	29–42
Meyer, Kurt:	Neuerwerbungen der Bibliothek der Storm-Gesellschaft (Storm-Bibliographie)	20 (1971) – 24 (1975)	
Pitrou, J.:	Nachruf für Prof. Dr. Robert Pitrou, Bordeaux	14 (1965)	10–11
Reiners, Reiner:	Tradition und Moderne in der Lyrik von Marie Luise Kaschnitz	14 (1965)	40–57
Wohlenberg, Erich:	Katalog der Theodor-Storm-Gedenkausstellung	17 (1968)	108–118
Yushu, Zhang:	Vom Bodensee zum Immensee. Eindrücke von einer Reise durch die Bundesrepublik Deutschland	32 (1983)	51–54

Teil II
Alphabethisches Verzeichnis nach Verfassern

A

Achilles, Wolf:	Von Orel bis Husum. Was Turgenjew mit Storms „grauer Stadt" zu tun hat	33 (1984)	80–82
Albersmeier, Franz-Josef:	Europäische Literatur und Photographie/Film	Beiheft zu den Schriften der Theodor-Storm-Gesellschaft 48 (1999)	9–21
Albertsen, Leif Ludwig:	Zur Problematik der Übersetzung von Dichtung	32 (1983)	9–14
Alt, Arthur Tilo:	Das Phänomen der Erschütterung bei Th. Storm	15 (1966)	40–46
Alt, Arthur Tilo:	Einige Bemerkungen zur Interpretation des Gedichtes „Über die Heide" in Schrift 19	20 (1971)	71–72
Alt, Arthur Tilo:	Flucht und Verwandlung: Theodor Storms Verhältnis zur Wirklichkeit	25 (1976)	9–24
Alt, Arthur Tilo:	Theodor Storm und Hieronymus Lorm: unveröffentlichte Briefe	27 (1978)	26–36
Amlinger, Lore M.:	Von „Immensee" zum „Schimmelreiter". Zur Entwicklung des Stormschen Helden	38 (1989)	63–72
Rüdiger Articus:	„und typen lassen will ich mich auch". Die Daguerreotypien von Theodor Storms Braut und Ehefrau Constanze Esmarch	Beiheft zu den Schriften der Theodor-Storm-Gesellschaft 48 (1999)	43–65
Artiss, David:	Theodor Storms symbolische Tierwelt – dargestellt an seinen Vorstellungen von Wolf, Hund und Pferd	45 (1996)	7–22

B

Backenköhler, Gerd:	Der Weg in die Unterwelt. Über ein Märchenmotiv bei Th. Storm und H. C. Andersen	38 (1989)	80–82
Bakalow, A. S.:	„Stille" und „Lärm" in der Lyrik Theodor Storms	36 (1987)	37–42

Bartoleit, Ralf:	Das Verhältnis von Ferdinand Tönnies' „Gemeinschaft und Gesellschaft" zu Theodor Storms Erzählwerk: Über die Fragwürdigkeit einer naheliegenden Interpretation	36 (1987)	69–82
Barkhausen, Karl-Ludwig:	Der Schriftsteller Hans Bethge zu Besuch in Husum (1896)	48 (1999)	87–92
Baßler, Moritz:	„Die ins Haus heimgeholte Transzendenz". Theodor Storms Liebesauffassung vor dem Hintergrund der Philosophie Ludwig Feuerbachs	36 (1987)	43–60
Bauer, Gisela:	Theodor Storm und Robert Schumann	39 (1990)	75–89
Baumann, Gerhard:	Storm im Geschichtsbild des Historikers	43 (1994)	127–138
Belgardt, Raimund:	Dichtertum als Existenzproblem. Zur Deutung von Storms „Immensee"	18 (1969)	77–88
Bendel, Silvia:	Hochzeit der Gegensätze oder Suche nach dem Weiblichen? Wasser- und Feuerimaginationen in Theodor Storms „Regentrude"	50 (2001)	65–79
Bendixen, Peter:	Grußwort aus Anlaß der Ehrung der Preisträger des Internationalen Storm-Übersetzer-Wettbewerbs	32 (1983)	7–8
Berbig, Roland:	Ausland. Exil oder Weltgewinn? Zu Theodor Storms Wechsel nach Preußen 1852/1853	42 (1993)	42–47
Berbig, Roland:	Der Unstern über dem Tannhäuser-Rütli. Franz Kuglers Briefe an Theodor Storm	42 (1993)	115–139
Bernd, Clifford Albrecht:	Das Erinnerungsmotiv in Storms „In St. Jürgen"	12 (1963)	27–37
Bernd, Clifford Albrecht:	Das Verhältnis von erlittenem und überwundenem Vergänglichkeitsgefühl in Th. Storms Erzählhaltung	10 (1961)	32–38
Bernd, Clifford Albrecht:	Die gegenwärtige Theodor-Storm-Forschung. Eine Bibliographie	3 (1954)	60–79

Bernd, Clifford Albrecht:	Ein unveröffentlichter Briefwechsel zwischen Theodor Storm und Ludwig Eichrodt (Storm als Literaturkritiker)	14 (1965)	12–19
Bernd, Clifford Albrecht:	Storms Literaturkritik – ein Weg zum neuen Verständnis seiner Dichtung	17 (1968)	77–81
Bernd, Clifford Albrecht:	Sylter Novelle, ein unbekannter Novellenentwurf Theodor Storms	18 (1969)	41–53
Bernd, Clifford Albrecht:	Theodor Storm und die Romantik	21 (1972)	24–37
Bertram, Theodor:	„Der eine fragt: Was kommt danach?" Versuch einer Deutung des viel umstrittenen Storm-Gedichts	19 (1970)	50–62
Biese, Alfred:	Erinnerungen an Theodor Storm (Im Anhang: Die Korrespondenz Storm–Biese)	30 (1981)	77–88
Böckmann, Paul:	Th. Storm und Fontane (ein Beitrag zur Funktion der Erinnerung in Storms Erzählkunst)	17 (1968)	85–93
Boll, Karl Friedrich:	Das Bonnixsche Epitaph in Drelsdorf und die Kirchenbilder in Th. Storms Erzählung „Aquis submersus"	14 (1965)	24–39
Boll, Karl Friedrich:	Das Problem der Zeit bei Th. Storm	18 (1969)	54–76
Boll, Karl Friedrich:	Das verschollene Totenbildnis der Kirche in Drelsdorf	24 (1975)	98–101
Boll, Karl Friedrich:	Die Adelssitze in den Chroniknovellen Th. Storms	12 (1963)	38–52
Boll, Karl Friedrich:	Quellen der Stormerzählung „Im Brauerhause"	20 (1971)	40–50
Boll, Karl Friedrich:	Spuk, Ahnungen und Gesichte bei Th. Storm	9 (1960)	9–23
Boll, Karl Friedrich:	Storm: „Meine Novellistik ist aus meiner Lyrik erwachsen"	29 (1980)	17–32
Boll, Karl Friedrich:	Theodor Storm, ein Kind seiner Zeit	10 (1961)	9–31
Boll, Karl Friedrich:	Über die Verfilmung von Werken Fontanes und Storms	25 (1976)	61–74

Boll, Karl Friedrich:	„Das kleine italienische Motiv" – Anstoß zu Storms Novelle „Zur Chronik von Grieshuus"	31 (1982)	67–68
Bollenbeck, Georg:	Theodor Storm, verengter Horizont und vertiefter Blick	39 (1990)	15–25
Boswell, Patricia:	Theodor Storm „Zur Taufe" – Ein Beitrag zur Entstehung des Gedichts	30 (1981)	39–48
Boswell, Patricia M.:	Theodor Storms Heiligenstädter Novelle „Im Schloß"	40 (1991)	17–32
Boyens, Uwe:	40 Jahre Partnerschaft zwischen Storm-Gesellschaft und Verlag Boyens & Co	42 (1993)	103–105
Brandis, E. P.:	Theodor Storm in Rußland	21 (1972)	9–23
Brate, Gertrud:	Theodor Storms „Im Nachbarhause links"	21 (1972)	57–67
Brett, Ewans David:	Warum hat Storm heute so viele Leser?	21 (1972)	91–92

C

Ciemnyjewski, Gregor:	„Natürliche" versus „künstliche" Gesellschaftsordnung. Zum Gesellschaftskritischen in Storms „Posthuma"	45 (1996)	135–138
Ciemnyjewski, Gregor:	Offener Brief an Robert Leroy und Eckart Pastor	47 (1998)	86
Coghlan, Brian:	Storms Novelleneingänge (Ein Beitrag zur Darstellung seiner späteren Erzählkunst)	17 (1968)	72–76
Coghlan, Brian:	Dauer im Wechsel. Kontinuität und Entwicklung der Stormschen Erzählkunst	20 (1971)	9–22
Coghlan, Brian:	Die Gestalt des Regierungsrates Wilhelm Petersen	34 (1985)	9–15
Coghlan, Brian:	Theodor Storms Novelle: eine Schwester des Dramas?	38 (1989)	26–38
Coghlan, Brian:	Ansprache anläßlich eines Empfangs der Stadt Husum für die Teilnehmer des Internationalen Storm-Symposions	38 (1989)	109–110
Coghlan, Brian:	Theodor Storm – gestern, heute und morgen	42 (1993)	73–75

Coghlan, Brian:	„Theodor Storm geht ins Theater". Beobachtungen zur ' Oper auf Haderslevhuus'	49 (2000)	9–21
Conrady, K. O.:	Prolog zu einem Storm-Symposion	17 (1968)	38–40
Coupe, W. A.:	Zur Frage der Schuld in „Aquis submersus"	24 (1975)	57–72
Coupe, W. A.:	Der Doppelsinn des Lebens: Die Doppeldeutigkeit in der Novellistik Th. Storms	26 (1977)	9–21
Cunningham, Wm. L.:	Zur Wassersymbolik in „Aquis submersus"	27 (1978)	40–49

D

Michael Davidis:	Freunde und Zeitgenossen Theodor Storms in der Photographischen Sammlung des Schiller-Nationalmuseums in Marbach	Beiheft zu den Schriften der Theodor-Storm-Gesellschaft 48 (1999)	33–42
De Cort, Joseph:	Die Rolle der Ethik in Storms epischem Werk	17 (1968)	102–107
De Cort, Joseph:	Das Idyllische in Storms Novellistik	26 (1977)	22–36
Doane, Heike A.:	Probleme der Kommunikation in Theodor Storms „Hans und Heinz Kirch"	33 (1984)	45–51
Dohnke, Kay:	Kongruenzen und Divergenzen, Sprache und Stoff. Aspekte realistischen Erzählens bei Theodor Storm und Johann Hinrich Fehrs	45 (1996)	97–116
Donath, Adolf:	Theodor Storm in Polen	30 (1981)	69–73
Donath, Adolf:	Zur Problematik von Storm-Übersetzungen ins Polnische	32 (1983)	15–18
Draheim, Margarete:	Storm-Bibliographie	25 (1976) – 36 (1987)	
David L. Dysart:	Theodor Storm und die Photographie	Beiheft zu den Schriften der Theodor-Storm-Gesellschaft 48 (1999)	23–31

E

Eversberg, Gerd:	„Pole Poppenspäler" – zensiert	38 (1989)	55–62
Eversberg, Gerd:	Storms Reaktion auf die Wahlbeeinflussungsversuche von 1862	39 (1990)	69–74
Eversberg, Gerd:	„Ich halte übrigens ein großes Stück auf diesen Mann". Briefwechsel zwischen Theodor Storm und dem Verleger Wilhelm Mauke	40 (1991)	59–82
Eversberg, Gerd:	Storms erste Gedichtveröffentlichungen	41 (1992)	45–49
Eversberg, Gerd:	Einige Storm nicht zugeschriebene Sagen und Geschichtserzählungen	43 (1994)	75–95
Eversberg, Gerd:	Rätsel und Wortspiele von Theodor Storm. Mit bisher ungedruckten Versen	44 (1995)	41–51
Eversberg, Gerd:	Ein bisher Theodor Storm nicht zugeschriebenes Gedicht	44 (1995)	57–59
Eversberg, Gerd:	Der Briefwechsel zwischen Theodor Storm und Heinrich Seidel	45 (1996)	47–96
Eversberg, Gerd:	Zu einigen Bildern des Malers Nicolas Peters im Husumer Storm-Haus	47 (1998)	73–81
Eversberg, Gerd/ Laage, Karl Ernst:	50 Jahre Theodor-Storm-Gesellschaft. Eine Chronik (1948–1998)	47 (1998)	129–182
Gerd Eversberg (Hg.):	Dichter und ihre Photographen. Frühe Photos aus der Storm-Familie und aus dem Freundeskreis. Heide 1999.	Beiheft zu den Schriften der Theodor-Storm-Gesellschaft 48 (1999)	
Gerd Eversberg:	Theodor Storm und die Entwicklung photographischer Reproduktionstechniken	Beiheft zu den Schriften der Theodor-Storm-Gesellschaft 48 (1999)	89–94
Eversberg, Gerd:	Theodor Storm in den „Neuen Medien"	49 (2000)	127–135
Eversberg, Gerd:	Region und Poesie. Theodor Storms Entwicklung zum Schriftsteller	50 (2001)	7–21

Eversberg, Gerd:	Schriften der Theodor-Storm-Gesellschaft 1952–2000. Register zu den Bänden 1–50	50 (2001)	170–219

F

Fey, Hermann:	Theodor Storm und sein Landsmann Karl Reinecke	5 (1956)	43–59
Fey, Hermann:	Theodor Storm als Komponist	6 (1957)	38–53
Fisenne, Otto von:	Theodor Storm als Jurist	8 (1959)	9–47
Freund, Winfried:	Rückkehr zum Mythos. Mythisches und symbolisches Erzählen in Theodor Storms Märchen „Die Regentrude"	35 (1986)	38–47
Friedmann, Eva Merrett:	Amerikaspiegelung in Theodor Storms Novelle „Bötjer Basch"	32 (1983)	55–62
Frommholz, Rüdiger:	„Pole Poppenspäler" – Kinder- oder Künstlergeschichte?	36 (1987)	19–36
Frühwald, Wolfgang:	Der Enthusiasmus des Lebens. Individuation und Psychologisierung in Theodor Storms späten Erzählungen	33 (1984)	9–18
Fuerst, Norbert:	Prof. Dr. E. Wooley, USA (Nachruf)	14 (1965)	7–9

G

Gebauer, Hannelore:	Beitrag zur Storm-Bibliographie	5 (1956)	60–71
Geffers-Browne, Christine:	Calvinismus oder schlicht Hygiene? Zu einigen Aspekten der Novelle „Renate"	49 (2000)	65–71
Gellinek, Christian:	Theodor Storms Briefe an Mitglieder der Familie seines Vetters Friedrich Gustav Stuhr aus Friedrichstadt	40 (1991)	51–59
Gerreckens, Louis:	„Und hier ist es" – die verwirrende Fiktion erzählerischer Objektivität in Storms Novelle „Zur Chronik von Grieshuus"	47 (1998)	47–72
Goldammer, Peter:	Theodor Storm und Karl Emil Franzos (ein unbekannter Briefwechsel)	18 (1969)	9–40

Goldammer, Peter:	Theodor Storm und Julius Rodenberg	22 (1973)	32–54
Goldammer, Peter:	Eine Ergänzung zum Briefwechsel Storm–Mörike	26 (1977)	67–71
Goldammer, Peter:	„Ist es nicht langweilig?" fragte Vater. Aufzeichnungen von Theodor Storms jüngster Tochter Friederike	44 (1995)	51–55
Goldammer, Peter:	„Mein, den Jahren nach, ältester Freund". Zu Storms Briefwechsel mit Heinrich Schleiden	45 (1996)	23–26
Goldammer, Peter:	„Mich verdrießt dieser Artikel..." Theodor Storm und das Brockhaussche Konversationslexikon. Mit zwei bisher unveröffentlichten Storm-Briefen	45 (1996)	127–133
Goldammer, Peter:	„Du gottbegnadeter Sänger". Ein Nachtrag zum Briefwechsel zwischen Theodor Storm und Heinrich Schleiden	47 (1998)	83–85
Goldammer, Peter:	Aus dem Briefwechsel Theodor Storms mit seinem Bruder Otto	49 (2000)	71–125

H

Häntzschel, Günter:	Theodor Storm als Anthologie-Herausgeber	38 (1989)	39–51
Hansen, Hans-Sievert:	Narzißmus in Storms Märchen. Eine psychoanalytische Interpretation	26 (1977)	37–56
Hansen, Hans-Siewert:	„Denn die Vernichtung ist auch was wert." Einige Überlegungen zu einem rätselhaften Vers von Theodor Storm	46 (1997)	89–94
Harnischfeger, Johannes:	Modernisierung und Teufelspakt. Die Funktion des Dämonischen in Theodor Storms „Schimmelreiter"	49 (2000)	23–44
Hausmann, Manfred:	Unendliches Gedicht. Bemühungen anläßlich der Lyrik Theodor Storms	11 (1962)	9–25
Heitmann, Friedrich:	Storm-Übersetzungen in aller Welt. Zu einer Ausstellung im Storm-Haus in Husum	32 (1983)	39–40

Heitmann, Friedrich:	Zum 100. Todestag des russischen Dichters Turgenjew: Konzeption der Ausstellung „Iwan Turgenjew – Theodor Storm".	33 (1984)	75–79
Heitmann, Friedrich:	Theodor Storms Novelle „Immensee". Konzeption einer Ausstellung	34 (1985)	35–38
Heitmann, Friedrich:	Theodor Storms Novelle „Pole Poppenspäler". Konzeption einer Ausstellung	35 (1986)	25–29
Heitmann, Friedrich:	Die Matinee der Storm-Tagung 1985	35 (1986)	51–54
Heitmann,	Handschrift und Erstdruck. Eine Ausstellung im Storm-Haus zum 100. Todestag des Dichters	38 (1989)	101–103
Hermann, Walther:	Jugendliebe und Lebenswerk bei Theodor Storm	2 (1953)	9–18
Hertling, G. H.:	Theodor Storms Novelle „Auf der Universität". Zur Funktion und Bedeutung von „Tanz" und „Contretanz"	38 (1989)	83–97
Hettche, Walter:	„...diese mir wie Blutsverwandte liebe Familie...". Theodor Storm im Briefwechsel mit Otto und Hans Speckter	41 (1992)	7–12
Hettche, Walter:	Lucie, Frau Do und „Onkel Paul". Eine Ergänzung zum Briefwechsel zwischen Theodor Storm und Paul Heyse	43 (1994)	117–126
Hettche, Walter:	Zwei Rätsel und ihre Lösung. Zu Gerd Eversbergs Beitrag „Rätsel und Wortspiele von Theodor Storm"	45 (1996)	139
Hettche, Walter (Hg.):	Alexander Julius Schindler (Julius von der Traun). Briefe an Theodor Storm	46 (1997)	13–69
Hettche, Walter:	Theodor Storm: Brief an Hans Speckter vom 18. Dezember 1878. Ein Nachtrag zum Briefwechsel Storm–Speckter	48 (1999)	85–86
Hinrichs, Boy:	Theodor Storm. Texte und Kontexte. Thesen zur Rezeptionsforschung	42 (1993)	67–72

Hirata, Tatsuji:	Storms Novelle „Aquis submersus". Eine Betrachtung über Motive und Struktur des Werkes	27 (1978)	57–60
Hohn, Herybert:	Der Stil der Landschaftsdarstellung in Storms Novelle „Immensee"	29 (1980)	33–43
Honnefelder, Gottfried:	Zur Centenarausgabe von Theodor Storms sämtlichen Werken in der Bibliothek deutscher Klassiker	38 (1989)	6–8

J

Jackson, David A.:	Die Überwindung der Schuld in der Novelle „Aquis submersus"	21 (1972)	45–56
Jackson, David:	Theodor Storms Heimkehr im Jahre 1864	33 (1984)	19–44
Jackson, David:	Perspektiven der Storm-Forschung. Rückblick und Ausblick	42 (1993)	23–34
Jackson, David:	Storms Lyrik	42 (1993)	39–41
Jackson, David:	Getarnt aber deutlich. Kritik am preußischen Adel in Theodor Storms Novelle „Der Herr Etatsrat"	47 (1998)	25–39
Jackson, David:	Frauenopfer und Frauenverrat. Theodor Storms Novelle „Carsten Curator"	48 (1999)	43–56
Jackson, David:	„Ein Bekenntnis" – Theodor Storms frauenfreundliche Abrechnung mit einem mörderischen romantischen Liebesideal.	50 (2001)	37–63
Jacobsen, Elke:	Storm-Bibliographie	38 (1989) ff.	
Jarka, Horst:	Theodor Storms Gedicht „Die Nachtigall"	19 (1970)	43–49
Jenssen, Christian:	Theodor Storms Briefe an Klaus Groth	4 (1955)	31–77
Jenssen, Christian:	Theodor Storm und die Gegenwart	5 (1956)	9–17
Jenssen, Christian:	Theodor Storm im Blickfeld der Literatur des 20. Jahrhunderts	7 (1958)	9–16
Jenssen, Christian:	Zum 75. Todestage Theodor Storms	12 (1963)	9–10

Jürgensen, Sven-Aage:	Vergangenheit und Vergänglichkeit. Zur Funktion des Erinnerns in Theodor Storms Novellen	35 (1986)	9–15

K

Kahleyss, Ellinor:	Der Storm-Petersen-Briefwechsel innerhalb der Reihe der Briefausgaben	34 (1985)	17–19
Kahleyss, Ellinor:	Zur Edition des Briefwechsels von Storm mit Hartmuth und Laura Brinkmann	36 (1987)	15–17
Kahleyss, Ellinor:	Unsere neuen Storm-Veröffentlichungen	39 (1990)	11–14
Kardel, Harboe:	Der geschichtliche und örtliche Hintergrund der Novelle „Ein Fest auf Haderslevhuus"	23 (1974)	39–46
Kardel, Harboe:	Theodor Storm als Gast bei einer Silberhochzeit 1886	30 (1981)	74
Kardel, Harboe:	Storm – Erinnerungen aus Hadersleben	33 (1984)	83–84
Karthaiou, Rhena:	Warum hat Storm heute soviel Leser?	21 (1972)	95–97
Klindt, Hans Theodor:	Theodor Storm und Wieland. Eine Anmerkung zu Storms Gedicht „Die Stadt"	20 (1971)	76–77
Klose, Olaf:	Das Kieler Storm-Archiv	17 (1968)	9–18
Knotterbelt, Anne:	Warum hat Storm heute soviel Leser?	21 (1972)	92
Koch, Karl:	Unvergessener „Knecht Ruprecht"	23 (1974)	58–59
Koch, Margarete:	Allerlei zerstreute Kleinigkeiten aus dem Nachlaß Theodor Storms	14 (1965)	20–23
Kohlschmidt, Werner:	Theodor Storm und die Züricher Dichter	1 (1952)	15–26
Kohlschmidt, Werner:	Die Dichtung Theodor Storms und der Schweizer Realismus (Noch ein Postulat der Forschung)	17 (1968)	58–61
Kratz, Bernd:	Das „Wiedersehen an der Bahre". Ein Balladenmotiv in Theodor Storms Novelle „In St. Jürgen"	48 (1999)	65–72

Kuchenbuch, Thomas:	„Angelika" – oder die gescheiterte Auflehnung (Zur gesellschaftlichen Wurzel der Resignationskunst im Poetischen Realismus)	21 (1972)	68–86
Kunz, Joseph:	Theodor Storms Novelle „Draußen im Heidedorf", Versuch einer Interpretation	22 (1973)	18–31

L

Laage, Carl:	Die Storm-Gedächtnisstätte im Nissenhaus in Husum	7 (1958)	48–56
Laage, Carl:	Die Storm-Stätten in Husum „Von heut und ehedem"	11 (1962)	39–61
Laage, Karl Ernst:	Das Erinnerungsmotiv in Theodor Storms Novellistik	7 (1958)	17–39
Laage, Karl Ernst:	Theodor Storm und Iwan Turgenjew	12 (1963)	11–26
Laage, Karl Ernst:	Drei Briefe Liliencrons an Storm	15 (1966)	33–39
Laage, Karl Ernst:	Theodor Storm und Iwan Turgenjew (Persönliche und literarische Beziehungen, Einflüsse, Briefe, Bilder)	16 (1967)	3–175
Laage, Karl Ernst:	Theodor Storm und seine Vaterstadt, ein Beitrag zum Neuverständnis des Dichters	17 (1968)	19–24
Laage, Karl Ernst:	Sylter Novelle, ein unbekannter Novellenentwurf Theodor Storms	18 (1969)	41–53
Laage, Karl Ernst:	Der „Schimmelreiter" im „Danziger Dampfboot"	20 (1971)	72–75
Laage, Karl Ernst:	Theodor Storm in unserer Zeit	21 (1972)	89–91
Laage, Karl Ernst:	Das Storm-Haus, Husum, Wasserreihe 31. Einführungsvortrag anläßlich der feierlichen Eröffnung des Storm-Hauses am 16. September 1972	22 (1973)	9–17
Laage, Karl Ernst:	Theodor Storm in Husum und Nordfriesland. Ein Führer durch die Storm-Stätten	22 (1973)	115–137

Laage, Karl Ernst:	Storm und Dänemark (Ansprache [Auszug] zur Eröffnung der Ausstellung „Storms Werk in Dänemark" im Storm-Haus anläßlich der ersten „Dänischen Woche" in Husum vom 8.–16. 9. 1973)	23 (1974)	60–61
Laage, Karl Ernst:	Das Storm-Haus, Husum, Wasserreihe 31	24 (1975)	73–87
Laage, Karl Ernst:	Theodor Storms Werke (Entstehungsdaten und Lebensabschnitte)	24 (1975)	88–89
Laage, Karl Ernst:	Storm – heute (Ansprache anläßlich der Eröffnung einer Ausstellung im Storm-Haus am 1. September 1974 mit dem Untertitel „Popularität und Mißbrauch des Dichters")	24 (1975)	102–104
Laage, Karl Ernst:	Eine wiederentdeckte Storm-Handschrift (Notizen zum Mörike-Besuch 1855)	25 (1976)	75–77
Laage, Karl Ernst:	Nachricht von der Stadt Heiligenhafen (1743)". Eine bisher unbekannte Quelle zu Storms „Hans und Heinz Kirch"	26 (1977)	72–74
Laage, Karl Ernst:	Theodor Storm und Erich Schmidt: 1877 (Zu einer Ausstellung anläßlich ihrer ersten Begegnung)	27 (1978)	53–56
Laage, Karl Ernst:	„Urgroßmutters Garten ... weltfern, weit, weit dahinten"	27 (1978)	61–63
Laage, Karl Ernst:	Storms zweite Trauung am 13. Juni 1866	28 (1979)	123–124
Laage, Karl Ernst:	Neue Räume im Storm-Haus (Referat anläßlich der Eröffnung dieser Räume am 6. Mai 1978)	28 (1979)	127–131
Laage, Karl Ernst:	Theodor Storm 1832 – 15 Jahre alt (Erstveröffentlichung des frühesten Storm-Briefes)	29 (1980)	9–16
Laage, Karl Ernst:	Neue Storm-Handschriften im Archiv der Theodor-Storm-Gesellschaft	29 (1980)	55–63
Laage, Karl Ernst:	Storm-Briefveröffentlichungen. Vom Einzelbrief zur Briefbandreihe (Kurzvortrag zur Storm-Tagung 1979)	29 (1980)	66–71

Laage, Karl Ernst:	Der ursprüngliche Schluß der Stormschen „Schimmelreiter"-Novelle, eine Neuentdeckung	30 (1981)	57–67
Laage, Karl Ernst:	Theodor Fontane und Theodor Storm. Eine Dichterfreundschaft. Anläßlich des Erscheinens der ersten vollständigen Edition des Storm-Fontane-Briefwechsels und der Eröffnung einer Storm-Fontane-Ausstellung im Storm-Haus	31 (1982)	29–42
Laage, Karl Ernst:	Die Problematik von Briefeditionen und die Briefbandreihe der Storm-Gesellschaft	31 (1982)	61–63
Laage, Karl Ernst:	Bedeutung und Ergebnisse des Übersetzer-Wettbewerbs	32 (1983)	25–28
Laage, Karl Ernst:	Das „Viaola-tricolor"-Zimmer im Storm-Haus in Husum. Ansprache anläßlich der Restaurierung und Einweihung	32 (1983)	75–78
Laage, Karl Ernst:	Theodor Storm und Iwan Turgenjew. Als Nachtrag zum 100. Todestag Turgenjew am 3. September 1883	33 (1984)	71–74
Laage, Karl Ernst:	Entstehung und Schicksal des „Pole Poppenspäler"-Manuskripts	35 (1986)	30–37
Laage, Karl Ernst:	Gertrud Storm – Ein Leben für den Vater (mit einer Chronik)	36 (1987)	61–67
Laage, Karl Ernst:	Theodor Storms Welt in Bildern	37 (1988)	
Laage, Karl Ernst:	Die Handschriften und ihre Bedeutung für die neue Storm-Ausgabe	38 (1989)	19–25
Laage, K. Ernst:	Theodor Storm in Heiligenstadt. Zur Einweihung des Literaturmuseums „Theodor Storm" in Heiligenstadt	38 (1989)	98–101
Laage, Karl Ernst:	Die internationalen Stormtage in Husum. Ein Bericht über ihren Verlauf	38 (1989)	104–108
Laage, Karl Ernst:	Anmerkungen zum Zeitbezug der Stormschen Dichtung	39 (1990)	6–10
Laage, Karl Ernst:	Zur Geschichte des Stormschen Wohnzimmers	41 (1992)	25–29

Laage, Karl Ernst:	Theodor Storms Löwen-Medaillon. Zu den Buchdeckelverzierungen der „Gedichte", mit den Auszügen aus unveröffentlichten Briefen	41 (1992)	91–97
Laage, Karl Ernst:	„Der Storm-Keller-Briefwechsel ist ein unschätzbarer Besitz unserer Literatur" (H. Maync) – Zur Neuedition der Briefe	42 (1993)	7–13
Laage, Karl Ernst:	Storm-Kolloquium – Eröffnung, Rückblick und Ausblick	42 (1993)	37–38
Laage, Karl Ernst:	„Zwei Strophen zu einem russischen Liede." Entstehung und Schicksal des Gedichts „Schlaf nicht mehr!" von Theodor Storm. Zum 175. Geburtstag Iwan Turgenjews (geb. 9.11.1818)	43 (1994)	65–73
Laage, Karl Ernst:	Die Schuld des Vaters in Theodor Storms Novelle „Carsten Curator"	44 (1995)	7–22
Laage, Karl Ernst:	„Culpa patris". Zur Frage nach der Schuld des Vaters in Storms Novelle „Carsten Curator"	46 (1997)	7–12
Laage, Karl Ernst:	K. H. Keck „Storm-Stiftung zum Wohle der Arbeiter aus Anlaß des ‚Doppelgängers'"	46 (1997)	99–104
Laage, Karl Ernst/ Eversberg, Gerd:	50 Jahre Theodor-Storm-Gesellschaft. Eine Chronik (1948–1998)	47 (1998)	129–182
Laage, Karl Ernst:	Stormtagung 1998. Ansprache zur Eröffnung der Festversammlung	48 (1999)	9–11
Laage, Karl Ernst:	Die Beziehungen Theodor Storms zu seinem „Schimmelreiter"-Berater Christian Eckermann und dessen Familie (mit unveröffentlichten Briefen)	49 (2000)	45–63
Laage, Karl Ernst:	50 Jahre „Schriften der Theodor-Storm-Gesellschaft"	50 (2001)	166–169
Lagler, Wilfried:	„Ich grüße Sie auf dem letzten Lappen Papier". Theodor Storms Briefwechsel mit Rudolph von Fischer-Benzon	50 (2001)	81–101
Langer, Ilse:	Volksaberglaube und paranormales Geschehen in einigen Szenen des „Schimmelreiters"	24 (1975)	90–97

Lazar, Erwin:	Storm-Rezeption in der slowakischen Literatur	32 (1983)	41–45
Lehmann, Gerd:	Letzter auswärtiger Besuch bei Storm	27 (1978)	50–52
Leroy, Robert und Pastor, Eckart:	„... eine Tote zu lieben": Storms frühe Erzählung „Posthuma"	41 (1992)	51–54
Leroy, Robert und Eckart Pastor:	Redliche versus unendliche Attacke. Eine Replik	46 (1997)	105–106
Lohmeier, Dieter:	Erzählprobleme des Poetischen Realismus. Am Beispiel von Storms Novelle „Auf dem Staatshof"	28 (1979)	109–122
Lohmeier, Dieter:	Das Erlebnisgedicht bei Storm	30 (1981)	9–26
Lohmeier, Dieter:	Einige Ergänzungen zur neuen Ausgabe des Briefwechsels zwischen Storm und Fontane	31 (1982)	43–49
Lohmeier, Dieter:	Storm und sein dänischer - Übersetzer Johannes Magnussen. Mit unveröffentlichten Briefen	33 (1984)	53–70
Lohmeier, Dieter:	Die Berichte der Husumer Behörden über Storms politische Haltung während der schleswig-holsteinischen Erhebung	34 (1985)	39–48
Lohmeier, Dieter:	Warum eine neue Storm-Ausgabe?	38 (1989)	9–18
Lohmeier, Dieter:	Theodor Fontane über den „Eroticismus" und die „Husumerei" Storms: Fontanes Briefwechsel mit Hedwig Büchting	39 (1990)	26–45
Lohmeier, Dieter:	Plädoyer für sozialpsychologische Untersuchungen über Theodor Storm	42 (1993)	95–101
Lohmeier, Dieter:	Juden in Leben und Werk Theodor Storms	43 (1994)	7–22
Lohmeier, Dieter (Hg.):	Die Briefe Ludwig Loewes an Theodor Storm	43 (1994)	23–41
Lowsky, Martin:	Fritz Basch oder Die Sensibilität für die Sprache. Über Theodor Storms Novelle „Bötjer Basch"	48 (1999)	57–64

M

Mann, Thomas:	Theodor Storm, der Mensch	13 (1964)	47–52
Martini, Fritz:	Ein Gedicht Theodor Storms: „Geh nicht hinein" – Existenz, Geschichte und Stilkritik:	6 (1957)	9–37
Martini, Fritz:	Theodor Storms Lyrik (Tradition – Produktion – Rezeption)	23 (1974)	9–27
Martini, Fritz:	Ein Österreicher entdeckt Theodor Storm (Ferdinand Kürnbergers Novelle „Das Fenderhaus", ihre Umarbeitung zum Roman „Der Haustyrann" und Storms Gedicht „Für meine Söhne")	30 (1981)	49–55
Müller, Hanno und Norbert Mecklenburg:	Theodor Storms Gedicht „Über die Heide". Versuch einer kritischen Interpretation	19 (1970)	35–42
Meyer, Hans:	Schwabstedter Personen und Örtlichkeiten in Storms Erzählungen „Renate" und „Zur Wald- und Wasserfreude"	10 (1961)	39–53
Meyer, Kurt:	Neuerwerbungen der Bibliothek der Storm-Gesellschaft (Storm-Bibliographie)	20 (1971) –24 (1975)	
Michielsen, Jan:	Theodor Storm als Kritiker Paul Heyses	26 (1977)	57–66
Mieder, Wolfgang:	Die Funktion des Sprichworts in Theodor Storms Werken	22 (1973)	95–114
Morrien, Rita	Arbeit „in Kontrasten" – Künstler- und Vaterschaft in Theodor Storms Novelle „Eine Malerarbeit"	50 (2001)	23–35
Müller, Hanno und Norbert Mecklenburg:	Theodor Storms Gedicht „Über die Heide". Versuch einer kritischen Interpretation	19 (1970)	35–42
Müller, Lothar:	Theodor Storms Gestalt als Landvogt und Amtsrichter in den Jahren 1866 und 1867	34 (1985)	49–54
Müller, Lothar:	Neues zu den frühen Gedichtveröffentlichungen Theodor Storms	41 (1992)	31–44
Müller-Seidel, Walter:	„Das Klassische nenne ich das Gesunde..." Krankheitsbilder in Fontanes erzählter Welt	31 (1982)	9–27

N

Nicolai, Heinz:	Theodor Storms Verhältnis zu Goethe (zu Storms Auffassung vom Wesen der Lyrik)	19 (1970)	9–24

P

Pastor, Eckart:	„Schließe mir die Augen beide...". Überlegungen zum poetischen Kosmos des jungen Storm	32 (1983)	63–73
Leroy, Robert und Pastor, Eckart:	„... eine Tote zu lieben": Storms frühe Erzählung „Posthuma"	41 (1992)	51–54
Pastor, Eckart:	Vom Instrumentarium des Dichters	42 (1993)	48–53
Pastor, Eckart:	„Du bist hier Partei!" Theodor Storms Novelle „Draußen im Heidedorf" und ihre Erzähler	44 (1995)	23–39
Leroy, Robert und Eckart Pastor:	Redliche versus unendliche Attacke. Eine Replik	46 (1997)	105–106
Pastor, Eckart: 137–140	Arme „Elisabeth"! Von der (unverzeihlichen) Unzulänglichkeit des Übersetzens	49 (2000)	
Pätzold, Hartmut:	Der soziale Raum als Ort „schuldlosen Verhängnisses". („Hans und Heinz Kirch")	40 (1991)	33–50
Pätzold, Hartmut:	„Ein Stück andre Welt". Von der Unbrauchbarkeit des Paradigmas der „Erlebnislyrik" für die Gedichte Theodor Storms	43 (1994)	43–63
Paulsen jun., Ingwert:	Das „Liederbuch dreier Freunde"	23 (1974)	62–64
Perraudin, Michal:	Bild und Wirklichkeit des Hauses bei Storm	43 (1994)	97–115
Peters, Friedrich Ernst:	Rosengeruch des Unwiederbringlichen	3 (1954)	9–14
Peters, Lorenz C.:	Zu Theodor Storms Gedicht „Die Stadt"	25 (1976)	77–78
Piacentini, Clothilde:	Die Poesie im Werk Theodor Storms	17 (1968)	82–84
Pitrou, J.:	Nachruf für Prof. Dr. Robert Pitrou, Bordeaux	14 (1965)	10–11

Pizer, John:	Mit wem ging Theodor Storm spazieren? G. E. Lessing, Erich Schmidt und „Auf der Universität"	46 (1997)	77–83
Preisendanz, Wolfgang:	Gedichtete Perspektiven in Storms Erzählkunst	17 (1968)	25–37
Prjanischnikow, E. A.:	Einige Bemerkungen zu russischen Storm-Übersetzungen	23 (1974)	55–77
Prjanischnikow, E. A.:	„Der Schimmelreiter" von Theodor Storm und „Das weiße Dampfschiff" von Tschingis Ajtmatow: Übereinstimmungen und Unterschiede	44 (1995)	61–64
Prinzivalli, Lydia:	Ergebnisse und Aufgaben der Storm-Forschung in Italien	17 (1968)	47–54

R

Ranft, Gerhard:	Theodor Storms Auffassung vom Wesen der Lyrik	8 (1959)	48–55
Ranft, Gerhard:	Theodor Storm und Friedrich Hebbel	13 (1964)	7–27
Ranft, Gerhard:	Theodor Stoms Brief an Hermione von Preuschen	22 (1973)	55–94
Ranft, Gerhard:	Theodor Storm und Dorothea geb. Jensen. Ein unveröffentlichter Briefwechsel	28 (1979)	34–97
Ranft, Gerhardt:	„Schriften der Theodor-Storm-Gesellschaft" 1952–1981. Gesamtregister zu den Bänden 1–30	30 (1981)	111–144
Ranft, Gerhard:	Theodor Storm und Elise Polko. Ein bisher unveröffentlichter Briefwechsel	39 (1990)	46–68
Reiners, Reiner:	Tradition und Moderne in der Lyrik von Marie Luise Kaschnitz	14 (1965)	40–57
Ritchie, J. M.:	Theodor Storm und der sogenannte Realismus	34 (1985)	21–33
Ritter, Heinz:	„Jahreszeiten in Liedern". Storm und die Ritterschen Initialmalereien	19 (1970)	63–69
Roebling, Irmgard:	Prinzip Heimat – eine regressive Utopie? Zur Interpretation von Theodor Storms „Regentrude"	34 (1985)	55–66

Roebling, Ingard:	Storm und die weibliche Stimme	42 (1993)	54–62
Roebling, Irmgard:	Marienphantasien des Poetischen Realismus. Keller, Storm, Fontane	47 (1998)	7–24
Royer, Jean:	Theodor Storm und die französische Prosadichtung seiner Zeit	17 (1968)	62–71
Royer, Jean:	Theodor Storm und Detlev von Liliencron	20 (1971)	23–39
Royer, Jean:	Eduard Alberti über Liliencron und Storm	21 (1972)	87–89
Royer, Jean:	Zur Beurteilung von Storm-Übersetzungen	32 (1983)	19–24
Royer, Jean:	Zu Theodor Storms „Le capital dissipé"	35 (1986)	48–50

S

Sammern-Frankenegg, Fritz Rüdiger:	Prolegomena zu einer Neuverfilmung von Storms „Immensee"	48 (1999)	141–153
Sang, Jürgen:	Die Auflösung der Wirklichkeitseinheit bei Theodor Storm	20 (1971)	51–70
Sang, Jürgen:	Storms Lyrik als Gegenstand der Forschung – 30 Jahre „Schriften der Theodor-Storm-Gesellschaft"	30 (1981)	27–38
Sang, Jürgen:	Novellenforschung und Storm-Literatur in 30 Jahrgängen der „Schriften der Theodor-Storm-Gesellschaft"	31 (1982)	50–60
Sang, Jürgen:	Kein Gelehrtenroman: Woldsen oder Es wird keine Ruhe geben	34 (1985)	71–75
Schmäls, Irene:	Warum hat Storm heute so viele Leser?	21 (1972)	92–93
Schmidt, Harry:	Theodor Storm und die „Vereinigte freundschaftliche Gesellschaft". Ein Kulturbild aus der Rokokozeit	2 (1953)	52–68
Schmidt, Karl:	Bleick und Matthias Bleicken. Nachtrag zum Kommentar des Briefwechsels Storm–Dorothea Jensen	29 (1981)	64–65

Schmidt, Karl:	Chr. V. Tiedemann, ein Kollege Theodor Storms (mit einem Stormbrief)	30 (1981)	75–76
Schmidt, Klaus, M.:	Novellentheorie und filmisches Erzählen vor dem Hintergrund moderner Stormverfilmungen (zum Symposion „Theodor Storm und die Medien" [1996]	48 (1999)	95–125
Schmidt, Traugott:	Theodor Storm und Paul Heyse (Irrwege des Ruhms)	15 (1966)	9–32
Schriever, Franz:	Theodor Storm in seiner politischen Welt	1 (1952)	27–40
Schroeder, Horst:	„Pole Poppenspäler" und die Schule	24 (1975)	36–56
Schücking, Christoph B.:	Theodor Storms Nachkommen – Beispiele aus ihrem Wirken	38 (1989)	52–54
Schultze, Christa:	Stormstätten in Potsdam	36 (1987)	83–89
Schumann, Willy:	Die Umwelt in Theodor Storms Charakterisierungskunst	11 (1962)	26–38
Schumann, Willy:	Theodor Storm und Thomas Mann: Gemeinsames und Unterschiedliches	13 (1964)	28–44
Schuster, Ingrid:	Storms „Ein Doppelgänger" und Brechts „Der gute Mensch von Sezuan", eine Gegenüberstellung	23 (1974)	33–38
Schuster, Ingrid:	Zweierlei Lyrik: Theodor Storm und Robert Prutz	28 (1979)	98–108
Schütt, Hans-Friedrich:	Der geschichtliche Hintergrund zu Theodor Storms Novelle „Im Nachbarhaus links"	25 (1976)	53–60
Schweitzer, Christoph E.:	Die Bedeutung des „Familienbildes" für die Interpretation von Theodor Storms Novelle „Carsten Curator"	47 (1998)	41–46
Schwerdtfeger, Wolfgang:	Warum hat Storm heute so viele Leser?	21 (1972)	93
Segeberg, Harro:	Noch einmal: Storm–Tönnies. Eine Duplik	38 (1989)	73–79
Segeberg, Harro:	Theodor Storm als „Dichter-Jurist". Zum Verhältnis von juristischer, moralischer und poetischer Gerechtigkeit in den Erzählungen „Draußen im Heidedorf" und „Ein Doppelgänger"	41 (1992)	69–82

Segeberg, Harro:	Intermedialität bei Storm. Zur Mediengeschichte des Schimmelreiter-Komplexes	42 (1993)	77–94
Selbmann, Rolf:	Vergoldeter Herbst. Storms „Oktoberlied", Emanuel Geibel und der Realismus in der Lyrik	45 (1996)	117–126
Seiler, Bernd, W.:	..Nachdenken über Theodor S. – „Innerlichkeit" bei Storm und Christa Wolf	27 (1978)	9–25
Sengle, Friedrich:	Storms lyrische Eigenleistung. Abgrenzung von anderen großen Lyrikern des 19. Jahrhunderts	28 (1979)	9–33
Sievers, Hans Jürgen:	Zur Geschichte von Theodor Storms „Singverein". Eine Chronik	18 (1969)	89–105
Sievers, Harry:	Storms Gedanken über Unsterblichkeit und Tod in ihrem inneren Zusammenhang	5 (1956)	18–42
Silman, Tamara:	Theodor Storms Gedicht „Meeresstrand"	25 (1976)	48–52
Silz, Walter:	Theodor Storms Schimmelreiter	4 (1955)	9–30
Silz, Walter:	Storm-Forschung in den Vereinigten Staaten	17 (1968)	41–46
Silz, Walter:	Theodor Storm: Drei Gedichte	19 (1970)	25–34
Simonides, Dina:	Warum hat Storm heute so viele Leser?	21 (1972)	94–95
Spiss, Viktor:	Zur Übersetzung von Storm-Gedichten in die russische Sprache	32 (1983)	32
Spycher, Peter:	Geheimnisvolles in Theodor Storms Lyrik	24 (1975)	9–35
Stahl, August:	Der Amtsrichter Hartmuth Brinkmann und seine Beziehungen zu Theodor Storm	36 (1987)	9–14
Uwe Steen:	Portraitphotographien Theodor Storms und seiner Familie (1843–1864). Bemerkungen über die Anfänge der Lichtbildnerei in Schleswig-Holstein	Beiheft zu den Schriften der Theodor-Storm-Gesellschaft 48 (1999)	67–87
Stein, Malte:	Tod und Weiblichkeit in Theodor Storms Novelle „Auf der Universität". Eine Textanalyse aus intertextueller Perspektive	45 (1996)	27–45

Steiner, Jakob:	Schlußworte des Herausgebers anläßlich der Übergabe der Kritischen Ausgabe des Briefwechsels Theodor Storm–Theodor Fontane	31 (1982)	64–66
Storm, Theodor:	Hans Bähr, ein Mährlein. Seiner jungen Freundin Bertha von Buchan gewidmet	1 (1952)	9–14
Storm, Theodor:	Abseits (Gedichte)	8 (1959)	56
Storm, Theodor:	Brief an Unbekannt (Faksimile)	8 (1959)	57–58
Storm, Theodor:	Lucie (Gedicht). In französischer Übersetzung	21 (1972)	93
Struve, Reinhard:	Funktionen des Rahmens in Theodor Storms Novelle „Aquis submersus"	23 (1974)	28–32
Stüben, Jens:	Haffkrug – Schleswig – Westerland – Hademarschen. Paul Heyses Schleswig-Holstein-Reise 1881	41 (1992)	55–67
Stuckert, Franz:	Der handschriftliche Nachlaß Storms und seine Bedeutung für die Forschung	1 (1952)	41–60
Stuckert, Franz:	Theodor Storm. Briefe an Georg Scherer und Detlev von Liliencron	3 (1954)	15–59
Suhr, Max:	Zur Datierung von Storms Gedicht „Eine Fremde"	34 (1985)	67–70
Suhr, Max:	Umzugsgedanken. Mit unbekannten Briefen von Dorothea und Theodor Storm	41 (1992)	83–89
Suhrbier, Hartwig:	Arno Schmidt am Grabe von Theodor Storm. Anmerkungen zu einem Photo	43 (1994)	139–141

T

Takahashi, Kenji:	Theodor Storm und Japan	17 (1968)	55–57
Takeda, Sueo:	Zur Übersetzung eines Gedichtes Theodor Storms ins Japanische	32 (1983)	37–38
Terpstna, Jan Ulbe:	Storms Novelle „Renate" und der Würzburger Hexenprozeß der Renata Singer im Jahre 1749	23 (1974)	47–54

Trömel, Ferdinand:	Theodor Storms Briefe an die Gräfin Emilie Reventlow	25 (1976)	25–47
Trömel. Ferdinand:	Zur Baugeschichte von Storms Elternhaus, Husum, Hohle Gasse 3	27 (1978)	37–39
Tschorn, Wolfgang:	Der Verfall der Familie. „Der Herr Etatsrat" und „Ein Doppelgänger" als Beispiele zu einem zentralen Darstellungsobjekt Storms	29 (1980)	44–52

U

Ubben, John H.:	Theodor Storm und Gottfried von Straßburg	6 (1957)	54–58

V

Von Fisenne, Otto:	Theodor Storm als Jurist	18 (1969)	9–47

W

Wang, Luzia Mei-ling:	Literarische Übersetzung. Zur Rezeptionsgeschichte von Storms „Immensee" in Taiwan	48 (1999)	73–83
Wapnewski, Peter:	Theodor Storm: Nach fünfzig und hundertfünfzig Jahren	48 (1999)	13–42
Wedemeyer, Manfred:	Theodor Storm im Strandkorb? Bemerkungen zu einem alten Sylter Strandfoto	29 (1980)	53–54
Weydt, Günther:	Umwertungen des Storm-Bildes durch Thomas Mann	17 (1968)	94–101
Wierlacher, Alois:	Situationen (Zu Storms früher Prosa)	21 (1972)	38–44
Williams, John R.:	Zur Übersetzung der Gedichte „Constanze" und „Weihnachtsabend" ins Englische	32 (1983)	33–35
Wohlenberg, Erich:	Katalog der Theodor-Storm-Gedenkausstellung	17 (1968)	108–118
Wolf, Wilhelm:	Landschaft, Tier- und Pflanzenwelt im Werke Theodor Storms	9 (1960)	33–43
Wooley, E. O.:	Storm und Bertha von Buchan	2 (1953)	19–51

Wooley, E. O.:	Ein Beitrag zur Datierung von Theodor Storms Gedichten	7 (1958)	40–47
Wooley, E. O.:	„Immensee". Ein Beitrag zur Entstehung und Würdigung der Novelle	9 (1960)	24–32
Wooley, E. O.:	Vier Briefe von Thomas Mann	13 (1964)	45–46
Wooley, E. O.:	Ein unveröffentlichter Brief von Paul Schütze zu Storms 70. Geburtstag	13 (1964)	53–55
Wünsch, Marianne:	Experimente Storms an den Grenzen des Realismus: neue Realitäten und „Schweigen" und „Ein Bekenntnis"	41 (1992)	13–23

Y

Yushu, Zhang:	Vom Bodensee zum Immensee. Eindrücke von einer Reise durch die Bundesrepublik Deutschland	32 (1983)	51–54

Z

Zhiyou, Wang:	Storm in China	32 (1983)	46–50
Zimmermann, Bernhard:	„Am grauen Strand, am grauen Meer" – Annäherungen an literarische Erbe am Beispiel einer Storm-Adaption des Fernsehens der DDR	48 (1999)	127–139
Zimorski, Walter:	Neuentdeckte Musikalien der Storm-Familie. Ein Forschungsbericht	46 (1997)	95–98
Ziółkowska, Grazyna:	Zur Übersetzung des Gedichts „Mondlicht" ins Polnische	32 (1983)	36–37